泉州汉唐海丝路

朱定波　著

厦门大学出版社　国家一级出版社
XIAMEN UNIVERSITY PRESS　全国百佳图书出版单位

图书在版编目（CIP）数据

泉州汉唐海丝路 / 朱定波著. -- 厦门：厦门大学
出版社，2024.3
ISBN 978-7-5615-9247-2

Ⅰ．①泉… Ⅱ．①朱… Ⅲ．①海上运输-丝绸之路-
史料-泉州-汉代-唐代 Ⅳ．①K203

中国国家版本馆CIP数据核字(2024)第015861号

责任编辑　薛鹏志　陈金亮
美术编辑　张雨秋
技术编辑　朱　楷

出版发行　厦门大学出版社
社　　址　厦门市软件园二期望海路 39 号
邮政编码　361008
总　　机　0592-2181111　0592-2181406(传真)
营销中心　0592-2184458　0592-2181365
网　　址　http://www.xmupress.com
邮　　箱　xmup@xmupress.com
印　　刷　泉州晚报印刷厂

开本　787 mm×1 092 mm　1/16
印张　33
字数　500 千字
版次　2024 年 3 月第 1 版
印次　2024 年 3 月第 1 次印刷
定价　258.00 元

本书如有印装质量问题请直接寄承印厂调换

厦门大学出版社
微信二维码

厦门大学出版社
微博二维码

作者简介

　　朱定波，福建省泉州市泉港区人，原任中国闽台缘博物馆副馆长，文博研究馆员、主任编辑、高级经济师。福建省地方志编纂委员会聘任的福建省地方志文化传承专家，福建省炎黄文化研究会常务理事。曾被聘为泉州市泉港区人民政府文化顾问团团长，泉州姓氏文化交流协会文史委主任，闽南寻根服务中心主任，《泉州姓氏文化》主编。获中共泉州市委、泉州市人民政府授予的首届泉州市杰出人才提名奖、泉州市优秀拔尖人才等。著有《闽台同名村》《泉港头北人·闽台同宗村》《王忠孝与台湾》《泉州籍台湾族谱目录》等。

内容简介

　　本书发掘西汉时期泉山的东越国五岳文化遗存的文献记载，考订闽越国、东越国、东冶县泉山（今泉州）丰富的人文历史和东越国"灭国迁众"的史事，系统阐述汉唐泉州独具一格的优势资源、外销商贸货物生产基地和中外海洋商贸环境条件，以及南海古庙原称南岳庙丰富的汉唐文化史迹，展现汉唐时期位于泉山的东冶县参与开辟中国海上丝绸之路的史实，彰显隋唐南海古庙文化内涵丰富厚重，证实泉州是汉唐中国海上丝绸之路的起点和重要发祥地。隋唐泉州海丝文化遗存南海古庙的发掘、研究和保护，对于研究泉州汉唐海上丝绸之路的发展历史和提升泉州历史文化名城的影响力，具有重要现实意义和深远历史意义。

晋江溜石古渡口的南海古庙大门悬挂泉州状元吴鲁题"南海古庙"

泉州南海古庙是隋代与广州南海神庙同期修建的中国海上丝绸之路的海神庙

泉州南海古庙是隋唐五代时期中国海上丝绸之路著名的海神庙，供奉祭祀南海之神祝融（广利王）

　　广州南海神庙与泉州南海古庙，均是隋代同期兴建主祀南海神祝融（广利王）的中国海上丝绸之路的海神庙

　　广州南海神庙与泉州南海古庙，均是隋唐五代时期中国海上丝绸之路著名的海神庙，供奉祭祀南海之神祝融（广利王）

始建于唐武德年间（618—626 年）的泉州伊斯兰圣墓与南海古庙保存的隋唐时期梭形柱"卷刹"及覆盆式柱础石相似

始建于唐朝垂拱二年（686 年）的泉州大开元寺大雄宝殿与南海古庙保存的隋唐时期梭形柱"卷刹"及覆盆式柱础石相似

　　泉州南海古庙大殿中部保存隋唐时期梭形柱"卷刹"及覆盆式柱础石

　　始建于唐武德年间的泉州伊斯兰圣墓保存唐朝梭形柱"卷刹"及覆盆式柱础石

　　泉州南海古庙大殿中部保存隋唐时期梭形柱"卷刹"及覆盆式柱础石

　　始建于唐武德年间的泉州伊斯兰圣墓保存唐朝梭形柱"卷刹"及覆盆式柱础石

　　泉州南海古庙大殿中部东侧保存隋唐时期梭形柱"卷刹"及覆盆式柱础石

　　始建于唐武德年间的泉州伊斯兰圣墓保存唐朝梭形柱"卷刹"及覆盆式柱础石

泉州南海古庙大殿保存隋唐时期梭形柱"卷刹"及覆盆式柱础石

始建于唐武德年间的泉州伊斯兰圣墓保存唐朝梭形柱"卷刹"及覆盆式柱础石

泉州南海古庙大殿中部保存隋唐时期梭形柱"卷刹"及覆盆式柱础石

始建于唐武德年间的泉州伊斯兰圣墓保存唐朝梭形柱"卷刹"及覆盆式柱础石

泉州南海古庙大殿中部西侧保存南北朝隋代时期梭形柱"卷刹"及覆盆式柱础石

始建于唐武德年间的泉州伊斯兰圣墓保存唐朝梭形柱"卷刹"及覆盆式柱础石

泉州南海古庙大殿保存隋唐时期梭形柱"卷刹"及覆盆式柱础石

始建于唐朝初期的泉州大开元寺大殿中部保存唐朝梭形柱"卷刹"及覆盆式柱础石

泉州南海古庙大殿保存南北朝隋唐时期梭形柱"卷刹"及覆盆式柱础石

始建于唐朝初期的泉州大开元寺大殿中部保存唐朝梭形柱"卷刹"及覆盆式柱础石

泉州南海古庙后殿中部东保存晋代南北朝时期的梭形柱"卷刹"及圆突状覆盆式柱础石

始建于唐朝初期的泉州大开元寺大殿中部保存唐朝梭形柱"卷刹"及覆盆式柱础石

泉州南海古庙大殿中部保存隋唐时期
梭形柱"卷刹"及覆盆式柱础石

始建于唐朝初期的泉州大开元寺大殿前
部中保存梭形柱"卷刹"及覆盆式柱础石

泉州南海古庙大殿中部保存隋唐时期
梭形柱"卷刹"及覆盆式柱础石

始建于唐朝初期的泉州大开元寺大殿前
部中保存梭形柱"卷刹"及覆盆式柱础石

泉州南海古庙大殿中部东侧保存隋唐
时期梭形柱"卷刹"及覆盆式柱础石

始建于唐朝初期的泉州大开元寺大殿
前部保存梭形柱"卷刹"及覆盆式柱础石

泉州南海古庙保留东越国南岳庙遗存
的魏晋时期圆突状柱础石构件

泉州南海古庙保留东越国南岳庙遗存
的魏晋时期圆突状柱础石构件

泉州南海古庙保留东越国南岳庙遗存
的魏晋时期圆突状柱础石构件

泉州南海古庙保留东越国南岳庙遗存
的晋代南北朝时期圆突状柱础石构件

泉州南海古庙保留东越国南岳庙遗存
的魏晋时期圆突状柱础石构件

泉州南海古庙保留东越国南岳庙遗存
的两汉时期圆突状柱础石构件

泉州南海古庙保留东越国南岳庙遗存
的两汉魏晋时期圆突状柱础石构件

泉州南海古庙保留东越国南岳庙遗存的
两汉魏晋时期圆突状柱础石构件

泉州南海古庙保留东越国南岳庙遗存
的两汉魏晋时期圆突状柱础石构件

泉州南海古庙又称南岳庙的后殿中部，
保存魏晋时期莲花瓣覆盆式的圆突状柱础
石构件

泉州南海古庙保留东越国南岳庙遗存
的晋代南北朝圆突状柱础石构件

泉州南海古庙保留东越国南岳庙遗存的
两汉魏晋时期圆突状柱础石构件

泉州南海古庙保留东越国南岳庙遗存的魏晋时期圆突状柱础石构件

泉州南海古庙保留东越国南岳庙遗存的两汉时期圆突状柱础石构件

泉州南海古庙保留东越国南岳庙遗存的魏晋时期圆突状柱础石构件

泉州南海古庙保留东越国南岳庙遗存的晋代南北朝圆突状柱础石构件

泉州南海古庙后殿中部保存魏晋时期莲花瓣覆盆式的圆突状柱础石构件

泉州南海古庙保留东越国南岳庙遗存的晋代南北朝圆突状柱础石构件

泉州南海古庙保留东越国南岳庙遗存
的魏晋时期圆突状柱础石构件

泉州南海古庙后殿中部保存梭形柱
"卷刹"和魏晋时期莲花瓣覆盆式的圆突
状柱础石构件

泉州南海古庙保留东越国南岳庙遗存
的晋代南北朝圆突状柱础石构件

泉州南海古庙保留东越国南岳庙遗存
的晋代南北朝圆突状柱础石构件

泉州南海古庙后殿中部保存魏晋时期
莲花瓣覆盆式的圆突状柱础石构件

泉州南海古庙后殿中部保存魏晋时期
莲花瓣覆盆式的圆突状柱础石构件

泉州南海古庙隋唐五代时期石柱与初唐泉州伊斯兰圣墓石柱相似

泉州南海古庙隋唐五代时期石柱与初唐泉州伊斯兰圣墓石柱相似

泉州南海古庙后殿西部的隋唐时期石柱与初唐伊斯兰圣墓石柱相似

唐武德年间泉州伊斯兰圣墓中石柱

唐武德年间泉州伊斯兰圣墓中石柱

唐武德年间泉州伊斯兰圣墓中石柱

泉州南海古庙后殿西侧隋唐时期石柱与初唐伊斯兰圣墓石柱相似

泉州南海古庙后殿西侧隋唐时期石柱与初唐伊斯兰圣墓石柱相似

泉州南海古庙后殿西侧隋唐时期石柱与初唐伊斯兰圣墓石柱相似

唐武德年间泉州伊斯兰圣墓中石柱

唐武德年间泉州伊斯兰圣墓右侧石柱

唐武德年间泉州伊斯兰圣墓中石柱

泉州南海古庙后殿保存隋唐时期文化遗存——石柱

泉州南海古庙后殿保存隋唐时期文化遗存——石柱

泉州南海古庙后殿保存隋唐时期文化遗存——石柱

泉州南海古庙后殿保存隋唐五代时期文化遗存——石柱

泉州南海古庙保存隋唐时期文化遗存——石柱

泉州南海古庙保存隋唐五代时期文化遗存——石柱

泉山南海古庙中殿保存隋唐时期飞腾神龙的木雕构件

泉山南海古庙中殿保存隋唐时期飞腾神龙的木雕构件

泉州南海古庙中殿保存魏晋以来飞腾神龙和虎豹神兽的木雕构件

泉州南海古庙中殿保存魏晋以来飞腾神龙和虎豹神兽的木雕构件

据《中国文化通史》记载，金翅鸟木雕是晋代独特木雕艺术。泉州南海古庙中殿保存晋代金翅鸟木雕的艺术构件

据《中国文化通史》记载，金翅鸟木雕是晋代独特木雕艺术。泉州南海古庙中殿保存晋代金翅鸟木雕的艺术构件

泉州南海古庙后殿保存隋唐时期的中
国龙木雕艺术

泉州南海古庙后殿保存隋唐时期的中
国龙木雕艺术

泉州南海古庙后殿保存隋唐时期的海
龙王木雕艺术

泉州南海古庙后殿保存隋唐时期的海
龙王木雕艺术

泉州南海古庙后殿保存隋唐时期的中
国雄狮神兽木雕艺术

泉州南海古庙后殿保存隋唐时期的印
度大象神兽木雕艺术

泉州南海古庙中殿保存隋唐时期的鳌
龙镇脊木雕构件

泉州南海古庙中殿保存隋唐时期的鳌
龙镇脊木雕构件

泉州南海古庙中殿保存隋唐时期的海
洋螃蟹木雕构件

泉州南海古庙中殿保存隋唐时期的海
洋螃蟹木雕构件

泉州南海古庙中殿保存隋唐时期的斗
拱大力士木雕构件

泉州南海古庙中殿保存隋唐时期的斗
拱大力士木雕构件

泉州南海古庙中殿保存隋唐时期的飞腾神龙木雕构件

泉州南海古庙中殿保存隋代以来的虎豹神兽木雕构件

据《中国文化通史》文献可考证：南海古庙保存晋代金翅鸟木雕

据《中国文化通史》文献可考证：南海古庙保存晋代金翅鸟木雕

泉州南海古庙中殿保存隋唐时期的神兽木雕构件

泉州南海古庙中殿保存隋唐时期的神兽木雕构件

泉州南海古庙中殿保存隋唐时期的海洋神兽木雕构件

泉州南海古庙中殿保存隋唐时期的神仙神兽木雕构件

泉州南海古庙中殿保存隋唐时期的鳌龙镇脊木雕构件

泉州南海古庙中殿保存隋唐时期的神仙神兽木雕构件

泉州南海古庙中殿保存隋唐时期的海洋神兽木雕构件

泉州南海古庙中殿保存隋唐时期的海洋神兽木雕构件

泉州南海古庙中殿保存晋代以来的火焰纹木雕构件文化遗存

泉州南海古庙中殿历史悠久的精美木雕艺术

泉州南海古庙后殿历史悠久的精美木雕艺术

泉州南海古庙后殿历史悠久的精美木雕艺术

泉州南海古庙后殿历史悠久的精美木雕艺术

泉州南海古庙后殿历史悠久的精美木雕艺术

泉州南海古庙后殿历史悠久的精美木雕艺术

泉州南海古庙后殿历史悠久的精美木雕艺术

泉州南海古庙后殿历史悠久的精美木雕艺术

泉州南海古庙后殿历史悠久的精美木雕艺术

泉州南海古庙后殿历史悠久的精美木雕艺术

泉州南海古庙后殿历史悠久的精美木雕艺术

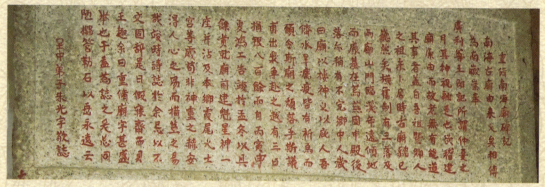

清乾隆年间《重修南海庙碑记》载泉州南海古庙主祀南海神祝融（广利王）

清乾隆年间重修泉州南海古庙碑，载泉州南海古庙主祀南海神祝融（广利王）

1991年，原晋江县人民政府立的南岳庙县级文物保护单位碑石

南海古庙大门右侧的宋代古石礅

南海古庙大门左侧的宋代古石礅

　　西汉东越王在泉山尊冠东越国东岳皇迹山建造东越国东帝宫。南宋时期，东帝宫迁建于泉州凤山的泉郡东岳行宫

　　西汉东越王在泉山尊冠东越国东岳皇迹山建造东越国东帝宫。南宋时期，东帝宫迁建于泉州凤山的泉郡东岳行宫

西汉东越王在泉山封冠东越国西岳龙山建造东越国西岳寺。泉州先民在西岳龙山新修建的泉郡西岳龙山寺

泉州市人民政府相关部门公布的《闽南文化生态保护区泉州古城示范区》载：古代在泉山尊冠五岳山并建造五岳宫庙

西汉东越王在泉山封冠东越国南岳溜石山建造南岳庙，隋代改名为南海古庙，晋代金翅鸟木雕艺术彰显泉山南岳庙的古老历史

西汉东越王在泉山封冠东越国南岳溜石山建造南岳庙，后于隋朝改名为南海古庙

　　西汉东越王在泉山封冠东越国北岳建造北岳庙。图为泉州北峰山兜村学者颜添玉撰题的"北岳"匾额

　　西汉东越王在泉山封冠东越国北岳狮山建造东越国北岳庙。东越国北岳狮山在北峰山兜村后

闽南文化生态保护区泉州古城示范区

黄帝宫

轩辕黄帝为中华民族人文初祖，黄帝信仰是各民族共同的心理归属，开启文化民族主义先河。我国信奉黄帝，在东汉班固（32—92）编撰的《汉书·郊祀》中已有记载。黄帝宫为古泉州供奉中央黄帝的宫庙，见证海峡两岸同源。

晋代东越国中岳庙改名为白云庙，作为泉山宗庙。唐朝迁建在德济门外。泉州市人民政府相关部门公布的《闽南文化生态保护区泉州古城示范区》载，历史悠久的泉郡黄帝宫供奉轩辕黄帝

西汉东越王在泉山封冠东越国中岳云山兴建东越国中岳庙，西晋改名白云庙，作为泉山宗庙供奉轩辕黄帝，后改为道观，名泉州玄妙观

2022 年 5 月 21 日，泉州姓氏文化交流协会在晋江大溜石举行考察隋唐时期海丝文化遗存南海古庙史迹考察座谈会

2022 年 5 月 21 日，参加隋唐时期海丝文化遗存泉州海神庙史迹考察座谈会的专家学者合影

序

庄晏成

中国古代海上丝绸之路的兴起，历史十分悠久。千年海丝，泉州是中国古代海上丝绸之路的起点和重要发祥地，也是中国的世界海洋商贸中心和重要窗口，充分彰显泉州历史文化名城厚重的人文历史。

自古以来，人类社会始终敬畏风云变幻的宽广海洋。在中国古代农耕社会，从对大海的敬畏发展到形成海洋民间信仰文化，源远流长。隋朝在晋江溜石山修建南岳庙改名为泉州南海古庙，供奉和祭祀南海之神祝融，成为隋唐五代时期的泉州海神庙，体现了泉州海洋民间信仰文化的兴盛发展。

泉州南海古庙的建立，是古代中国农耕社会历史发展的海洋文化产物，也是古代海洋民间信仰文化的重要内容。清代，状元吴鲁题写"南海古庙"的匾额，深刻反映古代泉州祭祀南海神祝融（广利尊王）的历史影响，彰显泉州的世界海洋商贸文明的历史积淀，也彰显泉州的世界海洋多元共荣文化的历史传承。隋唐五代时期，泉州南海古庙是一座无愧于中国古代海上丝绸之路的海神庙。

自古以来，泉州先民一直在谱写中国古代海上丝绸之路引人瞩目的辉煌历史，一直以坚毅的中华民族文化自信，推进泉州的世界海洋商贸经济的蓬勃发展。隋唐五代时期的泉州南海古庙，是泉州与世界海洋商贸文化交流的重要窗口，也是古代中国海洋商贸文化的重要史迹，不仅体现古代泉州海上丝绸之路已相当繁荣，而且反映了泉州古代海洋商贸兴起的人文历史。泉州南海古庙的历史文化内涵极为丰富，具有厚重的历史价值。

我们应当关注、发掘、研究和保护泉州南海古庙的人文历史遗址，提高泉州历史文化名城的广泛影响力，积极探寻泉州南海古庙的历史文化内涵，具有重要的现实意义和深远的历史意义。

朱定波先生在退休后，多年来一直致力于学习、钻研、研究和挖掘泉州丰富的地方人文历史，不仅在研究闽台宗族关系、民间信仰文化和姓氏族谱文化等方面卓有成效，而且在发起闽台同名村、闽台同宗村的互动交流，推动海峡两岸和平统一等诸多方面的研究做出了显著成绩。朱定波先生通过系统深入研究《史记》《汉书》等一批古代史籍文献和大量文史资料，研究隋唐中国海上丝绸之路的泉州海神庙并著《泉州汉唐海丝路》一书，全面发掘隋唐中国海上丝绸之路的泉州海神庙和汉唐泉州厚重的人文历史，这种孜孜不倦、勤奋刻苦的治学精神值得肯定、值得重视、值得倡导。特序之。

（作者系福建省文化厅原副厅长、正厅级巡视员）

目　录

绪　　论

　　泉州北邻福州、莆田，南接厦门，东望宝岛台湾，西毗漳州、龙岩、三明。现辖鲤城、丰泽、洛江、泉港 4 个区，晋江、石狮、南安 3 个县级市，惠安、安溪、永春、德化、金门 5 个县和泉州经济技术开发区、泉州台商投资区。全市土地面积 11015 平方公里（含金门县），少数民族人口中，以回族、

土家族、苗族和畲族居多。泉州本地方言以闽南话为主。古代泉州即原泉山的区域，包括闽南、闽中的广袤大地。隋朝以前，今泉州地域属泉山。唐朝起，泉山改称泉州。古代泉山民众称为泉山先民。泉州是首批中国历史文化名城，具有极其厚重的多元人

中国古代海上丝绸之路的起点和发祥地泉州

文历史内涵，也有独具一格的海洋商贸优势资源，更具有灿烂辉煌的悠久历史篇章。

　　泉州：蕴藏丰富优势资源和独特海洋商贸环境

　　泉州依山面海，与长期血脉相连的台湾岛隔海峡相望。泉州属亚热带海洋性季风气候，常年气候温暖，雨水充沛，四季如春，物产丰富，植被茂盛，具有宜人宜居的自然条件，早有"温陵"之雅称。

　　由福建戴云山山脉构成西高东低的地理态势，境内山峦起伏，丘陵、溪谷、盆地错落其间。从北到南主要有晋江、洛江等主要干流和东西两溪流，一起向东汇集流向大海，形成了广袤宽阔的河口平原和绵延起伏的丘陵地带。泉州海域有大小港湾 14 个，岛屿 270 座。深水良港多，深水泊位 123 个，湄洲

泉州南海古庙保存中国龙与印度象的
木雕艺术历史悠久

湾南岸的肖厝港和斗尾港是世界不多、中国少有的天然良港。泉州的丘陵山川、纵横溪河和海湾港口，构建了十分独特的中外海洋商贸货物重要集散地的客观环境。

在泉州大地上，蕴藏有十分丰富的瓷土矿产资源。伴随着中国海上丝绸之路的迅速崛起，古代泉山古陶瓷窑址遍布各地，制瓷业蓬勃发展，方兴未艾，生机勃勃。与此同时，古代泉山纵横遍布的晋江东西溪河水系和泉山沿海四湾十六港的优势，以及晋江九十九溪，在泉山沿海形成分布广阔、海岸线绵延曲折、独具一格的海湾港口网络，不仅形成中外海洋商贸船舶的天然海湾避风良坞，而且成为外销海洋商贸货物的主要海港集散地。自古以来，许多聚集在泉州四湾十六港的中外海洋商贸船舶，浩浩荡荡，异军突起，川流不息。

从古至今，泉山先民向海而生，依海搭寮，伐木为舟，以海为田，以渔为业，探索海洋世界和开辟海洋航道的步伐从未停止。为了征服江河湖海，各种各样的舟船应运而生。在漫长的中国历史长河中，泉州先民具有建造丰富多样的船型的能力。西汉泉山楼船建造业的兴盛，带动海船建造业的崛起，彰显泉州在中国海上丝绸之路谱写欣欣向荣发展的辉煌历史。中国是世界上造船历史最悠久的国家之一，而西汉泉州有着发达的楼船和海船建造业则是一个缩影。古代泉州先民发明的海船水密隔舱的建造技艺，促使泉州成为古代中国建造福船的重要基地之一。泉州建造的海洋船舶即福船，在

泉州市人民政府原副市长周焜民先生在泉州古
城泉山门题镌"泉山古地"

古代中国造船业的历史上，具有十分重要的地位。古代泉州建造的福船，成就了中国海上丝绸之路的崛起、兴盛和繁华。

古代泉山拥有独具一格的地理环境，瓷土丰富，瓷窑众多，形成产业体系。泉州窑陶瓷生产的历史悠久，已发现大量新石器时代至秦汉时期的印纹陶。从泉州历次考古发掘调查采集的资料发现：商周时期，首先在永春、德化建窑烧制青瓷，遍布泉山的古瓷窑业发展局面从此形成。据考古发掘发现，古代泉州各县分布有许多古陶瓷窑址，形成引人瞩目、具有规模的外销陶瓷器生产基地。据考古专家考证，古代泉州陶瓷器窑址生产基地的分布、广度、规模和数量，在中国具有举足轻重的地位。必须指出，商周时期，在永春、德化建窑成功烧制的中国古代最早的青瓷产品，早已经在两汉至隋唐五代时期而不是只在宋元时期成为泉州的中

始建于唐朝的泉州古城北城门泉山门

外海洋商贸的重要外销货源。从晋江磁灶古瓷窑包括泉州其他地区陶瓷窑业的兴起，可清晰地印证西汉泉山陶瓷业蓬勃发展和泉山经济社会兴盛崛起的历史脉络。

两晋时期以来，从北方中原南迁泉山的先民，拥有北方中原先进的生产技术、丰富物产加工技艺和手工业生产体系等许多方面优势，很好地融合形成为一体的独特优势资源。从北方中原南迁到今泉州大地上，大批勇于创新传承中原优秀文化、善于海纳百川、具有开放包容精神特质的古代泉山先民，在持续不断地延续开拓海洋商贸航路和海外市场，构建对外海上交通贸易的发展基础，勇往直前地继续开辟汉唐中国海上丝绸之路，做出可歌可泣、令人瞩目的历史贡献。

泉州：汉唐时期中国海上丝绸之路的起点和重要发源地

据《史记》《汉书》《后汉书》等史籍文献考证，两汉时期，东冶县泉山

（今泉州），在晋江流域，海洋商贸交通、海港转运、先民筚路蓝缕和家族繁衍生息的相结合中，泉山先民参与开辟中国海上丝绸之路，即"通海夷道"，以丰富的陶瓷器外销货源，持续开拓海外商贸市场做出了贡献。泉州最终成为各国商旅云集、多元文化交融的东方大海港。

两晋时期至唐中叶的"安史之乱"，以及五代十国的社会分裂，由于激烈战乱和社会动荡给中原造成严重的灾难，中原先民多次大规模避乱南迁到泉山，中国经济文化中心向南转移。魏晋南北朝时期，持续的中外海洋商贸活动促进泉山的进一步繁荣。唐大历年间，泉州"文风大盛"、书院林立，伴随着中外海洋商贸经济繁荣，泉州一批著名的寺院宫庙等均兴建于此时。经济上，泉州已逐渐成为南方重要的大港口。唐天祐年间，泉州已是一座车旅辐辏、商贾云集，"云山百越路，市井十洲人"的国际海港城市，与交州（今越南河内）、广州、明州（今浙江宁波）并称为全国四大港口。

隋唐五代时期，泉州已经是作为东西洋国际海洋贸易交通网的东方支撑点，具有十分重要的历史地位。唐朝的泉州古城海洋贸易经济，已经出现了十分繁荣的景象。唐朝诗人包何《送李侍君赴泉州》诗中说唐朝泉州已经是"市井十洲人"的盛况！唐朝诗人薛能在《送福建李大夫》诗中，咏泉州赞曰："船到城添外国人"。唐朝，泉州已经成为"市井十洲人"的聚集地，是中国对外海洋贸易的四大口岸之一。泉州作为外销陶瓷器的重要生产基地和主要集散地，在成就开辟中国古代最长的远洋商贸交通航线过程中，发挥着重要作用。

西汉时期的东越国五岳遗存：泉山南岳庙，隋代时又称南海古庙

隋唐五代时期，作为中国海上丝绸之路的起点和重要发祥地，泉州、广州等地持续共同开辟引起全世界瞩目那波澜壮阔、风起云涌的中外海洋商贸航道，全面开展中外商贸、文化、技术、市场、思想

的大交流、大合作和大融合，促进中国古代农耕社会经济的大开放、大崛起和大繁荣，共同谱写人类社会繁荣发展的历史新篇章。古代泉州从此生机勃勃、繁荣昌盛，最终成为闻名世界的中国海上丝绸之路的重要发祥地，成就宋元泉州的世界海洋商贸中心的迅速崛起。"刺桐港"被誉为"东方第一大港"。泉州与海外近百个国家和地区通商贸易，呈现出"涨海声中万国商"的繁荣景象。中国古代海上丝绸之路为推动人类社会的经济繁荣和文明发展，做出了不可磨灭的重要历史贡献。

泉州：世界闽南文化的发祥地和闽南文化遗产的富集区

据《史记》《汉书》等史籍记载，西汉建元年间，闽越国因南击南越国被灭，泉山成为东越国都会。西汉元封元年（前110年）间，东越王余善因谋反被汉武帝"灭国迁众"，泉山大地上为此人烟稀少（据《史记·东越列传》）。自两晋至五代时期，大批从中原南迁泉山的先民，不仅带来中原地区的先进技术和优秀传统文化，而且也带来了中原河洛语言、北方官话方言，并已经成为古代泉山盛行的地方语言。与此同时，华北方言也持续融入泉山古老方言系统。中原传统文化在泉山形成独具一格的历史传承，根深蒂固。他们从北方带来的中华民族文化、先进知识、农耕技术和生产经验，以及中原语言文化、音乐艺术和海洋文化，生活在古代泉山这块神奇的土地上，繁衍、传承、播迁和弘扬。伴随着泉山的崛起而形成闻名天下的闽南文化。

在那漫长的历史长河中，泉州形成泉州南音、闽南戏曲、闽南建筑、闽南武术、闽南工艺等独具特色的"五南"文化。泉州保留着弥足珍贵的戏曲文化遗产，有梨园戏、高甲戏、打城戏、"嘉礼"（木偶）戏等剧种，其中蜚声海内外的有晋唐士乐余韵南音、宋元南戏"活化石"梨园戏和中国一绝"提线木偶"等。

晋江出土的唐朝双耳青釉小瓷罐
（晋江博物馆陈列藏品）

特别是泉州南音是中国现存最古老的乐种之一，曲调古雅，文词清丽，在音乐学、文学、美学、社会学等诸多方面均具有重要的学术价值。2006年，泉州南音被列为首批国家级非物质文化遗产；2009年，泉州南音被联合国教科文组织列入世界非物质文化遗产代表作名录。作为南少林武术的发源地，泉州具有薪传不息、独树一帜的闽南武术文化。泉州成为国家文旅部评定的全国首个文化生态保护区——闽南文化生态保护区的核心区。

古代泉山先民始终引领着中原文化与闽越文化、东越文化、异域文化、海洋文化的和谐融合，形成充满生机勃勃、欣欣向荣、闻名于世的闽南文化，世代传承，并谱写出古代泉州海洋商贸文化与闽南文化融合传承发展的新篇章，也彰显着今日泉州积淀厚重的人文历史和灿烂文明。同时，泉州也是首届"东亚文化之都"。在那漫长的历史长河中，泉州构建了闽南区域富有的人文特色，具有厚重内涵，成为中华民族古老传统文化的重要组成部分。自古以来，泉州古城形成多元、开放、包容的闽南文化特质，始终是激发爱拼敢赢、开拓进取的泉州民众谱写历史、缔造今日、开创未来的精神源泉。

泉州：宋元时期中国的世界海洋商贸中心

由于隋唐五代时期泉州中外海洋商贸经济蓬勃发展的坚实基础，从公元10世纪到14世纪，在泉州大地上产生并留存至今的一系列海洋商贸文化遗产和重要史迹，主要分布于以今天泉州古城区为核心的泉州湾地区，具有鲜明的中外海洋贸易和东西方文明交融特征，古老、多元、生动、丰富，甚至世所罕见。泉州海洋商贸文化遗产和重要史迹，客观见证了泉州这座举世瞩目世界东方大港的重要地位、历史奉献和古老风韵，也客观见证了泉州在隋唐五代时期海洋商贸经济的辉煌历史。

宋元时期，泉州作为繁荣的亚洲海洋商贸网络的中心，也是举世瞩目的中国对

青釉碗
南朝（公元420—589年）

晋江池店南朝墓考古发掘的南朝青釉碗（泉州市古代外销陶瓷博物馆陈列藏品）

外经济与文化交流的重要窗口。泉州古城承载着中外海洋商贸活动繁荣的希望。充分彰显中外海洋商贸的设施遗址、多元宗教信仰建筑、文化纪念地史迹、陶瓷和冶铁生产基地，以及由海港、桥梁、码头、航标塔、造船场、海神庙等组成的水陆交通网络的

西汉时期的东越国五岳遗存：泉山南岳庙（南海古庙）中殿飞腾神龙和精美神兽的木雕构件

完善功能，体现了泉州富有特色的中外海洋商贸交流体系与多元社会结构。泉州四湾十六港令人瞩目的贡献与成就，是建立在隋唐五代时期泉州海洋商贸经济兴盛发展的基础上。这是世界的海洋贸易经济在中国繁荣发展的杰出范例，充分展现出中国农耕社会农业文明与世界海洋商贸文明的融合交流，见证了积淀并延续至今的多元共荣海洋商贸传统的文化传承。

2021 年 7 月 16 日，第 44 届世界遗产大会在中国福州隆重启幕。大会项目审议认定：泉州是宋元中国的世界海洋商贸中心，列入世界遗产名录。在中国 55 项世界遗产清单上，再增添一颗璀璨明珠。

泉州：国务院首批公布的 24 个中国历史文化名城之一

自古以来，泉州先民向海而生、向海而兴、开放融合的传统基因，构建着泉州生动多彩、充满活力的社会风格和人文风貌。丰富多样的民间信仰、风俗习惯、传统工艺、文化艺术、乡土饮食等历代传承。泉州现有各级非物质文化遗产 505 项，其中世界级项目有南音、木偶戏、中国传统木结构营造技艺、水密隔舱福船制造技艺等 5 项，是全国唯一同时拥有联合国教科文组织全部三大类别"非遗"名录的城市，有国家级"非遗"36 项，居全国地级市前三位。

泉州拥有各级文物保护单位 945 处。其中国家级重点文物保护单位 44 处，省级文物保护单位 104 处，县（市、区）级文物保护单位 797 处。泉州极负盛名的有中国现存最早的伊斯兰教清真寺、世界唯一的摩尼光佛像石刻、中国最

大的老君石刻造像、葬有唐代到泉州传教的穆罕默德门徒三贤四贤的灵山圣墓、千年古刹唐代开元寺及东西塔、记载古代海上交通和贸易的九日山祈风崖刻、备受台湾同胞和海外侨胞信众膜拜的天后宫妈祖、民族英雄郑成功史迹与陵墓、宋代蔡襄主持修建的洛阳桥、号称"天下无桥长此桥"的安平桥，以及与惠东民俗、海滨风光、石雕艺术融为一体的惠安崇武古城等。

早在西汉时期，泉山的东越国被汉武帝"灭国迁众"，大批泉山先民四处逃命，渡海播迁台湾、东南亚海岛和南太平洋很多的海岛。自古以来，内涵厚重的海洋文化孕育着泉州先民，为了谋生背井离乡，漂洋过海。泉州成为全国著名重点侨乡和台湾汉族同胞主要祖籍地。泉州旅居世界170多个国家和地区的泉州籍华侨、华人约达950万人，港澳同胞70多万人，祖籍泉州府的台湾同胞约900万人。长期以来，旅外乡亲同胞热心桑梓建设，成为推动泉州经济社会发展的重要力量，也成为泉州与世界密切联系的桥梁和纽带。

西汉时期的东越国五岳遗存：泉山南岳庙（南海古庙）中殿精美飞腾神龙的木雕构件

泉州素有"泉南佛国""海滨邹鲁"的美誉。泉州作为中国古代海上丝绸之路的重要发祥地，佛教、伊斯兰教、天主教、犹太教、基督教、印度教、摩尼教等世界多种宗教信仰文化都在泉州大地上广泛传播，留下大量异域文化遗迹，使得泉州古城大地成为多元文化融洽交汇、和平共荣的载体，被誉为"世界宗教博物馆"。

在泉州历史文化名城的古老大地上，至今存有完好并值得我们关注和深入探究泉州五岳与五岳庙的建筑遗存。历史影响非同凡响的中国古代五岳与五岳庙，不仅象征着中国封建国家不容侵犯的社稷江山，也彰显中国封建国家至高无上的重要礼制。为什么在古老泉山有五岳与五岳庙建筑文化遗存呢？古老泉山是在什么时候兴起封冠五岳与修建五岳庙？古老泉山为什么要封冠五岳与修建五岳庙？为什么古老泉山五岳与五岳庙在历史上始终是默默无闻？

多年来，当我们详细考察研究泉州南海古庙原称南岳庙时，至今保存自汉代以来至少有30多次庙宇建筑大修建的历史痕迹，很多不同时期的梭型石柱、莲花瓣柱础石、覆盆式柱础石、圆突式柱础石、古石墩等石建筑形制和构件技艺，以及充分反映晋代以来的卷草纹、火焰纹、飞天、金翅鸟、莲花、狮子、大象、螃蟹、龙王、鳌鱼、海豹等精湛建筑木雕艺术构件的文化遗存，深深感到十分震撼。南海古庙建筑保存丰富多彩的文化遗存和历代修建的史迹文化遗存，堪称是一座古代闽南民间信仰宫庙的建筑博物馆。

毫无疑义，历史悠久的泉州五岳与五岳庙建筑，将为泉州历史文化名城再增添一份璀璨的文化史迹遗产。

魏巍泉山，面对着茫茫海洋风起云涌。

滔滔晋江，源自那澹澹溪流山高水长。

赫赫闽越，似一阵飘飘彩云溢目缤纷。

煌煌东越，仅留下肃肃五岳沐浴春光。

晋江溪河绵延不绝，奔流大海。我们从泉州南海古庙古老文化遗存中，可以清晰看到：两千多年前，泉山先民自强不息，筚路蓝缕，开疆拓土，在泉山大地上生生不息、繁衍壮大，把悠久历史镌刻成为泉州五岳庙建筑的绚丽文化遗存和史迹。在漫长的历史长河中，泉州五岳和五岳庙与泉州无数十分厚重的历史文化史迹，最终积淀成为古代泉州历史的灿烂文明。古老泉州五岳和五岳庙建筑遗存，承载着中华民族优秀传统文化的基因。我们应挖掘泉州五岳和五岳庙建筑遗存的多重价值，深化探源研究，立足于讲好泉州历史文化名城的古老故事，以充分展现可信、

西汉时期的东越国五岳遗存：泉山南岳庙（南海古庙）中殿精美金翅鸟木雕的艺术构件

可爱、可敬、可歌的泉州新形象。

泉州：始终引领着中国古代海洋商贸活动的蓬勃发展

在研究南岳庙的过程中，对南岳庙改名为"南海古庙"，匾额是由清代状元吴鲁题写的，因而引起了我们的重视和关注。南海古庙为什么原称南岳庙？古代南岳庙为什么能够完好保存至今？为什么南岳庙要改名为"南海古庙"？究竟是什么时候把"南岳庙"改名为"南海古庙"？通过对南海古庙文化遗存的深入研究考证发现：隋代，"南岳庙"改名为"南海古庙"。这是一座修扩建于隋代的泉州海神庙，供奉南岳之神、南海之神、广利尊王祝融。

据泉州南海古庙《重修南海庙碑记》载，南海古庙是供奉南海之神"广利尊王祝融"。据广东《南海神庙碑刻拓片集》《南海神庙文献汇辑》《南海神庙》等图书文献记载，隋朝开皇年间，隋

西汉时期的东越国五岳遗存：泉山南岳庙（南海古庙）中殿的精美火焰纹木雕艺术构件

文帝下诏命沿海立祠祭祀，广州兴建南海神庙。泉州南海古庙与广州南海神庙同样是供奉南海之神"广利尊王祝融"。泉州南海古庙和广州南海神庙，同样是隋唐五代时期中国海上丝绸之路的海神庙，也同样是中国海上丝绸之路的重要文化窗口。

隋唐五代时期，泉州南海古庙和南海之神祝融的民间信仰文化内涵，向来是中外海洋商贸活动中最柔韧又最有穿透力的精神力量，承载着泉州先民最美好的心愿和期盼，跨越时空，春风化雨，乘风破浪，勇往直前，为中外海洋商贸船舶客商和航海人带来心灵的交流与相契，并由此打造一条历久弥坚的民间信仰精神纽带。

作为隋唐五代时期的海神庙，泉州南海古庙与广州南海神庙，始终以十分独特而又激荡热情，共同见证开辟"通海夷道"，激励一批批中外海洋商贸船

舶无所畏惧、迎风破浪、驶向远洋，共同见证中国海上丝绸之路发展的辉煌崛起，彰显中国古代社会积极开展世界的海洋商贸活动和构建多元文化融合交流的大平台。

西汉时期的东越国五岳遗存：泉山南岳庙（南海古庙）中殿柱梁上精美镇海鳌龙的木雕艺术构件

泉州曾经以十分独特而又蕴含强劲发展的优势资源，建立以中国古代最早的精美外销陶瓷器货源为重点的手工业生产体系和外销货物生产基地，不仅始终引领中国东南沿海积极开拓广阔的海外市场，而且始终引领中国的世界海洋商贸活动拓展规模和持续发展。

泉州曾经作为中国的世界海洋商贸活动的重要港口，以外销大批陶瓷器所展现的巨大市场商业利益，始终引领、积极驱动着来自世界各国海洋商贸船舶和中外客商，纷纷前往泉州开展商贸活动。

泉州曾经以无比宽阔的胸怀和开放包容的精神，全面整合各种优势资源，实现跨行业、跨国界、跨制度、跨海洋的区域经济繁荣，引领中国沿海各地提供源源不断的外销货物来到泉州，并在泉州四湾十六个海港形成举世瞩目的包括陶瓷器等外销货物的集散地。

泉州曾经以闽南文化的多元凝聚力量，始终引领来自不同海域、不同国度、不同宗教、不同族群和不同文化的人群，开展海洋商贸交流，多元共存，互动促进，和谐共处，为人类世界文明社会的繁荣发展做出不可磨灭的历史贡献。

西汉时期的东越国五岳遗存：泉山南岳庙（南海古庙）中殿柱梁上狮豹猛兽的木雕艺术构件

泉州古代海上丝绸之路波澜壮阔的历史图景（蔡永辉、许瑞珍提供）

隋唐五代时期，中国海上丝绸之路的兴盛，赋予了泉州先民海纳百川的胸襟和放眼世界的胸怀。古代泉州的四个海湾十六个海港，帆樯林立、千帆竞发，以其恢宏博大、波澜壮阔的气度，吸引了各国番商纷沓而至，熙熙攘攘、川流不息地进入古老的泉州大地，接纳并融合了来自四方的中外海洋商贸交通船舶和海外客商，更以独具一格的闽南文化魅力，将中国古代辉煌灿烂的海洋文明传播世界。

泉州南海古庙是一颗曾经闪耀在隋唐五代时期的璀璨明珠，也是中国海上丝绸之路重要发祥地泉州未被发掘的历史文化遗存。南海古庙彰显泉州在中国海上丝绸之路谱写欣欣向荣发展的辉煌历史，值得我们继续深入地探索和研究。

泉州南海古庙与广州南海神庙拥有共同的古老海神信仰文化遗存，不仅共同彰显隋唐五代时期中外海洋商贸经济活动的兴起、形成和发展的人文历史，而且共同见证了中国的世界海洋商贸中心崛起的辉煌历史。重视发掘、整理、研究和保护泉州南海古庙的人文历史遗存，对于提高泉州历史文化名城影响力和探寻泉州的世界海洋商贸中心的厚重文化内涵，仍然具有十分深远的积极意义。

迢迢海路，南岳古庙祀典的礼制继往开来。

袅袅香火，南海古庙祭海的祈祷如歌如诗。

漫漫历史，晋江溪河流淌的故事可圈可点。

悠悠岁月，泉山大地留存的史实可歌可泣。

第一章　东越国都会泉山

在研究考证隋唐中国海上丝
绸之路泉州海神庙——南海古庙
的过程中发现：古代泉州不仅有
十分久远而令人赞叹的东越国五
岳文化遗存，而且有十分古老而
又令人难以置信的东越国都会
"泉山"的人文历史，从而揭开
隐藏在《史记·东越列传》《汉
书·严助传》《汉书·朱买臣传》

西汉泉山，今称泉州。泉州泉山门是始建于
唐朝泉州的北城门

《后汉书》等中国古代二十四史文献中有关东越国"泉山"的客观史实。

东越国，始见于西汉时期史学家司马迁《史记·东越列传》的历史文献记
载。然而由于久远的历史原因，自古以来的历代志书史籍文献中记述"东越
国"的古老历史，几乎都是以闽越国的古老历史进行记述，始终认为西汉时期
只有闽越国而无"东越国"史实。

泉山，始见于《汉书·朱买臣传》的历史文献记载。"泉山"，古泉州地
名，是秦朝时期闽中郡属地，也是西汉时期的闽越国属地。在闽越国被灭之
后，"泉山"属东越国属地，同时还是东越王余善建立的东越国都会。泉州，
是隋朝在"泉山"始置州治时的名称。由于西汉时期被"灭国迁众"的东越国
都会是"泉山"，隋朝廷为此以"泉山"地名始置州治名泉州。这也可以从侧
面证实西汉时期东越国都会"泉山"在古代历史中的重要地位。然而由于久远
的历史原因，自古以来的"闽越国泉山"，均始终被认为是在今福州或闽北。

西汉时期的闽越国、东越国，均是中国西汉历史上的地方割据政权、发展

强盛的诸侯王国。先秦时期的闽越先民，西汉时期的闽越国、东越国先民，保持传承了福建远古百越文化中的风俗、习惯、信仰、宗教、观念、文化、艺术等。在政治和经济等方面，受到古代中国北方和中原文化的深刻影响，从而创造出灿烂的闽越文化。①与此同时，也创造出辉煌的东越文化。

西汉建元六年（公元前135年），由于汉武帝在灭闽越国后同时封立"越繇王"与"东越王"，导致东越王余善南迁在"泉山"，建立东越国，并设立都会。东越王"余善刻武帝玺自立"，为了"诈其民，为妄言"，在"泉山"封冠东越国五岳山、建造东越国五岳庙和举行五岳祭典，举兵反叛朝廷，这最终导致东越国被惨烈地"灭国迁众"而"东越地遂虚"的直接原因。②时至今日，泉州保存完好的东越国五岳庙遗存，见证了发生在西汉时期东越国都会"泉山"已沉默两千多年的史实，也同时始终引领并见证了汉唐时期中国海上丝绸之路发展的历史进程。

晋江考古发掘的第四纪哺乳动物化石（晋江博物馆陈列藏品）

第一节 泉山大地灿烂的古代文明

远古时期，即旧石器时前至先秦时期，古泉州地域是"海峡人"、百越人、闽越人和东越人的主要聚居地。隋代以前的古泉州地名，称为"泉山"。从古至今，泉山先民依海搭寮，耕织日滋，伐木为舟，探索海洋，向海而生，以海为田。渔盐海运，以渔为业，向海而兴，薪火相传，始终追逐着海天之梦。

西汉建元六年（公元前135年），闽越国被灭，在原闽越国大部分领地（不

---

①陈世兴主编：《泉州学研究》，福州：福建教育出版社，2002年4月，第111页。泉州市政协文史和学习宣传委编：《刺桐博物》，2018年11月，第22页。
②（汉）司马迁：《史记》卷之一百一十四，列传第五十四《东越列传》，简体字本二十四史，北京：中华书局，2005年3月，第2276页。

含东瓯国领地）基础上，汉武帝封立余善为东越王，建立了东越国。①

历经远古漫长的历史，泉山先民在这块古老的土地上，筚路蓝缕、拓土开疆、繁衍生息，在传承闽越国文化的基础上，延续创造十分灿烂的东越国社会文明。

始兴于秦汉时期的泉州清源山，又称北山

一、远古时期晋江流域是泉山先民的主要聚居地

晋江是福建省第三大河流，全长302公里，流域面积达5629平方公里。晋江流域始终是古代"海峡人"、百越、闽越、东越先民，以及包括泉山先民的重要聚居地。据晋江市博物馆的陈列文献记载：

早在七万年前，晋江沿海已经出现旧石器时期古人类活动踪迹。距今四千年左右，晋江先民进入新石器时代晚期的发展阶段。晋江深沪湾古森林遗址，距今约有7500—7000年。先秦时期在晋江流域主要文化遗址分布在晋江内坑的思母山遗址，是新石器时代。晋江深沪的庵山沙丘遗址，是青铜器时代。晋江青阳的下行遗址，是青铜器时代。晋江梅岭的岭山遗址，是新石器时代。晋江青阳的八仙山遗址，是青铜器时代。其中福建闽南地区青铜器时代的土著文化，是以深沪庵山沙丘遗址为代表，突显早期海洋经济生活的特征。晋江考古发掘南朝时期墓葬中，墓砖纹饰有青龙纹、白虎纹、玄武纹、朱雀纹，以及蔓草团纹、缠枝花卉纹、团花纹等。②

2007年，晋江深沪庵山沙丘遗址的发现，古遗址年代从石器时代跨越青铜器时代。在4000多年的新石器时代，晋江先民在青阳、内坑思母山一带居住，打造生产工具，进行原始社会生产。③这些史实彰显古代泉山先民早已传承十

---

① （汉）司马迁：《史记》卷之一百一十四，列传第五十四《东越列传》，简体字本二十四史，北京：中华书局，2005年3月，第2276页。
②晋江市博物馆陈列的文献资料。
③泉州市政协文史和学习宣传委编：《刺桐博物》，2018年11月，第46页。

分灿烂的中华民族传统文化。

据《石狮市志》记载：

> 早在旧石器时代，境内即有古人类栖息。考古发现，两万多年前，石狮沿海是早期人类即海峡人活跃的区域。春秋战国时期，古越人在这里繁衍生息，陆耕海渔。汉代，北方汉人开始入迁。西晋永嘉之乱后，士族衣冠南渡入闽，部分定居在今石狮境内的海滨平原。①

据泉州市博物馆陈列的史籍记载，在距今1万年以前的旧石器时代，泉山就已经有人类先民繁衍聚居的

泉州市博物馆陈列介绍古代泉州丰富的人文历史

证据。到了新石器时代，泉山先民已经掌握水稻种植和陶瓷制作技术。周秦以来，闽越先民开始在泉山生活，"以舟为车，以楫为马""水行而山处"，善于造舟驾船，涉江泛海，过着以采集、渔猎和原始农耕经济为主的生活。②

据对泉州市南安丰州狮子山系新石器时期文化遗址的考古发掘，曾经出土石斧、石环、火石、胸印及数十件粗陶器等文物，至今已经有4000多年的历史。③

据泉州地方史籍记载，1985年，在今泉州市东北部泉港区涂岭镇芦朴村后埔自然村蚁山（又名艾山、行山），发现了新石器文化遗址，年代约在商周时期，至今大约有4000多年历史。这里考古发掘曾经找到古陶器、石锛等一批文物。这说明泉州市泉港沿海地区在文献记载以前，已经有了泉山先民居住，他们应属于闽越先民的一支。古代泉山先民曾经以蚁山文化遗址为中心进行渔

---

①中共石狮市委党史和地方志研究室编：《石狮市志》，北京：新华出版社，2019年11月，第2页。
②泉州市政协文史和学习宣传委编：《刺桐博物》，2018年11月，第21页。
③洪少霖：《海丝南安》，香港：香港海丝文化出版社，2019年12月，第141页。

耕、渔猎活动，开疆拓土，向海而生，繁衍生息。①

　　据惠安地方史籍记载，在崇武沿海大岞山龙喉岩周边，曾经发现过4000多年前新石器的文化遗址，为古闽越国、东越国的泉山先民，在此从事渔耕、渔猎活动，向海而生，向海而兴，生生不息。②

　　4000多年前，古泉山已经处于新石器时代文化的发展阶段。3000多年前，跨入青铜器时代。延及汉代初期，闽越国泉山先民主要活动于南安江流域，即今晋江流域的广阔平原，多数生活在沿海地区。在今泉州发现南安霞福贝丘考古遗址中，发现均具有早期海洋文化的信息。1974年，在南安水头镇大盈村发现一批属于西周至春秋时期的青铜器文化遗存，是福建闽南地区首次发现年代最早的古代青铜器文化遗存之一。③

　　2007年4月，泉州在开展晋江流域考古调查中，记载有历年发现新石器时代晚期至青铜器时代的早期文化遗址近200处。距今3400—2800年前的晋江深沪庵山沙丘遗址，是一处东南沿海较早期的青铜器时代遗址。2009年间，考古发掘发现有三期具有相互叠压的以青铜器时代文化为主的古文化遗存。同时，还考古发掘出土少量的秦汉、唐宋时期的文化遗存。④

　　在20世纪70年代泉州市境内的南安大盈，曾经考古发掘出土一批古早青铜器时代的青铜器文物。在福建境内考古发掘青铜器

竖立在泉州东北部下炉村的海洋岩石，见证新石器文化和晋代先民播迁泉山的历史

①陈支平、肖惠中主编：《海上丝绸之路与泉港海国文明》，厦门：厦门大学出版社，2015年3月，第96页。泉州市泉港区文体旅游局编：《海上丝绸之路泉港文化遗产》，北京：朝华出版社，2018年2月，第29页。
②庄炳章：《泉州访古揽胜》，厦门：鹭江出版社，1993年6月，第119页。
③泉州市政协文史和学习宣传委编：《刺桐博物》，2018年11月，第64页。
④泉州市文物局、泉州市文物考古研究所编：《泉州文物·国宝篇》，北京：九州出版社，2021年6月，第195页。

时代的青铜器文物并不多见，过去考古发掘的文物多限于锛、斧、刀、镢等青铜工具和戈、矛、鍼等青铜兵器。①这些发现充分说明古代泉山青铜器时代具有发达的生产力。

据泉州地方志书记载，西周至春秋战国时期，泉州地区是属七闽、闽越的辖地。周朝，古闽地形成七个大氏族部落，史称七闽。闽越，是先秦时期的氏族部落名称，属百越先民的其中一支。闽越氏族部落是古代汉族先民之一，也是西汉时期建立闽越国的前身。②

先秦和西汉时期，在古闽越大地上的泉山先民，就以"习以水斗、便于用舟"而著称于世。据《史记》《汉书》等史籍文献记述，古闽越先民习惯傍水而居，好水斗，善于驾舟行筏，善于造舟涉江泛海。闽越先民很早之前，以海为田、以船当车，大海渔猎，从事渔耕，向海而生，探索海洋，勇往直前，生生不息。③

武夷山的福建闽越王城博物馆
闽越王造像

二、秦朝时期泉山地域属闽中郡辖地

据战国先秦时期成书的著名地志文献《禹贡》记载，"淮海维扬州。……三江既入，震泽底定。……浮于江海，达于淮泗"。即淮河与黄海之间是扬州，古七闽之地为古扬州地。《山海经》载："闽在海中，其西北有山。一曰闽中，山在海中。"唐虞、夏商时期，福建之地隶扬州。《周礼·夏宫·职方氏》载：掌八蛮、七闽。周朝时，福建属七闽之地。春秋战国时期，福建之地属越国。

①庄锦清、林华东：《福建南安大盈出土青铜器》，《考古》1977年第3期。
②陈世兴主编：《泉州学研究》，福州：福建教育出版社，2002年4月，第112页。
③（汉）班固：《汉书》卷之六十四，传第三十四（上）《严助传》，简体字本二十四史，北京：中华书局，2005年3月，第2097页。泉州市政协文史和学习宣传委编：《刺桐博物》，2018年11月，第21页。

据《史记·东越列传》记述，战国时期，周显王三十五年（公元前334年），越王勾践裔孙无疆与楚威王作战失败时被杀，越国遂被楚国所灭。为此，越国的王族和先民是乘坐船舶从海路入闽，在闽中郡七闽传播吴越和中原文化，并与闽中郡先民繁衍生息。越族逐

福建闽越王城博物馆，在武夷山

渐融合成为闽越人。古代闽越国，成为秦汉时期南方著名的诸侯王国。[①]

秦始皇时期（公元前221年），设立闽中郡，归入秦王朝版图，是福建最早的建制。闽中郡虽作为秦朝四十郡之一，但秦朝认为闽中郡之地远离中原，山高路险，系"荒服之国"，且越人强悍难于统治，秦朝未派守尉令长治理闽地。据《史记·东越列传》载："秦以并天下，皆废为君长，以其地为闽中郡。"闽越国地域范围即为"七闽"之地，包括古代的福建、浙南、温州、台州，以及潮汕梅一带地区等。[②]

据《汉书·地理志》记载，秦王嬴政二十五年（公元前222年），秦将王翦"定荆江南地，降越君，置会稽郡"，即秦将王翦统秦大军定江南及百越，以故吴越地置会稽郡。[③]秦王朝为了加强对闽越先民的控制，把大批中原地区的罪犯流放到闽中郡属地，从客观上推进闽越先民与中原先民进行华夏民族文化的大融合。

秦二世元年（公元前209年），陈胜、吴广领导农民起义。闽越无诸、摇率

① （汉）司马迁：《史记》卷之一百一十四，列传第五十四《东越列传》，简体字本二十四史，北京：中华书局，2005年3月，第2276页。陈世兴主编：《泉州学研究》，福州：福建教育出版社，2002年4月，第112页。
② （汉）司马迁：《史记》卷之一百一十四，列传第五十四《东越列传》，简体字本二十四史，北京：中华书局，2005年3月，第2277页。陈世兴主编：《泉州学研究》，福州：福建教育出版社，2002年4月，第111页。
③ （汉）班固：《汉书》卷之二十八，志第八《地理志（上）》，简体字本二十四史，北京：中华书局，2005年3月，第1231页。

领实力强盛的闽越军队北上，响应农民起义，参与推翻秦朝政权。公元前206年，楚汉战争爆发后，闽越军队又北上中原参加楚汉战争。据《史记》《汉书》文献记述，无诸、摇率领的闽越军队兵士骁勇善战，帮助汉高祖打败项羽："（无诸、摇）从诸侯灭秦。……汉击项籍，无诸、摇率越人佐汉。"[1]

三、西汉时期泉山地域分别属闽越国、东越国

秦代的闽中郡地，西汉前期属闽越国领地。西汉后期，为东越国领地。均属汉朝会稽郡地。[2]西汉时期，汉朝廷对百越地区经略是实行分而治之的政策。汉高帝五年（公元前202年）以后，先后把秦代闽中郡地分封给诸侯王，即闽越王无诸、东瓯王摇、南越王织等。汉朝封无诸为闽越王而建立闽越国的领地，包括今福建、浙江南部和潮梅一带。[3]

据《史记·东越列传》记载："汉五年（公元前202年），复立无诸为闽越王，王闽中故地，都东冶。"闽越国"都东冶"，即闽越国"东冶"都城在今福州。汉惠帝三年（公元前192年），为了制衡控制闽越国，汉朝廷利用闽越国王无诸与"闽君摇"间的严重矛盾，封闽君摇为东海王，建立东瓯国，又名"东海国"。建都东瓯，故又称"东瓯王"，统辖今浙江南部等地区。[4]闽越国领地在被分割建立东瓯国、失去东瓯诸侯国的领地之后，自此由鼎盛逐步走向国力大减。

武夷山的福建闽越王城博物馆

汉建元六年（公元前135

---

① （汉）司马迁：《史记》卷之一百一十四，列传第五十四《东越列传》，简体字本二十四史，北京：中华书局，2005年3月，第2276页。
② （汉）司马迁：《史记》卷之一百一十四，列传第五十四《东越列传》，简体字本二十四史，北京：中华书局，2005年3月，第2276页。 （汉）班固：《汉书》卷之二十八，志第八《地理志（下）》，简体字本二十四史，北京：中华书局，2005年3月，第1235页。
③陈世兴主编：《泉州学研究》，福州：福建教育出版社，2002年4月，第111页。
④（汉）司马迁：《史记》卷之一百一十四，列传第五十四《东越列传》，简体字本二十四史，北京：中华书局，2005年3月，第2276页。

年），闽越国被灭。在闽越国被分割出建立东瓯国领地之后的大地上，汉武帝先封立"越繇君"为"越繇王"，居住在原"东冶都城"。随即再封立余善为东越王，东越王余善南迁在闽南泉山建立东越国。自此，东越国"两王"并存，在客观上形成闽越北部与东越南部的"两王"割据的客观局面。东越国在暂短的26年历史间，再次开创前所未有的东越国经济社会大繁荣、大发展的局面。东越国成为中国古代南方强盛的诸侯王国。

西汉时期，汉高帝五年（公元前202年），泉山地域属会稽郡地闽越国。

西汉时期，汉武帝建元六年（公元前135年），泉山地域属会稽郡地东越国。

四、西汉时期泉山地域分别属会稽郡地"冶县"与"东冶县"

由于中国古代志书均是以古老的文言文编纂，仅仅从精炼简洁的文言文，是难以解读出西汉时期的闽越国与东越国属会稽郡地的延续客观历史。与此同时，又有西汉时期的"冶县"与"东冶县"属会稽郡地的延续客观历史。全面了解古代泉州地域属会稽郡地东越国和置郡县的客观历史，包括全面了解历代志书史籍对西汉时期封国置郡县记载的客观历史，均需要全面了解西汉时期朝廷实行郡尉分治模式和实行郡县与封国并行的重要国家政治制度，还需要了解同时期志书不同列传的相关历史记载。

西汉时期，会稽郡又称吴郡，辖境大致相当于今江苏南部、上海西部、浙江大部以及福建地区，是西汉时辖境最为广阔的郡。西汉朝廷实行郡尉分治模式，会稽郡治一度为吴县（今苏州），尉治在山阴（今绍兴），下辖26个县。据《汉书·地理志（下）》有关会稽郡的文献记载："会稽郡，秦置。高帝六年为荆国。十二年更名吴。景帝四年属江都，属扬州。……县二十六：……冶，回浦，南

闽北闽越王城汉城村修建的民间信仰宫庙

部都尉治"①。即《汉书·地理志》载：会稽郡，秦朝时设置。汉高帝六年（公元前201年）为荆国，汉高帝十二年（公元前195年），改名为吴郡。汉景帝四年（公元前153年），属江都。会稽郡属于扬州刺史部。下设有26个县：……冶县，回浦县。由汉朝南部都尉治理。

汉景帝四年（公元前153年），汉景帝在会稽郡属地闽越国置会稽郡"冶县"以替代秦闽中郡地，把闽越国地域列入汉朝国家版图，以彰显汉朝国家政权对闽越国政权的管理控制。自此时起，汉朝廷实行郡县与封国并行的重要国家政治制度，也就是由于汉王朝是在统一古代中国各地诸侯王国的特殊情况下建立的。为了实现汉朝国家安定、经济稳定发展，汉朝廷在全国各地封立诸侯王的同时置属郡县，以实现汉朝廷对诸侯王国政权的控制。

汉武帝建元六年（公元前135年），为了南扩闽越领地，闽越王郢把"东冶都"南迁，率领军队攻打南越国。闽越王郢被弟弟余善所杀，闽越国灭亡。汉武帝封立余善为东越王，余善在"泉山"建立东越国，并设都会。汉武帝在东越国领地泉山置会稽郡地"东冶县"，以取代在闽越国东冶置会稽郡地"冶县"。在26年之后，由于东越王余善举兵反叛，东越国被汉武帝"灭国迁众""东越地遂虚"。②

东汉时期，在相当长的历史时期中，未被北迁的原闽越国闽北领地先民仍然沿用汉朝廷置会稽郡地县名"冶县"（据《宋书·州郡志》）。

东汉时期，在相当长的历史时期中，未被北迁的原东越国的闽南、闽中领地先民仍然沿用汉武帝时置会稽郡地县名"东冶县"（据《后汉书·地理志》和《嘉泰会稽郡志》等）。

① （汉）班固：《汉书》卷之二十八，志第八《地理志（下）》，简体字本二十四史，北京：中华书局，2005年3月，第1235页。
② （汉）司马迁：《史记》卷之一百一十四，列传第五十四《东越列传》，简体字本二十四史，北京：中华书局，2005年3月，第2276页。（汉）班固：《汉书》卷之六十四，传第三十四（上）《严助传》，简体字本二十四史，北京：中华书局，2005年3月，第2097页。

第二节　记载东越国都会泉山人文历史的文献

揭开秦汉时期古"泉山"极为厚重的人文历史，需要同时从西汉司马迁编纂的《史记》和东汉班固编纂的《汉书》中的历史记述，进行深入的探索、系统客观的研究。据《史记·东越列传》记载的东越国，《汉书·严助传》《汉书·朱买臣传》记述的东越国"泉山"，是记载"泉山"人文历史的文献。秦汉时期，"泉山"地域并不是荒无人烟，也不是落后的蛮夷之地。"泉山"先民向海而兴，泉山已经是社会经济繁荣、国力强盛之地，具有灿烂辉煌的厚重人文历史。

一、《史记》《汉书》是研究西汉泉山的重要文献

中国古代二十四史，是各朝代撰写的二十四部史书的总称。从第一部西汉史学家司马迁《史记》记叙传说中的黄帝起，到最后一部《明史》记叙到明崇祯十七年（1644年）止，

西汉时期在闽北修建闽越王城汉城遗址

前后历时有4000多年，用统一的本纪、列传、表、志等纪传体编写，记载中国古代历朝的经济、政治、文化、艺术、地理和科学技术等各方面的事迹，从侧面反映中国农耕社会发展和人民真实生活情况的历史文献，成为贯穿中国古今的通史，内容非常丰富。

中国古代二十四史，是中华民族引以为荣并值得进一步发扬光大的宝贵中华民族文化遗产，在中华文明历史上占有极为重要的地位，是彰显中国古代5000多年灿烂文明历史的重要文献见证。

历史上，许多研究古代泉州历史的内容，多以泉州又称"泉山"的地名进行文献引述。西汉司马迁撰历史著作《史记·东越列传》，东汉班固撰历史著作

《汉书·严助传》《汉书·朱买臣传》,南朝范晔编撰《后汉书》和南朝沈约编撰《宋书》等中国古代二十四史前期的史籍文献,对僻处中国东南沿海的闽越国、东越国以及东越国泉山(今泉州)历史,均有不同侧面记载。这些对于研究古代泉山历史,是具有重要参考价值的历史文献。

(一)西汉著名史学家司马迁编纂的《史记》

司马迁(公元前145年或前135年—?),字子长。西汉时期中国著名的历史学家、文学家、思想家。司马迁编纂的《史记》内容包括起于上古传说轩辕黄帝时代(约公元前3000年)时"三皇五帝",下至汉武帝元狩元年(公元前122年),记述长达3000多年的中国古代历史,是中国古代第一部纪传体通史。同时,《史记》是一部中国古代优秀的文学著作,在中国文学史上有重要的历史地位,具有极高的文学价值。[①]

司马迁编纂的《史记》被列为中国二十四史之首。《史记》翔实地记录了发生在上古时期至汉朝年间,举凡政治、经济、军事、文化、地理、民俗等各个方面的发展状况。《史记》记述的中国古代历史,词汇丰富,词气纵横,形象明快,贯通古今,网罗百代,包罗万象,秩序井然,融会贯通,开启先例,脉络清晰。据司马迁《史记·太史公自序》曰:"王迹所兴,原始察终。见盛观衰,论考之行。"谓之"究天人之际,通古今之变,成一家之言。"[②]

西汉史学家司马迁编纂的《史记》,史实取材十分广泛,记述内容不以地理位置和时间发生顺序为线索,也不以地理

福建闽北古城的城村汉城遗址,是西汉闽越王建造的闽越国古城池

---

① (汉)班固:《汉书》卷之六十二,传第三十二《司马迁传》,简体字本二十四史,北京:中华书局,2005年3月,第2049页。
② (汉)司马迁:《史记》卷之一百三十,列传第七十《太史公自序》,简体字本二十四史,北京:中华书局,2005年3月,第2483页。

诸侯国和统一纪年为记述，而
是以各家之传记的整合形式以
记述体现。《史记》记事翔实，
内容十分丰富。为此，东汉著
名史学家班固编纂《汉书·司马
迁传》盛赞曰："服其善序事
理，辨而不华，质而不俚。其
文直，其事核，不虚美，不隐
恶，故谓之实录。"①

西汉时期在闽北修建的闽越王城古水井

（二）东汉著名史学家班固编纂的《汉书》

班固（公元32—92年），东汉时期中国著名的历史学家、文学家、思想家，
字孟坚，扶风安陵人（今陕西咸阳人）。生于东汉光武帝建武八年（公元32
年），卒于东汉和帝永元四年（公元92年），终年61岁。班固编纂《汉书》所记
叙历史，始于汉高帝刘邦元年（公元前206年），终于王莽地皇四年（公元23
年），前后共记述230年的文献史事。班固编纂《汉书》纪传，所记的都是西汉
时期一代的史实。班固以实录客观史实的精神，在平实中见丰富生动的史实，
堪称后世传记文学之典范。班固编纂《汉书》，被列为中国二十四史之一，在
中国古代历史中具有重要的史学地位。②

二、《史记》《汉书》记述的不同特点

东汉班固编纂《汉书》，把司马迁编纂《史记》的本纪，改称为"纪"。列
传改称为"传"，书改称为"志"，把汉代勋臣世家一律编为"传"。《汉书》
记载的时代与《史记》有交叉，汉武帝中期之前的西汉时期主要历史，两书都
有记述。《汉书》记载史料的来源主要是司马迁记载汉武帝前的《史记》。这

---

① （汉）班固：《汉书》卷之六十二，传第三十二《司马迁传》，简体字本二十四史，北
京：中华书局，2005年3月，第2049页。
② （汉）班固：《汉书》卷之一百，传第七十《叙传·班固》，简体字本二十四史，北京：
中华书局，2005年3月，第3079页。（南朝宋）范晔编纂、李贤注：《后汉书》卷之四十，
传第三十（上）《班彪传》，简体字本二十四史，北京：中华书局，2005年3月，第889页。

一部分《汉书》史实内容，常常引用《史记》的史实文献进行编纂。

由于西汉史学家司马迁与东汉史学家班固，两人的观察历史、价值观念、史学标准不尽相同，对史事的批评或见解不同，引用时也有增删或改动。相关列传中的类传史实，《汉书》有记载，而《史记》则没有收录。《汉书》的特点是注重史事的系统、完备，凡事力求有始有终，记述明白清楚。因此，《史记·东越列传》与《汉书·严助传》《汉书·朱买臣传》所记载局部的史实内容有所不同。

为了清晰地全面了解研究西汉时期的泉山历史，必须同时研究《史记》《汉书》的相关史籍文献内容。本章节把汉代相关东越国泉山（即古泉州）相关历史文献史籍的原文与译文，均做系统介绍。

闽北古建窑遗址，已被列为全国重点文物保护单位

据司马迁《史记·东越列传》记载：汉武帝的"灭国迁众"，指的是汉武帝灭东越王所建立的"东越国"。由于"东越国"被汉武帝"灭国迁众"，而导致"东越地遂虚"。①

由于古代福建志书、泉州府志、晋江县志，以及泉州地方文史资料中，历史上几乎很少提及到西汉时期的"东越国"。一些地方史籍引用《史记》《汉书》等历史文献对"东越国"的记述时，时常出现知识性错误，应当引起特别注意。其中包括：

一是把"东越国"作为"闽越国"等同起来记述。西汉时期，"东越国"与"闽越国"是明显不同的。从所属领地看，闽越国的领地是包括东瓯国领地，比东越国领地大。东越国领地不包括闽越国领地被分割出的东瓯国领地（《史记·东越列传》）。从建国时间看，汉高帝五年（公元前202年）建立闽越国，汉武帝建元六年（公元前135年）建立东越国。东越国是在闽越王被诛杀、

<hr/>

① （汉）司马迁：《史记》卷之一百三十，列传第七十《太史公自序》，简体字本二十四史，北京：中华书局，2005年3月，第2483页。

闽越国灭亡之后建立的（《史记·东越列传》）。从诸侯王名称看，闽越国有"闽越王"，东越国有"东越王"。从置郡县看，汉朝是在闽越国东冶都城置会稽郡地"冶县"（据《汉书·地理志》），汉朝是在东越国泉山都会置会稽郡地"东冶县"（据《后汉书·东夷传》《嘉泰会稽志》）。从设置都会看，闽越国是在"东冶"建立都会（据《史记·东越列传》），东越国是在"泉山"建立都会（据《汉书·严助传》《汉书·朱买臣传》）。这些史实将在以后的章节中阐述考证。

　　二是把"东越国"作为"东瓯国"等同起来记述。西汉时期，"东瓯国"是从原闽越国领地分割出来所建立的诸侯王国。汉武帝建元三年（公元前138年），"东瓯国"先民举国北迁。"东越国"是在"东瓯国"灭亡之后建立的。"东瓯国"有东瓯王，"东越国"有东越王。"东越国"是在东瓯国被分割之后的原闽越国领地建立的诸侯王国。为此，不能把不同时期的"东越国"与"东瓯国"混为一谈。

　　三是把"闽越王""东越王"作为"东瓯王"等同起来记述。西汉时期，汉朝廷在封立诸侯国的同时也封立诸侯王。闽越国有"闽越王"无诸、郢，东瓯国有"东瓯王"摇，又称东海王，东越国有"东越王"余善。为此，不能把"东越王"与"东瓯王"混为一谈，更不能把"闽越王"与"东瓯王"或"东越王"混为一谈。

　　四是把《史记》《汉书》均作为一般追忆的历史记述。实际上，司马迁编纂的《史记》记载中国古代历史长达3000多年，其中编纂汉武帝年代历史和《史记·东越列传》对东越国历史事件的记载，是司马迁在世时所亲身经历的重要历史事件的客观真实记录。《汉书》对东越国历史事件的记载，则采用《汉书·严助传》记载淮南王刘安给汉武帝的奏书原文。由于西汉时期志书记载的相关"泉山"史事文献，具有真实性和可靠性，显得十分珍贵。

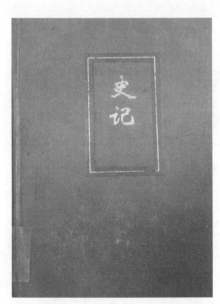

西汉司马迁的《史记》记载东越国被汉武帝灭国迁众的悲壮历史

五是把《史记·东越列传》误记为《史记·闽越列传》。历史上,西汉司马迁没有编纂《史记·闽越列传》,东汉班固没有编纂《汉书·闽越传》。班固编纂《汉书·两粤传》,主要是记载西汉南越国、闽越国和东越国的史事。粤,又称越。[1]西汉时期东越国以及东越国都会"泉山"的历史文献,主要在班固编纂的《汉书·严助传》《汉书·朱买臣传》《汉书·两粤传》中记载。

汉高帝五年(公元前202年),汉朝封立无诸为闽越王,建立闽越国。至汉建元六年(公元前135年),闽越王郢被诛杀,闽越国灭亡,闽越国存世前后68年。

汉建元六年(公元前135年),汉武帝封立余善为东越王,建立东越国。至汉元封元年(公元前110年),东越王余善被诛杀,东越国灭亡,东越国前后仅存世26年。

由于东越王余善和时号称"越甲卒不下数十万"[2],最终被汉武帝"灭国迁众"而导致"东越地遂虚"(《史记·东越列传》)。西汉时期史学家司马迁对这种极为惨烈而又悲壮的历史,铭心刻骨,难以忘怀,因而只有编写《史记·东越列传》。司马迁编纂《史记》相关闽越国的历史文献,主要在《史记·东越列传》中记载。司马迁编纂《史记》相关东越国的历史文献,也主要在《史记·东越列传》中记载。

第三节　司马迁《史记·东越列传》记载的东越国

西汉史学家司马迁编纂的《史记·东越列传》,不仅是研究西汉时期闽越国的主要历史文献,而且是研究西汉时期东越国的重要历史文献。

一、摘录《史记·东越列传》原文载[3]

闽越王无诸及越东海王摇者,其先皆越王勾践之后也,姓驺氏。秦已

---

① (汉)班固:《汉书》卷之九十五,传第六十五《西南夷两粤朝鲜传》,简体字本二十四史,北京:中华书局,2005年3月,第2833页。

② (汉)班固:《汉书》卷之六十四,传第三十四(上)《严助传》,简体字本二十四史,北京:中华书局,2005年3月,第2097页。

③ (汉)司马迁:《史记》卷之一百一十四,列传第五十四《东越列传》,简体字本二十四史,北京:中华书局,2005年3月,第2276页。

并天下，皆废为君长，以其地为闽中郡。及诸侯畔秦，无诸、摇率越归鄱阳令吴芮，所谓鄱君者也，从诸侯灭秦。当是之时，项籍主命，弗王，以故不附楚。汉击项籍，无诸、摇率越人佐汉。汉五年，复立无诸为闽越王，王闽中故地，都东冶。

孝惠三年，举高帝时越功，曰闽君摇功多，其民便附，乃立摇为东海王，都东瓯，世俗号为东瓯王。

闽北考古发掘的闽越古香熏陶器
（福建闽越王城博物馆陈列）

后数世，至孝景三年，吴王濞反，欲从闽越，闽越未肯行，独东瓯从吴。及吴破，东瓯受汉购，杀吴王丹徒，以故皆得不诛，归国。

吴王子子驹亡走闽越，怨东瓯杀其父，常劝闽越击东瓯。至建元三年，闽越发兵围东瓯。东瓯食尽，困，且降，乃使人告急天子。天子问太尉田蚡，蚡对曰："越人相攻击，固其常，又数反覆，不足以烦中国往救也。自秦时弃弗属。"

于是中大夫庄助诘蚡曰："特患力弗能救，德弗能覆；诚能，何故弃之？且秦举咸阳而弃之，何乃越也！今小国以穷困来告急天子，天子弗振，彼当安所告诉？又何以子万国乎？"

上曰："太尉未足与计。吾初即位，不欲出虎符发兵郡国。"乃遣庄助以节发兵会稽。会稽太守欲距不为发兵，助乃斩一司马，谕意指，遂发兵浮海救东瓯。未至，闽越引兵而去。东瓯请举国徙中国，乃悉举众来，处江、淮之间。

至建元六年，闽越击南越。南越守天子约，不敢擅发兵击而以闻。上遣大行王恢出豫章，大农韩安国出会稽，皆为将军。兵未逾岭，闽越王郢发兵距险。其弟余善乃与相、宗族谋曰："王以擅发兵击南越，不请，故天子兵来诛。今汉兵众强，今即幸胜之，后来益多，终灭国而止。今杀王以谢天子。天子听，罢兵，固一国完；不听，乃力战；不胜，即亡入海。"皆曰"善"。即镞杀王，使使奉其头致大行。大行曰："所为来者诛王。今王头至，谢罪，不战而耘，利莫大焉。"乃以便宜案兵告大农军，而使使奉王头驰报天子。诏罢两将兵，曰："郢等首恶，独无诸孙繇君丑不与谋焉。"乃使郎中将立丑为越繇王，奉闽越先祭祀。

余善已杀郢，威行于国，国民多属，窃自立为王。繇王不能矫其众持正。天子闻之，为余善不足复兴师，曰："余善数与郢谋乱，而后首诛郢，师得不劳。"因立余善为东越王，与繇王并处。

至元鼎五年，南越反。东越王余善上书，请以卒八千人，从楼船将军击吕嘉等。兵至揭扬（作者注：今广东揭阳。有史籍又称冶南），以海风波为解，不行，持两端，阴使南越。及汉破番禺，不至。是时楼船将军杨仆使使上书，愿便引兵击东越。上曰士卒劳倦，不许，罢兵，令诸校屯豫章梅岭待命。

元鼎六年秋，余善闻楼船请诛之，汉兵临境，且往，乃遂反，发兵距汉道。号将军驺力等为"吞汉将军"，入白沙、武林、梅岭，杀汉三校尉。是时汉使大农张成、故山州侯齿将屯，弗敢击，却就便处，皆坐畏懦诛。

余善刻武帝玺自立，诈其民，为妄言。天子遣横海将军韩说出句章，浮海从东方往。楼船将军杨仆出武林，中尉王温舒出梅岭。越侯为戈船、下濑将军，出若邪、白沙。元封元年冬，咸入东越。东越素发兵距险，使徇北将军守武林，败楼船军数校尉，杀长吏。楼船将军率钱唐辕终古斩徇北将军，为御儿侯。自兵未往。

故越衍侯吴阳，前在汉。汉使归谕余善，余善弗听。及

闽北考古发掘的闽越古陶壶（福建闽越王城博物馆陈列）

闽北考古发掘的闽越古陶瓿（福建闽越王城博物馆陈列）

横海将军先至，越衍侯吴阳以其邑七百人反，攻越军于汉阳。从建成侯敖，与其率，从繇王居股谋曰："余善首恶，劫守吾属。今汉兵至，众强，计杀余善，自归诸将，傥幸得脱。"

乃遂俱杀余善，以其众降横海将军。故封繇王居股为东成侯，万户；封建成侯敖为开陵侯；封越衍侯吴阳为北石侯；封横海将军说为案道侯；封横海校尉福为缭嫈侯。福者，成阳共王子，故为海常侯，坐法失侯。旧从军无功，以宗室故侯。诸将皆无成功，莫封。东越将多军，汉兵至，弃其军降，封为无锡侯。

于是，天子曰：东越狭多阻，闽越悍，数反覆，诏军吏皆将其民徙处江淮间。东越地遂虚。

太史公曰："越虽蛮夷，其先岂尝有大功德于民哉，何其久也！历数代常为君王，勾践一称伯。然余善至大逆，灭国迁众，其先苗裔繇王居股等犹尚封为万户侯，由此知越世世为公侯矣。盖禹之余烈也。"

二、摘录《史记·东越列传》原文译

闽北考古发掘的闽越古陶器（福建闽越王城博物馆陈列）

西汉时期，闽越王无诸和闽越东海王摇，他们的祖先均是越王勾践的后代，姓驺（作者注：据陈直《史记新证》，为齐大姓，当为姓骆）。秦朝统一天下后，秦朝把闽越之地设置为闽中郡。闽越王均被废除王号而成为闽中郡的君长。待到闽越诸侯反叛秦朝时，闽越无诸和摇就随即率领闽越人军队，归附鄱阳县令吴芮，就是人

们所说的鄱君，跟随各诸侯参加灭亡秦国。当时，项籍把持秦朝向诸侯发布命令的大权，没有封立闽越无诸和摇为诸侯王。因此，闽越诸侯就没有归附楚王。汉王率兵攻击项籍，无诸和摇就率领闽越军队辅助汉王。汉高帝五年（公元前202年）时，汉朝复封立无诸为闽越王，在秦朝闽中郡地域建立闽越国，建造闽越国"东冶"都会城池。

汉惠帝三年（公元前192年），汉惠帝列举汉高帝时闽越诸侯的辅佐汉朝廷之功，认为闽君摇的功劳多，闽越百姓也愿意归附，于是封立摇当了东海王，又称之为东瓯王，建立东海国，世人又称为东瓯国，建都城在东瓯。过了几代人之后，到汉景帝三年（公元前154年）正月，吴王刘濞谋反（作者注：据《史记·吴王濞列传》载：吴王刘濞联合赵、楚等七个诸侯国，发动了所谓斩晁错、清君侧的西汉七国之乱[1]），想让闽越国民众跟随吴王刘濞反叛汉朝。闽越王无诸不肯谋反参加七国之乱。等到七国之乱被汉军攻破，东瓯王摇接受汉朝的重金收买，在丹徒杀死吴王刘濞。因此，东瓯王摇没有被汉朝诛杀和责罚，而是回到了东瓯国中。

当年，吴王刘濞的儿子刘驹逃亡到闽越国，怨恨东瓯王摇杀了他的父亲刘濞，经常劝说闽越王无诸去攻打东瓯国。汉建元三年（公元前138年），闽越王无诸出动闽越军队北上围攻东瓯国。东瓯国被闽越国军队围困，粮食用尽遭受险境。东瓯王摇派人向汉武帝告急。汉武帝向太尉田蚡询问此事，太尉田蚡回答说：闽越人之间相互攻打是常发生的事，闽越人态度又反复无常，不值得烦扰汉朝军队前去救援。秦朝时就开始抛弃闽

闽北考古发掘的闽越古陶甗
（福建闽越王城博物馆陈列）

---

[1] （汉）司马迁：《史记》卷之一百六，列传第四十六《吴王濞列传》，2005年3月，简体字本二十四史，北京：中华书局，第2167页。

越人，也不把他们当作诸侯国。

时汉朝廷中大夫庄助（作者注：又名严助。《汉书》记载为严助）就诘难太尉田蚡说：如果只担心自己力量不足不去援救他们，那是恩德浅薄而不保护他们。如果真有能力救助他们，为何要抛弃他们呢？而且，秦国连整个咸阳都抛弃了，何况是闽越人呢！如今，小国在遭遇到困难没办法时来向汉朝告急，如果皇帝有能力而不去救援，他们将向哪里去诉苦求救呢？又如何来保护广大民众呢？

汉武帝说："太尉田蚡的主张不值得商议，我刚即位也不想拿出虎符从诸侯郡国调动军队去打仗。"于是，就派遣庄助拿着符节到会稽郡去调兵出征。会稽郡太守不想给庄助派遣军队出征，庄助就杀了一位军司马，重申汉武帝救援东瓯的旨意，会稽郡太守才发兵从海上去救援东瓯国。汉朝军队尚未到达东瓯国，闽越国军队获悉后就领兵南撤离去。东瓯王摇畏惧闽越国军队再次围攻骚扰，请求把全国民众都迁徙到中原去。于是，汉武帝同意东瓯王摇率领东瓯国民众，迁居到江、淮一带。

到了汉建元六年（公元前135年），闽越国军队出兵南下攻打南越国。南越国遵守汉朝廷的约束，不敢擅自发兵回击，而把这事报告汉武帝。汉武帝派遣大行王恢领兵出豫章郡，大农韩安国领兵出会稽郡，均担任将军之职。汉朝军队还未越过阳山岭，闽越王郢就派出闽越国军队守在险要的地方，对抗汉朝军队。闽越王郢的弟弟余善就与闽越国丞相及宗族之诸宗长一起商量说："闽越王郢没有向汉武帝请示，擅自发兵攻打南越国，所以汉武帝派兵前来讨伐。如今，汉朝军队人数众多而强大，现在就是侥幸战胜他们，汉武帝必然还会派更多军队来征伐，直到把我们国家消灭为止。我们现在去把闽越王郢杀了去请求谢罪。如果汉武帝接受我们的请求就能停止战争，我们国家必定会

闽北考古发掘的闽越古陶器
（福建闽越王城博物馆陈列）

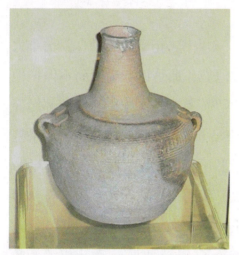

闽北考古发掘的闽越古陶器（福建闽越王城博物馆陈列）

完整保存下来。如果汉武帝不理睬我们的谢罪请求，我们就奋战到底。如果不能取胜，那我们就乘船逃到大海里去。"大家异口同声地说："好主意!"于是，余善等人就用计杀死了闽越王郢，并派使者带着闽越王郢的人头，献给了汉朝将军大行王恢。汉朝将军王恢说："汉军来这里就是为了诛杀闽越王郢，现在闽越王郢的人头已经送到，闽越国也已谢罪，未打仗就消除了祸患，没有比这更大的好事了。"王恢随即停止军事进攻行动，并把情况告知了大农韩安国。同时，派使者携带闽越王郢的人头，急驰长安去报告汉武帝。汉武帝随即下诏书，让王恢和韩安国率领的汉军停止军事进攻行动，并说："闽越王郢等首先作恶，只有无诸的孙子繇君丑没有参与这次叛乱阴谋的行动。"于是，汉武帝便派郎中将去封立丑当越繇王，奉行对闽越王的祭祀之礼。

闽越王郢的弟弟余善，在诛杀了哥哥闽越王郢以后，余善的威望传遍闽越国，闽越国民众多数纷纷归附于余善。为此，余善就私自去自立为王。时越繇王丑不能矫正闽越国民众的行为，也不能使闽越民众保持走上正道。汉武帝得知这事后，认为不值得再为余善自立为王的事，再兴师动众出兵。汉武帝说："余善屡次同闽越王郢阴谋作乱，以后却首先杀了闽越王郢，使得汉军得以避免战争伤亡劳苦。"于是，汉武帝就封立余善为东越王，与越繇王丑同时并处为诸侯王。

汉元鼎五年（公元前112年），南越国丞相吕嘉等反叛汉朝。汉武帝兴兵灭南越国。当时东越王余善向汉武帝上书，请求率东越国楼船军队8000名跟随汉朝楼船将军去攻打南越国叛军等。经汉武帝同意，东越王率楼船军队到达广东揭阳时，余善就以海上出现大风巨浪为借口，东越国军队就不再向前去攻打南越国，而是采取骑墙观望的态度，暗中又派使者与南越国联系。等到汉军攻陷番禺（今广州）歼灭南越国时，东越王余善率领的楼船军队也还未出行。这时，汉朝楼船将军杨仆派使者向汉武帝上书，愿意乘机会领兵去攻打东越国。汉武帝说，汉军士卒征战已经十分劳累疲倦，就没有批准楼船将军杨仆的征战请求。汉武帝下令，停止攻打东越国的军事行动。汉武帝让汉朝诸位校官率兵驻防在豫章、梅岭，等候汉朝廷的命令。

　　汉元鼎六年（公元前111年）秋，东越王余善听说汉朝楼船将军向汉武帝请求出兵讨伐东越国，而且汉朝大军也已经进逼东越国的边境，即将要攻打过来。于是，东越王余善就造反，派兵到汉军必经之路进行抵抗，还给东越国将军驺力等加封"吞汉将军"的封号。东越国大军进入白沙、武林和梅岭，杀了汉军的三个校尉。这时，汉朝派遣将军大农张成、原山州侯刘齿率领汉军平叛。但是，他们不敢前去进攻东越国军队，退到有利之地驻守而不敢前进。后来，他们都犯了临阵畏惧敌人、怯懦软弱的罪，而被汉武帝所杀。

闽北邹氏先民修建的闽北的邹氏宗祠

　　东越王余善私自刻"东越国武帝"印玺，公开自立为东越国武帝，还公开欺诈煽动东越国民众（作者注：这里是指东越王余善仿效汉武帝祭祀东越国五岳盛典），广泛散布虚妄不实的话。汉武帝派遣横海将军韩说从句章出发，渡海从东边进军；楼船将军杨仆从武林出发；中尉王温舒从梅岭出发。还有两个南越国投降汉朝而被封为诸侯的严和甲，做了戈船将军和下濑（又称下厉）将军，从若邪、白沙出发进军攻打东越国。汉元封元年（公元前110年）冬，汉朝这些将军都领兵进入东越国。东越国一向都派兵防守在险要的地方。东越王余善派徇北将军守卫武林，打败了汉楼船将军的几个校尉，杀死了汉朝长吏。汉楼船将军率领钱塘人辕终古杀了东越国徇北将军，被封为御儿侯。而汉朝楼船将军却按兵不动，没有进军武林。

　　因之前东越国越衍侯吴阳，是留在汉朝廷。汉朝廷派他回到东越国，劝说

闽北赵氏先民修建的汉城村赵氏宗祠

东越王余善归降，东越王余善根本不听劝告。等到汉朝横海将军韩说率兵先到东越国时，越衍侯吴阳就率领他在东越国邑中的700名兵士叛变东越国，在汉阳准备袭击东越国军队。越衍侯吴阳和建成侯敖及其部下，与越繇王居股商量说："东越王余善先发动叛乱而劫持我们这些人。今汉朝大军已到，兵多势强，如果能用计能杀除东越王余善，我们归顺汉朝将军，或许能侥幸解脱叛乱的罪过。"

于是，大家用计共同诛杀了东越王余善，并率领东越国军队投降了汉朝横海将军。因此，汉朝廷封越繇王居股为东成侯，食邑一万户；封建成侯敖为开陵侯；封越衍侯吴阳为北石侯；封横海将军韩说为按道侯；封横海校尉刘福为缭嫈侯。刘福是成阳共王刘喜的儿子，原先为海常侯，因为犯法而失掉侯爵。从前参军也没立军功，因为是宗室子弟的原因而被封侯。其余各位将军都没有战功，所以都没受封。东越国将领多军在汉军到来时就放弃抵抗。由于东越国的多军率领他的东越国军队投降。因此，多军被汉武帝封为无锡侯。

于是，汉武帝说：东越国是狭小而多险阻之地，仍然保留闽越人凶猛强悍的精神，屡次反复，变化无常。为此，汉武帝命令汉朝将军臣吏组织东越国民众，迁徙到江、淮一带居住。从此，东越国这地域变成了空虚之地。

太史公司马迁说："闽越国过去虽是蛮夷，他们的祖先大概对民众曾经做出很大功德，不然为什么世代相传繁衍得那么久远？经历几代都有人常当君王，而勾践曾一度称霸。东越王余善竟然做出大逆不道的事情，最终被'灭国迁众'，即国家被消灭、百姓被迁徙。他们祖先的后代子孙繇王居股等，还被

① （汉）司马迁：《史记》卷之一百一十四，列传第五十四《东越列传》，简体字本二十四史，北京：中华书局，2005年3月，第2276页。

封为万户侯。由此可知，东越国世世代代都有人当公侯，也许这是他们祖先禹王所积下的德行。"①

三、对《史记》记载的东越国应把握四个重要史实

一是东越国是中国南方强盛的诸侯国。汉建元三年（公元前138年），闽越国军队攻击东瓯国。为避免闽越国军队不断的攻击骚扰，东瓯王请求举国内迁。汉武帝将东瓯国先民全部迁移安置于长江、淮河之间的庐江郡。①从汉建元年间闽越王郢率领"闽越发兵围东瓯"，"闽越击南越"，到汉元鼎年间，东越王"闽越悍，数反覆"，"余善刻武帝玺自立"，均彰显东越国已经拥有强大的经济、军事实力。

二是东越国存世26年延续闽越国的辉煌历史。汉建元六年（公元前135年）至汉元封元年（公元前110年），汉武帝封立的东越国未遭受战争的破坏，在历经前后26年时间的发展，东越王余善在都会"泉山"建立的东越国，积极发展手工业经济，开展对外交通贸易，人口迅速增长。淮南王刘安给汉武帝奏书说："臣闻越甲卒不下数十万。"②

三是东越国被"灭国迁众"，诸多史书都没记载。东越国仅存世26年，就被汉武帝"灭国迁众"而"东越地遂虚"。为此，在《史记·东越列传》中，不仅没记载东越王南迁"泉山"设东越国都会，而且没记载汉朝在东越国领地置会稽郡地"东冶县"。不仅无记载汉武帝为何封立余善为东越王而不是闽越王，而且无记载东越王余善在都会泉山建立五岳庙。不仅没记述汉武帝为何不制止东越王余善私刻"武帝"印玺的反叛行为，而且没记载东越王是如何"诈其民，为妄言"。不仅无记述汉楼船是泛海攻打东越国"泉山"（据《汉书·朱买臣传》），而且无记述"灭国迁众"是如何把"越甲卒不下数十万"（据《汉书·严助传》）的东越国先民北迁至江淮间等诸多重要史实。

四是东越国都会"泉山"临近大海。这里需特别注意：东越国都会"泉山"不是处在高山峻岭，也没有高大的城池可据险。"泉山"临近大海，时余

---

① 胡世庆：《中国文化通史》，杭州：浙江大学出版社，2005年9月，第43页。
② （汉）班固：《汉书》卷之六十四，传第三十四（上）《严助传》，简体字本二十四史，北京：中华书局，2005年3月，第2097页。

善及其军队已经适应乘楼船出海作战和生活。为此，余善与闽越国丞相及宗族之诸宗长，在商量诛杀闽越王郢时说："不胜，即亡入海。皆曰：善。"①同时，特别值得研究的是：东越国沿海大批先民闻悉"灭国迁众"，随即乘坐楼船和海船亡命入海，向东突围，穿越台湾海峡，播迁台湾和南太平洋岛国。

上述这些史实，还将在之后章节进行论述考证。

第四节 《汉书·严助传》记载的"越"地泉山

东汉史学家班固编纂《汉书》所记载的历史文献内容，均是西汉时期的史实。《汉书·严助传》是班固在《汉书》中编纂的七十篇列传之一。据会稽郡志书史籍载，严助是朱买臣的同乡（作者注：严助，本名庄助，避汉明帝刘庄讳，改为严助。《史记》记载为庄助）。后来，严助任会稽郡太守三年。②

闽北先民兴建的闽北兴贤书院

一、摘录《汉书·严助传》原文载

建元三年（前138年），闽越举兵围东瓯，东瓯告急于汉。时，武帝年未二十，以问太尉田蚡。蚡以为越人相攻击，其常事，又数反复，不足烦中国往救也，自秦时弃不属。于是助诘蚡曰："特患力不能救，德不能覆。诚能，何故弃之？且秦举咸阳而弃之，何但越也！今

---

① （汉）司马迁：《史记》卷之一百一十四，列传第五十四《东越列传》，简体字本二十四史，北京：中华书局，2005年3月，第2276页。
② （宋）施宿等：《嘉泰会稽志》卷之一，《越》，北京：商务印书馆，2013年11月。
（汉）班固：《汉书》卷之六十四，传第三十四（上）《严助传》，简体字本二十四史，北京：中华书局，2005年3月，第2097页。

小国以穷困来告急，天子不振，尚安所诉，又何以子万国乎？"上曰："太尉不足与计。吾新即位，不欲出虎符发兵郡国。"乃遣助以节发兵会稽。会稽守欲距法，不为发。助乃斩一司马，谕意指，遂发兵浮海救东瓯。未至，闽越引兵罢。

闽北刘氏先民修建的闽北刘氏宗祠

后三岁，闽越复兴兵击南越。南越守天子约，不敢擅发兵，而上书以闻。上多其义，大为发兴，遣两将军将兵诛闽越。淮南王安上书谏曰：

陛下临天下，布德施惠，缓刑罚，薄赋敛，哀鳏寡，恤孤独，养耆老，振匮乏。盛德上隆，和泽下洽，近者亲附，远者怀德，天下摄然，人安其生，自以没身不见兵革。今闻有司举兵将以诛越，臣安窃为陛下重之。越，方外之地，剪发文身之民也。不可以冠带之国法度理也。自三代之盛，胡越不与受正朔，非强弗能服，威弗能制也，以为不居之地，不牧之民，不足以烦中国也。故古者封内甸服，封外侯服，侯卫宾服，蛮夷要服，戎狄荒服，远近势异也。自汉初定已来七十二年，吴越人相攻击者不可胜数，然天子未尝举兵而入其地也。

臣闻越非有城郭邑里也，处溪谷之间，篁竹之中，习于水斗，便于用舟。地深昧而多水险，中国之人不知其势阻而入其地，虽百不当其一。得其地，不可郡县也。攻之，不可暴取也。以地图察其山川要塞，相去

唐朝扩建的泉州北门朝天门

不过寸数，而间独数百千里，阻险林丛弗能尽著。视之若易，行之甚难。天下赖宗庙之灵，方内大宁，戴白之老不见兵革，民得夫妇相守，父子相保，陛下之德也。越人名为藩臣，贡酎之奉，不输大内，一卒之用不给上事。自相攻击而陛下发兵救之，是反以中国而劳蛮夷也。且越人愚戆轻薄，负约反覆，其不用天子之法度，非一日之积也。一不奉诏，举兵诛之，臣恐后兵革无时得息也。

间者，数年岁比不登，民待卖爵赘子以接衣食，赖陛下德泽振救之，得毋转死沟壑。四年不登，五年复蝗，民生未复。今发兵行数千里，资衣粮，入越地，舆轿而逾领，柁舟而入水，行数百千里，夹以深林丛竹，水道上下击石，林中多蝮蛇猛兽。夏月暑时，呕泄霍乱之病相随属也，曾未施兵接刃，死伤者必众矣。前时南海王反，陛下先臣使将军间忌将兵击之，以其军降，处之上淦。后复反，会天暑多雨，楼船卒水居击棹，未战而疾死者过半。亲老涕泣，孤子啼号，破家散业，迎尸千里之外，裹骸骨而归。悲哀之气数年不息，长老至今以为记。曾未入其地而祸已至此矣。

臣闻军旅之后，必有凶年，言民之各以其愁苦之气薄阴阳之和，感天地之精，而灾气为之生也。陛下德配天地，明象日月，恩至禽兽，泽及草木，一人有饥寒不终其天年而死者，为之凄怆于心。今方内无狗吠之警，而使陛下甲卒死亡，暴露中原，沾渍山谷，边境之民为之早闭晏开，朝不及夕，臣安窃为陛下重之。

不习南方地形者，多以越为人众兵强，能难边城。淮南全国之时，多为边吏，臣窃闻之，与中国异。限以高山，人迹所绝，车道不通，天地所以隔外内也。其入中国必下领水，领

泉州东北部是古代中原先民南迁泉山的重要聚居地。图为泉港圭峰塔

水之山峭峻，漂石破舟，不可以大船载食粮下也。越人欲为变，必先田余干界中，积食粮，乃入伐材治船。边城守候诚谨，越人有入伐材者，辄收捕，焚其积聚，虽百越，奈边城何！且越人绵力薄材，不能陆战，又无车骑弓弩之用，然而不可入者，以保地险，而中国之人不能其水土也。臣闻越甲卒不下数十万，所以入之，五倍乃足，挽车奉饷者，不在其中。南方暑湿，近夏瘅热，暴露水居，蝮蛇蠚生，疾疠多作，兵未血刃而病死者什二三，虽举越国而虏之，不足以偿所亡。

臣闻道路言，闽越王弟甲弑而杀之，甲以诛死，其民未有所属。陛下若欲来内，处之中国，使重臣临存，施德垂赏以招致之，此必携幼扶老以归圣德。若陛下无所用之，则继其绝世，存其亡国，建其王侯，以为畜越。此必委质为藩臣，世共贡职。陛下以方寸之印，丈二之组，填抚方外，不劳一卒，不顿一戟，而威德并行。今以兵入其地，此必震恐，以有司为欲屠灭之也，必雉兔逃入山林

泉州古代海上丝绸之路波澜壮阔的历史图景
（蔡永辉、许瑞珍提供）

险阻。背而去之，则复相群聚；留而守之，历岁经年，则士卒罢倦。食粮乏绝，男子不得耕稼树种，妇人不得纺绩织纴，丁壮从军，老弱转饷。居者无食，行者无粮。民苦兵事，亡逃者必众，随而诛之，不可胜尽，盗贼必起。

臣闻长老言，秦之时尝使尉屠睢击越，又使监禄凿渠通道。越人逃入深山林丛，不可得攻。留军屯守空地，旷日持久，士卒劳倦，越乃出击之。秦兵大破，乃发適戍以备之。当此之时，外内骚动，百姓靡敝，行者不还，往者莫反，皆不聊生，亡逃相从，群为盗贼，于是山东之难始兴。此老子所谓"师之所处，荆棘生之"者也。兵者凶事，一方有急，四面皆从。臣恐变故之生，奸邪之作，由此始也。《周易》曰："高宗伐鬼方，

三年而克之。"鬼方，小蛮夷；高宗，殷之盛天子也。以盛天子伐小蛮夷，三年而后克，言用兵之不可不重也。

臣闻天子之兵有征而无战，言莫敢校也。如使越人蒙侥幸以逆执事之颜行，厮舆之卒有一不备而归者，虽得越王之首，臣犹窃为大汉羞之。陛下以四海为境，九州为家，八薮为囿，江汉为池，生民之属皆为臣妾。人徒之众足以奉千官之共，租税之收足以给乘舆之御。玩心神明，秉执圣道，负黼依，冯玉几，南面而听断，号令天下，四海之内莫不向应。陛下垂德惠以覆露之，使元元之民安生乐业，则泽被万世，传之子孙，施之无穷。天下之安犹泰山而四维之也，夷狄之地何足以为一日之闲，而烦汗马之劳乎！《诗》云："王犹允塞，徐方既来。"言王道甚大，而远方怀之也。臣闻之，农夫劳而君子养焉，愚者言而智者择焉。臣安幸得为陛下守藩，以身为障蔽，人臣之任也。边境有警，爱身之死而不毕其愚，非忠臣也。臣安窃恐将吏之以十万之师为一使之任也！

是时，汉兵遂出，未逾领，适会闽越王弟余善杀王以降。汉兵罢。上嘉淮南之意，美将卒之功，乃令严助谕意风指于南越。南越王顿首曰："天子乃幸兴兵诛闽越，死无以报！"即遣太子随助入侍。①

二、摘录《汉书·严助传》原文译

汉建元三年（公元前138年），闽越王郢举兵围攻东瓯国，东瓯王向汉朝廷告急。汉武帝时年未满二十岁，就此事征询太尉田蚡的意见。太尉田蚡认为是闽越人互相攻击，是经常发生的事，而且他们对汉朝的态度反复无常，不值得烦劳汉朝军队前往救援。从秦朝时就放弃管理闽越人，不使其臣属。此时，严助就诘问田蚡说："只担忧我们军力不去救援，德泽不能覆载。如果能够做到，为什么要放弃呢？况且秦朝时连咸阳都放弃，何止闽越之地呢！现在小国因遭困险来告急，如果皇帝有能力而不去救援，他们还能到哪里去求助，又凭什么以保护广大臣民呢？"汉武帝说："这事不值得与太尉田蚡商议筹谋。我

---

① （汉）班固：《汉书》卷之六十四，传第三十四（上）《严助传》，简体字本二十四史，北京：中华书局，2005年3月，第2097页。

刚即位，不想动用虎符令征调郡国的军队。"于是，汉武帝派严助持符节去征调会稽郡的军队。会稽郡太守以严助没有调兵的虎符令为由，不想给严助发兵征伐。严助就杀掉会稽郡的一名军司马，重申汉武帝救援东瓯国的旨意。于是，会稽郡太守发兵乘船渡海

唐朝兴建泉州古城的八卦沟水系

去救援东瓯国。汉朝援兵大军未至，闽越王郢随即率领闽越军队南撤回去。

又过了三年，即汉建元六年（公元前135年），闽越王郢又兴兵攻打南越国。南越国遵守与汉武帝的约定，不敢擅自发兵，上书将此事奏告汉武帝。汉武帝十分赞赏南越国的做法，发援兵解救，派两位将军领兵诛伐闽越王郢。此时，淮南王刘安上奏书给汉武帝说：

陛下君临天下，施行德政布施恩惠，缓减刑罚，减轻赋敛，怜悯鳏寡，体恤孤独，供养老人，救济贫困。汉武帝成就的德政，使万民感受恩泽而内心平和，近处的人亲近顺附，远处的人思念皇帝恩德，天下安定，人人安心从事自己的职业，自然终生看不到战争。现在听说有将领官吏率领汉军诛伐越地，臣下刘安私下替陛下诘难这种做法。越人居住在方外之地，是剪发纹身之民。不能用汉朝的法令制度来治理。从夏、商、周三代盛世，胡越人不接受中原的教化。如果国家不强大就不能制服，无威信则难以控制。中原人认为那越地不可居住，越地民众不可治理，不值得烦劳中原汉军。所以古时候，封内甸服，封外侯服，侯卫宾服，蛮夷要服，戎狄荒服，这是由于远近形势有所不同。从汉初平定天下以来已有七十二年，吴越之民互相攻击的事不可胜数，然而汉朝天子未曾举兵进入越人之地。

臣听说越人没有兴建城郭邑里，居住在溪谷间、竹林中，熟习水战，惯于用船。越人地域多草木与水险，中原人不知道越人那里的地势险阻就进入他们的地盘，即使百人也不如他们一人。如果要得到他们的土地，不能设置郡县治理。如

果发兵攻打，不能短时攻取。根据地图观察他们的山川要塞，相距不过寸许，而实际距离有数百上千里。而且对险阻丛林，地图也未能详尽记载。看起来好像容易进军，行动起来却非常困难。汉朝天下的安定是有赖于汉朝民众建造宗庙祭祀祖宗的在天之灵而获得保佑。白发老人没经历过战争，民众得以夫妇相守，父子相保，这都是陛下的恩德啊。闽越王郢虽名为诸侯藩臣，不奉献珍奇之贡给汉朝廷府库，也不参加宗庙之祭。即使皇帝需要派遣他们的一个士兵，闽越王郢也不会给。他们却自己互相攻打，陛下却发兵救援他们，这是反过来疲劳汉朝军队于越人的蛮夷之地。况且越人愚昧，不明事理，轻佻浮薄，违背协约，反复无常。他们始终不遵守汉朝廷的法令制度，由来已久。如果出现不听汉朝诏令就举兵诛伐他们，臣下担心以后发生的战争就没有停息的时候。

在最近的数年间，各地屡屡歉收。汉朝民众等待卖爵赘子、倾家荡产来接济衣食生活，依赖陛下施布德泽以拯救，他们才免于落入死亡深渊。连续四年歉收，第五年又发生蝗灾，百姓生计还没得以恢复。现在发兵远行数千里，携带衣粮，深入越人之地，以肩舆类的交通工具翻山越岭，曳着船只逆水而上，行走数百上千里，穿行于深山林竹丛间，水面水下乱石触船，丛林中多有蝮蛇猛兽。夏季炎热时节，呕吐、腹泄、霍乱等疾疫不断流行，还未交兵打仗，就会有很多士兵死伤。汉文帝时，南海王反叛，陛下先前的将军间忌领兵攻击，因为南海王军队投降，把他们安置在上淦。后来，南海王又反叛，时逢天热多雨，楼船兵常居舟中水上，再加击棹行舟之役，还未打仗，士兵就患病而死亡超过一半。亲老涕泣，孤子啼号，破家散业，到千里之外去接运亲人的尸体，包裹骸骨运回家乡。悲惨、悲哀的气氛，数年间都没有消失。年老有德行的民众，至今仍然作为教训铭记着。尚未进入越人居住的地

晋江市博物馆珍藏许多古代历史文物

方，所导致的祸患就早已是昭然若揭。

臣下刘安听说过，凡是战争之后必有凶年，这就是说百姓用愁苦之气，迫于阴阳之和，感受天地精气，因此灾气凶年就产生。今陛下的德行配合天地，明察事物如同日月照耀，恩惠至于禽兽动物，德泽施及大地草木，即使还有一个因为饥寒交迫而未能终享天年的民众，均会为他而伤感悲痛。现在汉朝天下没有兵乱警讯，却使汉朝士兵死亡。汉朝士兵因征战而日晒露淋于中原，跋涉转徙于山谷。因为汉朝士兵有难，边城也早闭晚开，边民忧虑危亡，担心朝不保夕。为此，为臣刘安私下替陛下思考这种没有必要的做法。

不熟悉中国南方地形的人，多认为越地人众兵强，能够在边境城池作乱。淮南国在未分为三国的时候，有许多在与越地相接边境地区做过官吏的人。臣下听他们说，越地与中原风土人情不同。越地与中原交界处受高山限制，人迹罕至，车道不通，这是天地用来隔绝内外。越人要进入中原必须走南岭间的水道，而水道两边是高山峻峭，水流湍急，能冲漂大石触破舟船，不能用大船载运粮食

始建于东晋时期的闽越王庙，隋朝修建时改名为安海龙山寺

行驶。如果越人要发动变乱，必定要先在边境内垦田，积聚粮食，然后才进山砍伐树木修造船只。汉朝边城的守将和兵士忠诚细心，一旦发现越人有进山砍伐树木就逮捕他们，并焚烧他们积聚的树木，即使有一百个越地，又能把边城怎么样！况且越人的财力薄弱，不能陆战，又无车骑、弓弩等战具。但是，汉军不能攻入其地，这是因为越人是据守保卫在险要之地，而且中原汉军还不能适应越地那里的水土。"臣闻越甲卒不下数十万"，即臣下听说越人士兵不下数十万，所用来进攻越人的军队，需五倍于越人才够用。这还不包括拉车运送军队粮饷的人。南方暑湿，近夏盛热，日晒夜露，住在水上，蝮蛇等毒物滋生，疾疫经常流行，还未打仗士兵病死的就占十分之二三，即使把越人全部俘

北宋太平兴国元年（976 年）迁建的泉州府文庙大殿

房了，也不能抵偿所死亡的人。

臣下听闻路人说，闽越王郢的弟弟甲因企图弑兄而被处死。在甲被处死后，其民未有所归。陛下如果想使他们归附汉朝，"处之中国，使重臣临存，施德垂赏以招致之"，即住在中国中原的朝廷，可以派重要大臣去慰问和安抚，施布恩德赏赐而招抚他们。这样做他们必定携幼扶老前来归附汉朝。如果汉武帝陛下认为甲的属民没有用，就断绝甲的世系，保存其灭亡的国家，帮助他们建立自己的王侯，以此蓄养越人，这样越人必定归顺为诸侯藩臣，世世为汉朝进献贡赋。汉武帝陛下用方寸大小的印，一丈二尺长的印绶，镇抚方外，不劳一兵，不钝一戟，而能威德并行。现在汉朝用兵进入越地，这样必使越人震动恐惧，认为汉朝军队官兵要屠杀灭绝他们，必定会像野雉、兔子一样逃进深山密林险阻之地。汉军一旦离开，越人就又互相群聚。如果汉军要驻守在那里，长年累月，就会使士兵疲倦，粮食缺少以至断绝。这样会导致男子不能耕稼植种，妇女不能纺织，丁壮参军打仗，老弱转运粮饷。居家者无食，行路者无粮。百姓苦于兵事，逃亡的必多，随时遭诛杀，也未能禁绝，盗贼必定会随即兴起。

臣下听闻素有德行年老的人说，秦朝时曾派郡都尉屠睢攻伐闽越之地，又派监禄开凿灵渠打通道路。闽越人逃入深山密林，秦军无法进攻。留下军队驻守空地，旷日持久，士卒劳倦，闽越人就从深山密林中出来袭击他们。秦兵大败，于是征发罪犯守边境之地，以防备闽越人。这时内外战乱，百姓生业被破坏，行者不还，往者不返，民不聊生。为了生存，逃亡者相互跟从，群聚而成盗贼。因此，山东之难开始发生。这就是老子所说的"师之所处，荆棘生之"。战争是凶险的事，一处有危急，四面都跟从。臣下刘安担心因战争而发生变故。社会动乱的兴起，是从征伐越地开始。《周易》说："高宗伐鬼方，三年

而克之。"即殷朝大天子征伐小
蛮夷，三年以后才得以攻克。
这就是说汉朝在越地用兵，不
能不十分慎重啊。

臣下刘安听说汉朝军队有
征而无战，就是说没有人敢与
汉朝的军队进行较量。如果让
越人图侥幸而违逆命令，稍有
不备而使贱役之人逃走，即使

泉州府文庙的洙泗桥，建造于明嘉靖三十四
年（1555 年）

斩获越王的首级，臣下仍替大汉国家感到羞惭难过。汉武帝陛下是以四海为边
境，九州为家园，八薮为苑囿，江汉为池塘，天下民众都归属陛下管治。汉朝
人口之众足以供给百官之用，租税之收能够满足乘舆之御。汉武帝陛下专心致
志、明智如神、执行圣道，背靠有绘有白黑色斧形花纹的屏风，凭倚玉几面朝
南坐着，听取臣子们的奏告，决断要事号令天下，四海之内无不响应。陛下垂
布德惠来润泽养育天下臣民，使得天下庶民安居乐业。德泽能延及万世，传给
子孙后代，布施无穷。天下安定就像泰山能够与四面群峰维系起来一样。夷狄
地方的哪儿能值得作为一日闲暇之娱，而烦动汉军的进军之劳呢！据《诗经·
大雅·常武》所说："王犹允塞，徐方既来。"就是说王道影响很大，远方均归
服。臣下听说：农民勤劳耕种，收获五谷来供养君子。愚笨的人说出自己的见
解，提供送给聪明的人做选择。
臣下刘安有幸能为汉武帝陛下
守卫汉朝的诸侯藩国，用身体
作为障蔽，是为臣刘安的职责。
汉朝边境有警讯，如果爱惜自
己的生命而不敢全部进献自己
的愚见，则不是忠臣。臣下刘
安私下忧虑汉朝将帅率领十万

著名的泉州府文庙石构牌坊

大军，所做的却是一位使臣的使命！

当淮南王刘安的奏书送达长安时，汉朝征伐大军早已出发。汉军还未越过南岭时，闽越王的弟弟余善已杀死哥哥闽越王郢。余善随即向汉朝投降。汉军也罢兵回去。汉武帝嘉奖淮南王刘安的忠心，褒美汉朝将士们的功劳。严助把汉武帝的意旨告知南越王。南越王叩首说："万幸的是天子发兵诛伐剿灭闽越王郢。我用死也无法以报答！"随即派南越国太子随同严助入汉武帝朝廷侍奉。①

在《汉书·严助传》中，主要内容是记载汉建元六年（公元前135年）与严助关系极为密切的淮南王刘安给汉武帝的奏书。而奏书主要记述被淮南王刘安称为"越"地"泉山"的情况。

三、对淮南王给汉武帝的奏书应把握五个重要史实

一是淮南王奏书的"越"地是指"泉山"。

汉建元六年（公元前135年），淮南王刘安在给汉武帝的奏书中，不仅没有提及闽越国，也没有提及闽越国"东冶"都会。淮南王刘安奏书提及的"越"地，应当与《史记·东越列传》《汉书·朱买臣传》记载的内容同时一并研究。汉建元三年（公元前138年），闽越王郢率领闽越国军队北击东瓯国。汉武帝出兵征伐闽越王郢。闽越王郢惧怕汉朝军队围攻都会"东冶"城池，随即率领闽

始建于隋朝的金井西资寺，已被列为全国重点文物保护单位

越国军队撤退南迁到"泉山"。据《汉书·朱买臣传》记载，"东越王余善居保泉山"，"东越王更徙处南行，去泉山五百里，居大泽中"，"发兵浮海，直指泉山"。

闽越王郢率闽越军队在北击东瓯国之后把都会南迁"泉山"，为此在淮南王刘安写给汉武帝奏书中，除了提及闽越王郢之外，

---

① （汉）班固：《汉书》卷之六十四，传第三十四（上）《严助传》，简体字本二十四史，北京：中华书局，2005年3月，第2097页。

自始至终未再提及闽越之地、闽越国人，以及闽越国"东冶"都城。淮南王刘安在奏书中提及"越地"是指闽越国南方"泉山"。当时闽越国都会"东冶"已南迁"泉山"。之后，闽越国被灭。为此，汉武帝封立余善为东越王。在汉武帝封立余善为东越王之后，东越王在"泉山"建

始建于隋朝的晋江金井西资寺

立都会。汉武帝同时在东越国泉山都会置会稽郡地"东冶县"。

二是"越非有城郭邑里也"。

即在"越"地"泉山"是没有修建城郭。闽越国都城"东冶"有建造闽越国"城郭"。汉高帝五年（公元前202年），闽越国建立后，已建立"东冶"都会城池（据《史记·东越列传》）。与此同时，闽越王无诸早已在福州和闽北地区的闽越国之地"筑六城以御汉军"，包括东冶城（今福州晋安区新店）、古粤城（又称闽越王城，今武夷山市南边兴田城村）、乌坂城（今邵武）、大潭城（今建阳大潭山）、汉阳城（今浦城）等重要军事防御城郭。[①]据此考证，泉山不是在福州和闽北。

汉建元三年（公元前138年），闽越王郢北击东瓯国失利后，已随即放弃闽越国"东冶"都会城池，南迁到经济十分繁荣的"泉山"准备重建都会。在淮南王刘安写给汉武帝奏书之前，闽越国"东冶"都会名存实亡。由于后来汉武帝派郎中将去封立丑当越繇王，奉行对闽越王祭祀之礼，越繇王仍居住在原闽越国的"东冶"都城。

掌握强大兵权实力的余善，由于长期在"泉山"经略闽越国南方今闽南大地，仍然留在"泉山"重建固守据点。淮南王刘安给汉武帝奏书说的"越"

---

① 《福建地方史有一重要篇章，就是〈史记〉〈汉书〉所记载的汉初闽越国史》，《福建日报》2021年9月30日。

地，是指闽越王郢已经放弃"东冶"都城，南迁到"泉山"的"越地"。

汉建元六年（公元前135年），为了立足于"泉山"向南扩领地，闽越王郢率领闽越国军队从"泉山"出发，南下攻打南越国。对此，淮南王刘安告诉汉武帝："越非有城郭邑里也，处溪谷之间。"（据《汉书·严助传》）也就是说，闽越国没有"城郭"。闽越王郢南迁"泉山"的"越"地，是没有修建城郭，即"越非有城郭邑里也"。

三是"越甲卒不下数十万"。

淮南王刘安曾经从全国各地招募，广置数千名谋士、才子、门客，以著书为名，在淮南国活动。因此，淮南王刘安能够全面了解闽越王郢和军队动态，以及闽越国地理的基本情况。淮南王刘安奏书告诉汉武帝："越甲卒不下数十万。"（据《汉书·严助传》），说的是淮南王刘安听说闽越王郢拥有兵卒不下数十万人的军队。

四是越地处于溪谷之间。

淮南王刘安奏书告诉汉武帝："越"地"处溪谷之间"（据《汉书·严助传》）。这里所说的"越"地是指"泉山"。也就是说，西汉时期，在"越"地"泉山"大地上，不仅没有修建城池，而且到处都是密布溪流、溪谷，没有崇山峻岭。这种情况也与唐朝兴建的泉州古城一样，是将密布纵横的溪流中疏浚为八卦沟的史实是相吻合的。[①]

五是汉朝派遣重臣临存。

淮南王刘安在给汉武帝的奏书中，提出重要建议："陛下若欲来内，处之中国，使重臣临存，施德垂赏以招致之，此必携幼扶老以归圣德。"[②]后来被汉武帝所采纳。汉建元六年（公元前135年），在余善诛杀闽越王郢、汉武帝封立余善为东越王、建立东越国之后，随即"使重臣临存，施德垂赏以招致之"，以此制约东越王。对东越王余善在以后进行谋反活动的详细情况，汉武帝均了

---

① 陈鹏鹏主编：《泉州文物手册》，泉州市文物管理委员会编，2000年11月，第111、112页。
② （汉）班固：《汉书》卷之六十四，传第三十四（上）《严助传》，简体字本二十四史，北京：中华书局，2005年3月，第2097页。

如指掌。

　　淮南王刘安（约公元前179—公元前122年），系汉高帝刘邦之孙、淮南厉王刘长之子。刘安从小对父亲刘长之死耿耿于怀，并觊觎帝位。为此，刘安从全国招募广置大批谋士、门客以"学术研讨"为名，积蓄谋反力量，并主编《淮南子》而闻名天下。在《史记·淮南衡山列传》中，已经有相当大的篇幅专题介绍淮南王刘安的传记。在《汉书·严助传》中，仍然用相当大的篇幅介绍淮南王刘安上书的重要史实，劝谏汉武帝不要出兵攻打"越"地，从而得到汉武帝的称赞。淮南王刘安早就准备在谋反失利时退守七闽之"越"地，通过谋士广泛收集"越"地的地理、经济、军队和民众等诸多方面情况，从而对当时"越"地，即泉山的状况颇有深入地了解和研究。汉元狩元

始建于隋朝的晋江金井西资寺古石佛雕像

年（公元前122年），淮南王刘安在策划谋反时，"王曰：善，无以易此，急则走越耳"。即淮南王说："很好，如果没有更好的计策，要是事态危急就前往越地吧。"刘安谋反阴谋败露被告发之后，汉武帝以刘安"阴结宾客，拊循百姓，为叛逆事"等罪名，派兵攻入淮南国，刘安被迫自杀。与淮南王刘安关系密切的严助，也被汉武帝诛杀。汉朝随后把淮南故地改为九江郡。①

　　由于淮南王刘安是准备在谋反失利时退守七闽之"越"地，因此通过众多谋士广泛收集闽越国的地理、经济、军队和民众等诸多方面情况。淮南王刘安写给汉武帝的奏书，是一份真实反映西汉时期东越国及后来建立都会"泉山"之"越"地情况的重要史实文献。

---

① （汉）司马迁：《史记》卷之一百一十八，列传第五十八《淮南衡山列传》，简体字本二十四史，北京：中华书局，2005年3月，第2341页。

第五节　《汉书·朱买臣传》记载的东越国与泉山

东汉时期史学家班固撰《汉书·朱买臣传》，是《汉书》中编撰的七十篇列传之一。朱买臣，字翁子，会稽郡吴县（今苏州）人。朱买臣曾经任会稽郡太守。东越王余善举兵反叛时，汉武帝派遣会稽郡太守朱买臣率领汉朝水师楼船大军攻打、组织剿灭东越国的"灭国迁众"军事行动。①

一、摘录《汉书·朱买臣传》原文载②

　　会邑子严助贵幸，荐买臣。召见，说《春秋》，言《楚词》，帝甚说之，拜买臣为中大夫，与严助俱侍中。是时，方筑朔方，公孙弘谏，以为罢敝中国。上使买臣难诎弘，语在《弘传》。后买臣坐事免，久之，召待诏。

　　是时，东越数反覆，买臣因言："故东越王居保泉山，一人守险，千人不得上。今闻东越王更徙处南行，去泉山五百里，居大泽中。今发兵浮海，直指泉山，陈舟列兵，席卷南行，可破灭也。"

　　上拜买臣会稽太守。上谓买臣曰："富贵不归故乡，如衣绣夜行，今子何如？"买臣顿首辞谢。诏买臣到郡，治楼船，备粮食、水战具，须诏书到：军与俱进。……

　　……居岁余，买臣受诏将兵，与横海将军韩说等俱击破东越，有功。征入为主爵都尉，列于九卿。

在南北朝丰州古城遗址重建的石构牌坊题："灵秀所钟"

---

① （汉）班固：《汉书》卷之六十四，传第三十四（上）《朱买臣传》，简体字本二十四史，北京：中华书局，2005年3月重印版，第2108页。傅金星：《泉山采璞》，泉州市鲤城区地方志编纂委员会编，1992年1月，第66页。
② （汉）班固：《汉书》卷之六十四，传第三十四（上）《朱买臣传》，简体字本二十四史，北京：中华书局，2005年3月，第2109页。

二、摘录《汉书·朱买臣传》原文译

朱买臣的同乡好友严助位尊汉朝大臣，且受到汉武帝的宠幸。严助伺机向汉武帝举荐朱买臣的才干、能力。因此，朱买臣得到汉武帝的召见。朱买臣在汉武帝面前论说《春秋》《楚词》，畅谈古今典故历史。

泉州古牌坊题："北辰垂象"

汉武帝听后很是高兴,任命朱买臣为中大夫，与严助同为汉朝侍中。汉元朔三年（公元前126年），汉朝廷兴起修筑朔方郡城。汉武帝所提拔的布衣重臣公孙弘时进谏,认为汉武帝投入巨资人力修筑朔方郡城的举措，会使得汉朝国家财力负担过重，劳民伤财，不值得做。汉武帝让朱买臣去说服公孙弘。朱买臣辩难说服的言辞记载在《汉书·公孙弘传》中（作者注：公孙弘是汉武帝时著名的布衣丞相，卒后封侯。朱买臣提出十个方面理由说服公孙弘，公孙弘无以反驳①）。后来，朱买臣因犯事遭获罪被免职。过很久之后，朱买臣又被征召，在汉朝廷任职。

此时，东越国部落间战乱频频，东越王余善表面上归顺汉朝，但也经常反复变化无常。于是，朱买臣向汉武帝进献计策说："由于东越王余善在东越国'居保泉山'，也就是居住盘踞固守在东越国都会'泉山'，一个人守住险要之地，千人也难攻上去。今听说东越王余善已变更迁徙地方［作者注：这里是指由于南越国谋反，汉武帝同意东越王余善请求出兵参加平叛。为此，汉元鼎五年（公元前112年），东越王余善率领东越国军队8000人，乘坐战船前往南越国边境揭阳②］。东越王余善率领军队从'泉山'出发，向南方前行到揭阳，距东

---

① （汉）班固：《汉书》卷之五十八，传第二十八《公孙弘传》，简体字本二十四史，北京：中华书局，2005年3月，第1985页。
② （汉）司马迁：《史记》卷之一百一十四，列传第五十四《东越列传》，简体字本二十四史，北京：中华书局，2005年3月，第2276页。

越国都会'泉山'的海路约有五百里。居住战船停靠在揭阳茫茫的大泽之中（作者注：这里是指东越王余善'持两端，阴使南越'，按兵不动）。如果汉朝派遣战船军队通过海路泛海向南方进军'泉山'，汉军有序地排列好战舰和士兵，大军席卷'泉山'，就可以消灭东越王余善。"

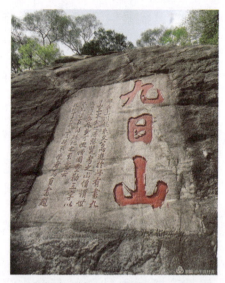

著名的泉州南安九日山，始兴于晋朝年间

汉武帝听后认为可行，随即任命朱买臣为会稽郡太守。汉武帝对朱买臣说："富贵之人如果不回到故乡进行光宗耀祖，就如同穿着绫罗绸缎的锦绣衣裳在黑夜晚间行走，没有人能够看得见。现在你已身为会稽郡太守能回到故乡光宗耀祖了！你的感觉怎么样？"朱买臣高兴地向汉武帝磕头致谢告辞。汉武帝还下诏让朱买臣到会稽郡后做好征战准备，督促汉军修造水师楼船，准备粮食和水战用品，等待汉武帝进军的诏书到达时，由朱买臣率领汉朝军队攻打东越国"泉山"。大约过了一年多的时间，时任会稽郡太守朱买臣接到汉武帝诏书，统领汉朝横海将军韩说等水师楼船大军，从海路出征攻打东越国都会"泉山"，一起歼灭东越王余善，取得胜利战功。为此，会稽郡太守朱买臣被征召入京师做主爵都尉，官位列居九卿。①

三、对《汉书》记述的东越国应把握五个重要史实

一是《汉书》没记述发生在闽越国和都会"东冶"史事。需特别指出，由于闽越王郢北攻东瓯国失利后，就把"东冶都"南迁"泉山"。为此，《汉书·严助传》《汉书·朱买臣传》仅记载发生在"越"地"泉山"的史事。《汉书·朱买臣传》所记述的时间，"是时，东越数反覆，买臣因言"，是指汉元鼎五年（公元前112年）。"南行去泉山五百里"，也是指汉元鼎五年（公元前112

---

① （汉）班固：《汉书》卷之六十四，传第三十四（上）《朱买臣传》，简体字本二十四史，北京：中华书局，2005年3月，第2109页。

年）。"居岁余，买臣受诏将兵"，是指汉元鼎六年（公元前111年）。朱买臣统领汉军"发兵浮海，直指泉山"，是指汉元封元年（公元前110年）冬天。①

唐朝进士林蕴写的《泉山铭》，记述泉山又称泉州的历史

二是由于"东冶都"已南迁，汉武帝封余善为东越王。汉建元三年（公元前138年），闽越王郢率闽越军队北攻东瓯国失利后，把"东冶都"南迁到当时经济繁荣的"泉山"。汉建元六年（公元前135年），为了南扩领地，闽越王郢率领军队从"泉山"出发南击南越国。汉武帝出兵救援南越国。余善杀死哥哥闽越王郢，随即向汉朝投降，闽越国被灭。当年"东冶都"已南迁，汉武帝不是封立余善为闽越王，而是封立余善为东越王（据《史记·东越列传》）。余善建立东越国后，统领军队继续留在长期盘踞经略的"泉山"设都会。汉朝随即在东越国置会稽郡地"东冶县"（据《后汉书·东夷传》《嘉泰会稽郡志》）。汉建元六年（公元前135年），是闽越国灭亡之时，也是东越国建立之年。

三是汉武帝为分裂闽越国同时封立"越繇王"与"东越王"。汉建元六年（公元前135年），汉武帝"乃使郎中将立丑为越繇王，奉闽越先祭祀"②。与此同时，汉武帝封立闽越王无诸的后代余善为"东越王"。需特别注意的是，汉武帝

古代泉州冶炼图（泉州市博物馆陈列）

① （汉）班固：《汉书》卷之六十四，传第三十四（上）《朱买臣传》，简体字本二十四史，北京：中华书局，2005年3月，第2109页。
② （汉）司马迁：《史记》卷之一百一十四，列传第五十四《东越列传》，简体字本二十四史，北京：中华书局，2005年3月，第2276页。

"因立余善为东越王，与繇王并处"①。汉武帝同时封立"越繇王"与"东越王"以分裂闽越国，形成以"越繇王"牵制"东越王"余善的局势，并大大削弱原闽越国的强盛国力。同时，也稳定局势，规避战争。

汉武帝先是以"奉闽越先祭祀"为名，"乃使郎中将立丑为越繇王"。越繇王丑仍然留在原闽越国"东冶"都城，"奉闽越先祭祀"，管理统治福州及闽北地区的原闽越国领地。为此，东汉时期出现原闽越国先民复出后则复立"冶县"。②同时，汉武帝封立余善为"东越王"，余善在泉山建立东越国。"东越王"余善真正管理统治的东越国领地只有福州以南的闽中、闽南、闽西以及潮梅地区。为此，东汉时期出现原东越国先民复出后则复立"东冶县"。③

古代泉州冶炼图（泉州市博物馆陈列）

四是东越王余善"居保泉山"是指据守东越国都会。"居"是指居住、聚居，"保"是指保卫、保护。即东越王余善在"泉山"建立东越国，盘踞固守在东越国都会"泉山"。如果东越王余善没有在"泉山"建立东越国都会，或"泉山"只是一座高山，东越王余善也就没有任何必要和理由去"居保泉山"。汉元封元年（公元前110年），东越王余善公开起兵反叛汉朝。会稽郡太守朱买臣接到汉武帝诏书，统领汉朝军队和楼船水师大军，"发兵浮海，直指泉山"，从海路出征攻打东越国都会"泉山"（据《汉书·朱买臣传》）。

五是东越国都会"泉山"距揭阳海路五百里。汉元鼎五年（公元前112

① （汉）班固：《汉书》卷之六十四，传第三十四（上）《朱买臣传》，简体字本二十四史，北京：中华书局，2005年3月，第2109页。
② （南朝梁）沈约：《宋书》卷之三十六，志第二十六《州郡（二）》，简体字本二十四史，北京：中华书局，2005年3月，第709页。
③ （南宋）施宿等：《嘉泰会稽志》卷之一，《历代属郡》，北京：商务印书馆，2013年11月。（五代后晋）刘昫等：《旧唐书》卷之四十，志第二十《地理（三）》，简体字本二十四史，北京：中华书局，2005年3月重印版，第1081页。

年)，南越国丞相吕嘉反叛汉朝。东越王余善向汉武帝上书，请求率东越国兵士8000名大军，跟随汉朝楼船将军去攻打南越叛军。汉武帝同意余善出兵。东越国楼船军队到达广东揭阳的沿海时（据《汉书·朱买臣传》），东越王以海上出现大风巨浪为借口，就不再去进军攻打南越国，却暗中又派使者与南越国联系（据《史记·东越列传》）。为此，朱买臣告诉汉武帝说，东越王余善率领楼船军队是从都会"泉山"出发前往南方，去距"泉山"海路五百里的南越国边境"揭阳"。[①]东越王居住的楼船就在"揭阳"海滨茫茫大泽之中。

第六节　东越国的强盛崛起与被"灭国迁众"

毫无疑义，汉武帝封立余善为东越王，余善是在"泉山"建立东越国。西汉时期，闽越国领地实际上是包括"东越国"和"东瓯国"等两个诸侯王国的领地范围。汉建元六年（公元前135年），闽越国灭亡之后，新建立的东越国领地不包括

始建于五代的泉州古城西门临漳门

"东瓯国"的范围。在闽越大地迅速崛起的东越国，由此形成独具一格的东越国历史。为此，西汉著名史学家司马迁撰写《史记》，特地以东越国作为专题编写《史记·东越列传》，谱写出引人瞩目的东越国人文历史篇章。东越国与泉山的迅速崛起，主要体现在以下方面：

一、东越国与泉山社会经济的繁荣发展

秦始皇二十九年（公元前218年），闽越先民参加反秦战争的农民起义，秦

---

① （汉）司马迁：《史记》卷之一百一十四，列传第五十四《东越列传》，简体字本二十四史，北京：中华书局，2005年3月，第2276页。

始建于唐代的泉州南少林寺闻名天下

始皇派屠睢率大军兵分五路征讨。后来，部分秦朝军队留驻闽中，繁衍生息，推进闽中郡大地上华夏民族文化的融合发展。①

西汉时期，东越大地蕴藏着十分丰富的铁矿、瓷土等矿产资源，还有很多溪流水利等优势独特的自然环境条件。早期闽越军队前后持续八年在中原地区参加作战期间，闽越兵士学习中原河洛地区先进的农耕技术、手工业、冶铁、制作陶瓷、造船、制盐、制茶、制造绫罗绸缎，以及生产经验、技术和技艺，传播中原汉语文化，给闽越语言融合和社会经济发展以深刻影响，也使得闽越大地在中国农耕社会中迅速崛起壮大。东越国正是在闽越国灭亡之后的这种经济发展基础上建立的。

东越国在泉山建立后，休养生息，各业方兴未艾。大兴冶炼业，推广铁制的农具和工具，极大提高农业、手工业的生产力，制造铁制兵器手工业，也十分快速发展。因此政治、经济、军事势力日趋强盛，持续扩大领地，最终成为在中国东南方的一股实力强劲、形成敢于与汉朝进行对抗的诸侯武装割据势力。东越先民在政治、经济、文化、艺术等方面，创造出灿烂辉煌的东越古国文明。与此同时，东越国先民参与海洋商贸活动，在中国历史长河中，又开辟了波澜壮阔的中国海上丝绸之路。

二、东越国建立具有凶悍战斗力的军队

西汉时期，随着闽越国经济欣欣向荣地迅速崛起，国富兵强，迅速建立了强大的闽越军队。汉建元六年（公元前135年），淮南王刘安给汉武帝的奏书说："越甲卒不下数十万。"②说的就是当时已建立了号称有兵卒不下数十万人

① （汉）司马迁：《史记》卷之一，纪第一《高祖纪》，简体字本二十四史，北京：中华书局，2005年3月，第1页。陈世兴主编：《泉州学研究》，福州：福建教育出版社，2002年4月，第112页。
② （汉）班固：《汉书》卷之六十四，传第三十四（上）《严助传》，简体字本二十四史，北京：中华书局，2005年3月，第2097页。

的军队。在余善被汉武帝封为东越王、建立东越国之后，在当时经济繁荣的"泉山"建立东越国都会。

据《史记·东越列传》载，汉"元鼎六年（公元前111年）秋，余善闻楼船请诛之，汉兵临境，且往，乃遂反，发兵距汉道。号将军驺力等为吞汉将军，入白沙、武林、梅岭，杀汉三校尉。是时汉使大农张成、故山州侯齿将屯，弗敢击，却就便处，皆坐畏懦诛"，"东越素发兵距险，使徇北将军守武林，败楼船军数校尉，杀长吏。楼船将军率钱塘辕终古斩徇北将军，为御儿侯。自兵未往"[1]。此时强大的汉朝军队面对东

明代编纂的《八闽通志》是一部重要地方史籍文献

越国勇敢而又凶悍军队时，出现"发兵距汉道"，"弗敢击"，"自兵未往"，仍然心有余悸。由于"东越狭多阻，闽越悍，数反覆"，最终东越国被汉武帝"灭国迁众"而"东越地遂虚"。

三、东越国都会泉山经济繁荣值得"居保"

东越王余善在东越国都会加快各方面建设，历经20多年发展，泉山已成为东越国的政治、经济、军事和文化中心。

东越王余善"居保泉山"，即为了据守保护东越国都会而聚居在"泉山"。东越王余善在掌握东越国的军事实权后，不是在闽越国都会"东冶"恢复重建，也不是往高山峻岭去据守"泉山"，而是率领军队南迁到经济繁荣的"泉山"，建立东越国都会。泉山在历经20多年的迅速发展而兴盛崛起。虽然东越国都会东冶县"泉山"还没有建造城郭，但已是东越王余善在东冶县"泉山"建立东越国政权的重要基础，值得东越王余善去"居保泉山"。[2]

---

① （汉）司马迁：《史记》卷之一百一十四，列传第五十四《东越列传》，简体字本二十四史，北京：中华书局，2005年3月，第2276页。

② （汉）班固：《汉书》卷之六十四，传第三十四（上）《朱买臣传》，简体字本二十四史，北京：中华书局，2005年3月，第2109页。

当年，余善与闽越国丞相及宗族之诸宗长，在商量诛杀闽越王郢时说："不胜，即亡入海。皆曰：善。"（据《史记·东越列传》）。说明东越王余善和东越国军队过去长期驻守在东冶县"泉山"，而且东越国军队是以沿海先民为骨干，早已适应乘船出海生活和乘船海上作战。由于东越王余善是"居保泉山"，汉武帝派遣会稽太守朱买臣统领汉军楼船大军，"发兵浮海，直指泉山"（《汉书·朱买臣传》），也说明靠大海的"泉山"是东越国都会。

四、东越王在东越国都会泉山"镇以五岳"

西汉时期，汉武帝极为重视封禅祭祀五岳、山川和神仙，曾经对东越王余善称帝建立独立王国产生了重要影响。

据《汉书·郊祀志》记载："武帝初即位，尤敬鬼神之祀。汉兴已六十余岁矣，天下艾安，缙绅之属皆望天子封禅改正度也，而上乡儒术，招贤良。"[1] 即汉武帝刚即位时，重视神仙的祭祀。汉朝建立已有60多年了，天下安定，士大夫们都希望汉朝天子举行封禅大典，改正朔、度量。汉武帝也重视儒家学术，招纳贤良。据《汉书·礼乐志》记载："至武帝即位，进用英隽，议立明堂，制礼服，以兴太平""以礼乐之教化"。[2]

始建于唐朝的泉港山腰塔山华林寺

中国古代社会讲究"君权神授"。需特别指出："天下赖宗庙之灵，方内大宁。"[3] 供奉祭祀古代人文始祖的宗庙，不仅是保障天下安定的重要举措之一，而且是历代帝王宣示正统于天下和建立巩固封建国家政权的重要方式之一。汉建元六年（公元前

① （汉）班固：《汉书》卷之二十五，《志第五·郊祀志（下）》，简体字本二十四史，北京：中华书局，2005年3月重印版，第1029页。

② （汉）班固：《汉书》卷之二十二，礼乐志《志第二》，简体字本二十四史，北京：中华书局，2005年3月，第881页。

③ （汉）班固：《汉书》卷之六十四，传第三十四（上）《严助传》，简体字本二十四史，北京：中华书局，2005年3月，第2097页。

135年），在余善被汉武帝封立为东越王之后，余善在泉山建立东越国，也仿照汉武帝推行的祭典礼制。余善把泉山作为东越国都会，"刻武帝玺自立"，自称"东越国武帝"，以确立在东越国政权的正统地位。①

西汉时期，东越王余善把"泉山"作为东越国都会，是经过西汉泉山地理堪舆大师精心选择的。"泉州北依三台山，城中有八卦水"，"镇以五岳"。②

在泉山地理堪舆大师的指引下，东越王余善在东越国都会泉山封冠东越国五岳。泉山临近海滨，没有太多的高山峻岭，周边只有名不经传的丘陵山峰，并不影响东越王余善在泉山封冠东越国五岳、建造东越国五岳庙和举行东越国五岳祭典活动。

东越王余善在泉山尊冠东越国五岳，也是有迹可循、有据可依的。据《史记·封禅书》载："灞、产、长水、沣、涝、泾、渭，皆非大川，以近咸阳，尽得比山川祠，而无诸加。汧、洛二渊，鸣泽、蒲山、岳婿山之属，为小山川，亦皆岁祷塞泮涸祠，礼不必同"③。也就是说，西汉时期，祭祀不一定是封禅大的山川，不是大川都能够得到与名山川相同的祭祀，但没有加祭的诸项内容。即使是小山川，也有每年祷祭，但祭祀礼仪不必相同。

据《汉书·郊祀志》载，汉朝廷制定严格的五岳山川的祭祀礼仪制度，"诸侯祭其疆内名山、大川"④。汉建元年间至汉元鼎年间（公元前135年至公元前111年），东越王余善在泉山镇以五岳，实行"诸侯祭其

始建于唐朝的南安丰州桃源古地唐王宫

① （汉）班固：《汉书》卷之六十四，传第三十四（上）《朱买臣传》，简体字本二十四史，北京：中华书局，2005年3月，第2109页。
②傅金星：《泉山采璞》，泉州市鲤城区地方志编纂委员会编，1992年1月，第91页。
③（汉）司马迁：《史记》卷之二十八，书第六《封禅书》，简体字本二十四史，北京：中华书局，2005年3月，第1161页。
④（汉）班固：《汉书》卷之二十五，志第五《郊祀志（上）》，简体字本二十四史，北京：中华书局，2005年3月，第993页。

疆内名山、大川"的汉朝祭典礼制。

与此同时，东越王"余善刻武帝玺自立"，即东越王余善私自刻玺、自立为帝，自称为"东越国武帝"。①东越王余善肆无忌惮地在东越国都会"泉山""镇以五岳"（据《泉山采璞》），进行"诈其民，为妄言"（据《汉书·朱买臣传》），举行彰显"东越国武帝"国家权力的东越国五岳祭典，并确立东越王余善在东越国的统治权力。这些都是被视为东越王余善直接对汉武帝和至高无上汉朝国家权力的严重挑战。

在东越王余善之前，有闽越王无诸和闽越王郢，由于先后出兵攻打南越国而均被诛杀。东越王余善明知东越国军队对抗汉武帝的军队实力不足，但是东越王余善却敢于明目张胆直接对汉武帝至高无上国家权力进行挑战，铤而走险谋反，这是与东越王余

见证古代泉州繁荣历史的泉港山腰塔山华林禅寺，始建于唐代

善十分相信古代泉山地理堪舆大师选择在泉山封冠东越国五岳、建造五岳庙祭祀供奉五帝祖先，并祈求五帝祖先灵验保佑是有直接关系的。

由于古代泉山具有特殊的群山地理形势五岳并建造五岳庙，唐朝时泉州郡治由丰州迁移到今泉州古城，与古代泉州地理堪舆大师指点泉山是吉祥之地，也是有着直接关系的。

汉代以来的历代朝廷志书史籍文献，很少记载有关东越王余善的史事。据《八闽通志·拾遗》记载：

> 汉，（延平府）庸岭下北隰有巨蛇长八丈余，围一丈，里俗惧以为神，立庙祀之，岁用童女一人，前后已用九女矣。里人李诞女名寄应募，至期，手一剑，以犬并米餈置石穴口。蛇闻香气出，啖之，寄即放犬斩

① （汉）班固：《汉书》卷之六十四，传第三十四（上）《朱买臣传》，简体字本二十四史，北京：中华书局，2005年3月，第2109页。

蛇，蛇跃出至庭而死。东越王闻而壮之，聘以为后[1]。

即东越王余善具有雄心壮志，在得知李诞之女李寄具有十分勇敢无畏的精神，东越王余善就封聘李寄为东越国王后。

永春美山真宝殿肇建于唐初，供奉神农大帝

五、东越国被汉武帝"灭国迁众"

西汉时期，在历经闽越国68年的休养生息和东越国26年的强劲发展，东越王余善在都会东冶县"泉山"建立东越国的经济、政治、军事势力兴盛。与此同时，东越王余善在"泉山""镇以五岳"（据《泉山采璞》），余善私刻"东越国武帝"玺自立。据司马迁《史记·东越列传》记载：汉元鼎五年（公元前112年），由于"南越反"，引起东越王余善"阴使南越"。汉元鼎六年（公元前111年）秋天，东越王"余善闻楼船请诛之，汉兵临境，且往，乃遂反，发兵距（拒）汉道。号将军驺力等为吞汉将军，入白沙、武林、梅岭，杀汉三校尉"[2]。东越王余善的反叛行为，极大地震动了汉廷朝野。

据《汉书·武帝纪》载："秋，东越王余善反，攻杀汉将、吏。遣横海将军韩说、中尉王温舒出会稽，楼船将军杨仆出豫章击之"[3]。即汉元鼎六年（公元前111年）秋，东越王余善反叛，攻杀汉朝将吏。为此，汉武帝派遣朱买臣统率汉朝大军攻打东越国：汉朝廷派遣横海将军韩说、中尉王温舒率领汉军出会稽，楼船将军杨仆率领汉军出豫章。朱买臣随即统率汉朝大军，"发兵浮海，直指泉山"。[4]

---

① （明）黄仲昭：《八闽通志》卷之八十六，《拾遗·延平府》，福州：福建人民出版社，2017年3月，第1436页。
② （汉）司马迁：《史记》卷之一百一十四，列传第五十四《东越列传》，简体字本二十四史，北京：中华书局，2005年3月，第2276页。
③ （汉）班固：《汉书》卷之六，纪第六《武帝纪》，简体字本二十四史，北京：中华书局，2005年3月，第111页。
④ （汉）班固：《汉书》卷之六十四，传第三十四（上）《朱买臣传》，简体字本二十四史，北京：中华书局，2005年3月，第2109页。

据《汉书·食货志》记载："明年，南粤（越）反，西羌侵边。天子为山东不澹，赦天下囚，因南方楼船士二十余万人击粤（越）"①。即在汉武帝击败北方匈奴、解除北方边患之后，汉元封元年（公元前110年）冬，汉武帝派朱买臣统领20余万人汉朝军队，在攻打南越国之后再兵分多路，往北向南，同时攻打东越国都会"泉山"。汉朝大批战船浮海，即时被誉为楼船的汉朝水师大军，浩浩荡荡，从南北两个方向的海路攻打东越国都会"泉山"，围剿东越王余善。大批东越国沿海先民闻讯乘坐舟船四处逃命，只得向东驶向台湾海峡，成为台湾早期原住民。也有许多东越国先民跨越台湾海峡，随波逐浪，漂流播迁到东南亚海岛和南太平洋的许多岛国，成为南岛语系的早期先民。

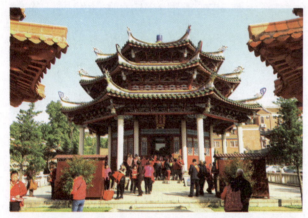

见证古代泉州繁荣历史的泉州承天寺，始建于五代时期

在此之前，汉武帝对东越国采取分化瓦解的手段，争取了东越国越繇王和东越国部分贵族，最终用计诛杀了东越王余善。②之后，越繇王率领东越国臣民归顺于汉朝。东越国都会泉山远离中原，福建境内多丘陵，群山林密，朝廷鞭长莫及。汉武帝认为东越国地势险阻，而闽越人凶悍又多反复无常，仍然是汉朝将来之大隐患。为彻底消除汉朝之后患，诏令汉大军将东越国民众举国北迁往江淮内地。③据《汉书·武帝纪》载："东越杀王余善降。诏曰：东越险阻反复，为后世患，迁其民于江、淮间。遂虚其地。"④据《史记·

---

① （汉）班固：《汉书》卷之二十四，志第四《食货志》，简体字本二十四史，北京：中华书局，2005年3月，第943页。
② （汉）班固：《汉书》卷之六十四，传第三十四（上）《朱买臣传》，简体字本二十四史，北京：中华书局，2005年3月，第2109页。
③ （汉）班固：《汉书》卷之六十四，传第三十四（上）《朱买臣传》，简体字本二十四史，北京：中华书局，2005年3月，第2109页。王宁主编：《中国文化概论》，长沙：湖南师范大学出版社，2001年4月，第68页。
④ （汉）班固：《汉书》卷之六，纪第六《武帝纪》，简体字本二十四史，北京：中华书局，2005年3月，第111页。

东越列传》载："于是，天子曰：东越狭多阻，闽越悍，数反覆，诏军吏皆将其民徙处江淮间。东越地遂虚。"

据《史记·东越列传》载，汉武帝调遣汉楼船大军剿灭东越王余善的这场战争，也是一场汉武帝剿灭东越国的"灭国迁众"战争。发生在西汉时期的这场惨烈悲壮的战争，史称"灭国迁众"。自汉建元六年（公元前135年）起，东越王余善据守在都会东冶县泉山建立东越国，并于汉元封元年（公元前110年）冬，最终在"居保泉山"时被汉武帝"灭国迁众"而导致"东越地遂虚"，是客观存在的史实。在以后的历代地方史籍中，仅有记载"东越王"与闽越国，而没有记述"东越国"。司马迁以《史记·东越列传》对东越国被"灭国"的记述，充分说明东越国是被"灭国"的史实，这是无可非议的。

汉元封元年（公元前110年）冬，东越国被汉武帝"灭国迁众"之后，志书从未记载汉朝大军是如何北迁这些"越甲卒不下数十万"的东越国先民。但是可以肯定的是，汉军不可能通过东越国群山林密的崎岖山路，去驱赶号称"越甲卒不下数十万"的东越国民众

唐贞元年间迁居金门的陈氏先民，修建金门陈氏宗祠前的石构牌坊

迁往江淮地区的，而有可能是用船舶运载东越国先民，从东越国"泉山"港口出发，通过海路北迁至江淮地区。事实上，大部分东越国沿海先民是乘舟船入海逃命的。当年"灭国迁众""背井离乡"的播迁过程，也必定是十分惨烈而又极为悲壮的。

需要特别指出，西汉时期，亲历震惊汉朝"灭国迁众"残酷战争年代的史学家司马迁，为此十分感叹！在《史记·东越列传》记述："太史公曰：越虽蛮夷，其先岂尝有大功德于民哉！何其久也。……然余善至大逆，灭国迁众"。即闽越王无诸对闽越国曾经有过历史贡献。然而，东越王余善逆反成为

历史罪人，最终被汉武帝"灭国迁众"。①

<h1 style="text-align:center">第七节　泉山为今泉州的史实考证</h1>

西汉时期，东越国都会"泉山"，就是隋代"泉州"，也是今泉州。西汉时期，史学家司马迁亲身经历"灭国迁众"的战争，特别详细描述汉朝大军征战东越国、剿灭东越王余善的残酷战争史实，并特地把这段历史编纂为《史记·东越列传》，作为《史记》七十列传之一。由于历史久远，《史记》《汉书》均无详细记载东越国都会"泉山"历史和东越国五岳遗存的具体情况。

一、缺失记载东越国泉山和东越国五岳遗存的两大原因

时至今日，泉州历史文化名城仍然完好地保存西汉东越国五岳山和东越国五岳庙的遗存。历代地方史籍志书缺失客观、系统地记载东越国都会"泉山"和五岳文化遗存的两大原因是：

第一，"灭国迁众"导致泉山古代历史断层。

由于东越王余善被诛杀、东越国被"灭国迁众"，号称"越甲卒不下数十万"的东越国先民被迫大规模北迁江淮地区和四处逃亡，"东越地遂虚"。西汉时期，汉朝先民十分敬重、崇拜中华民族的人文始祖。东越王余善在都

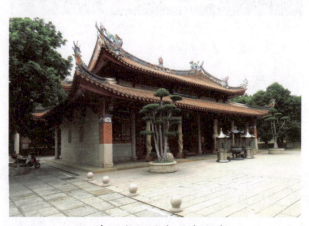

始建于宋初的泉州崇福寺

会"泉山"建立的东越国五岳庙，作为供奉、祭祀中原先民人文始祖五帝的庙宇，是始终受到广大汉朝先民十分尊崇的庙宇，因此没被汉军损毁而完好保存下来。东越国都会东冶县"泉山"的其他历史文化遗存，最终被汉军彻底捣毁，至

----

① （汉）司马迁：《史记》卷之一百一十四，列传第五十四《东越列传》，简体字本二十四史，北京：中华书局，2005年3月，第2276页。

此几乎荡然无存，并导致东越国之后的东冶县泉山古代历史断层。

西汉时期，由于东越王是在"泉山"建立东越国都会，以今泉州、漳州、莆田的闽南和闽中地区先民成为北迁江淮的重点。在较长的历史时期里，东冶县"泉山"这个地方几乎是荒无人烟。由于东越国的人文历史至此出现断层，在以后漫长的历史时期，从北方或中原河洛地区南迁到"泉山"的历代先民，因无法了解记述东越国都会东冶县"泉山"的人文历史，也就没能记载东越王余善在东越国都会东冶县"泉山"封冠东越国五岳山、建造东越国五岳庙的文化遗存，并最终导致自隋代以来长期出现对东越国"泉山"地名的持续激烈争议。

五代时期泉州梧宅古冶铁遗址，已被列为泉州市文物保护单位

东越王余善在东越国都会东冶县"泉山"进行封冠东越国五岳山和建造东越国五岳庙的客观史实，也从此湮没在漫长的历史长河中。

第二，历代朝廷回避宣扬大逆不道的东越国五岳遗存。

西汉时期，东越王余善在东越国都会东冶县"泉山"封冠东越国五岳山、建造东越国五岳庙、举行东越国五岳祭典等象征帝王至高无上国家权力的礼制活动，均被司马迁认为是属大逆不道的叛乱行为，是不值得宣扬的史事而未载入史册。司马迁把东越王余善私刻"武帝"玺自立的史实载入史册，也可以客观反映出东越王余善在东冶县"泉山"建立东越国五岳祭典礼制客观史实的历史背景。

西汉时期，东越王余善在东冶县"泉山"仿照汉武帝禅封东越国五岳山、兴建东越国五岳庙的做法，建立一个体系完整的东越国家祭典礼制，是十分明显、史无前例地违反汉朝廷建立的国家礼制，也是被中国历代朝廷视为大逆不道的反叛行为。特别是东冶县"泉山"的东越国五岳山，名不经传，从不被历代朝廷志书所接受。自古以来，古泉州的历代地方史籍均极力回避东越国五岳遗存的史实。地方史籍没有记载东越王余善在东冶县"泉山"尊冠五岳山、建造五岳庙的客观史实，这也就不足为奇。

南安丰州历史十分悠久，唐朝九日山建成延福寺建筑群

隋朝以前的史学史书或由官方撰写，或由民间人士自行撰写，史学思想较为自由。但由于不容易采用到史官所藏书籍，通常只有纪传，没形成完整的国史志书。隋开皇十三年（593年），隋文帝宣布禁止民间私撰国史，评论人物。自此，历朝国史都改为官修，虽然官方修史公正性不足，但由于任用专业史臣撰写，由朝廷提供的资料也比较充足，国史志书在隋唐以后成为朝廷专门的事业。①

据清乾隆年间修编的《泉州府志》记载："唐以前泉人物远不可考，其可溯者始于（唐）贞元年间。历宋而元而明，莫不彬彬辈出矣"②。

据清道光《晋江县志》记载，隋代以前，未见有泉州地方和民间记载人文历史的典籍。唐朝泉州的史籍，仅有欧阳詹、许稷、欧阳秬等七人的文集，多数是唐诗文、艺文之类的文稿。③

除国史志书记载历代的重要史实，隋代以前民间是未记载过东越国东冶县"泉山"和东越国五岳遗存史实。由于受到东越国被"灭国迁众"的残酷战争导致历史断层影响和其他的历史原因，隋代之前的原东越国都会东冶县"泉山"的人文历史资料，从未见地方史籍记载。

毫无疑义，东越王余善在都会东冶县"泉山"封冠东越国五岳山和建造东越国五岳庙，是客观存在的历史文化遗存。由于司马迁编纂《史记·东越列传》

①胡世庆：《中国文化通史》（下册），杭州：浙江大学出版社，2005年9月，第791页。
②（清）怀荫布、黄任等：《泉州府志》卷之四十一，《人物列传》。
③（清）胡之鋘、周学曾等：《晋江县志》卷之七十，《典籍志》。

而不编写《闽越列传》，是值得文史学者继续深入研究东越国与都会泉山的人文历史。

二、对东越国都会"泉山"地名的争议始于隋代

据《汉书·朱买臣传》载，"东越王居保泉山"，"今发兵浮海，直指泉山"。"泉山"，就是指始于隋代的古泉州。据唐初颜师古撰《汉书注》曰："越王（作者注：指东越王余善）所保之泉山，即里郡之镇山也。""泉山，即泉州之山也。"颜师古（581—645年），山东雍州万年人，著名经学家、文学家、历史学家。

《汉书·朱买臣传》记载的汉军剿灭东越王余善据守东越国都会东冶县"泉山"的地名，在福建历史上曾经为此长期有过激烈的争论。

由于《汉书·朱买臣传》记述"泉山"的地名文化内涵厚重，历史源远流长，在隋朝廷设置州郡时，考虑到东越国是在"泉山"设立都会，"泉山"地名具有重要的历史影响，因而于隋朝开皇九年（589年）将州治名称定为"泉州"。[①]

从隋代在今福州置泉州郡治，唐朝又把郡治泉州从福州迁到今泉州的史实看，隋代时福

泉州出土的唐中和三年（883年）铜钟（泉州海交馆藏品）

建就出现"泉山"之地名的激烈争议。由于闽越国设都会"东冶"（今福州），都会"东冶"却没有"泉山"之地名，而"泉山"地名却是在今泉州。据《旧唐书·地理三》载，"隋建安郡，又为泉州"，"圣历二年（699年），分泉州之南安、莆田、龙溪三县，置武荣州。三年，州废，三县还泉州。久视元年（700年），又以三县置武荣州。景云二年（711年），改为泉州"[②]。由于今福州自古以来就没有"泉山"之地名，而今泉州自古以来早就有"泉山"之地名。为此，隋朝时所置泉州的州治名称，则于唐朝时把州治从福州复改回到今泉州。

---

① 张惠评、许晓松：《泉州古城古街名巷名居》，福州：海峡书局，2014年12月，第10页。
② （五代后晋）刘昫等：《旧唐书》卷之四十，志第二十《地理（三）》，简体字本二十四史，北京：中华书局，2005年3月，第1081页。

晋江磁灶考古出土的南朝青釉褐彩小盂
（晋江博物馆藏品）

南安丰州陀罗尼经幢已被列
为国家重点文物保护单位

自隋代起，今福建大地出现"泉山"之地名争议，始终是古代福州有"泉山"或是古代泉州有"泉山"的地名间争议。

三、明清志书对东越国都会"泉山"地名争议的记述

据明《八闽通志·地理》载："汉高帝五年，封无诸王于此，是为闽越国。都冶。冶，山名，即古泉山，今将军山也"[1]。"《治平图》谓之'泉山'，即今福州将军山也"[2]。据《八闽通志·地理》把闽越国都城"东冶"误记为"都冶"，同时，把汉朝在闽越国置会稽郡地"冶县"（据《汉书·地理志》）误记为"冶，山名"。

据明《八闽通志·地理》载：泉州府有"泉山，一名北山，一名齐云山"，"周环四十里，为郡之主山。颜师古《汉书·朱买臣传》所谓越王所保之泉山也"，"清源洞，在泉山，有上、下二洞。上洞名纯阳，在山巅，乃东瓯王避汉兵处。"[3]据《明一统志》载，泉州有"山川泉山"，"清源洞，在泉山之巅，乃东瓯王避汉兵处"[4]。

---

① （明）黄仲昭：《八闽通志》卷之一，《地理·建置沿革》，福州：福建人民出版社，2017年3月，第1页。
② （明）黄仲昭：《八闽通志》卷之五，《地理·郡名·福州府》，福州：福建人民出版社，2017年3月，第30页。
③ （明）黄仲昭：《八闽通志》卷之七，《地理·山川·泉州府晋江县》，福州：福建人民出版社，2017年3月，第174页。
④ （明）李贤等：《大明一统志》卷之七十五，北京：国家图书馆出版社，2009年7月。

《八闽通志·地理》《明一统志》记载，与史实明显不符之处是：把"泉山"是东越王余善避汉兵之处，误记为"泉山"是"东瓯王避汉兵处"。在中国古代二十四史志书中，所有记载西汉时期的文献，均从未记载东瓯王到过东越国都会"泉山"。《八闽通志·地理》《明一统志》所记载的是把东瓯国的东瓯王摇与东越国的东越王余善，完全等同，混为一谈。

据清乾隆《泉州府志》记载，"泉之为郡，闽南一大都会也。瀛海环其东，双溪绕其西。清紫朋罗群山秀，峙迹其灵淑所钟，虽上郡亦不是过。然推其人文蔚起，得称海邦邹鲁"③。由于历史原因，郭赓武也没客观记载家乡晋江那规模宏大的隋唐时期泉州海神庙——南海古庙，即"泉山"的原东越国南岳庙。

直到清代，对东越国"泉山"之地名的激烈争议仍然持续不休。而对东越国"泉山"地名最具代表性的争议问题和观点，是在清道光《晋江县志·山川志》所记载对"泉山"的争议内容。

清道光《晋江县志·山川志》载："清源山有三十六岩洞，县志或引《朱买臣传》：东越王居保泉山。颜师古以为泉州之山，非也。买臣在汉武帝时，东越王所保泉山，断以福州为是。至此处泉州泉山之名，始于唐睿宗景云二年（711年）"②。《晋江县志》认为：泉山是在福

唐朝进士欧阳詹为泉州古城北城门泉山门题镌"北楼记"

宋代王十朋为泉山古城门题镌碑石"重修北楼记"

---

① （清）怀荫布、黄任等：《泉州府志》序一。
② （清）胡之铄、周学曾等：《晋江县志》卷之四：《山川志·泉州》。

州而不是泉州。唐睿宗景云二年（公元711年），古代泉州才始有"泉山"之地名。即唐朝时先有泉州，再有"泉山"。

据清道光《晋江县志·山川志》记述，"（陈大阶记）：史记东越王退保泉山，颜师古以为泉州之山。曹能始《名胜志》谓师古当贞观时，未有泉州之名，应在福州。余考睿宗景云之先，闽下游统称晋安，而福州则无所谓泉山者。能始福人，私而欲争之耳"①。陈大阶，又名陈大玠，清朝太常寺少卿。曹能始，明代进士、文学家。曹能始《名胜志》认为："泉山"在福州。"泉山"或是泉州，争议颇多。

据清道光《晋江县志·山川志》并引《名胜志》等文章，用较多文字篇幅进行论证"泉山"地名：在唐朝睿宗景云年间以前的今泉州，是没有"泉山"之名的。颜师古所说的"泉山"，不是在今泉州而是在今福州。这也就是说，由于唐睿宗景云二年（公元711年）始在今泉州设有州治，所以今泉州才有"泉山"之名。同时，由于州治泉州之名迁移到今泉州，所以福州就没有"泉山"之地名。历史上，持有这种争议观点的学者颇多。

据清道光《晋江县志·杂志上》记述，"泉山，《通志》引颜师古《汉书注》，指此为越王所保之泉山，非是。《汉书·朱买臣传》云：'发兵浮海，直抵泉山。'师古注云：'泉山，即今泉州之山。'自师古时言，乃唐贞观初之泉州，今福州也。又谓北山之巅，乃东瓯王避汉兵之处。然东瓯王即东越王余善，为汉兵所攻，自所保之泉山南徙大泽中。繇王居股杀以降汉，亦无由至此山也。隆庆府志"②。隆庆府志，即明代泉

泉州城的泉山土地公宫牌坊

---

① （清）胡之鋘、周学曾等：《晋江县志》卷之四，《山川志·晋江》。
② （清）胡之鋘、周学曾等：《晋江县志》卷之七十五，《杂志（上）》。

州知府万庆（直隶和州人、进士）于明隆庆二年戊辰（1568年）修、黄光升（晋江潘湖人）等编纂的《泉州府志》，认为"泉山"在福州。

在上述的清道光《晋江县志》记载及转录明隆庆年间《泉州府志》记述，有两处是与西汉时期史籍文献史实明显不符：一是"北山（作者注：今清源山）之巅，乃东瓯王避汉兵之处"。西汉至隋唐时期的历史文献，从没记载西汉东瓯王到过东越国或"泉山"。二是"东瓯王即东越王余善"，是把东瓯王摇与东越王余善完全混为一谈。据《史记·东越列传》记载：东瓯王摇，东瓯国都会在温州，

位于泉州历史文化古城泉山门的泉山宫重建碑石

东瓯国地域在温州、浙南一带。①东瓯王摇与东越王余善，是两个完全不同时期和不同领地的诸侯王。

明隆庆年间编纂《泉州府志》的晋江潘湖人黄光升，是明代政治家、历史学家、军事家、法学家和水利学家。②晋江潘湖人黄光升十分清楚：从自己家乡潘湖流经晋江九十九溪的出水口，是在溜石的泉州南海古庙，即南岳庙旁。由于历史原因，黄光升也没客观记载家乡那规模宏大的隋唐时期泉州海神庙，即"泉山"的原东越国南岳庙。

与此同时，《晋江县志·山川志》还记载，"（慎蒙记）颜师古《汉书注》谓越王所保之泉山，即此山"，"此说非，已见上"③。慎蒙（1510—1581年），浙江湖州人。明嘉靖三十二年（1553年）进士，《福建通志》把慎蒙列为名宦。慎蒙著《天下名山诸胜一览记》，记述明代后期全国名山名胜一千多处，传播影响甚广。慎蒙认为泉山是在福州。

① （汉）司马迁：《史记》卷之一百一十四，列传第五十四《东越列传》，简体字本二十四史，北京：中华书局，2005年3月，第2276页。胡世庆：《中国文化通史》（上册），杭州：浙江大学出版社，2005年9月，第43页。
② 张惠评、许晓松：《泉州进士录》，福州：海峡书局，2014年12月，第155页。
③ （清）胡之錤、周学曾等：《晋江县志》卷之四，《山川志·泉州》。

西汉时期在闽北修建的闽越王城汉城遗址,已被列为国家重点文物保护单位

历史上,有的学者认为闽越国都会在"东冶",所以东越国都会"泉山"就是在福州。《八闽通志·地理》载:"闽越国,都冶。冶,山名,即古泉山,今将军山也"①。有的文史学者甚至认为,东越国都会"泉山"是在今闽北崇山峻岭的浦城县、武夷山、建阳等地,主要依据是闽越王城在闽北建阳、都会冶都在古代福州等地。闽越国建立后的冶都城池,均设在今福州。福建文史学者对"泉山"之激烈争议,基本上是从"泉山"地名到"泉州"地名之间进行论证"泉山"的隶属郡地,缺失完整、系统的史实考证。由于"泉山"地名之争议,自始至终存在着以"泉山"先在福州、后在泉州的地名前后间之争议,包括志书史籍记述,历来从未有过正确的一致认同。

四、泉山为今泉州之山的史实考述

历史上,还有更多的文史学者认为《汉书·朱买臣传》记载的"泉山"不是在福州,也不是在闽北,而是在今泉州。②

对古代东冶县"泉山"是今泉州之山的地名考证,应据《史记·东越列传》《汉书·严助传》《汉书·朱买臣传》《后汉书》等史籍文献和客观史实等进行考证。东冶县"泉山"是今泉州之山的主要史实有:

一是《汉书·朱买臣传》载:"今发兵浮海,直抵泉山。"

据《史记·东越列传》载,在商量诛杀闽越王郢时,东越王余善曰:"不胜,即亡入海。皆曰:善。"。据《汉书·朱买臣传》载,"今发兵浮海,直抵泉山。"即"泉山"是在大海边,汉朝大臣朱买臣率领的征伐大军,是乘坐楼

---

① (明)黄仲昭:《八闽通志》卷之一,《地理·建置沿革》,福州:福建人民出版社,2017年3月。
② 傅金星:《泉山采璞》,泉州市鲤城区地方志编纂委员会编,1992年1月,第66、70页。

船"发兵浮海，直指泉山"。因此，"泉山"绝不会是在闽北的崇山峻岭之中。

二是《汉书·严助传》载："越非有城郭邑里。"

西汉时期，汉朝在闽越国置冶县，以替代闽中郡。闽越国都城"东冶"，在今福州："闽越王故城，在今布政司北。"[1]闽越王早已建造了闽越国都会"东冶"城郭。汉建元三年（公元前138年），闽越王郢出兵攻打东瓯国失利后，随即放弃闽越国"东冶"都城和闽北的闽越王城，南迁都会"泉山"据守，并准备南进扩大领地。为此，汉建元六年（公元前135

据《汉书》记载，西汉越地泉山没有修建城郭，证实西汉越地泉山为今泉州

年），淮南王刘安上奏书告诉汉武帝："越非有城郭邑里。"[2]这里所说的"越"，是指闽越王郢南迁都会的"泉山"。当时闽越王郢已经南迁到没有"城郭邑里"的"泉山"准备重建。东越王余善在"泉山"设东越国都会，也没有在"泉山"修建东越国"城郭"。这也完全符合古代泉州是在唐朝时才兴建"城郭"的客观史实。

三是《汉书·朱买臣传》载：东越王余善"居保泉山"。

汉建元年间，在闽越王郢被诛杀之后，闽越国被灭。汉武帝封立余善为东越王，东越王余善在"泉山"建立东越国都会。历经26年发展，东冶县"泉山"成为东越国的政治、经济、文化、军事的中心。为此，东越王余善要"居保泉山"，[3]如果东越王余善没有在"泉山"建立东越国都会，也就没有任何必要和理由去"居保泉山"。

① （明）黄仲昭：《八闽通志》卷之十三，《地理·城池·福州府府城》，福州：福建人民出版社，2017年3月，第335页。
② （汉）班固：《汉书》卷之六十四，传第三十四（上）《严助传》，简体字本二十四史，北京：中华书局，2005年3月，第2097页。
③ （汉）班固：《汉书》卷之六十四，传第三十四（上）《朱买臣传》，简体字本二十四史，北京：中华书局，2005年3月，第2109页。

西汉时期在闽北修建的闽越王城汉城古建筑遗址

四是《汉书·朱买臣传》载："去泉山五百里，居大泽中。"

汉元鼎五年（公元前112年），由于"南越反"，东越王余善率领一支8000人东越国军队，乘坐战船南下至南越国边境揭阳，准备配合汉朝军队攻打南越国。朱买臣称："今闻东越王更徙处南行，去泉山五百里，居大泽中"①。即东越王余善率领楼船军队是从泉山海港出发，南行到揭阳的海边，就住在楼船上，"居大泽中"。"去泉山五百里"的史实，是指广东揭阳与东冶县"泉山"今泉州海路五百里的直线距离。

五是《泉州府志》载：泉山有"朱翁子寨"遗存史证。

据《泉州府志》载，在古代北山今泉州清源山上，曾经有一座"朱翁子寨（朱买臣字翁子）"。即西汉时期汉武帝派遣会稽郡太守朱买臣统帅汉大军，乘坐汉军楼船从海路进军，攻打东越国都会泉山的古山寨，是东越王余善"居保泉山"的重要历史文化遗存。②自古以来，历代先贤名人登泉州清源山游览，

唐朝泉州古城内八卦沟水系见证古代泉山遍布溪流

或开疆拓土造福人间，时至今日留存摩崖石刻520方，所留下的石刻文化遗存书体齐全，内容十分丰富。无数的儒教、佛家、道教名人，曾经在清源山的山峰、岩石和山地之间留下了难以磨灭的历史烙印，清源山被誉为"北山胜概""闽海

① （汉）班固：《汉书》卷之六十四，传第三十四（上）《朱买臣传》，简体字本二十四史，北京：中华书局，2005年3月，第2109页。
② 泉州晚报社编：《泉州风物》，厦门：鹭江出版社，1993年6月，第56页。庄炳章：《泉州访古揽胜》，厦门：鹭江出版社，1993年6月，第57页。

蓬莱第一山""山岳钟灵"。①

六是《汉书·严助传》载：越地泉山"处溪谷之间"的地理特征。

汉建元六年（公元前135年），淮南王刘安上奏书告诉汉武帝："臣闻越非有城郭邑里也，处溪谷之间，篁竹之中。习于水斗，便于用舟，地深昧而多水险。"②东越国泉山的东溪、西溪以及沿海地区那无数纵横的小溪流，还有泉山江河流域平原那无数纵横的晋江九十九溪流，③均属于东越国泉山大地的最为独特的地域环境，也彰显古代东越国泉山大地的主要地理特征。据《晋江县志》记载：泉山东湖，"《汉书》闽越王保泉山大泽中，是其处也"④。这也完全符合泉山即今泉州在唐朝兴建古城时把很多溪流改为八卦沟的客观史实。

泉州唐朝古城址八卦沟疏浚地图（图号 155）

七是《新唐书·柳冕传》载："置牧区于东越，名万安监。"

唐德宗年间（780—792年），泉郡进士欧阳詹与莆田人著名进士林蕴、林藻两兄弟，曾经在古泉州清源山大休岩读书。⑤据泉州《清源山志》载，唐朝莆田著名进士林蕴写《泉山铭》。在泉州清源山上有一方林蕴在泉州镌《泉山铭》石刻，碑文首句就明确指出："泉山，古泉州也。"清晰阐明泉山又名古泉州的人文历史。林蕴，字梦复，号赤松，唐朝著名政治家，关心国家兴衰存亡，被世人尊为"闽贤"。⑥

---

①傅金星：《泉山采璞》，泉州市鲤城区地方志编纂委员会编，1992年1月，第65、66、70页。庄炳章：《泉州访古揽胜》，厦门：鹭江出版社，1993年6月，第60页。

②（汉）班固：《汉书》卷之六十四·传第三十四（上）：《严助传》，简体字本二十四史，北京：中华书局，2005年3月，第2097页。

③何少川主编：《八闽地名要览》，福州：海峡文艺出版社，2019年3月，第137~142页。

④（清）胡之鋘、周学曾等：《晋江县志》卷之八：《水利志》。

⑤庄炳章：《泉州访古揽胜》，厦门：鹭江出版社，1993年6月，第59页。

⑥庄晏成主编：《泉州历史人物》，厦门：鹭江出版社，1991年5月，第17页。

据《新唐书·柳冕传》记载，"柳冕，字敬叔，博学富文辞，且世史官，父子并居集贤院。历右补阙、史馆修纂"，"卒，赠工部尚书"。唐德宗贞元十三年（797年），时任福建观察使、史学家柳冕认为闽中本是南朝畜牧地区，即设"置牧区于东越，名万安监，又置五区于泉州"①。在这里，柳冕上奏"置牧区于东越，名万安监"，也特地提到万安监在东越国泉山，即唐朝时的泉州。

据福建省炎黄文化研究会组织福建省文史专家学者撰写编印、何少川主编的《八闽地名要览》记载，"清源山，又名泉山，泉州地名亦出于此。"②泉州地方文史学者庄炳章先生指出："清源山，又名泉山，原因是遍山涌出数不尽的泉眼"③。

八是现存泉州五岳遗存：东越国泉山五岳遗存的客观史实。

值得特别关注的是，西汉时期建立的帝王封禅五岳山、举行五岳祭典的制度，是国家政权建制和礼仪制度的重要内容。④西汉时期，东越王余善南迁到"泉山"建立东越国都会时，仿照汉武帝进行封冠东越五岳山，建造东越五岳庙，举行东越五岳祭典活动，从而彰显东越王余善是受命于天的帝皇。

西晋太康年间，大批从中原南迁泉山的先民修建原东越国云山中岳庙，并

改名为泉山白云庙，继续供奉中华民族人文始祖轩辕黄帝，成为泉山先民的宗庙。隋代开皇年间，泉山先民修建原东越国南岳庙，并改名为南海古庙，成为泉山先民供奉祝融的海神庙。时至今日，南岳庙是保存完好的东越国五岳遗存之一。

中国古代二十四史是研究中国海上丝绸之路历史的重要史籍文献

---

① （宋）欧阳修、宋祁等：《新唐书》卷之一百三十二，列传第五十七《柳冕传》，简体字本二十四史，北京，中华书局，2005年3月，第3571页。
② 何少川主编：《八闽地名要览》，福州：海峡文艺出版社，2019年3月，第113页。
③ 傅金星：《泉山采璞》，泉州市鲤城区地方志编纂委员会编，1992年1月，第65、70页。
④ 胡世庆：《中国文化通史》（上册），杭州：浙江大学出版社，2005年9月，第39页。

历代泉山先民具有强烈的民间信仰意识，重建、修建东越五岳庙，使得泉州历史文化名城至今能完好地保存东越国五岳庙，形成并彰显了古代泉州独具一格、前所未有的以东越五岳信仰为特色的泉山民间信仰文化。

九是汉武帝敕令：汉左翊将军许滢镇守泉南滢城威慑泉山。

许滢（公元前170年—前88年），河南许州人。西汉时期，许滢随卫青、霍去病等大将，参加击败匈奴的征战。汉建元六年（公元前135年），为制约东越王余善据守在泉山建立的东越国政权，汉武帝敕令左翊将军许滢"入闽讨越"，镇守泉南。①据泉州府《同安县志·卷之三十·武功录》载，许滢"首开草昧，厥功盛矣"，"子十五，分镇闽地"，"闽越平，以反复，数为边患，复蒙敕旨，永镇斯土"。许滢率领汉朝军队入闽后，屯兵驻守在泉山南部滢城，即今同安营城巷一带。泉南滢城

泉山西岳龙山寺成为闽南文化生态保护区的重要内容

距离泉山只有一百多里远，以抑制、威慑东越王余善据守在东越国都会泉山的反叛行为。这可证实东越国都会不是在"东冶"都城，而是已迁址泉山。许滢镇守在泉南滢城，是导致汉元鼎年间东越王余善率领东越国军队滞留在揭阳按兵不动的原因之一。汉后元元年（公元前88年），许滢镇守泉南45年，卒于营城，墓葬在泉南今同安新民镇西山后五虎山之下。许滢墓碑文载，"许督讳滢，字元亮，河南许州人。西汉武帝朝为上柱国左翊将军，驻师营城，首开草昧，存抚黎庶，复蒙敕旨，永镇斯土"。许滢墓表题："故汉上柱国左翊将军许公墓"。

十是《八闽通志·寺观》载：泉山东岳"皇迹山"。

据《八闽通志·寺观》记载，泉州"东北三十九都皇迹山"是"东岳山"。②西汉时期，东越王余善尊冠今"皇迹山"为东越国东岳，在今"皇迹山"建造

---

①晋江许氏主编：《千年石龟·开闽许氏综述·源流》；许书纪：《许姓开闽综合性概述》；许初水：《开闽爱国将领许滢》等史料。

②（明）黄仲昭：《八闽通志》卷之七十七，《寺观·泉州府·东岳行宫》，福州：福建人民出版社，2017年3月，第1150页。

东越国"东帝庙"。东越王余善仿照汉武帝在今"皇迹山"举行隆重的东越国东岳祭典盛事。

据泉州古代民间传说，"皇迹山"地名是因为安葬唐末五代开闽三王之一武肃王——王审知而冠此山名。实际上，当时王审知是在福建称闽王，并不是在福建称皇帝。历史上，古代二十四史志书记载在福建大地上称皇帝的只有东越王余善自称"东越国武帝"。①泉州"皇迹山"古地名，是与东越王余善在此地聚居、自称"东越国武帝"和祭典"东帝庙"活动密切关联。

秦汉时期，今泉州"皇迹山"东南方山下，大片地域就是泉山海湾滩涂和宽阔海湾，古地名称为"浔尾"。泉山"皇迹山"北部，是被一条今称为洛阳江的河流所环抱。泉山"皇迹山"西部，是被一条今称为晋江的河流所环抱。泉山"皇迹山"至清源山区域，成为古代可据守的天险。因此，这里是早期闽越王的弟弟余善率领闽越国军队长期驻守的地方，也是余善长期经略闽越国南部的重要据点。东汉时期，未被北迁复出的原东越国泉山先民把这座山改名为"皇迹山"。

泉州著名历史学者吴幼雄先生编著的《泉州宗教文化》一书指出，基于西汉时期闽越王的历史贡献，古代泉州先民依然缅怀闽越王，为此建造祭祀闽越王无诸的神庙"闽越王庙"，又称为武济庙。南宋嘉定年间，泉州知府真德秀有《武济庙祝文》一篇，文曰：以前汉室龙兴，闽越王无诸率领闽越民众协助刘邦灭秦、灭楚，协助国家统一，天下安定，建立巨大功勋。因此，"庙食闽中，垂二千祀。而护国之忠，庇民之愿，益有加焉"（据真德秀《武济庙祝文》）。古代泉州建造祭祀闽越王无诸神庙说明在古代泉州

惠安县辋川镇后任村的越王宫被列为惠安县文物保护单位

---

① （汉）司马迁：《史记》卷之一百一十四，列传第五十四《东越列传》，简体字本二十四史，北京：中华书局，2005年3月，第2276页。

的道教民间俗神中，闽越王无诸
曾经作为护国庇民、助官府剿寇
的民间信仰神祇，具有积极的社
会功能和广泛的社会影响。①

惠安县辋川镇后任村的越王宫历史悠久

古代泉山先民究竟是在什么
地方建造祭祀闽越王无诸的神庙
武济庙？经查阅泉州地方民间史
料，未见武济庙的遗存。据释开
慧主持、曾华衡主编的《安海龙
山寺志》载，"安海龙山寺前身为湾海（即古代安海地名）士民于东汉永平九
年（公元66年）建造的'闽越王庙'，祀受汉高祖刘邦敕封的闽越王无诸。因
有灵威，士民祈祷，各有其验。"据《晋江县志·寺观志》收录颜仪凤撰《安平
龙山寺重兴碑记》载，"龙山寺，传始于隋朝"。即"湾海闽越王庙"，隋朝时
改为"湾海龙山寺"。泉州武济庙不是"湾海闽越王庙"。今惠安县辋川镇后任
村仍保存一座"越王宫"，已列为县级文物保护单位。也就是说，古代泉山至
少建造有三座祭祀闽越王无诸的"闽越王庙"。

五代十国时期，闽国嗣王王延翰借由推崇《史记》中对西汉时期古闽越王
无诸中兴建国等历史事迹的记载，主张闽国应继承古闽越国的精神，立国于福
建。后来受到福建先民的拥立，王延钧建立闽国而称闽王。其后，闽王王延钧
谋求割据福建称帝，兴建古闽越王无诸庙祭祀，并要求后唐册封无诸为王。后
唐长兴二年（公元931年）七月，后唐朝廷应闽王请求，册封闽越王无诸为"富
义王"。②

①吴幼雄：《泉州宗教文化》，厦门：鹭江出版社，1993年6月，第46、47页。
②薛爱华：《闽国：10世纪的中国南方王国》，上海：上海文化出版社，2019年8月。

第二章　泉山置东冶县

据《史记》《汉书》等志
书史籍的文献记述，西汉时
期东越国被汉武帝"灭国迁
众"，号称"越甲卒不下数十
万"的东越国民众，被迫十
分惨烈地大规模乘船逃命，
或逃进深山密林，或被汉军
北迁江淮地区，东越国最终

位于泉州中山路的中国历史文化名街保护碑石

被"灭国迁众"，"东越地遂虚"。魏晋南北朝以来，"永嘉之乱，海内分
崩"，"中原乱离，遗黎南渡"①。由于严重的战乱导致社会激烈动荡，大
批北方和中原河洛先民带来中原地区最先进的技术、技艺和经验，持续南
迁到被"灭国迁众"的人烟稀少的东冶县泉山大地上，以族聚居，以姓聚
集，繁衍生息。历经数百年的筚路蓝缕，开疆辟土，在被"灭国迁众"的
东冶县泉山这块神奇大地上，最终于汉唐时期成为中国海上丝绸之路的重
要发祥地之一。

第一节　泉山的东冶县

西汉时期，汉武帝在东越国都会泉山设置会稽郡东冶县。

据两汉时期以来的中国古代志书史籍的记载中，曾经出现会稽郡地设立的

---

① （唐）房玄龄等：《晋书》卷之十五，志第五《地理志（下）》，简体字本二十四史，北京：
中华书局，2005年3月，第289页。

"冶""冶县""东冶县""冶都""东冶""东冶都",是西汉时期的闽越国、东越国之地,历史上出现有许多明显不同的记载,且历代志书所记载的无一相同,令人十分费解!历代这些志书史籍的文献记载为何不同,是否准确,也值得认真研究考证。据《嘉泰会稽志》称:"闽越为冶""《通典》云:后汉分冶地"。[1] "闽越为冶",史无前例。这是中国古代社会最早以"冶"置县的历史文献记载,说明福建冶铁制造包括今闽北、福州、泉州的冶铁先进水平,已经位居古代中国农耕社会的前列。被汉武帝"灭国迁众"的东越国"冶县""东冶",以及"东冶县"的人文历史,均是值得继续关注、研究与考证。

一、古代志书史籍记载闽越国设置的冶县

据东汉史学家班固编撰的《汉书·地理志》记载,汉景帝四年(公元前153年),汉朝廷在会稽郡地闽越国置"冶县"。"冶县"为会稽郡所属的26个县之一。[2] 即《汉书》记载"冶县",是汉朝廷在东越国被"灭国迁众"之前设立的。

《汉书·地理志》记载的准确史实是:汉景帝四年(公元前153年),汉朝在都城"东冶"的闽越国领地置会稽郡地"冶县"。

据南朝梁史学家沈约记述南朝刘宋一代历史的《宋书·州郡志》载,"建安太守,本闽越,秦立为闽中郡。汉武帝世,闽越反,灭之,徙其民于江、淮间,虚其地。后有遁逃山谷者颇出,立为冶县,属会稽"[3]。即《宋书》载,"冶县"是在东越国被"灭国迁众"之后设立的。

南岳溜石山石塔上的宋代石雕像

---

① (宋) 施宿等:《嘉泰会稽志》卷之一,《历代属郡》,北京,商务印书馆,2013年11月。
② (汉) 班固:《汉书》卷之二十八,志第八《地理志(下)》,简体字本二十四史,北京:中华书局,2005年3月,第1289页。
③ (南朝梁) 沈约:《宋书》卷之三十六,志第二十六《州郡二》,简体字本二十四史,北京:中华书局,2005年3月,第709页。

据《汉书》记载，被汉武帝"灭国迁众"的是"东越反"。①在《宋书·州郡志》中，把"东越反"误记为"闽越反"，即把"东越"误记为"闽越"。

南岳溜石山石塔上的宋代石雕像

后晋开运年间刘昫等编纂的《旧唐书·地理三》记载，"闽，汉冶县，属会稽郡。秦时为闽中郡。汉高立闽越王，都于此。武帝诛东越，徙其人于江淮，空其地。其逃亡者，自立为冶县，后更名东冶县。后汉改为侯官都尉，属会稽郡。晋置晋安郡"②。即《旧唐书》记载，"冶县"是在东越国被"灭国迁众"之后设立的，以后更名为"东冶县"。

据唐李吉甫编纂的《元和郡县志》记载："本汉冶县，地属会稽郡，后汉改为东侯官。案：杜佑《通典》及《旧唐书》并云：'冶县，又名东冶县。后汉改为侯官都尉。'吴改属建安郡，晋以侯官为晋安郡"③。即《元和郡县志》载："冶县，又名东冶县"是在东越国被"灭国迁众"之前设立的。

事实上，冶县与东冶县是不同时期在不同诸侯国设置郡县的。

据南宋《嘉泰会稽志·历代属县》记载："以冶（作者注：指冶县）立东侯官。……初，西汉以粤（东越）反复险阻为后世患，迁其民江淮，遂虚其地。后有逃遁山谷者稍出，立为冶县（颜师古注云：越王冶铸之地）。后又名为东冶县"④。即《嘉泰会稽志》记载，"冶县"是在东越国被"灭国迁众"之后设立的，以后又改名为"东冶县"。

据明《八闽通志·地理》载："后复立冶县，此时东瓯尚未析出。按《三山

① （汉）班固：《汉书》卷之六，纪第六《武帝纪》，简体字本二十四史，北京：中华书局，2005年3月，第111页。
② （五代后晋）刘昫等：《旧唐书》卷之四十，志第二十《地理三》，简体字本二十四史，北京：中华书局，2005年3月，第1081页。
③ （唐）李吉甫：《元和郡县图志》卷之三十，北京：中华书局，2008年6月。
④ （宋）施宿等：《嘉泰会稽志》卷之一，《历代属郡》，北京，商务印书馆，2013年11月。

志》注云：前后汉及晋以来《地理志》，并无此县名。前汉志虽有治县，疑是冶字，然考之后汉志，乃是章安，今台州临海县地也"[1]。即《八闽通志·地理》载，"冶县"是在东越国被"灭国迁众"之后设立的，即"后复立冶县"。

据宋《三山志》载，两汉时期，未设"冶县"，"并无此县名"。"冶县"是属"临海县地"。即宋《三山志》载，闽越国无"冶县"，属临海县地。

明《八闽通志·地理》转载宋《三山志》记载的"冶县"，并未关注到东汉《汉书·地理志》中有关"冶县"的史实记载，也未关注到南宋《嘉泰会稽志》"冶县"的史实记载。

准确史实是《汉书·地理志》载，汉景帝年间，汉朝在都城"东冶"的闽越国领地置会稽郡地"冶县"。[2] 闽越为冶：闽越国之地即是"冶县"之地。还有一种准确的史实是，西汉建元年间之前的"东冶"，是指闽越都城；汉建元年间设置的"东冶县"，是指汉朝在泉山设置的郡县。

二、古代志书史籍记载汉朝在东越国都会泉山置东冶县

据《史记·东越列传》载，"汉五年，复立无诸为闽越王。王闽中故地，都东冶"[3]。汉高帝五年（公元前202年），汉朝重新封立无诸为闽越王，在原闽中郡地域建立闽越国，"都东冶"，即设都城在"东冶"。因为汉景帝年间，汉朝是在闽越国领地置"冶县"，而不是建立"东冶县"。这里的"都东冶"，是指在东越国被"灭国迁众"之前设立的闽越国都城（据《史记·东越列传》）。

南岳溜石山石塔上的宋代石雕像

① （明）黄仲昭：《八闽通志》卷之一，《地理·建置沿革》，福州：福建人民出版社，2017年3月，第1页。
② （汉）班固：《汉书》卷之二十八，志第八《地理志（下）》，简体字本二十四史，北京：中华书局，2005年3月，第1289页。
③ （汉）司马迁：《史记》卷之一百一十四，列传第五十四《东越列传》，简体字本二十四史，北京：中华书局，2005年3月，第2276页。

南岳溜石江上塔的宋代石雕像

在《史记·东越列传》之后的历代志书史籍，相关记载东冶、东冶县众说纷纭。

据南朝宋范晔编撰的《后汉书·东夷传》载，后汉时期，"会稽东冶县人有入海行遭风，流移至澶洲者。所在绝远，不可往来"①。后汉时期，由于"东冶县"先民入海商贸船舶航行时遭大风，船舶漂流至海外东夷澶洲。即在东越国被"灭国迁众"之后的东汉时，会稽郡置有"东冶县"。

据《后汉书·郑弘传》载，东汉"建初八年（公元83年），代郑众为大司农。旧交趾七郡贡献转运，皆从东冶泛海而至，风波艰阻，沉溺相系"②。即在东越国被"灭国迁众"之后，会稽郡设有"东冶"。这里的"东冶"，均是指《后汉书》记载的"东冶县"。实际上，东汉时期的"东冶""东冶县"均同样是指"东冶县"。

据《晋书·地理志（下）》载："建安郡，故秦闽中郡。汉高帝五年（公元前202年），以立闽越王。及武帝灭之，徙其人，名为东冶，又更名东城"③。即《晋书·地理志》载，在东越国被"灭国迁众"之前，有地名为"东冶"。这里的"东冶"，是指汉武帝所灭的"东冶县"。后来又把"东冶县"更名为"东城"。

据《晋书·倭人传》载，"倭人，在带方东南大海中，依山岛为国……计其道里，当会稽东冶之东"④。至三国时期"东冶县"的地域，不属"东侯官"的地域。晋代志书还不是称呼已经在古代福州设置的"东侯官"名称。晋代志书仍然沿用保留汉武帝在泉山东越国置"会稽郡东冶县"的名称。

---

① （南朝宋）范晔编纂、李贤注：《后汉书》卷之八十五，传第七十五《东夷传》，简体字本二十四史，北京：中华书局，2005年3月，第1897页。

② （南朝宋）范晔编纂、李贤注：《后汉书》卷之三十三，传第二十三《郑弘传》，简体字本二十四史，北京：中华书局，2005年3月，第774页。

③ （唐）房玄龄等：《晋书》卷之十五，志第五《地理志（下）》，简体字本二十四史，北京：中华书局，2005年3月，第289页。

④ （唐）房玄龄等：《晋书》卷之七十七，列传第四十七《倭人传》，简体字本二十四史，北京：中华书局，2005年3月，第1345页。

据南朝梁沈约编撰的《宋书·百官（上）》记载，南北朝宋国时，"东冶令，一人，丞一人。南冶令，一人，丞一人。汉有铁官，晋置令，掌工徒鼓铸，隶卫尉。江左以来，省卫尉，度隶少府。宋世虽置卫尉，冶隶少府如故。江南诸郡县有铁者或置冶令，或置丞，多是吴所置"①。据唐代政治家、史学家杜佑编撰的《通典·职官》载："掌冶署，秦及汉郡国有铁官（诸郡国出铁者，置铁官长、丞）。晋冶令掌工徒鼓铸，隶卫尉。江左以来省卫尉，始隶少府。宋有东冶、南冶，各置令、丞（东冶令、丞各一人，南冶令、丞各一人）而属少府。齐因之。江南诸郡县有铁者，或置冶令，或置冶丞，多是吴所置"②。即南北朝宋国时，《宋书》记载置冶令。唐代《通典》记述有"东冶""南冶"，这些均是历代朝廷掌冶署、管冶炼的衙门。

南岳溜石山石塔上的宋代石雕像

唐朝《通典》史籍，是中国历史上第一部体例完备的政书，专叙历代朝廷典章制度的沿革变迁。没发现《通典》有历代朝廷在"东冶县""置东冶县令"的历史记载。

三、在东越国复出后先民设立的东冶县

据《史记·东越列传》载，西汉闽越王无诸建立闽越国，"都东冶"（据《史记·东越列传》）。闽越国被灭之后，东越王余善建立东越国，都"泉山"。据《汉书·地理志》载，西汉时期，汉朝是在闽越国属地设"冶县"。

据《后汉书》《晋书》《旧唐书》《嘉泰会稽志》等史籍均记述：东汉时期，由于许多逃遁在崇山峻岭并未北迁江淮的原东越国先民复出后，自行在东越国故地分别恢复"冶县""东冶县"，均未被废。

据《旧唐书·地理志》记载，西汉"武帝诛东越，徙其人于江淮，空其地。

---

① （南朝梁）沈约：《宋书》卷之三十九，志第二十九《百官（上）》，简体字本二十四史，北京：中华书局，2005年3月，第799页。

② （唐）杜佑：《通典》卷之二十七，《职官（九）》，北京：中华书局，2016年4月。

泉州古代海上丝绸之路波澜壮阔的历史图景
（蔡永辉、许瑞珍提供）

其逃亡者，自立为冶县，后更名东冶县。后汉改为侯官都尉，属会稽郡。晋置晋安郡。宋、齐因之，陈置闽州，又改为丰州。隋平陈改为泉州，炀帝改为闽州，又为建安郡"①。

《旧唐书·地理志》记载的东越国复出民众"自立为冶县，后更名东冶县"，这与《汉书·地理志》记载于汉景帝年间会稽郡地闽越国置"冶县"的史实是不相符的。②

据明《八闽通志·地理》载："东冶以越王冶铸得名"，"苏林注：冶，山名。今名东冶"③。即汉末魏初文史学者苏林认为：汉代闽越国只有"冶，山名"，冶与东冶是相同。这就与古代志书所记载"都东冶"（据《史记·东越列传》）的史实明显不相符。由于东越国是被"灭国迁众"的，同时，东越国存世仅26年，在《史记》《汉书》中，没清晰记载汉武帝是在"泉山"的东越国始置会稽郡地"东冶县"的重要史实。为此，造成历史上志书史籍的记述不同。

四、汉代实行封国与郡县并行的国家重要政治制度

西汉时期以来，历代志书史籍所记述的"冶县"与"东冶"，均是无一相同，这是为什么？"冶县"与"东冶"是否相同？"东冶"是"都城"还是"郡县"？为什么东汉时期以后历代志书史籍仍然会出现"冶县"与"东冶"的明显不同记载？东汉时期，出现"东冶""冶县""侯官""东侯官"与"东冶县"，是不是有可能同时均在今福州？东汉时期的"东城""东冶港"是在哪里？在原东越国大地复出的先民为什么能够自行设"冶县""东冶县"？汉

① （五代后晋）刘昫等：《旧唐书》卷之四十，志第二十《地理（三）》，简体字本二十四史，北京：中华书局，2005年3月，第1081页。
② （汉）班固：《汉书》卷之二十八，志第八《地理志（下）》，简体字本二十四史，北京：中华书局，2005年3月，第1289页。
③ （明）黄仲昭：《八闽通志》卷之二，《地理·郡名·福州府》，福州：福建人民出版社，2017年3月，第30页。

朝什么时候把"冶县"改为"东冶县"？原东越国大地复出的先民复设称为"冶县""东冶县"究竟是在哪里？

南安乡村古厝建筑

如果没有能够全面了解汉代实行封国与郡县并行的国家重要政治制度，就将十分难以解读历代志书史籍的文献记载：两汉时期，曾经出现汉会稽郡设立"冶""冶县""冶都""东冶""东冶都""东城""东冶县""泉山"等明显不同的历史文献记载，且历代志书记载的差异甚大。同时也导致长期以来对"泉山"和"东冶县"历史的争论不休。

上述的这些历史问题，均是值得文史学者从秦汉时期统一天下诸侯王国领地之后，基于这种特殊历史背景下汉朝所建立的国家重要政治制度，进行深入系统地研究和考证。

秦始皇在统一天下之后，实行君长与郡县并行的秦王朝国家重要政治制度。秦始皇在"七闽"大地上设置闽中郡，废闽越诸侯王封立为君长。据《史记·东越列传》载，"秦以并天下,皆废为君长,以其地为闽中郡。"秦王朝在七闽之地置郡县，留君长，实行君长制与郡县制并行的国家重要政治制度。这实际上是实行由闽中君长管理秦朝闽中郡地，[1]以彰显秦王朝国家政权对各地诸侯王政权的管理控制。

西汉时期，汉王朝实行封国与郡县并行的国家重要政治制度。西汉时期，有种十分重要的客观史实是：汉朝实行封国与郡县同时并行，作为汉王朝国家重要政治制度，在古代中国历史上具有重要地位和社会影响，"据中国考古发掘的不完全统计：目前已经发现西汉时期诸侯国王墓有84座，东汉时期诸侯国王墓有18座"[2]。

---

① （汉）司马迁：《史记》卷之一百一十四，列传第五十四《东越列传》，简体字本二十四史，北京：中华书局，2005年3月，第2276页。
②刘尊志：《汉代诸侯王墓研究》，北京：社会科学文献出版社，2012年12月。

从中国考古已经发掘西汉时期许多的诸侯王墓足以说明：汉朝国家是通过封立诸侯王与建立郡县同时并行的国家重要政治制度，以实行对西汉各地诸侯王国政权的管理控制。汉景帝四年（公元前153年），汉景帝实行封国与郡县同时并行的国家重要政治制度，是在扬州刺史部会稽郡属地闽越国置"冶县"（据《汉书·地理志》），闽越国设都会"东冶"，由汉朝南部都尉治理。汉朝在闽越国置会稽郡地"冶县"，也是闽越王治理"冶县"之地。汉景帝是在闽越国地域置会稽郡地"冶县"，把闽越国列入汉朝的国家版图，以会稽郡地"冶县"替代秦闽中郡地，彰显汉朝国家对诸侯政权的管理控制。②

西汉时期，汉景帝在闽越国置"冶县"，成为古代福建在今福州历史上的第一个由汉朝廷建置会稽郡地的郡县。

汉武帝建元三年（公元前138年），在进军北攻东瓯国失利之后，闽越王郢放弃今福州的闽越国都会"东冶"，南迁都会到今泉州的闽越国南部"泉山"（据《汉书·严助传》《汉书·朱买臣传》）。汉建元六年（公元前135年），闽越国被灭。汉武帝封立余善为东越王，东越王余善随即在都会"泉山"建立东越国。

汉建元六年（公元前135年），汉武帝在东越国实行封国与郡县并行的国家重要制度。汉武帝在"泉山"的东越国置会稽郡地"东冶县"，把东越国地域列入汉王朝国家的郡县版图，以彰显汉朝廷国家对东越国诸侯政权的管理控制。西汉时期，具有雄才大略的汉武帝还采纳淮南王刘安奏书的一条重要建议："陛下若欲来内，处之中国，使重臣临存，施德垂赏以招致之，此必携幼扶老以归圣

始建于唐末的泉州丰泽福清寺

① （汉）司马迁：《史记》卷之一百一十四，列传第五十四《东越列传》，简体字本二十四史，北京：中华书局，2005年3月，第2276页。（汉）班固：《汉书》卷之二十八，志第八《地理志（下）》，简体字本二十四史，北京：中华书局，2005年3月，第1289页。

德。"①据此以有效制约东越王。为此，汉武帝封立"越繇王"，以继续镇守"东冶"都城。

西汉时期，汉武帝在东越国置"东冶县"，成为古代泉山（今泉州）历史上的第一个由西汉朝廷建置会稽郡地的郡县。

由于西汉东越国是被汉武帝"灭国迁众"，导致"泉山""东冶县"的历史断层。东汉时期，在七闽的南北大地上，同时分别存在由未被北迁江淮地区的东越国先民复出后，自行恢复西汉所置会稽郡地"冶县""东冶县"这两个郡县名称：在都城"东冶"的闽越国恢复置会稽郡"冶县"，在都会"泉山"的东越国恢复置会稽郡"东冶县"。

据两汉时期以来志书史籍文献考证史实：古代志书史籍文献记述西汉时期的"冶""冶县""冶都""东冶""东冶都"，均是指在古代福州的闽越国和都会（今福州）。两汉至三国时期，在今福州地区从未

始建于唐末的泉州丰泽福清寺

置汉朝会稽郡地"东冶县"。东汉时期以来，未被北迁江淮地区的原东越国今福州以及闽北地区先民，复出之后并不是自立，而是自行恢复汉朝郡县"冶县"（据《宋书·州郡志》）。原东越国先民在今福州恢复汉朝会稽郡地"冶县"地域，不再包括"东冶县"的今闽南、闽中地域。东汉时，今福州、闽北地区先民恢复的"冶县"，被置为"东部侯国"（据《嘉泰会稽志》），成为会稽郡地十四城之一。之后，今福州地区先后改为会稽郡属地的"侯官""东侯官""侯官都尉"等，是边郡的官职。设置的这些名称，被志书称为"犹县"，即"如同县"，并不具有置郡县政权性质。建安十二年（207年），分东侯官之地立邑，即以年

---

① （汉）班固：《汉书》卷之六十四，传第三十四（上）《严助传》，简体字本二十四史，北京：中华书局，2005年3月，第2097页。

泉州闽南古大厝建筑

号为名，曰建安县。①自汉景帝年间在"都东冶"的闽越国置会稽郡地"冶县"，在前后断续存世时间长达360多年后，才重新置县。

据两汉时期以来志书史籍文献记述考证史实：汉建元六年（公元前135年），闽越国被灭。东越王余善设"泉山"为东越国都会。汉武帝在"泉山"的东越国置会稽郡地"东冶县"（据《后汉书》《嘉泰会稽志》等史籍）。东汉时期，没被北迁江淮地区的原东越国先民复出后，并不是自立、而是自行恢复延续汉朝置会稽郡地"东冶县"（据《后汉书》《嘉泰会稽志》等史籍）。原东越国先民在泉山恢复汉会稽郡地"东冶县"地域，不再包括先民恢复的"冶县"今福州、闽北地域。为此，在东汉至三国时期，志书史籍所记载的"东冶县""东冶""东城"，包括"东冶港"是在泉山。三国吴永安三年（公元260年），在"东冶县"泉山置东安县。原东越国先民恢复的"东冶县"，最终被"东安县"所取代。②据此，汉武帝在"泉山"的东越国置会稽郡地"东冶县"，前后断续存世时间也长达390多年。

在那漫长依山面海、繁衍生息的历史长河中，古代从中原南迁到泉山的先民筚路蓝缕，开疆辟土，持续从北方和中原带来的中华民族文化、先进知识、农耕技术和生产经验，以及中原语言文化和音乐艺术，生活在东越国泉山这块神奇的土地上，播迁、繁衍、传承、创新和弘扬，最终形成古代中国

---

① （南朝宋）范晔编纂、李贤注：《后汉书》卷之一百一十二，志之第二十二《郡国志之（四）》，简体字本二十四史，北京：中华书局，2005年3月，第2377页。（南宋）施宿等：《嘉泰会稽志》卷之一，《越》，北京：商务印书馆，2013年11月。（南朝梁）沈约：《宋书》卷之三十六，志第二十六《州郡（二）》，简体字本二十四史，北京：中华书局，2005年3月，第709页。
② （宋）施宿等：《嘉泰会稽志》卷之一，《越》，北京：商务印书馆，2013年11月。（南朝梁）沈约：《宋书》卷之三十六，志第二十六《州郡二》，简体字本二十四史，北京：中华书局，2005年3月，第709页。

历史内涵十分厚重的闽南文化。古代泉山先民以独特的智慧和毅力，以海为田、以渔为业，探寻海路、向海而生、迎风破浪，谱写古代泉山辉煌灿烂的历史篇章。古代泉山先民不断地创新、丰富、传承与中华民族传统文化一脉相承的东越国五岳民间信仰，以坚毅的中华民族传统文化自信，无

历史悠久的泉州百源清池古亭

所畏惧，乘坐由西汉楼船改建的海船，劈波斩浪，持续与广州共同开辟通往南海异域的远洋商贸新航道，"上绥四宇，下洋万国"[①]。古代泉山大地，从此生机勃勃、繁荣昌盛，势不可挡。

第二节　"灭国迁众"之后的东冶县

据中国古代史籍记载，西周至春秋战国时期，今泉州是七闽、闽越辖地。秦代，属闽中郡。西汉时期，经过近百年的休养生息，国富民强，特别是汉武帝在位期间，汉朝进入鼎盛时期。西汉前期，今泉州属闽越国。汉武帝时，今泉州属东越国。自汉武帝迁东越国民众于江淮间，被"灭国迁众"的东越国，到东汉建安二十五年（220年），历经300多年，古代会稽郡属地东冶县的南方今闽南地区，长期处于安靖之中，远离历代封建朝廷政权的政治中心，与外界少有战事，社会稳定，休养生息，东冶县泉山先民获得繁衍生息。

东汉时期（22—220年），又称后汉。少数逃进崇山峻岭躲避而未北迁江淮地区的东冶县先民，在东冶县泉山恢复东冶县，继续在闽南大地上开疆

---

① （南朝梁）沈约：《宋书》卷之二十，志乐二《郊祀歌·嘉荐乐》，简体字本二十四史，北京：中华书局，2005年3月，第379页。

拓土，繁衍生息，并与广州共同为开辟海洋商贸航道和外销货物转运做出贡献。

一、关于"冶县""东冶县"之后的分别置县

据南朝宋范晔（398—445年）编纂的《后汉书·郡国志四》有关会稽郡文献记载：东汉时期，"会稽郡，秦置。本治吴，

始建于隋代的石狮凤里庵，是石狮市文物保护单位

立郡吴，乃移山阴。雒阳东三千八百里十四城。户十二万三千九百，口四十八万一千一百九十六。……山阴、鄞、乌伤、诸暨、余暨、太末、上虞、剡、余姚、句章、鄮、章安、永宁、东部侯国"①。由于原西汉东越国是被"灭国迁众"的，东汉时期由未被北迁的东越国先民恢复设置的东冶县，不隶属东部侯国。这时东部侯国的侯官只是汉朝边郡官员，不包括管理原西汉东越国领地的东冶县地域。

据《嘉泰会稽志·会稽郡》记载，"后汉顺帝永建四年（129年），分浙江以东十四县为会稽郡，治山阴"②。据《嘉泰会稽志·历代属郡》记载，"会稽郡，自汉顺帝时，还治山阴。其所领山阴、鄞、乌伤、余暨、诸暨、太末、上虞、剡、余姚、句章、鄮、章安、永宁、东侯官，犹十四县。……后汉建安中，孙氏分东侯官之地立邑，即以年号为名曰建安县。……至孙休永安三年（260年），遂割会稽南部为建安郡。……晋既平吴，立东侯官为晋安郡，分隶扬州。……陈永定三年（559年），……又分建安、晋安二郡，权立闽州"③。

据《嘉泰会稽志·历代属县》记载，"后汉光武时（25—57年），又曰东侯

---

① （南朝宋）范晔编纂、李贤注：《后汉书》卷之一百一十二，志之第二十二《郡国志之四》，简体字本二十四史，北京：中华书局，2005年3月，第2377页。
② （宋）施宿等：《嘉泰会稽志》卷之一，《会稽郡》，北京：商务印书馆，2013年11月。
③ （宋）施宿等：《嘉泰会稽志》卷之一，《历代属郡》，北京：商务印书馆，2013年11月。

官，今闽县是也。……《通典》云：后汉分冶地，为会稽东南二部都尉。此为南部都尉，东部今临海是也。大抵南至晋安东至章安，皆冶县地。详而言之，则闽越为冶。……《通典》云：孙策于建安十二年（207年）分东侯官之地立邑，即以年号为名，曰建安县，属会稽南部都尉。《三国志》云："永安三年（260年），以会稽南部，为建安郡"。

关于"冶县"之后的置县。"《通典》云：后汉分冶地"。东汉时期，在被汉武帝"灭国迁众"之后的原东越国大地上，没被北迁江淮地区而复出的先民，自行恢复在"东冶都"置会稽郡地"冶县"，地域范围为"大抵南至晋安东至章安，皆冶县地"（据《嘉泰会稽志·历代县属》）。之后，"冶县地"改为置会稽郡地"东部侯国"（据《后汉书·地理志》）。东汉永建四年（129年），改置为"东侯官"（据《嘉泰会稽志·历代属郡》）。"东侯官"是属会稽郡南部都尉，又称侯官都尉（据《旧唐书》）。由于侯国、侯官、东侯官、南部都尉等，均只是汉朝边郡官职，还不是朝廷置郡县。东汉建安十二年（207年），分东侯官之地立邑置县，改东侯官置"建安县"（据《嘉泰会稽志·历代属县》）。这时仍然不包括管理原东越国领地的东冶县泉山的地域。据此，汉景帝四年（公元前153年），在"东冶都"的闽越国置汉朝会稽郡地"冶县"（据《汉书·地理志》），前后断续存世时间长达360年，东汉朝廷才重新在"冶县"地北部置建安县，以取代"冶县"。

关于"东冶县"之后的置县，《通典》云："后汉分冶地。"[1]东汉时期，在被汉武帝"灭国迁众"之后的东越国东冶县大地上，没北迁江淮地区复出的"泉山"先民，自行恢复汉朝置会稽郡地"东冶县"，一

泉州的清代"急公尚义"石构牌坊在凤山下，已成为省级文物保护单位

---

[1]（唐）杜佑编纂：《通典》卷之二十七，《职官（九）》，北京：中华书局，2016年4月。

始建于宋代的永春州文庙，已被列为国家重点文物保护单位

直延续至晋代三国时期，仍然沿用"东冶县"名称（据《晋书》《嘉泰会稽志》）。三国吴永安三年（260年），吴国在东冶县泉山地域始置建安郡东安县。据此，西汉建元六年（公元前135年），汉武帝在"泉山"始置会稽郡地"东冶县"，[①]前后断续存世时间长达390多年，才重新在"东冶县"中南部的闽南、闽中地区，置东安县，以取代"东冶县"。东安县治在今南安丰州，辖今泉州、莆田、厦门、漳州、福清市一带的广阔地区。[②]

据《晋书·地理志》载，三国永安元年（258年），"孙休又分会稽立建安郡"。晋平吴时，"改庐陵南部为南康郡，分建安立晋安郡。……建安郡故秦闽中郡，汉高帝五年以立闽越王。及武帝灭之，徙其人，名为东冶，又更名东城。后汉，改为侯官都尉，及吴置建安郡。统县七，户四千三百。建安、吴兴、东平、建阳、将乐、邵武、延平。晋安郡，太康三年（282年）置。统县八，户四千三百。原丰、新罗、宛平、同安、侯官、罗江、晋安、温麻"[③]。

三国吴永安年间建安郡东安县的设置，说明在西汉时被"灭国迁众"的东越国都会东冶县泉山，已经有一定规模数量的原东越国先民复出和从中原南迁的先民在闽南、闽中大地上聚居。在东冶县泉山大地上，已经再次成为闽南地区的政治、经济和文化中心。

---

① （南朝宋）范晔编纂、李贤注：《后汉书》卷之八十五，传第七十五《东夷列传》，简体字本二十四史，北京：中华书局，2005年3月，第1897页。
②泉州市政协文史和学习宣传委编：《刺桐博物》，2018年11月，第21页。
③ （唐）房玄龄等：《晋书》卷之十五，志第五《地理志（下）》，简体字本二十四史，北京：中华书局，2005年3月，第289页。

秦汉时期泉山和西汉东越国，是属古会稽郡之地。成书于南宋嘉泰元年（1201年）施宿编纂的《嘉泰会稽志》，著名诗人陆游父子曾参与修订，陆游并为之序。《嘉泰会稽志》也是研究古代东冶县泉山所属郡县设置的主要参考文献之一。由于《嘉泰会稽志》是在1000多年之后南宋时期才进行编纂的，对秦汉时期古会稽郡之属地的记述，难免存在有的史实失记或误记之处。

从中原南迁漳州云霄县的先民修建开漳圣王塑像

二、中原先民南迁与隋唐的州县设置

成书于后晋开运年间的《旧唐书》，又名《唐书》，由后晋刘昫等编纂。据《旧唐书·地理三》记载："会稽，汉郡名。宋置东扬州，理于此，齐、梁不改。隋平陈，改东扬州为吴州。炀帝改为越州，寻改会稽郡，皆立于此县。""后汉改为侯官都尉，属会稽郡。晋置晋安郡。宋、齐因之，陈置闽州，又改为丰州。隋平陈改为泉州，炀帝改为闽州，又为建安郡"①。

西晋太康三年（282年），拆建安郡为建安、晋安两郡，治所在今福州。南北朝时期，五胡乱华（304—439年），即永嘉之乱，中原陆沉。从西晋太康年间新设置的晋安郡，可以充分说明从中原南迁到原东越国的南方今闽南地区的先民人口大增。南北朝宋泰始四年（468年），改晋安郡为晋平郡。从中原南迁到泉山大地的人口，仍然在持续不断

始建于南唐（950年）的泉州西城门临漳门

---

① （五代后晋）刘昫等：《旧唐书》卷之四十，志第二十《地理三》，简体字本二十四史，北京：中华书局，2005年3月，第1081页。

泉州圣墓山门石构牌坊

地增加。

南朝梁天监年间（502—519年），析出晋安郡地置梁安郡，郡治设在丰州，辖兴化（今莆田）、泉州、漳州等地。南朝梁太清元年（547年），由于南朝侯景之乱（又称太清之难），许多中原、三吴先民南迁到被"灭国迁众"之后的福建一带。陈朝永定元年（557年），陈武帝为羁縻陈宝应而设"闽州"，成为福建历史上第一个省级建制，州治在晋安（今福州），下领建、晋、南三郡。南朝陈天嘉五年（564年），梁安郡改为南安郡。南陈光大二年（568年），改闽州为丰州。①

由于南朝梁国在泉山地域设置梁安郡，为此南朝时有一处闻名天下的梁安港。南朝梁安港是泉山大地上一个重要的中外海洋交通贸易港口，曾经有许多中外商贸船舶往返梁安港。南朝梁安港究竟是在泉山哪里，这史事曾经成为一些泉州地方文史学者争议与讨论的一个历史问题。②

据《陈书·世祖本纪》载："梁室多故，祸乱相寻，兵甲纷纭，十年不解"。南朝陈"（天嘉六年）三月乙未，诏侯景以来遭乱移在建安、晋安、义安（今潮州）郡者，并许还本土。其被略为奴婢者，释为良民"③，即在南朝陈天嘉六年（565年）三月乙未日，诏令侯景以来，由于遭受动乱迁居在建安、晋安、义安（今广东潮州）等郡地的先民，均允许返回到家乡本土。对那些被抓去做奴婢的人，可开释为良民百姓。

① （五代后晋）刘昫等：《旧唐书》卷之四十，志第二十《地理三》，简体字本二十四史，北京：中华书局，2005年3月，第1081页。（宋）欧阳修、宋祁等：《新唐书》卷之四十一，志第三十一《地理志（五）》，简体字本二十四史，北京：中华书局，2005年3月，第691页。

②黄鸿源：《乡土潘湖》，香港：风雅图书出版有限公司，2017年12月，第209页。许谋清、刘志峰主编：《千年安平》，北京：中国文联出版社，2007年4月，第219页。

③ （唐）姚思廉：《陈书》卷之三，本纪第三《世祖》，简体字本二十四史，北京：中华书局，2005年3月，第31页。

隋朝，在秦属闽中郡地、西汉会稽郡地，置闽州。据《隋书·地理志（下）》记载："建安郡，陈置闽州，仍废，后又置丰州。平陈，改曰泉州。大业初改曰闽州。统县四，户一万二千四百二十。闽，旧曰东侯官，置晋安郡。平陈，郡废，县改曰原丰。十二年，改曰闽。大业初，

南安丰州古石亭

置建安郡。有岱山、飞山。建安，旧置建安郡。平陈废。南安，旧曰晋安，置南安郡。平陈，郡废，县改名焉。又置莆田县，寻废入焉。龙溪，梁置。开皇十二年，并兰水、绥安二县入焉"①。

由于西汉时期被"灭国迁众"的东越国都会东冶县"泉山"影响深远，隋朝廷为此以"泉山"地名，始设州治泉州。据《隋书·地理志（下）》载：隋开皇九年（589年），改郡县制为州县两级制。隋改南安丰州为泉州，将州治移设在今福州。至此，始见泉州地名。隋大业二年（606年），改泉州为闽州。隋大业三年（607年），复名闽州为建安郡，建安、晋安、南安三郡合并为建安郡。原设置15个县，裁并为四（即闽县、建安、南安、龙溪）。郡治由建安（建瓯）移至闽县，治所今福州。南安郡撤销改为南安县，下辖地域范围包括今莆田、惠安、晋江、同安、安溪、永春、德化等地。②

泉州开元寺的古印度教石刻

---

① （唐）魏徵：《隋书》卷之三十二，志卷第二十六《地理志（下）》，简体字本二十四史，北京：中华书局，2005年3月，第591页。
② （唐）魏徵：《隋书》卷之三十二，志卷第二十六《地理志（下）》，简体字本二十四史，北京：中华书局，2005年3月，第591页。张惠评、许晓松：《泉州古城古街名巷名居》，福州：海峡书局，2014年12月，第10页。

据志书史籍文献载，唐武德五年（622年），于南安故郡地置丰州，州治在丰州，并析置莆田县，属丰州。领南安、莆田、龙溪三县。唐武德六年（623年），复于闽县置泉州。唐贞观元年（627年），丰州撤销，南安、莆田、龙溪三县并入泉州（治所在今福州）。唐嗣圣元年（684年），置武荣州，辖南安、龙溪、莆田三县，州治在丰州。不久，武荣州废，三县仍属泉州。唐垂拱二年（686年），置漳州。唐圣历二年（699年），以南安、莆田、龙溪三县，复置武荣州，治所仍设丰州。同时，析莆田西界置清源县

泉州法石海印寺中的朱子祠保护碑石

（今仙游县），隶武荣州。唐久视元年（唐圣历三年，700年），武荣州废，三县还泉州，州治设在今鲤城区。随后在治地建城。唐景云二年（711年），州治在福州的泉州，改曰闽州。武荣州随即改名为泉州，隶属于闽州都督府。泉州地名沿用至今。①

唐开元六年（718年），由于泉州社会经济的快速发展、人口激增，从南安丰州东南辖地15华里，设置晋江县。唐开元年间，泉州辖南安、莆田、龙溪、清源、晋江五县，有37054户，人口约24.95万人。据《新唐书·地理志》载，唐"开元二十九年（741年），别驾赵颐贞凿沟通舟楫至城下"，即泉州古城在唐开元年间泉州城池早就已经形成规模。城初四方形，周边三里，开设四座城门。《泉州府志》称之为子城，内设官衙，构成衙城。②

唐天宝元年（742年），改泉州为清源郡，属江南东道，领南安、莆田、仙

---

① （五代后晋）刘昫等：《旧唐书》卷之四十，志第二十《地理三》，简体字本二十四史，北京：中华书局，2005年3月，第1081页。（宋）欧阳修、宋祁等：《新唐书》卷之四十一，志第三十一《地理志（五）》，简体字本二十四史，北京：中华书局，2005年3月，第691页。
② 庄炳章：《泉州访古揽胜》，厦门：鹭江出版社，1993年6月，第2页。张惠评、许晓松：《泉州古城古街名巷名居》，福州：海峡书局，2014年12月，第10页。

游、晋江四县，按人口数量属中州。唐乾元元年（758年），清源郡复名为泉州郡。①此时泉州已成为经济繁荣发达的地区。

宋代泉港诚峰东岳庙的精湛古建筑技艺

唐贞元年间（785—805年），析永泰县之归义乡设归德场，后再置德化县。唐贞元十九年（803年），析南安县西南四乡设大同场，后再置同安县。唐贞元二十年（804年），因福建观察使柳冕所奏，在泉州设万安监后，浯洲岛（今金门）设牧马区属之。陈渊率12个姓氏先民前往牧马，繁衍生息，耕稼渔盐开始日益兴起。后来，泉州从南安地析桃林场，后再置桃源县；从南安地析出小溪场，后再置安溪县。②

五代十国时期，后晋天福四年（939年），大同场升为同安县，属泉州。南唐时（937年），封留从效为晋江王，前后存在39年，并改泉州为清源军。留从效卒后，继由清源军统军使陈洪进割据。陈洪进割据漳州、泉州达19年之久。北宋乾德二年（964年），清源军改名平海军，名义上归两浙西南路。③

宋元时期，中国古代海上丝绸之路的繁荣经济，推进闽南地区经济社会的繁荣兴盛。泉州已经成为中国的世界海洋商贸中心。元代，吴澄在《送姜曼乡赴泉州路录事序》记载："泉，七闽之都会也。蕃货远物异宝奇玩之所渊薮，殊方别域富商巨贾之所窟宅，号为天下最"④。吴澄，江西抚州人，元代任翰林学士，著名理学家、教育家、经学家。吴澄是历史

①（五代后晋）刘昫等：《旧唐书》卷之四十，志第二十《地理三》，简体字本二十四史，北京：中华书局，2005年3月，第1081页。
②（五代后晋）刘昫等：《旧唐书》卷之一百四十九，列传第九十九《柳登弟冕传》，简体字本二十四史，北京：中华书局，2005年3月，第2738页。（明）黄仲昭：《八闽通志》卷之七，《地理·山川·泉州府》，福州：福建人民出版社，2017年3月，第174页。《金门县志》（共十二册），金门县政府编印，2007年续修版。
③庄炳章：《泉州访古揽胜》，厦门：鹭江出版社，1993年6月，第234页。
④（元）吴澄：《吴文正公全集》卷之十六，《送姜曼乡赴泉州路录事序》。

伴随着古代泉州法石港崛起而兴建的泉州法石海印寺

上高度盛赞原东越国都会泉山的古代著名学者，对七闽之都会泉山被"灭国迁众"之后，原东越国都会泉山在漫长历史发展进程中再次兴盛崛起，给予高度评价和赞誉。

泉州南海古庙是在隋唐王朝实现中国大统一、泉州宗教民间信仰蓬勃兴起，以及中国古代海上丝绸之路发展等多种因素交集在一起的时代历史背景之下，由大批从中原南迁到泉山的先民进行修建和扩建的。隋唐时期，泉州南海古庙和南海之神祝融的宗教信仰文化内涵十分厚重，向来是中外海洋商贸活动中最柔韧又最有穿透力的精神力量，承载着泉州先民最美好的心愿和期盼，跨越时空，春风化雨，乘风破浪，勇往直前，为隋唐中外海洋商贸客商和中外航海人带来心灵交流和精神慰籍，并由此打造一条历久弥坚的多元宗教民间信仰融合的精神纽带。泉州古代海上丝绸路史册，应当记录泉州南海古庙（南岳庙）曾经书写的隋唐辉煌历史岁月。

第三节　大批中原先民南迁东冶县泉山

原东越国都会东冶县泉山，地处中国东南沿海，有漫长曲折的海岸线，有蜿蜒不息流淌的溪流江河，有连绵不断的丘陵山脉，还有丰富瓷土、铁矿等资源。东越国都会泉山所在地处于沿海，还有闻名的今晋江流域肥沃平原。东越国的东冶县泉山先民，曾经在这块人文历史十分厚重的古老大地，创造出可歌可泣、举世瞩目的灿烂业绩。西汉时期，东越王余善在东冶县泉山建立没有城郭的东越国都会。在东越国被"灭国迁众"后，泉山是远离中国古代政治中心黄河流域的偏远之地。魏晋南北朝时期，伴随着战乱和社会的激烈动荡，在中原先民大规模南迁之后，泉山再次迅速崛起。

中原战乱，晋人南迁。图为河南固始新城

一、伴随着社会动荡引起中华民族文化的大融合

西汉时期，汉武帝封立余善为东越王，余善建立东越国。汉武帝随即在东越国置会稽郡"东冶县"，把东越国地域列入汉朝国家郡县版图。① "东冶县"成为在泉山设汉会稽郡置县治之始。

西晋时期，皇室内斗，八王争权，北方、中原地区战乱不休，社会激烈动荡。与此同时，晋室南迁。许多从中原南迁先民，②聚居在原东越国的南方今闽南地区，史称"衣冠南渡"。据《宋书》载："自晋氏迁流……地广野丰，民勤本业，一岁或稔，则数郡忘饥"③。

南朝《宋书》是一部记述南朝刘宋一代历史的纪传体史书。据南朝梁沈约编纂的《宋书·州郡》记载："自夷狄乱华……诸州一时沦没，遗民南渡，并侨置牧司，非旧土也"，"三国时，江淮为战争之地，其间不居者各数百里。

泉州古云山的白云古地石雕艺术：衣冠南渡

① （南朝宋）范晔编纂、李贤注：《后汉书》卷之八十五，传第七十五《东夷列传》，简体字本二十四史，北京：中华书局，2005年3月，第1897页。
②胡世庆：《中国文化通史》（上册），杭州：浙江大学出版社，2005年9月，第108页。
③ （南朝梁）沈约：《宋书》卷之五十四，列传第十四《孔季恭传》，简体字本二十四史，北京，中华书局，2005年3月，第1009页。

此诸县并在江北淮南，虚其地，无复民户。吴平，民各还本，故复立焉。其后中原乱，胡寇屡南侵，淮南民多南渡。成帝初，苏峻、祖约为乱于江淮，胡寇又大至，民南渡江者转多，乃于江南侨立淮南郡及诸县"①。三国时期中原乱，许多先民持续南迁。

中原先民第一次大规模南迁到被"灭国迁众"的原东越国都会泉山，是在西晋时期（265—316年）。据《晋书·地理志》载："闽越遐阻，僻在一隅。永嘉之后，帝室东迁，衣冠避难，多所萃止"②。

晋代中原先民南迁泉州东北部的涂岭九龙岗，修建林氏始祖晋安郡王林公祠

魏晋南北朝以来，中原先民南渡到原东越国都会东冶县泉山的今晋江流域广阔平原。伴随着山川绵延、大海奔流，从中原南迁到原东越国都会泉山的先民，筚路蓝缕，继续参与开创辉煌灿烂的东越国文化。西晋太康二年（281年），修建原东越国中岳庙为东冶县泉山先民的宗庙，改名为泉山白云庙，供奉、祭祀中原人文始祖轩辕黄帝。祭祀宗庙，是汉代以来最重要的祭典礼仪制度。东冶县泉山白云庙，成为南迁先民在原东越国都会东冶县泉山最早修建的庙宇之一。③

西晋太康三年（282年），原东越国都会东冶县泉山地域析建安郡地置晋安郡，改东安县为晋安县，属晋安郡，治所在今福州。④在南安，考古曾经发现

---

① （南朝梁）沈约：《宋书》卷之三十五，志第二十五《州郡一·扬州》，简体字本二十四史，北京：中华书局，2005年3月，第681页。
② （唐）房玄龄等：《晋书》卷之十五，志第五《地理志（上）》，简体字本二十四史，北京：中华书局，2005年3月，第289页。
③ 吴幼雄：《泉州宗教文化》，厦门：鹭江出版社，1993年6月，第10页。泉州市鲤城区政协文史委员会编：《泉州鲤城文史资料》第6、7合辑（总第24、25辑），1991年1月，第26页。
④ 张惠评、许晓松：《泉州古城铺境神》，福州：海峡书局，2014年12月，第10页。

西晋太康五年（284年）的泉山古墓葬。[1]西晋太康九年（288年），在晋安县治西（今南安丰州镇）兴建建造寺，后陈洪进增建，改名为延福寺，为福建最早修建的佛寺之一。[2]

西晋永嘉之乱（307—313年），开启了北方五胡乱华的动荡局面，大批中原士民举家或举族南迁入闽。近百万北方民众迁移南方，成为发展中国古代南方社会经济的重要生力军。[3]

据明《八闽通志·拾遗·兴化府》记载："晋永嘉二年（308年），中州板荡，衣冠始入闽者八族，所谓林、黄、陈、郑、詹、丘、何、胡是也。今福州有黄巷，云永嘉中黄氏所居。复有黄兼巷，亦云黄、郑二姓兼居之。又泉州有晋江者，亦是晋时八族来居江侧，故名。既以中原多事，畏难怀居，无复北向者，故六朝间仕宦名迹鲜有闻也"[4]。

据《泉州府志》载："以晋南渡时，衣冠避地者沿江而居，故名"。大批中原士民举家或举族南迁原东越国都会泉山大地，主要集中聚居在今晋江的溪河流域平原和沿海地区。[5]

东晋年间（317—420年），从中原南迁的门阀士族渡江到建康（今南京）建立东晋王朝。中原地区继续陷入了长达百年的持续战乱与分裂状态，迫使西晋大批士族、达官贵人、技术工匠和普通百姓，为避乱也持续纷纷南下，迁居长江流域和福建东南沿海。

晋江池店金交椅山窑址考古发掘的宋朝青釉执壶（泉州市古代外销陶瓷博物馆陈列藏品）

①洪少霖：《海丝南安》，香港：香港海丝文化出版社，2019年12月，第140页。
②泉州市鲤城区政协文史委员会编：《泉州鲤城文史资料》第6、7合辑（总第24、25辑），1991年1月，第269页。
③王宁主编：《中国文化概论》，长沙：湖南师范大学出版社，2001年4月，第65、68页。
④（明）黄仲昭：《八闽通志》卷之八十六，《拾遗》，福州：福建人民出版社，2017年3月，第1393页。
⑤陈世兴主编：《泉州学研究》，福州：福建教育出版社，2002年4月，第218、219页。

泉州铜佛古寺

大批北方游牧民族也播迁进入黄河流域和南方沿海地区。[①]南北朝时期，梁太清元年（547年）之后的侯景作乱，三吴沦为战场，长江中下游的广陵（扬州）、江州（九江）、建康（南京）、江陵等各大城市，在战火纷飞之后都成为荒凉之地。

据《南史·侯景传》载："千里绝烟，人迹罕见。白骨成聚，如丘陇也。"[②]为此，南朝时期大批三吴先民离开吴会迁徙入闽，开疆拓土，繁衍生息。[③]

魏晋南北朝时期，战火不断，血雨腥风，民不聊生，中华大地处于社会大动荡时期，引起中原先民的大规模南迁，其结果是形成中华民族及其多民族文化的大融合。[④]在广阔的南安江河流域（即今晋江流域），中原传统文化与闽南地区原东越国东冶县先民文化进行一次大融合。中原传统文化伴随着魏晋南北朝以来中原先民南迁到原东越国都会东冶县泉山，对闽南文化在东冶县泉山最终的形成发展具有决定性的深远影响。

据古代史籍文献记载，中原先民第二次大规模南迁泉山，是在唐朝初期。据明《八闽通志》记载，"唐太宗渐次芟夷，独闽广间犹有遗孽。嗣圣元年，徐敬业起兵维扬，潮梅间又有梁感者为之羽翼。朝廷遣玉钤卫大将军梁郡公李孝逸提三十万众以破之，而梁感之徒尚在也。陈元光父子奉命讨贼，兴建营屯，扫除凶丑，方数千里间无桴鼓之警。又为之立郡县，置社稷，筚路蓝缕，以启山林，至捐躯陨命而后已。唐史传阙而不载，使元光之丰功伟烈无传焉"[⑤]。

①胡世庆：《中国文化通史》（上册），杭州：浙江大学出版社，2005年9月，第108页。王宁主编：《中国文化概论》，长沙：湖南师范大学出版社，2001年4月，第63页。
②（唐）李延寿：《南史》卷之八十，列传第七十《贼臣·侯景传》，简体字本二十四史，北京：中华书局，2005年3月，第1329页。
③陈世兴主编：《泉州学研究》，福州：福建教育出版社，2002年4月，第127页。
④王宁主编：《中国文化概论》，长沙：湖南师范大学出版社，2001年4月，第72页。
⑤（明）黄仲昭：《八闽通志》卷之八十六，《拾遗·漳州府》，福州：福建人民出版社，2017年3月，第1419页。

据《颍川开漳族谱》载，陈政、陈元光父子统率中原府兵入闽，后又以兵少请援。唐朝廷命陈政的两个兄长陈敏、陈敷领兵南下。唐高宗总章二年（669年），唐朝廷命玉钤卫左郎将、归德将军、河南固始人陈政为岭南行军总管，统率中原府兵5600名和将领100多名入闽，平定粤东、闽南地区"蛮獠"之乱，镇守绥安（即今漳浦县西南）。

唐朝时，陈元光军队也曾经驻守在古代泉州。唐仪凤元年（676年），为了军事防御和阅兵的需要，陈元光带领部分军队驻扎在泉州中岳云山附近，运土垒山，筑造云树。②陈政、陈元光父子率领军队南迁，由此再次引发新一轮中原先民自中州往南方播迁进入福建的迁徙高潮。陈元光带领军人及其随军家属征"蛮獠"，并在原东越国南方（今闽南地区）驻扎下来。

二、魏晋南北朝时期泉山丰富的历史文化遗存

在被"灭国迁众"而"东越地遂虚"（据《史记·东越列传》）的原东越国都会东冶县泉山大地上，除了东越国五岳庙由于是供奉中华民族五帝祖先而获得完好地保存之外，西汉时期的泉山历史文化和史迹几乎被完全捣毁而荡然无存。

魏晋南北朝以来，许多先民从中原持续南渡到被"灭国迁众"的原东越国都会东冶县泉山，曾经留存有十分丰富的历史文化史迹。

1957年至1961年间，曾经在南安丰州进行考古发掘两晋、南朝、隋唐时期的六朝古墓，即丰州狮子山古墓群。其中，发掘东晋墓1座，南朝墓18座，唐朝墓18座，考古墓群总面积达5万平方米。墓群墓葬形体同朝代大多相似，唐朝古墓群大多为土坑、砖室两款。丰州古墓群出土文物有青瓷罐、三足盘、瓷碗、四耳罐、六耳罐、

泉州考古发掘的古代墓砖（泉州海交馆陈列）

①傅金星：《泉山采璞》，泉州市鲤城区地方志编纂委员会编，1992年1月，第71~74页。

南安丰州考古出土西晋太康五年（284年）的墓砖（泉州博物馆陈列）

晋"部曲将印"、博山炉等历史文化遗存。①

据泉州地方文史学者记述：志乘载三国时吴将黄兴率吴国军兵，在泉州北部的今惠安地域驻防，殁后与妻曹氏合葬于县治之凤山。②

泉州东北部考古发掘发现，今泉港区是南迁先民最早聚居地之一。2005年9月，在今泉州北部泉港区涂岭世上村发现古墓葬，有墓砖字样"永嘉三年七月五日"，说明西晋时期中原先民已南迁泉州北部沿海聚居，繁衍生息。1987年11月，在今泉港区前黄镇古县村下龙尾自然村发现有两座东晋古墓葬，一座古墓采集到6块有鱼、龙、凤等纹饰的长方形砖，墓砖侧铭文为"咸康七年八月"。同时，考古还出土有青黄釉盘口壶、双耳罐等陶器。在另一座东晋古墓中发掘采集到4块有纹饰的长方形砖，墓砖侧的铭文为"建元元年"。泉港发现的东晋古墓葬使用东晋年号，显示从中原南迁到泉山的晋代士族、先民，早已经在今泉州东北部进行开疆辟土。与此同时，在泉港古县村周边的普安村西北部的师姑庵发掘一座南朝时期的古墓葬，出土许多陪葬的陶瓷器和花纹砖。在泉港区坝头凤山村井亭岭赤土坡发现唐朝古墓葬。1988年4月，在泉港坝头凤林村留山自然村虎头山发掘一座南朝或隋朝古墓葬，出土陶瓷有青瓷虎子、青瓷小碗、双系盘口壶、青瓷四管插器、铜高足杯等，充分显示从中原南迁泉山的先民早已在今泉州北部繁衍生息，中原农耕文化与泉州海洋文化也在这里汇集和融合。③

①洪少霖：《海丝南安》，香港：香港海丝文化出版社，2019年12月，第141页。
②庄炳章：《泉州访古揽胜》，厦门：鹭江出版社，1993年6月，第107页。
③陈支平、肖惠中主编：《海上丝绸之路与泉港海国文明》，厦门：厦门大学出版社，2015年3月，第97页。泉州市泉港区文体旅游局编：《海上丝绸之路泉港文化遗产》，北京：朝华出版社，2018年2月，第32~38页。

泉州北部泉港涂岭镇龙头岭是晋安郡王林禄（289—356年）的安葬地。东晋穆帝永和十二年（356年），晋安郡王林禄薨后葬涂岭九龙岗，即涂岭镇龙头岭闽林始祖陵，为"晋人衣冠南渡"的历史实物佐证。晋安郡王林禄之墓，亦为闽林始祖陵，墓前有坊门一座，正中匾镌"闽林始祖"，左柱镌

中原南迁泉州东北部的先民修建涂岭龙头岭的东晋闽林始祖陵

"东晋名藩"，右柱镌"开闽世胄"。左右分列华表二，旗杆柱四，石羊二，石将军二。晋安郡王墓园右侧路边有一巨石上镌南宋朱熹题的"长山世谱"。据泉港地方史籍记载，晋代以后今泉州北部也是晋人南渡东冶县泉山的主要聚居地。泉港居住的入闽八姓"陈、林、黄、郑、詹、邱、何、胡"等姓氏先民人口，至今在泉港区仍然占据有较大比重。[1]

魏晋南北朝时期以来，每当北方战乱动荡，大批从中原南迁的先民来到

始建于唐天祐年间的惠安大吴村吴氏开闽祖祠，由中原南迁泉山吴氏先民修建

被"灭国迁众"的原东越国都会东冶县泉山大地上，沿古南安江流域聚族居住，聚姓而居，开疆辟土。南安江名改为晋江，晋江由此得名。大批从中原南迁泉山的移民，带来中原地区先进的生产工具和生产技术，与少数逃进群山密林避难而没北迁江淮地区的原东越国泉山

---

①陈支平、肖惠中主编：《海上丝绸之路与泉港海国文明》，厦门：厦门大学出版社，2015年3月，第97页。泉州市泉港区文体旅游局编：《海上丝绸之路泉港文化遗产》，北京：朝华出版社，2018年2月，第25、37页。

中原南迁泉山的洪氏先民兴建英林洪氏大宗祠堂

先民，共同开发晋江流域的广阔平原，繁衍生息。

据宋晋江人曾会撰的《重修延福寺碑铭》载，南北朝时期，"古《金刚经》者，昔天竺三藏拘那罗陀，（南北朝）梁普通（520—560年）中，泛大海来中国，途经兹寺（延福寺），因取梵文，译证了义，传授至今，后学赖也"。这是印度高僧来到泉山有地方史籍可稽最早的海外交通历史文献记载。据史籍载，南朝陈永定二年（558年），印度高僧拘那罗陀来到中国，受到梁武帝的礼敬。[1]南朝陈天嘉三年（562年），印度高僧拘那罗陀（真谛）由晋安（即今福州）泛舟来到古代泉山的梁安郡（今南安丰州），在九日山延福寺翻译佛经。南安丰州九日山的翻经石，相传是拘那罗陀在这里翻译《金刚经》。[2]

据泉州市博物馆陈列的史籍记载，泉州丰泽区北峰招丰村考古发现，在南朝承圣四年（555年）铭文砖砌筑的古墓中，发掘有许多古青瓷器的文化遗存。[3]

1992年，在惠安县涂寨镇曾厝村发现一座隋开皇十七年（597年）的古墓葬，出土一批陪葬古陶瓷和具有花纹的古墓砖。

魏晋南北朝时期以来，每当中国北方和中原的战乱激烈、社会动荡，伴随着大批北方和中原先民持续南迁到原东越国南方的今闽南大地上，泉山大地的人口剧增，属地行政管理区域持续出现变更，并建立郡县。至此，泉山大地完全成为中原河洛先民的重要聚居地，自此从河洛南迁的先民，完好地保留古代

①泉州市政协文史和学习宣传委编：《刺桐博物》，2018年11月，第22页。
②泉州市鲤城区政协文史委员会：《泉州鲤城文史资料》第6、7合辑（总第24、25辑），1991年1月，第146页。
③吴幼雄：《泉州宗教文化》，厦门：鹭江出版社，1993年6月，第104页。泉州市鲤城区政协文史委员会：《泉州鲤城文史资料》第6、7合辑（总第24、25辑），1991年1月，第142、146、272页。

中原汉语本色而形成的闽南方言，保存古代中原独具一格的古代音乐而形成的今泉州南音文化，并由此逐步形成闻名于世的闽南文化。

第四节　东冶县泉山社会与经济的发展

秦汉时期，中国古代国民经济体系已经完全确立。由于国内商品市场的兴起，商品流通的地位举足轻重。西汉时期中叶，中国古代商品经济已经达到相当高的发展水平。[①]

从远古到西晋时期，中国农耕社会的经济特点是北方经济发展远远超过南方，古代中国经济重心在北方。三国时期，黄河流域地区经济的发展仍然是超过吴、蜀两国。西晋时期以后，中国经济特点是经济重心逐渐由北方向南方转移，经济发展从南北基本趋于平衡，逐步发展到南方开始超过北方，南方经济发展速度显著加快。[②]

一、中原先民南迁引起经济重心南移

据《汉书·郊祀志》载，汉代有"泰尊柘浆"，"柘"古通"蔗"，说明中国当时就有种植甘蔗的记录。[③]据《新唐书·西域传》载："太宗遣使取熬糖法"[④]。即唐贞观年间（647年），遣使至西域摩陀国，方得熬糖法。唐朝时中国南方的种植甘蔗和制糖业获得

中原南迁晋江的林氏先民修建晋江永和闽南比干庙

---

①胡世庆：《中国文化通史》（上册），杭州：浙江大学出版社，2005年9月，第90页。
②胡世庆：《中国文化通史》（上册），杭州：浙江大学出版社，2005年9月，第108页。
③（汉）班固：《汉书》卷之二十五，志第五《郊祀志（上）》，简体字本二十四史，北京：中华书局，2005年3月，第993页。
④（北宋）欧阳修、宋祁等：《新唐书》卷之二百二十一，列传第一百四十六《西域列传（上）》，简体字本二十四史，北京：中华书局，2005年3月，第4717页。

发展。①

西晋后期以来，由于北方、中原大量南迁人口，为南方带来了大批劳动力和先进的农业生产技术。南方地区雨量充沛，气候较热，土地肥沃，具有发展农业生产的优越条件。隋唐时期的农业生产跃上了一个新的台阶，农田大批开垦，

始建于唐代的三班颜氏宗祠永茂堂，由中原南迁德化颜氏先民修建

粮食单产远远超过汉代。农业生产迅速发展，也带动隋、唐两朝国家的手工业、制糖业、商业、盐业等的繁荣发展，并带动中国对外海洋商贸经济的迅速崛起。②

从北方和中原地区南迁的大批先民，进入东冶县泉山沿海地区，不仅带来先进的中国农耕社会的生产技术、农业技艺和开发经验，而且带来了中华大地丰富的人文历史积淀和中原传统文化，特别是带来中原地区先进的造船技艺、陶瓷烧制和冶炼技艺等，为泉山社会经济和中华民族文化在隋唐时期长期稳定兴盛发展，奠定了坚实基础。③

魏晋南北朝以来，从北方和中原地区南迁的大批先民南迁到被"灭国迁众"的原东越国都会东冶县泉山，沿海地区人口迅速增加，持续扩展耕作之地，开疆辟土，耕作面积大幅度增加，为拓垦开发古代泉山建功立业。中华文明播迁和华夏经济重心，随着中国农耕社会的激烈动荡而加速南移。古代中国长江流域和东南沿海很多地区的港口紧靠大海，为海上交通贸易和经济发展，提供了十分有利的客观条件。④

①傅金星：《泉山采璞》，泉州市鲤城区地方志编纂委员会编印，1992年1月，第114、115页。
②胡世庆：《中国文化通史》（上册），杭州：浙江大学出版社，2005年9月，第108页。
吕思勉：《隋唐五代史》（下册），北京：北京理工大学出版社，2016年4月，第854页。
③王宁主编：《中国文化概论》，长沙：湖南师范大学出版社，2001年4月，第83、84页。
傅金星：《泉山采璞》，泉州市鲤城区地方志编纂委员会编印，1992年1月，第114页。
④王宁主编：《中国文化概论》，长沙：湖南师范大学出版社，2001年4月，第65页。

中国封建国家统一后的隋王朝，大批先民从北方和中原地区南迁，促进了南方族群和北方汉族的民族大融合，有利于加速经济发展。民众希望国家长期统一稳定，民族兴盛的思想深入人心，有利于社会的基本稳定。[①]进入隋朝时期，中国经济重心实现了由西部向东部、由北方向南方的持续转移。

二、崛起的手工业和繁荣的商贸"货殖"活动

东汉史学家班固编纂的《汉书·货殖传》载，汉代，"庶民农工商贾，……衣食好美矣"，"谚曰：以贫求富，农不如工，工不如商，刺绣文不如倚市门"，"以铁冶起，富至巨万"，"因通商贾之利"，"擅盐井之利，期年所得自倍，遂殖其货"。[②]即在汉代，百姓中的农夫、工匠、商贾等民众……衣食生活能得到尽可能好的满足。谚语说，贫穷困苦的要想发财致富，种田务农的不如做工，出力做工的不如经商，

始建于唐末五代的三班郑氏宗祠光裕堂由中原南迁德化的郑氏先民修建

绣花手工的不如街市做买卖。经商是穷人的致富途径之一。以冶铁起家，财富可达到千万钱。由于通商贸易而可牟利，擅长经营井盐的利润，一年所获利润是成本的数倍，于是大发其财。汉代以来，东冶县泉山的农耕社会已经十分重视手工业生产和发展经商贸易的"货殖"活动。

隋代，中国古代农耕社会的封建制度已发展1000多年，国家政治、经济、文化制度已基本形成，并对中国周边国家的封建化进程产生了深刻影响。中国古代农耕社会发展到了一个全面繁荣的新阶段。与此同时，被"灭国迁众"的原东越国都会东冶县泉山的农耕社会经济，也伴随着中华民族大融合的进程而迅速兴盛。

---

①王宁主编：《中国文化概论》，长沙：湖南师范大学出版社，2001年4月，第75页。
②（汉）班固：《汉书》卷之九十一，传第六十一《货殖传》，简体字本二十四史，北京：中华书局，2005年3月，第2725页。

东汉至隋唐时期，在被"灭国迁众"的原东越国都会东冶县泉山大地上崛起的外销瓷器业和手工业，与中国海上丝绸之路发展兴盛紧密相联系的。泉州海洋商贸经济发展和手工产业体系建立，是中国古代东南沿海地区社会经济一个十分典型的缩影。

泉州紫云黄氏肇族始祖黄守恭的先祖是河南光州固始人。东晋年间（317—420年），黄元方到侯官（今福州）任晋安郡太守。隋末，黄崖从侯官迁居南安东南十五里西洞州（今泉州西街）。唐朝，泉州开辟古代海上丝绸之路的对外海洋商贸活动蓬勃发展，通航亚非各地。黄守恭家族购地、种桑、养蚕，充分展现古代泉州大地上丝织手工业的异军突起、方兴未艾，经营外销的陶瓷、绢品、绫罗、绸缎等，获得丰厚利润。唐垂拱年间，黄守恭献地建造莲花寺。唐朝开元年间以年号为名，改为开元寺。①

中国古代泉山大地，蕴藏着丰富高品位的露天铁矿资源宝藏。在今安溪有湖头铁矿、潘田铁矿，今安溪与漳平交界有潘洛铁矿，今德化有阳山铁矿，原属古泉州的今大田，有许多硫铁矿。泉山大地上这些铁矿资源含铁量之高，十分少见。秦汉易代之际，古代闽越国泉山先民在参加征战中原的过程中，已经学习掌握中原先进冶炼铁的手工业生产技艺。在此后的历史进程中，冶铁手工业方兴未艾。古代泉山冶铁的灿烂历史，有待于今后考古发掘的进一步证实。

中原南迁泉山的郑氏先民，兴建泉港山腰荷厝村郑氏宗祠

今泉州安溪县青阳下草埔铁场遗址，是宋代经济史、手工业技术史、海洋贸易史的重要发现。青阳下草埔遗址发现的冶炼遗迹、遗物具备技术上多样性和内涵上的丰富性，为研究宋元时期冶铁技术的发展提供了重要的实物资料。①

①王云传主编：《晋邑史林》，晋江市历史文化研究会编印，2014年7月，第212页。
②《泉州：宋元中国的世界海洋商贸中心文本文献》，国家文物局官网，2021年8月。

三、崛起的手工业彰显古代泉州经济发展

隋唐时期，由于泉州的外销瓷器业和手工业的迅速发展，泉州人口聚增，城区扩展，港城崛起。泉州隋唐海丝经济繁荣，为泉州城市发展和建设，提供经济支撑。国务院公布泉州的全国重点文物保护单位开元寺，始建于公元7世纪。泉州西街和泉州伊斯兰古墓葬，以及泉州市文物保护单位罗城城濠沟等史迹，均是在唐朝兴建。泉州德济门遗址是泉州古城的南门遗址，记录了泉州城市向南部拓展的历史，体现作为世界的海洋贸易中心管理保障的代表性遗产要素。①隋唐时期，泉州海上丝绸之路举世瞩目的繁荣经济，为建造唐朝泉州古城提供了雄厚的建设资金。

据泉州市博物馆、海交馆的陈列文献记载：

古代泉州主要手工业有纺织业、陶瓷业和矿冶业，丝、麻为主要的纺织对象。泉州瓷窑生产大量的外销精细瓷器和民间生产的以丝、麻为主的外销纺织品，也可以证实当时泉州手工业之发达。唐朝中期，泉州手工业持续大幅进步，特别是丝织业、造纸业和造船业，民间普及饲养桑蚕，开辟了用竹造纸等手工业的新领域。

在中国海上丝绸之路兴起的推动下，古代泉州城市商品经济处于成长的时期。盛唐时期，泉州城池始筑。五代时期，复加修拓城池。古代泉州的农业、造船、制陶、瓷业、冶铸、纺织等生产的全面发展，社会生产出现规模化、商品化的发展局面。

唐朝，泉州的平原、山地、河流、物产、船舶、海洋等优势资源，逐步出现大规模整合而方兴未艾、蓬勃发展的局面。城市持续扩展，海洋商贸繁荣，对外交通扩大。中国古代海上丝绸之路的泉州，中外海洋商

中原南迁泉山的颜氏先民，兴建永春颜氏家庙

① 《泉州：宋元中国的世界海洋商贸中心文本文献》，国家文物局官网，2021年8月。

贸经济的快速发展带来了丰厚利益,持续不断地吸引大批外来姓氏族群的迁入,并从事对外海洋商贸经济活动。中国古代海洋商贸的兴盛发展,使得泉州成为富庶之地,闻名四方,大量各国客商人士纷至沓来开展中外海洋商贸经济活动。

唐朝泉州手工业十分发达,推动了泉州海外交通贸易的蓬勃发展,与番舶互动频繁,如雨后春笋般兴盛起来,中东的犹太商人、波斯商人、阿拉伯商人,以及印度商人等,纷纷东来泉州开展海洋商贸活动,泉州成为古代中国重要的对外贸易港口。由于唐朝泉州古城有闻名天下的大批"市井十洲人",泉州古城名声远播世界各地。

四、形成制造外销陶瓷商品的规模和能力

古代泉山从山区到沿海,各地蕴藏着丰富的高岭土,制造陶瓷的历史十分悠久。据泉州文物文献史籍记载,古代居住在晋江流域的古越人就懂得烧制陶器。2016年,在泉州永春发掘的苦寨坑古窑遗址,是目前中国发现最早的原始青瓷窑址。窑炉遗迹清晰完整,保存了夏商时期的原貌,真实可靠,对于研究我国原始瓷器的起源、发展,均具有重大的意义。泉州辽田尖山和永春县介福乡苦寨坑发现原始青瓷龙窑,显示年代为公元前1400多年至公元前1700多年,即距今3400多年至3700多年的夏朝中后期到商代中期。永春苦寨坑古窑址,获评2016年度中国十大考古新发现。2019年10月,永春苦寨坑古窑址被列为第八批全国重点文物保护单位。此外,泉州考古曾经发现数十处自新石器时代至商周时期的遗址,都可以见到印纹陶片,一些地方还伴有青绿釉陶。古代泉山也是古代中国原始陶瓷生产的重要起源地之一。东冶县泉山苦寨坑古窑址等瓷窑,是汉代外销陶瓷生产基地。

南安丰州考古发掘出土的西晋太康年间的陶器（泉州博物馆陈列）

西汉时期，泉山先民在秦汉易代之际征战中原的过程中，已经学习掌握中原先进陶瓷制作的手工业生产技艺。在此后的历史进程中，泉山陶瓷业等手工业方兴未艾，东冶县泉山的经济繁荣，迅速走在古代中国南方诸侯国的前列。为此，在东冶县泉山雄厚经济实力的支撑下，东越王余善野心勃勃地公开谋反，与强大的汉朝进行军事对抗，最终东越国被汉武帝"灭国

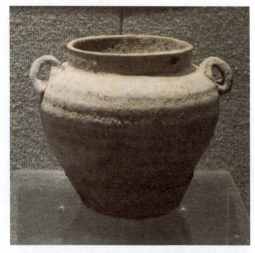

泉州考古出土的南朝双耳青瓷罐
（泉州市博物馆藏品）

迁众"。《后汉书·东夷列传》载，东汉"会稽东冶县人有入海行遭风，流移至澶洲者"①。志书文献考证：东汉时期，会稽东冶县泉山，已经开展外销陶瓷的海外交通商贸活动。

据泉州市博物馆陈列的文献资料，隋唐时在今泉州大地上，就有分布许多古代陶瓷窑址。在晋江磁灶镇下官路村西双溪口处的溪口山西坡古窑址，在泉港南埔的槐山古窑址，是始于南朝延续至唐代的古窑址。在泉州考古发现唐朝古瓷窑址在各县均有分布：德化浔中瓷窑址、美湖瓷窑址，南安东田瓷窑址，永春一都瓷窑址、介福瓷窑址等。时至今日，在这些古窑址周边，仍然可以看到满山遍野的早期先民生产陶瓷的碎片遗存。②

隋唐五代至宋元时期，泉州考古发现有陶瓷窑址的乡镇分布为：德化有浔中、盖德、三班、龙门滩、霞碧、雷锋、南埕、水口、美湖、上涌、桂阳、汤头、杨梅、葛坑等乡镇，永春县有介福、湖洋、内碧、苏坑、玉斗、一都等乡镇，安溪有城厢、魁斗、龙门、尚卿、长坑、丰田、龙涓等乡镇，南安有东

① （南朝宋）范晔编纂、李贤注：《后汉书》卷之八十五传，第七十五《东夷传》，简体字本二十四史，北京：中华书局，2005年3月，第1897页。
② 泉州海外交通史博物馆、泉州市博物馆、晋江市博物馆陈列的文献资料。陈鹏鹏主编：《泉州文物手册》，泉州市文物管理委员会编印，2000年11月。陈世兴主编：《泉州学研究》，福州：福建教育出版社，2002年4月，第359页。

田、金淘、九都、洪濑、水头、罗东等乡镇。晋江有磁灶、内坑、城东、内坑、江南等乡镇，泉港有南埔，惠安有螺阳等乡镇。①

泉州古代外销瓷器是以海外市场为导向，大量远销东亚、南亚、东南亚、西亚以及东非的许多国家和地区，成为中外海洋贸易中最大宗的外销商品之一，风靡世界。晋江磁灶、惠安、南安、安溪和德化等外销瓷窑址，充分反映了泉州以外贸手工业为显著特点的产业结构。泉州古窑址与泉州海洋贸易发展同步，其外销瓷生产体系和生产规模，充分展现了世界海洋贸易中心的泉州具有强大的手工业基础产业能力和对外贸易输出能力。②

隋唐五代时期，迅速崛起的泉州外销瓷器手工业生产行业，在东西方商贸往来和文化、技术交流中，具有重要的历史地位。泉州外销陶瓷器生产蜚声海内外，在中外经济文化交流方面，发挥了重要作用，产生深远的历史影响。③

第五节　泉山兴起的海船建造业

据司马迁的《史记·东越列传》载，"东越王余善上书，请以卒八千人，从楼船将军击吕嘉等"，"是时楼船将军杨仆使使上书，愿便引兵击东越"，"楼船将军杨仆出武林"，"余善闻楼船请诛之，汉兵临境"。④据《汉书·武帝纪》载："楼船将军杨仆出豫章击之"⑤。《汉书·食货志》载："因南方楼船士二十余万人击粤（越）"⑥。西汉时期，楼船不仅成为军队的战船，而且完全适应在大海中航行和作战。汉代建造楼船的同时推动建造海船业的兴盛，许多海船

①泉州海外交通史博物馆、泉州市博物馆、晋江市博物馆陈列的文献资料。陈鹏鹏主编：《泉州文物手册》，泉州市文物管理委员会编印，2000年11月。
②《泉州：宋元中国的世界海洋商贸中心文本文献》，国家文物局官网，2021年8月。
③陈世兴主编：《泉州学研究》，福州：福建教育出版社，2002年4月，第370、372页。
④（汉）司马迁：《史记》卷之一百一十四，列传第五十四《东越列传》，简体字本二十四史，北京：中华书局，2005年3月，第2276页。
⑤（汉）班固：《汉书》卷之六，纪第六《武帝纪》，简体字本二十四史，北京：中华书局，2005年3月，第111页。
⑥（汉）班固：《汉书》卷之二十四，志第四《食货志（下）》，简体字本二十四史，北京：中华书局，2005年3月，第943页。

能开辟远洋航线，并已彰显泉州在中国海上丝绸之路谱写欣欣向荣发展的辉煌历史。

一、古代中国造船的历史悠久

新石器时期，沿海百越先民就有制作独木舟和筏的技能。据考古文献记载，早在新石器时代（约10000—4000年前），百越先民就广泛使用了独木舟和竹筏，并以其非凡的勇气和智慧闯进大海，为古代中国海洋航海业的发展探索、开辟航道，奠定了坚实基础。据考古证实，在远古时代的竹筏、舟船发明以前，中国古代出现的第一种水上运载工具，就是新石器时期我国东南部沿海先民发明的。①

《论语》云："道不行，乘桴浮于海。"茫茫海洋把大陆分隔，人类在海洋上开辟航道把大陆连接起来，海船是来往于这海洋航道上的主要交通工具。海洋船舶是人类征服大自然海洋的重要工具之一。秦汉时期，中国古代造船业突飞猛进，方兴未艾。

国家一级博物馆泉州海外交通史博物馆

在国家一级博物馆泉州海交馆的陈列中，"中国舟船世界"专题陈列馆内，展示中国古代造船史上曾经有三个主要发展时期：分别是秦汉、唐宋和明代。古代中国的海洋船只的造船业，经历了一个由北方向南方循序渐进转移发展的历史过程。秦汉时期，出现新的造船技术工艺，建造船尾舵、高效率推进工具橹以及风帆的有效利用等。这个时期的造船业得到了充分发展和进一步的完善，而且创造了许多更先进的造船技术。

据《汉书·食货志》记载，西汉时期，"是时粤（越）欲与汉用船战逐，乃大修昆明池，列馆环之。治楼船，高十余丈，旗织加其上，甚壮。于是天子感之，乃作柏梁台，高数十丈。宫室之修，繇此日丽"，"明年，南粤

---

①胡世庆：《中国文化通史》，杭州：浙江大学出版社，2005年9月，第591~596页。

（越）反，西羌侵边。天子为山东不澹，赦天下囚，因南方楼船士二十余万人击粤（越）"①。汉朝以中国北方建造楼船的船型作为主力水师船舰，已经十分强大壮观。楼船成为汉朝廷水师在江河湖中作战的最重要主力船舰。汉代作为战船的楼船建造和快速发展，是中国北方汉代造船技术高超的重要标志。

秦汉时期，中国建造楼船的造船业的快速发展，为中国建造大型远洋商贸海船技术的持续进步，奠定了坚实的发展基础。秦汉至南北朝时期的分裂战争和领土利益争夺，刺激着古代北方江河船只橹、舵的发明和造船业的快速兴起。三国时期孙吴所盘踞之江东，历史上就是造船业发达的吴越之地，成为当时重要的造船基地。吴国成为三国时期造船业的兴盛发达之地。②三国孙吴时期，福建始设立官办造船厂，成为当时吴国的重要造船基地。

魏晋南北朝时期，北方、中原先民大规模播迁入闽到被"灭国迁众"的东越国东冶县泉山大地上，带来中原吴国先进的经验和造船技术，福建官方和民间的造船业都有了较为显著的发展。到南北朝时期，江南地区已发展到能建造1000吨的大船。

泉州海交馆陈列的古代泉州海船模型

据《南齐书·文学》载，为提高船只在江河的航行速度，南齐时期，中国古代大科学家祖冲之（429—500年），字文远，"又造千里船，于新亭江试之，日行百余里"③。这是一种装有桨轮的船舶，称为"车船"，在中国古代造船史上占有重要地位。④

① （汉）班固：《汉书》卷之二十四，志第四《食货志（下）》，简体字本二十四史，北京：中华书局，2005年3月，第943页。
②胡世庆：《中国文化通史》（下册），杭州：浙江大学出版社，2005年9月，第592页。
③ （南朝梁）萧子显：《南齐书》卷之五十二，列传第三十三《文学》，简体字本二十四史，北京：中华书局，2005年3月，第605页。
④胡世庆：《中国文化通史》（下册），杭州：浙江大学出版社，2005年9月，第596页。

据《隋书·帝纪》史籍载，隋文帝下诏，隋开皇"十八年（598年）春正月辛丑，诏曰：吴、越之人，往承弊俗，所在之处，私造大船。因相聚结，致有侵害。其江南诸州，人间有船长三丈以上，悉括入官"[1]。即隋开皇年间，隋朝廷征用民间建造的大船出征，以防止民间民众聚

泉州海交馆陈列的古代泉州商贸海船模型

结致有侵害为名，对江南诸州民间建造长达三丈以上的大船，全部收归为隋王朝官有。此时，隋朝廷任命汉王杨谅为行军元帅，率水陆三十万大军讨伐高丽国（今朝鲜半岛）。

据《隋书·经籍志》载，子部天文家中有《海中星占》《星图海中占》各一卷。[2]这两部书记述，盖时尚未能用罗盘针，凭此以决方向。[3]

据泉州海交馆陈列的文献记载：隋唐时期，由于中国生产力水平和材料工艺的不断发展，中国古代造船业进入发展新时期，甚至可建造特大型舟船。这个时期建造的大舟船，采用的是榫接结合、铁钉钉联的先进技艺方法，在船体的骨架与木板之间、船体与上层建筑物之间，均采用这种先进连结的建造技艺方法，保障了船体十分坚固牢靠。隋唐时

泉州市舶司库巷曾经是繁华的街巷

① （唐）魏徵：《隋书》志卷之一，帝纪第二《高祖杨坚（下）》，简体字本二十四史，北京：中华书局，2005年3月，第21页。
② （唐）魏徵：《隋书》卷之三十四，志卷之二十九《经籍志三·子部》，简体字本二十四史，北京：中华书局，2005年3月，第671页。
③ 吕思勉：《隋唐五代史》（下册），北京，北京理工大学出版社，2016年4月，第1002页。

期的大舟船建造，已采用了先进的钉接榫合的连接工艺，使舟船的强度大大提高。

唐代，进入中国古代造船史上的第二个发展高峰时期，古代造船业的发展自此进入了成熟时期。据《旧唐书·本纪》载：唐朝初，来往于福建与广东沿海之间的海上商船，每艘船舶最大的载货量可达千石，即五六十吨。[1]唐贞观十九年（645年）四月，唐太宗征伐高丽（今朝鲜半岛）战役，命刑部尚书张江率水师兵士四万、战船500艘，自莱州泛海趋平壤。[2]唐朝中后期，福建凭借海路舟楫之利，或从浙江买进粮米，或北上向登、莱运出海外奇货。[3]

唐朝时，随着对外交通贸易地位的日显重要，与之相适应的造船业也随之上升。中国东南沿海的主要造船基地有扬州、明州、温州、泉州、广州等地。这些沿海造船基地均设有造船工场，能建造各种河船、海船和战舰，已充分展示古代中国造船业技术和航海技术的高超水平。宋代中国东南沿海地区成为全国最大的造船业中心。

古代中国造船业、造船技术与开放大港的持续快速发展，是发展海外交通贸易的必要条件。古代中国海外交通贸易的兴起，又大力推动了造船业的进步。唐朝在沿海、沿江的交通要道上，增加设立很多造船场。与此同时，沿海民间商人也纷纷自费造船出海贸易。唐朝已经有强大的造船能力。

随着唐朝中国城乡商品贸易

始建于宋代的泉州笋江桥旧址

① （五代后晋）刘昫等：《旧唐书》卷之十九，本纪第十九《懿宗李漼》，简体字本二十四史，北京：中华书局，2005年3月，第441页。
② （五代后晋）刘昫等：《旧唐书》卷之一百九十九，列传第一百四十九（上）《东夷列传·高丽》，简体字本二十四史，北京，中华书局，2005年3月，第3632页。吕思勉：《隋唐五代史》（下册），北京，北京理工大学出版社，2016年4月，第1003页。
③泉州海外交通史博物馆陈列的文献资料。泉州市泉港区文体旅游局编：《海上丝绸之路泉港文化遗产》，北京：朝华出版社，2018年2月，第200页。

的繁盛，全国具有规模的水运业、海运业也十分发达。据成书于后晋开运二年（945年）的《旧唐书·崔融传》载，唐朝廷大臣崔融曰："且如天下诸津，舟航所聚，旁通巴汉，前指闽越。七泽十薮，三江五湖，控引河洛，兼包淮海，弘舸巨舰，千轴万艘，交贸往来，昧旦永日。"①即崔融称：唐朝中国的河流纵横，水上交通发达，交织成为巨大的水陆交通网络，把全国江河沿岸及内地的许多城市联结起来；全国发达的水陆交通，通过舟航运送有力地促进了货物流通，促进了唐朝城乡商业和经济的发展。在中国古代海上丝绸之路欣欣向荣发展的积极影响下，唐朝福建沿海造船业异军突起，蓬勃发展，建造的福建海船（福船）具有良好的坚固性、稳定性、适航性，跻身于全国海船建造的先进水平之列。

二、古代泉州建造福船异军突起

从古至今，泉州先民向海而生，依海搭寮，伐木为舟，以海为田，以渔为业，探索海洋世界的步伐从未停止。为了征服江河湖海，各种各样的舟船应运而生。中国是世界上造船历史最为

石狮石湖古码头，在石狮蚶江再借亭旁

悠久的国家之一，而古代泉州有着发达的造船业则是一个缩影。泉州建造海洋船舶的福船，在古代中国造船业的历史中，具有十分重要地位。古代泉州建造的福船，始终成就中国海上丝绸之路的兴盛、崛起和繁华。

泉州地处福建东南部、东海之滨，枕山瞰海。泉州溪河网络纵横、海洋资源丰富，海域绵延宽阔。千百年来，在被"灭国迁众"的原东越国都会东冶县泉山大地上，大批从北方和中原南迁的先民，拥有恃海谋生的丰富经验，同时也有建造舟船的传统技艺。

---

① （五代后晋）刘昫等：《旧唐书》卷之九十四，列传第四十四《崔融传》，简体字本二十四史，北京：中华书局，2005年3月，第2028页。

据《后汉书·东夷传》载，东汉时期，"会稽东冶县人有入海行遭风，流移至澶洲者。所在绝远，不可往来"。由于东冶县泉山先民入海商贸船舶航行时遭大风，船舶漂流至海外东夷澶洲。[1] "会稽东冶县"，是汉武帝时在东越国泉山置的汉朝会稽郡

中国古代海上丝绸之路上的泉州接官亭

县。说明早在东汉时期"会稽郡东冶县"泉山先民，已经可以建造大的海船远洋航行于浩瀚海洋。同时，充分展现"会稽东冶县"泉山先民建造远洋海船的先进技艺。

古代泉州建造福船的先进技术、制作技艺，是由于两晋至南北朝时期大批中原先民南迁到被"灭国迁众"的原东越国都会东冶县泉山大地上的沿海地区。许多掌握秦汉时期中原、江淮和吴国建造船舶技艺的先民造船家族，以及许多拥有造船技艺经验的中原造船先民，南迁在泉山沿海地区和南安溪河流域（今晋江两岸流域）聚居，繁衍生息，最终成为泉山沿海地区著名的造船世家。

隋唐时期，在国家实现大一统之后，福建除原有的官营造船厂之外，泉州民间造船业同时也蓬勃发展。由于带来了北方先进的造船经验和造船技术，福建官方和泉州民间的造船规模显著扩大，发展能力不断增强，造船技术工艺显著提高。福建是古代造船业的中心，泉州是古代造船业的重要基地。隋唐时泉州民间造船工场建造福船技艺已经誉满海外，在西方和东南亚国家占有一席之地。[2]

隋唐时期，泉州建造海船采用一种历史悠久的传统造船技艺，即建造海船

---

① （五代后晋）刘昫等：《旧唐书》卷之一百九十九，列传第一百四十九《东夷传》，简体字本二十四史，北京：中华书局，2005年3月，第3632页。
② 胡世庆：《中国文化通史》（下册），杭州：浙江大学出版社，2005年9月，第592、595页。
泉州市泉港区文体旅游局编：《海上丝绸之路泉港文化遗产》，北京：朝华出版社，2018年2月，第200页。

的水密隔舱。这是指在建造海船时，用当地盛产的樟木与杉木，将整个船舱横向进行分隔成一个个小空间；在木料之间的缝隙，用丝麻和桐油灰来进行填充，以确保水密隔舱有很好的密闭性。海船水密隔舱的数量多少，主要根据船只的大小来确定。[1]

泉州圣墓保护碑石记载唐武德年间伊斯兰三贤四贤墓葬碑文，彰显唐朝与伊斯兰国家交往的辉煌历史

据清嘉庆年间晋江东石人蔡永兼撰的《西山杂志·王尧造舟》记载，唐朝"天宝中，王尧于勃泥运来木材为林銮造舟。舟之身长十八丈……银镶舱舷十五格，可贮货品三至四万担之多"。唐天宝年间，泉州地区所造海船已有"十五格"，即在海船上分出15个水密隔舱，说明当时已经广泛采用十分成熟的水密隔舱、多重船板等多种建造技艺。这是目前有关古代泉州建造海船的最早历史记载。[2]

在国家一级博物馆泉州海交馆的陈列展示，建造海船采用水密隔舱板，把船舱隔成一个个互不相通的水密舱区。一是当船只发生触礁等事故时，只有破损的船舱进水，海船仍然能保持相当好浮力而不致沉没，从而为海船安全航行提供保障，提高了海船远航的安全性。二是分隔水密舱区，对海船进行分舱，不同种类的商贸货物可以放在不同的水密隔舱里，为装卸和管理商贸货物提供了便利。三是建造分隔舱区的舱板，通过钉接榫合连接的先进工艺，形成与船壳板紧密联结，起到了加固船体的重要作用，不但增加了船舶整体的横向强度，而且使造船工艺简化、坚固。[3]

古代泉州采用水密隔舱技艺建造的海船福船，又称福建船、白艚，也就是古代福建造的海船，成为中国古代四大船型之一。福船是源于古代泉州沿海一

---

①胡世庆：《中国文化通史》（下册），杭州：浙江大学出版社，2005年9月，第595页。
②泉州海外交通史博物馆陈列的文献资料。泉州市泉港区文体旅游局编：《海上丝绸之路泉港文化遗产》，北京：朝华出版社，2018年2月，第200页。
③胡世庆：《中国文化通史》（下册），杭州：浙江大学出版社，2005年9月，第596页。泉州海外交通史博物馆陈列的文献资料。

带采用水密隔舱、多重船板的技艺进行建造尖底海船的通称。古代泉州建造的福船在造型、结构、工艺和用材等方面具有创新性。由于海船采用水密隔舱、多重船板等多种的建造技艺，其突出特点是首部尖、尾部宽、两头上翘、首尾高昂，增强船体的强度，提高船体的水密性。福船既体大且坚，吃水深，耐远航，稳定性和操纵性好，抗风浪强，独领风骚，深受航海人的欢迎。①

古代泉州先民历经从近海到远洋跨海航行的过程中，积累了十分丰富的航海知识和经验，并拥有当时最好的营造海船先进技艺，特别是泉州先民掌握海

泉州接官亭及石笋三桥保护碑石

船船舱密封的建造技艺，建造的福船结构坚固，能在天候险恶的海域航行，即使遇上大风浪，也不会轻易翻覆，成为闻名天下适应于远洋航海的大型运输海船。

古代泉州素以发达的建造福船业而闻名天下。隋唐五代时期，泉州曾经有许多传承造船技艺的造船家族，是古代建造福船的传承人，因擅长制造远洋帆船"福船"而著称于世。②据泉州地方文史资料记载，泉州沿海造船历史源远流长。沿海采用水密隔舱的海船制造技艺，源于唐朝。③据《惠安县志》载，最迟在唐神龙、景龙年间，泉港沙格等地已有捕鱼业。而在古代，渔业与造船业的发展史几乎是同步的。这也从侧面证明，泉港先民很早就掌握了水密隔舱福船制造技艺。古代泉州兴起的中外海洋商贸活动是建立在雄厚经济实力的基础上，泉州沿海地区也因此成为制造海船的重要基地。泉港区至今保存泉港涂坑古代造船文化遗址。泉州海船制造技艺伴随着宋元泉州港口与世界海洋交通贸易的兴

①泉州海外交通史博物馆、泉州市博物馆陈列的文献资料。胡世庆：《中国文化通史》（下册），杭州：浙江大学出版社，2005年9月，第596页。
②陈支平、肖惠中主编：《海上丝绸之路与泉港海国文明》，厦门：厦门大学出版社，2015年3月，第322页。
③胡世庆：《中国文化通史》（下册），杭州：浙江大学出版社，2005年9月，第595页。泉州海外交通史博物馆陈列的文献资料。

盛、福建沿海渔业生产的发展，而得到不断创新传承。福船制造技艺在海内外海船制造中被广泛应用。①

古代泉州东北部泉港海船水密隔舱的福船制造技艺，是以峰尾造船黄氏家族最为著名。元代，峰尾黄氏开基始祖源修迁居峰尾半岛，兴建峰尾黄氏家庙

泉州东北部泉港区后龙镇涂坑村旗杆古大厝

"衍泽堂"，修建峰尾黄氏的信仰宫庙"开峰府"，谱写了峰尾黄氏世家传承福船制造技艺的灿烂历史。峰尾造船的圭峰黄氏家族采用水密隔舱的福船制造技艺，长期以来建造海洋运输商船或渔船。②

据泉港峰尾、晋江深沪沿海一些宗姓造船家族的族谱记述，其家族至今仍然被誉为"造船世家"，"造船师匠"，"载誉班门，驰名内外"。《圭峰黄氏族谱》记载，明永乐年间，圭峰黄氏因造船有功而获得御赐字辈昭穆："高瞻祁见祐，厚载常吊。慈和怡伯仲，允静迪先。"③

唐会昌年间（841—846年），薛能在《送福建李大夫》诗文中咏泉州曰："船到城添外国人"。此时泉州已成为外国商人乐于往来的著名港口商埠。跨越万里海洋来到泉州的外国人，也带来他们远航和造船经验，并且与泉州先民深入交流中外造船技术、建造海船经验。为此，古代泉州建造福船的技艺也日趋成熟。

祖籍古代泉州北部的今泉港涂岭谢庄岭人、北宋嘉祐二年（1057年）进士谢履（1017—1094年）在《泉南歌》诗云：

①泉州市泉港区文体旅游局编：《海上丝绸之路泉港文化遗产》，北京：朝华出版社，2018年2月，第115页。泉州海外交通史博物馆、泉州市博物馆陈列的文献资料。
②朱定波：《泉港头北人·闽台同宗村》，北京：九州出版社，2016年7月，第236页。
③泉州市泉港区文体旅游局编：《海上丝绸之路泉港文化遗产》，北京：朝华出版社，2018年2月，第201页。

泉州人稠山谷瘠，虽欲就耕无地辟。

州南有海浩无穷，每岁造舟通异域。

在《添奇港》诗云：①

蛇冈蹑龟背，虾屿踞龙头。

岸隔诸蕃国，江通百粤舟。

谢履的《泉南歌》《添奇港》诗文，深刻地描述出了宋代泉州造船业兴盛发达的情况，称颂古代泉州远洋海船的造船业十分发达及其在中外海上贸易交通的重要作用。②

据《宋会要辑稿》载，在宋初全国官办造船场中，泉州赫然在列。与此同时，泉州民间造船业也十分发达，"漳、泉、福、兴化，凡滨海之民所造舟船，乃自筹财力，兴贩牟利而已"。泉州民间积极地参与建造远洋商贸船舶。在古城泉州南门车桥澳、南门外海滨的后山社、城南厂口、法石、后渚后山辛公亭、官沟、富美，以及惠安西坊乡等地，都是著名的修造福船的场所。③

自汉代以后，历经魏晋南北朝到唐朝，中国建造的帆船有沙船、乌船、福船、广船等四种。海船的主要船型"福船"则是福建一带沿海尖底海船的通称。1974年，在泉州湾后渚港出土的一艘宋代古沉船，以及1976年在泉州东海法石一带发现一艘南宋末古沉船，均是

全国重点文物保护单位泉州开元寺保存许多唐朝五代时期的建筑技艺和风格

①泉州市泉港区文体旅游局编：《海上丝绸之路泉港文化遗产》，北京：朝华出版社，2018年2月，第70页。

②泉州市泉港区文体旅游局编：《海上丝绸之路泉港文化遗产》，北京：朝华出版社，2018年2月，第200页。

③庄炳章：《泉州访古揽胜》，厦门：鹭江出版社，1993年6月，第106页。泉州海外交通史博物馆、泉州市博物馆陈列的文献资料。泉州市鲤城区政协文史委员会：《泉州鲤城文史资料》第6、7合辑（总第24、25辑），1991年1月，第126页。

福建建造的典型中型远洋福船的重要文化遗存，彰显历经唐朝五代时期福建造船技艺的发展水平。古代泉州建造的海船之大，在当时世界上是罕有其匹的。①

泉州考古挖掘的宋代古船

国家一级博物馆泉州海交馆陈列的文献展示，据宋宣和年间徐兢撰的《宣和奉使高丽图经》和明嘉靖年间胡宗宪著的《筹海图编》等，对福船均有描述记载。其中，宋福船"上平如衡，下侧如刀，贵其可以破浪而行"。1974年，泉州湾后渚港出土的北宋沉船已采用成熟的水密隔舱结构，不仅再现隋唐五代时期泉州造船业发达的历史，而且也为我们对隋唐五代时期建造福船的全面认识，提供真实的文物证据。1982年，泉州在法石文兴码头以东处，发掘一处南宋时期废弃于江岸边的古船遗址，露出古船后部的四个舱位，并发现竹帆及其绳索等遗物。考古发掘古船为福船造型，与泉州后渚古港出土的北宋沉船，均使用水密隔舱造船技术，是古代泉州高超造船技术的实证。现已原址回填保护。②

隋唐五代时期，泉州造船业和海运业已同时在对外海洋商贸经济兴起的历史背景下悄然崛起。古代泉州先民发明的海船水密隔舱的建造技艺，促使泉州成为古代中国建造福船的重要基地之一。

三、古代泉州建造福船业具有重要历史影响

隋唐五代时期，泉州先民不断地向跨越万里海洋来到泉州的外国人学习，提高建造福船的经验。泉州所造的海船不仅数量多，而且技术先进，被专称为"泉舶"而为中外商客所选择，最终形成泉州福船安全、长期远洋航行数百年的局面，沟通了不同国度的文明，并成为中华民族文明的传播者，谱写了世界航

①胡世庆：《中国文化通史》（下册），杭州：浙江大学出版社，2005年9月，第597页。泉州海外交通史博物馆陈列的文献资料。
②《泉州：宋元中国的世界海洋商贸中心文本文献》，国家文物局官网，2021年8月。

海史上可歌可泣的壮丽篇章。

在中国古代四大发明中，指南针发明的年代最早。古代中国在战国时期就已经发明指南针。后来指南针的应用，为中外海洋商贸船舶在茫茫大海中航行提供了重要的航向保障。

据泉州海交馆陈列史料记载，古代泉州每艘大海船都备有指引航线的《针经》《针路簿》，记录海船的航向、时间、周围的海域情况，以及陆地、岛屿、山峰的名称，便于识别地形地貌特征等，为远航海船提供科学的航海技术。这是泉州古代沿海渔民长期积累的航海经验记录。泉州古代建造福船的技艺精湛，一直受到海内外海洋贸易商贾的青睐，最终成就古代泉州造船业的蓬勃兴起和古代海上丝绸之路的繁荣昌盛。

古代泉州远洋海船模型（泉州市海交馆陈列）

西汉被"灭国迁众"的原东越国都会东冶县泉山，曾经为世界造船业和航海事业的蓬勃发展做出特殊贡献，彰显古代泉州先民参加中外海洋商贸活动并勇于进军海洋的英勇气魄，也彰显中国古代造船与航海技术早就走在世界造船业的前列。泉州是海上丝绸之路的重要发祥地，闻名世界的古代泉州福船从泉州扬帆出海，常年穿梭航行在中国海上丝绸之路的东南亚各国和印度、非洲等地。数百年来，泉州福船伴随着中外海洋商贸船队乘风破浪，为人类航海和造船技术的发展做出了重要贡献。

自古以来，泉州沿海是闽南渔业重镇，海船一直是泉州沿海群众生产、生活的重要工具。古代泉州建造的福船，不仅适合做远洋运输的货船，而且适合做深海捕捞的渔船，造船技艺随之得以在这里不断创新，世代相传，源远流长。古代泉州造船世家运用古法建造海船技艺所建造的福船，具有引人瞩目的发展历史。在泉州沿海地区，许多独树一帜的造船家族的海船建造技艺，至今一直还在延绵传承，依然遵循古法建造和维修渔船。①

泉州福船水密隔舱制造技艺，是古代沿海木船制造的一项重要的中华民族传统手工制造技艺，充分体现了隋唐五代时期泉州沿海先民建造海船技艺的非凡智慧和卓越才能。水密隔舱福船制造技艺，闻名世界。水密隔舱福船制造技艺，2008年，被列为

历史悠久的泉州古城之金粟古寺

泉州市非物质文化遗产代表性保护项目。2009年，被列为省级非物质文化遗产代表性保护项目。2014年，入选国家级非物质文化遗产代表性保护项目，并被列为联合国教科文组织的非物质文化遗产保护名录。2015年11月，泉州市泉港区获评"中国水密隔舱福船文化之乡"。②

第六节　汉唐泉州宗教民间信仰持续兴盛

东汉时期，行天地合祭之礼，基本沿袭西汉典制。魏晋南北朝时期以来，许多从中原持续南迁到被"灭国迁众"原东越国都会泉山大地上的先民，也带来中华民族传统的宗教信仰文化，持续修建来自北方和中原的宗教民间信仰宫庙。隋朝，大统一之后的隋文帝，在长安立坛四重，布列各种神灵祭祀，复兴

---

①陈支平、肖惠中主编：《海上丝绸之路与泉港海国文明》，厦门：厦门大学出版社，2015年3月，第49页。
②泉州市泉港区文体旅游局编：《海上丝绸之路泉港文化遗产》，北京：朝华出版社，2018年2月，第201、202页。

古代祭典礼制。唐朝，沿袭隋朝祭典礼制，配祀者为人文先祖。[1]隋唐时期，泉州已成为中国古代宗教民间信仰文化的持续发展、兴建宗教民间信仰宫庙最多的地方之一。唐朝泉州已享有"泉南佛国"之美誉。[2]

一、泉山古老的天地山川、风云雨雷祭祀

山川作为天地四方的配祭，是天地祭祀的重要组成部分。古代祭祀五岳则用血祭。[3]古代泉州兴建的山川祭坛，就是泉州先民遵循这种国家礼制体系的具体表现。在历史久远的时期，今泉州古城新门临漳门外、接官亭附近的龟山西南麓，泉州先民兴建了一座山川坛，始建具体时间无考。[4]据《八闽通志》

始建于五代十国时的泉州城东七里庵

载，古代泉州，"江南第一灵坛，在府城南八都。五代晋天福间建，匾曰'佑圣'，国朝正统间改今名"，"宋州社稷坛，在府治西南净明坊内。"，"宋时建，初以风雨雷师附祭社稷坛"。[5]

据《明一统志》载，山川坛，即"周回六里，中为殿宇，以祀太岁（木星）、风、云、雨、雷、岳、镇、海、渎。东西二庑以祀山川、月将、城隍之神"[6]。清《晋江县志·祠庙志》载，泉州山川坛，"在府治西南临漳门外柳通铺"，"设神位三：中风云雷雨之神，左境内山川之神，右府县城隍之神"，"《祭法》：法施民、劳定国、死勤事，皆祀之。侯之祀者何？曰兼之矣。令德前哲，与山川社稷并祀"[7]。在中国古代农耕社会的泉州，同时祭祀山川、社稷成为重要的祭典礼仪制度。

①王宁主编：《中国文化概论》，长沙：湖南师范大学出版社，2001年4月，第191页。
②吴幼雄：《泉州宗教文化》，厦门：鹭江出版社，1993年6月，第112页。
③王宁主编：《中国文化概论》，长沙：湖南师范大学出版社，2001年4月，第193页。
④吴幼雄：《泉州宗教文化》，厦门：鹭江出版社，1993年6月，第22页。
⑤（明）黄仲昭：《八闽通志》卷之七十七，《寺观》，第1150页。
⑥（明）李贤、彭时等：《大明一统志》卷之七十五。
⑦（清）胡之铉、周学曾等：《晋江县志》卷之十六，《祠庙志》。

古代泉州兴建有"先农坛，在府治东仁风门外东禅乡耤田后"[①]。历史久远的泉州山川坛，作为泉州历代祭祀风、雨、雷、电及山川之神的场所，祈求风调雨顺、国泰民安，故地名称"山川坛"，民间讹传为"三千坛"。古代泉州还修建有

泉州山川坛是古代泉山先民崇拜天地山河的祭坛

风神庙、龙神庙等民间信仰庙宇。泉州山川坛，印证了在历史久远时期泉山先民就具有强烈的原始信仰崇拜意识。

据清乾隆《泉州府志》载，宋代泉州设社稷坛祭祀土地之神。泉州社稷坛，在府治西南明净坊内。晋江设社稷坛，在泉州玄妙观南门。泉州府知府真德秀撰有《社神祝文》。[②]

在泉州西侧临漳门（今新门）外山川坛接官亭附近的龟山西南麓，即泉州山川坛附近有座石笋，乃用七段圆柱体白色花岗岩经简单雕琢垒叠而成，形状古朴，保留了原始的天然状态，高约三四米，底部粗壮，上部瘦秃，末端略作尖锥状，形似男性外生殖器之物，引人注目。由于其状又形似破土而出的巨大春笋耸立，故俗称石笋。泉州先民对男性生殖器的雅称，又称石笋为石祖。泉山先民通过对男性生殖器的膜拜，祈求社会能够持续繁衍生息。宋代，泉州太守王十朋的诗句曰："刺桐为城石为笋，万壑西来流不尽。"[③]

对泉州石笋的考古研究，有史前、汉、唐之说。有考古学家根据石笋经铁器加工过，推断石笋是属于新石器时代（约一万年——四千年前）晚期原始社会的文化遗物。也有专家学者认为，石笋是原来居住泉南一带原始部族

---

①（清）胡之铉、周学曾等：《晋江县志》卷之十六，《祠庙志》。
②吴幼雄：《泉州宗教文化》，厦门：鹭江出版社，1993年6月，第22、23页。
③庄炳章：《泉州访古揽胜》，厦门：鹭江出版社，1993年6月，第22页。泉州市鲤城区政协文史委员会：《泉州鲤城文史资料》第6、7合辑（总第24、25辑），1991年1月，第33、34、215页。

古闽越人的图腾崇拜遗存，雕制之年代十分久远。也有专家学者认为，石笋崇拜是唐朝时印度人来到泉州，带来婆罗门教、印度教的生殖器崇拜，与泉州开元寺大雄宝殿后廊正中两根绿辉岩石柱"湿婆图腾浮雕"上的生殖器图案是同一源流。还有的专家学者认为，唐代中期泉州已建城池，成为地区性的政治、经济、文化和对外海洋商贸中心，石笋作为古代泉州的石雕艺术，在唐代时已初兴，所以泉州石笋是始立于唐朝。但是，无论对石笋崇拜的何种考证，均论证石笋崇拜的年代十分久远，至少是在唐朝时建立，彰显历史久远时期泉山先民就具有强烈的民间信仰崇拜意识。①

历史悠久的泉州石笋是省级文物保护单位

秦汉时期，古代泉山大地上已经是百越先民的重要聚居地。石笋应是属于新石器时代晚期原始社会泉山祖先崇拜的文化遗存。

历史久远的泉州石笋彰显泉山先民的强烈信仰意识

1963年12月，泉州石笋被列为首批福建省文物保护单位。省文物保护单位碑石的碑文载："可能为古代人民镇邪或原始祖先崇拜的遗存。"晋江下游滔滔江水从石笋旁迂回而过，奔泻入海。因石笋之故，这段江水也别名笋江。始建于北宋皇祐元年（1049年）的临漳门外通济桥，又名浮桥、济民桥，也因石笋之故别称"石笋桥"。②

---

①陈鹏鹏主编：《泉州文物手册》，泉州市文物管理委员会编印，2000年11月，第63页。庄炳章：《泉州访古揽胜》，厦门：鹭江出版社，1993年6月，第22页。泉州市鲤城区政协文史委员会：《泉州鲤城文史资料》第6、7合辑（总第24、25辑），1991年1月，第216页。
②陈鹏鹏主编：《泉州文物手册》，泉州市文物管理委员会编印，2000年11月，第122页。
③陈世兴主编：《泉州学研究》，福州：福建教育出版社，2002年4月，第113、215、216页。

二、古代泉山先民强烈的民间信仰意识

西晋时期，中原板荡，五胡乱华，大批晋人持续衣冠南渡，他们来到原东越国都会东冶县泉山大地上的东西溪流域、晋江流域平原和洛阳江两岸流域，聚居休养，繁衍生息。东冶县泉山成了中原河洛先民的主要聚居地。③大批从中原河洛南迁先民成为聚居在原东越国都会泉山大地上的主要先民群体，开始建立属于泉山先民自己不受外界干扰的新家园。

西汉朝廷在闽地实行封国与郡县并行的国家管理制度，汉武帝在东越国都会泉山设置"东冶县"。自汉武帝灭东越国之后，到东汉末期贺齐入闽（196年），时历300多年，古代东冶县泉山农耕社会长期稳定，与外界少有战事纷争，使得在东冶县泉山大地上农耕社会经济和海洋商贸活动持续获得快速发展。

自魏晋南北朝以来，大批从北方和中原南迁到东冶县泉山的先民，也把对中华民族祖先和人文始祖的崇拜意识、宗教理念和信仰文化带到被"灭国迁众"之后的东冶县泉山大地上。西晋太康二年（281年），从中原南迁至泉山的先民，重新修建泉山原东越国云山中岳庙，作为中原先民的宗庙供奉轩辕黄帝。

泉山白云庙，即今泉州玄妙观，为东越国被"灭国迁众"之后的东冶县泉山先民最早重新修建的庙宇之一。

西晋太康九年（288年），在晋安县治西（今南安丰州镇）兴建的建造寺，又名延福寺，为福建最早的佛寺之一，也是现存泉州最早的海丝宗教文化史迹之一。

魏晋南北朝时期，道佛两教、玄学、佛学相继伴随着北方先民南迁，进入被"灭国迁

南迁泉山的林氏先民，兴建西滨桂林村林氏比干公祠

众"之后的东冶县泉山大地上，相互渗透，互动融合，在原东越国都会东冶县泉山大地上产生极为深远影响。为此，古代泉山的宗教和民间信仰十分盛行，寺庙宫观大兴，最终形成了具有东冶县泉山独特崇拜风格的宗教信仰、寺庙宫观文化兼容并蓄的一大特色。唐代泉州被誉为"泉南佛国"，名符其实。[1]

最值得一提的是，魏晋南北朝时期从北方和中原播迁到南方东冶县泉山大地上的先民，十分思念中原故乡。他们来到泉山，聚族而居、聚宗姓而居，把中原故乡大地的古地名也带到泉山大地上。西晋永嘉五年（311年）时，中原战乱，士族南渡入闽，从中原南迁到东冶县泉山的先民以晋为名，把古南安江河改名为晋江。[2]也有泉州文史学者认为晋江之地名，是源自于郡治晋安之名。

历史悠久的泉州府城隍庙

泉州洛阳之称，是在唐会昌年间（841—846年），从中原南迁到今泉州大地上的先民以中原洛阳为名，把源自马甲的溪河改名为洛阳江。在古代泉州万安海上桥梁未兴建时，洛阳江的出海港口古渡名曰"万安渡"。宋代，泉州先民又把在洛阳江上建造的闻名天下的泉州海上桥梁万安桥，称之为洛阳桥。[3]

据清道光《晋江县志·祀典志》载，古代泉州先民对"国家怀柔百神麻征浐至，秩宗所载，蔚然灿然"。古代泉州大地常设有"社稷坛之祭""风云雷雨境内山川城隍神坛之祭""先农坛之祭""常雩坛之祭""八蜡之祭""厉坛之祭""至圣先师孔子之祭""崇圣王祠之祭""名宦祠之祭""乡贤祠之祭""名宦乡贤诸祠之祭""忠义孝悌祠之祭""节孝祠之祭""关圣之祭""文昌帝君之祭""天上圣母之祭""府县城隍之祭""东岳泰山之祭""龙

①傅金星：《泉山采璞》，泉州市鲤城区地方志编纂委员会编印，1992年1月，第99页。
②陈世兴主编：《泉州学研究》，福州：福建教育出版社，2002年4月，第216页。
③庄炳章：《泉州访古揽胜》，厦门：鹭江出版社，1993年6月，第93页。

王神之祭""昭忠公之祭""旗纛之祭"等。①古代泉州的民间祀典、祖先崇拜和信仰崇拜的意识，已经达到无以复加的境界和状况。

三、隋唐五代时期泉州的宗教民间信仰宫庙

隋朝时期，已成为中国古代海上丝绸之路重要发源地之一的泉州，把泉山原东越国五岳庙之一、供奉南岳之神祝融的南岳庙进行重建、扩建之后，继续供奉南海之神祝融，改名为南海古庙。②泉山原东越国南岳庙，最终在隋唐五代时期成为一座规模宏大、由民间供奉祭祀祝融的中国古代海上丝绸之路的泉州海神庙。

泉州南海古庙是隋唐中国海上丝绸之路的文化遗存

自古以来，在原东越国都会泉山大地上，古代泉山先民的宗教信仰意识十分强烈，民间信仰和宗教文化十分盛行。隋唐五代时期，伴随着海洋商贸经济的迅速发展，在海洋商贸盈利的积极支撑下，泉州已经兴建一批具有广泛社会影响的宗教寺庙和信仰宫庙。据泉州市宗教事务相关部门仅对佛教庙宇的不完全统计，隋代泉州兴建佛教庙宇4座，唐朝泉州兴建佛教庙宇45座，五代闽国时期泉州兴建佛教庙宇54座。③

（一）泉州古城区兴建的宗教民间信仰宫庙

隋唐五代时期，泉州古城区属晋江县地。泉州古城兴建的宗教民间信仰宫庙：④

① （清）胡之鋘、周学曾等：《晋江县志》卷之十五，《祀典志》。
②晋江市池店镇溜石村南海古庙：《重修南海庙碑记》，清乾隆十二年（1747年）四月。
③陈鹏鹏主编：《泉州文物手册》，泉州市文物管理委员会编印，2000年11月。泉州市鲤城区政协文史委员会：《泉州鲤城文史资料》第6、7合辑（总第24、25辑），1991年1月，第141页。
④（明）黄仲昭：《八闽通志》卷之七十七，《寺观·泉州府晋江县》，福州：福建人民出版社，2017年3月，第1150页。陈鹏鹏主编：《泉州文物手册》，泉州市文物管理委员会编印，2000年11月，第178页。泉州市鲤城区政协文史委员会：《鲤城文史资料》第6、7合辑（总第24、25辑），1991年1月，第4、12、141页。庄炳章：《泉州访古揽胜》，厦门：鹭江出版社，1993年6月。吴幼雄：《泉州宗教文化》，厦门：鹭江出版社，1993年6月。

白崎石亭是明代伊斯兰教的文化遗存，已被列为惠安县文物保护单位

始修建于西晋太康年间（280—289年）的泉山五岳：云山中岳庙（西晋时泉山中岳庙改名为白云庙，成为泉山先民供奉轩辕黄帝的宗庙。唐初改为道观，即今泉州玄妙观）、凤山东岳庙（西汉时东岳皇迹山，隋唐时修建为东帝宫，《八闽通志》记载。南宋时迁建为凤山东岳行宫）、龙山西岳庙、溜石山南岳庙（隋朝开皇年间修建改称南海古庙）、北峰狮山北岳庙，始建于西汉后期、修建于隋唐的泉山闽越王庙（又名武济庙），始建于南北朝时齐朝的泉郡仙公寺，迁建于唐朝的泉郡黄帝宫（又称泉郡中央宫，供奉轩辕黄帝，由泉山白云庙于唐初迁建），始建于唐垂拱二年（686年）的安福寺（又名安福院），始建于唐垂拱二年（686年）的泉州莲花寺（又名兴教寺，唐开元年间以年号为名，改为开元寺），始建于唐垂拱三年（687年）的江南安福寺，始建于唐天授元年（690年）的紫帽山保福寺（又名尊胜寺），始建于唐乾符年间（874—879年）的镇国东禅寺（又名东禅少林寺），始建于唐天宝二年（743年）的紫极宫，始建于唐代的紫泽宫、金粟崇真观、西禅寺、崇俤庙（又名中和庙）、中寿寺、梵天寺、明心寺、福先招庆院、东门外七里庵（又称鲫鲤庵）、欧祠山不二祠、北山武山下老君岩真君殿，始建于唐天祐年间（904—907年）的观音院（又名普照寺）、护安宝林明心院（又名明心寺），始建于唐天祐年间的法云寺，始建于唐布金院（又名法华院），始建于五代北汉乾祐二年（949年）的保福寺，始建于南唐保大末年（957年）的承天寺（又名月台寺）、南禅寺、东湖万氏妈宫，始建于南唐五代年间的北峰福清寺，始建于五代梁龙德年间的金地寺（荐福院），始建于五代的方广寺（又名白马寺）、崇先广教寺（又名上方广法）、奉先观等。

（二）晋江兴建的宗教民间信仰宫庙

隋唐五代时期，晋江兴建的宗教民间信仰宫庙：[1]

始建于西汉后期、修建于东晋年间的湾海闽越王庙（今晋江安海，隋朝初期改建为安海天竺寺，隋皇泰年间改建为安海龙山

西晋太康年间，在原东越国中岳修建的云山白云庙是泉山先民的宗庙

寺，据《晋江安海志》），始建于南朝南陈年间（557—589年）的石狮凤里街道慈航庵，始建于隋开皇九年（589年）的安海灵源禅寺，始建于隋代的石狮凤里街道凤里庵、石狮玉湖金沙庵、石狮灵秀山金相院（又名栖真寺）、石狮永宁中亭慈航寺，始建于隋大业八年（612年）的石狮湖滨街道玉湖金沙庵，始建于隋大业十年（614年）的石狮宝盖镇仑后法净寺（又名泉郡布金院），始建于隋大业十一年（615年）的石狮市区北隅东村水西宫，始建于隋唐时期（据重修西资岩纪德碑）的金井西资岩寺，始建于唐开元十八年（730年）的石狮蚶江东岳古寺，始建于唐贞观年间的石狮永宁虎岫寺（又名真武宫），始建于唐代的石狮湖滨街道玉湖吴王府馆、晋江深沪宝泉庵、晋江罗山北斗殿，始建于五代后周显德五年（958年）的石狮宝盖镇杆头圆通庵（又名宝盖禅寺），始建于五代的安海霁云殿（古称佑圣宫，又名玄帝殿）等。

（三）南安兴建的宗教民间信仰宫庙

隋唐五代时期，南安兴建的宗教民间信仰宫庙：[2]

[1]（明）黄仲昭：《八闽通志》卷之七十七，《寺观·泉州府晋江县》，福州：福建人民出版社，2017年3月，第1150页。陈鹏鹏主编：《泉州文物手册》，泉州市文物管理委员会编印，2000年11月，第196页。庄炳章：《泉州访古揽胜》，泉州市历史文化中心，厦门：鹭江出版社，1993年6月。吴幼雄：《泉州宗教文化》，厦门：鹭江出版社，1993年6月。石狮市政协文史学宣委员会：《石狮寺庙建筑》，郑州：黄河水利出版社，2019年12月。
[2]（明）黄仲昭：《八闽通志》卷之七十七，《寺观·泉州府南安县》，福州：福建人民出版社，2017年3月，第1150页。陈鹏鹏主编：《泉州文物手册》，泉州市文物管理委员会编印，2000年11月，第202页。洪少霖著：《海丝南安》，香港：香港海丝文化出版社，2019年12月，第141页。

　　西晋太康九年（288年）在晋安县治西（今南安丰州镇）始建的建造寺（又名延福寺），唐大历三年（768年），泉州名士欧阳詹为丰州延福寺题寺额。唐咸通年间（860—874年），重建大殿及灵乐祠，后改名通远王祠，又增建昭惠庙、善利王庙。至五代十国时期，南安丰州延福寺已建成一个规模宏大的建筑群，有院落54座、支院50余座，成为规模宏大、重殿叠阁、寺岩辉映的大禅林，被誉为"东南之美"。①始建于隋大业年间的官桥镇黄山龙峰寺，始建于隋代的水头镇琼山埕美天香寺，始建于隋大业十四年（618年）的官桥镇宝峰山的一片寺，始建于隋末唐初时的东田镇凤巢村大罗寺（又名栖隐寺），始建于唐代的官桥镇黄山村卧佛禅寺，始建于唐嗣圣元年（684年）南安三十六都的清化院和三十八都的普化院，始建于唐开元年间（713—741年）的洪濑镇都心村南无寺，始建于唐代的丰州镇桃源古地唐王宫，始建于唐朝的南安洪濑镇玉枕山东林寺，始建于唐代的诗山高盖山资福院，始建于唐大和年间（827—835年）的南安洪濑镇梅山慧泉寺，始建于唐武宗六年（846年）的翔云镇祥云村象运山龙须岩，始建于唐代的石井镇杨子山清水岩，始建于唐朝的罗东镇维新村石马宫，始建于唐朝的罗东镇广峰寺，始建于唐末的南安洪濑镇梅山雪峰寺，始建于唐末的南安水头杨仙公庙，始建于

南安向阳乐山昭惠庙，供奉祭祀通远王

唐末天祐年间的洪梅灵应寺，始建于南唐的眉山镇四峰山龙泉寺，始建于唐光启二年（886年）的佛迹寺，始建于唐代的东田乡南坑南川宫（又名泉州南岳），始建于唐乾宁年间（894—898年）的英都镇"七岩八院"，唐乾宁元年（894年）南安二十七都的西峰延寿院，始建于后晋天福年间的南

---

①泉州市鲤城区政协文史委员会：《泉州鲤城文史资料》第6、7合辑（总第24、25辑），1991年1月，第141页。

安凤山寺，始建于五代的英都镇良山村龙山云从古室（原为禄寿院），始建于唐天祐二年（905年）的教忠寺（又名南淮定空禅院），始建于五代梁开平元年（907年）七都的建福院，始建于五代梁乾化三年（913年）十五都的新丰院和县西三十一都的鸿福寺（后并入佛迹寺），始建于五代梁贞明三年（917年）的石谷寺，始建于五代唐清泰二年（935年）县西北二十七都的禄寿院，始建于五代周显德三年（956年）县西南三十三都的弥陀寺，始建于五代周显德六年（959年）的县南四十都兴福寺和三十九都的报劬院，始建于五代时期的罗东镇坑口村前供奉戏神雷海青的坑口宫，南安三十五都的南丰院，金淘镇金淘街尾千金庙，南安二十三都的凉峰弥陀寺和凤凰寺等。

（四）惠安兴建的宗教民间信仰宫庙

隋唐五代时期，惠安（包括今泉港区）兴建的宗教民间信仰宫庙：[1]

始建于东晋元帝大兴三年（320年）的惠北涂岭黄田笔架山笔架寺，始建于南朝时期（420—589年）的泉港山腰普安村师姑庵，始建于唐贞观年间（627—649年）的泉港南埔太白峰寺，始建于唐天宝间（742—756年）二十九都的宣妙寺（又名法华寺），始建于唐会昌（841—846年）之前的五都泉港山腰塔山华林寺，始建于唐大中四年（850年）十五都的大中寺，始建于唐咸通二年（861年）的惠安净峰寺，始建于唐中和年间（881—884年）的泉港南埔天湖岩寺，始建于唐代的惠安万安"镇海庵"、泉港涂岭

泉州洛阳桥昭惠庙碑石铭记古代民间信仰的悠久历史

① （明）黄仲昭：《八闽通志》卷之七十七，《寺观·泉州府惠安县》，福州：福建人民出版社，2017年3月，第1150页。陈鹏鹏主编：《泉州文物手册》，泉州市文物管理委员会编印，2000年11月，第188页。庄炳章：《泉州访古揽胜》，厦门：鹭江出版社，1993年6月。陈支平、肖惠中主编：《海上丝绸之路与泉港海国文明》，厦门：厦门大学出版社，2015年3月，第98页。惠安县文化体育新闻出版局、惠安县博物馆编：《惠安文物史迹》，厦门：厦门大学出版社，2013年12月。

镇秀溪湖内云门禅寺、惠安辋川五公禅寺（又名静观寺），始建于唐光启三年（887年）的惠安张坂浮山寺，始建于唐文德元年（888年）二十五都的大福胜寺（又名锦田福胜寺），始建于唐天祐六年（后梁开平三年，909年）的七都泉港山腰塔山离相寺（荐福寺），始建于唐末五代的泉港南埔先锋村古十都灵应庙，始建于五代的泉港界山镇岭头村大蚶庙，始建于五代（912年）的惠安涂寨圆常寺（又名灵瑞山寺），始建于五代后梁乾化三年（913年）县东三十三都的金相寺和二十八都的圆常寺（又名广福寺），始建于五代梁贞明二年（916年）的县城北乾峰寺（又名平山寺），始建于五代（934年）的惠安张坂西院自然村福胜寺，始建于五代后晋开运元年（944年）的耆阁寺，始建于五代后周广顺二年（952年）五都泉港山腰的大普安寺（又名五峰罗汉寺）等。

（五）安溪兴建的宗教民间信仰宫庙

隋唐五代时期，安溪兴建的宗教民间信仰宫庙：①

始建于唐初的祥华乡旧寨村广惠堂，始建于唐朝的城厢镇员宅村灵著庙、城厢镇光德村觉苑寺、长坑乡山格村补陀岩、湖头镇横山村大成庵、官桥镇莲兜美村集福堂和东岩寺，始建于唐光化三年（900年）的龙门溪榜头村福海院、金谷镇金谷村定明院，始建于唐天祐四年（907年）的金谷镇洋内村契真院，

始建于唐代后期的城厢镇同美村阆苑岩、祥华乡旧寨村凤鸣楼、安溪东岳庙，始建于五代后晋天福年间的凤城镇植福堂，始建于五代后唐天福年间的湖头镇后溪村慈济堂，始建于五代后晋天福四年（939年）的城厢镇土楼宗教院，始建于五代后周显德三年（956年）的安溪城隍庙和龙门镇

历史悠久的安溪县东岳庙

① （明）黄仲昭：《八闽通志》卷之七十七，《寺观·泉州府安溪县》，福州：福建人民出版社，2017年3月，第1150页。陈鹏鹏主编：《泉州文物手册》，泉州市文物管理委员会编印，2000年11月第207页。《安溪县寺庙分布一览表》，安溪县宗教管理部门，2012年7月。

溪内灵护庙，始建于五代后周末年的城厢镇古山村玉成馆，始建于五代的祥华乡美西村灵惠庙、金谷镇河美村太王陵、金谷镇河美尚芸交界威镇庙等。

（六）永春兴建的宗教民间信仰宫庙

隋唐五代时期，永春兴建的宗教民间信仰宫庙：[1]

始建于隋末石鼓镇桃场村魁星山麓上场的二十三都恩惠院（后称灵感寺），始建于唐朝初期的蓬壶镇美山真宝殿供奉神农大帝，始建于唐景云年间（710—711年）的百丈岩马氏庙，始建于唐乾元年间（758—759年）十六都的云峰寺（后并入太平寺），始建于唐开成二年（837年）十五都的太平寺，始建于唐会昌年间（841—846年）的永春魁星岩寺，始建于唐大中年间（847—860年）的十六都白云寺、十三都临水寺（又名惠明寺）和十一都云居寺，始建于后唐天成二年（927年）十一都的苦竹寺，始建于唐大中二年（848年）十四都的白马寺、八都的延寿寺，始建于唐咸通十年

始建于晋代的南安丰州建造寺，后称延福寺

（869年）的西峰寺，始建于唐天祐年间（904—907）的十四都山居寺（又名石泉寺），始建于唐天祐二年（905年）的兴善寺，始建于五代时期（907—960年）的蓬壶镇蓬山普济寺、十二都的南岳寺、十九都的慈云寺、一都的圣祖观等。

（七）德化兴建的宗教民间信仰宫庙

隋唐五代时期，德化兴建的宗教民间信仰宫庙：[2]

始建于唐开元四年（716年）的德化西北部九仙山中灵鹫岩，始建于唐咸

① （明）黄仲昭：《八闽通志》卷之七十七，《寺观·泉州府永春县》，福州：福建人民出版社，2017年3月，第1150页。陈鹏鹏主编：《泉州文物手册》，泉州市文物管理委员会编印，2000年11月第215页。庄炳章：《泉州访古揽胜》，厦门：鹭江出版社，1993年6月。
② （明）黄仲昭：《八闽通志》卷之七十七，《寺观·泉州府德化县》，福州：福建人民出版社，2017年3月，第1150页。陈鹏鹏主编：《泉州文物手册》，泉州市文物管理委员会编印，2000年11月，第211页。庄炳章：《泉州访古揽胜》，厦门：鹭江出版社，1993年6月。徐本章主编：《德化县文物志》，德化县文物管理委员会、德化县文物志编纂委员会编，1996年6月。

始建于唐朝年间的德化县颜氏永茂堂

通年间（860—873年）的盖德乡吾华村五华寺，始建于唐代的三班永茂堂、浔中科荣堂，始建于唐代的赤水镇铭爱村永安岩（又名荇菜岩），始建于唐末的浔中镇祖厝村西天寺（又名西天岩），始建于五代后梁开平二年（908年）的德化县赤水戴云寺，始建于五代后唐（923—936年）县东灵化里的浔中程田寺（又名感恩寺），始建于五代后周显德二年（955年）的杨梅上团葛坑湖头村香林寺等。

据《泉州府志》记载："自佛老教行，绀宫、丹室几遍寰区。泉当宋初，山川、社稷不能具坛，而寺观之存者凡千百数"。唐宋时期，泉州古城区建造的著名道教宫观建筑有三院：衍庆道院、通元道院、紫云道院。四庙：通淮庙、花桥吴真人庙、城隍庙、铁炉庙。五宫：紫极宫、玉虚宫、天妃宫、玉华宫、紫泽宫。五观：玄妙观、净真观、广孝观、柏庭观、碧虚观。此后，泉州城郊还兴建一批包括真武行宫、东岳行宫、金粟崇真观等著名的道教宫观建筑。①

香火弥漫的安溪县清水岩

泉州素有世界宗教博物馆之美誉。据不完全统计，自西晋太康年间以来，古代泉山在之后的1800多年来的古代社会，历代兴建有名称的佛教寺宇共有800多座，存名可考的近600座，今尚存300多座。②

由于佛教在古代中国农耕

①泉州市鲤城区政协文史委员会：《泉州鲤城文史资料》第6、7合辑（总第24、25辑），1991年1月，第12页。
②福建省政协民族和宗教委员会：《福建佛教祖庭名刹文化概览》，福州：福建人民出版社，2018年12月，第153页。泉州市文物局、泉州市文物考古研究所编：《泉州文物·国宝篇》，北京：九州出版社，2021年6月，第3页。

社会传播发展的过程中，曾遭遇"三武"灭佛事件。"三武灭佛"是指北魏太武帝（424—452年）、北周武帝（560—578年）、唐武宗会昌年间（840—846年）的摧毁佛教行动。据《旧唐书》载，全国拆除寺庙4.66万余所，数百万僧民还俗，没收土地数千万顷。③古代中国"三武"灭佛的广泛社会影响，由此引起古代泉州的民间信仰文化十分盛行，民间信仰宫庙的兴建活动日益活跃。

隋唐五代时期，泉州兴建大批宗教寺庙、宫观和民间信仰的庙宇方兴未艾，不仅彰显古代泉州大地上民间信仰、宗教文化和闽南文化的繁荣发展，而且也充分展现泉州崛起的中国古代海上丝绸之路发展兴盛、中外海洋商贸经济十分繁荣的客观史实。古代泉州的中外海洋商贸经济活动，为泉州民间兴建民间信仰宫庙提供源源不断的财力支持，也反映出泉州先民参加推动世界海洋商贸经济发展的客观史实。

泉州濒海，南北朝时就有海外商船来泉山海湾港口舶岸。隋唐时期，对外贸易兴起并形成规模，泉州海港日渐繁盛，成为中外通商的重要港埠。在泉州设立州治，不仅展现了泉州城市人口迅速增加，而且也彰显了泉州中外海洋商贸口岸的重要性。①

需要特别指出，隋唐五代泉州大地上能够兴建如此之多、引人瞩目、规模宏大、建筑技艺精湛的民间信仰宫庙、道观和寺院的建筑，完全是依赖于隋唐时期泉州的对外海洋商贸经济繁荣、社会经济发达、民间经济财力雄厚的发展基础上。

泉州开元寺的赵朴初撰咏泉州古代海外交通贸易历史的碑石亭

---

① （五代后晋）刘昫等编纂：《旧唐书》卷之十八，本纪第十八（上）《武宗李炎》，简体字本二十四史，北京：中华书局，2005年3月，第417页。胡世庆：《中国文化通史》，杭州：浙江大学出版社，2005年9月，第466页。
② 《泉州：宋元中国的世界海洋商贸中心文本文献》，国家文物局官网，2021年8月。

第三章　独特的优势资源

泉州市博物馆陈列的历代史料见证泉州悠久历史

秦汉至隋朝时期，泉州称泉山。由于汉武帝在东越国都会泉山置东冶县，汉武帝建元六年（公元前135年）之后的泉州港，又称东越国东冶港、东冶县东冶港、梁安港、刺桐港等，是中国海上丝绸之路的重要港口。东汉时期，泉州闻名于世的外销陶瓷器、丝绸织品手工业生产迅速兴盛崛起。隋代，泉山南岳庙在修建、重建之后，改名为南海古庙，作为中国海上丝绸之路的重要海神庙，始终是与古代泉州地区大规模的外销陶瓷器船舶远洋航运兴盛发展有着直接的联系。古代泉州民间在南海古庙举行隆重的祭祀海神的祈风活动，彰显泉州先民积极参与推动中国海上丝绸之路的繁荣发展。

为什么隋朝修建泉州南海古庙的庙址是在晋江池店镇溜石江滨，而不是在泉州的其他海港地区？

为什么自隋唐五代至宋元时期泉州能够继续站在世界海洋商贸文明高地长达数百年，而不是中国沿海地区的其他海湾港口？

为什么隋唐时期的泉州民间能够修建、扩建规模宏大的泉州南海古庙，而不是由历代朝廷拨款兴建祭海庙宇？

为什么泉州能够成为中国海上丝绸之路的起点和重要发祥地，而不是中国沿海地区的其他海湾港口？

为什么泉州能够在宋元时期迅速成为中国的世界海洋商贸中心，而不是中国沿海地区的其他海湾港口？……

回答这些值得令人深思的问题和值得令人信服的答案，那就是能够造就汉唐时期泉州迅速形成独特的优势资源是具有不可替代性的：在原东越国都会泉山（即东冶县泉山）的大地上，拥有独具一格的地理环境、富饶瓷土、瓷窑产业，丘陵山川、纵横溪河和海湾港口，以及从北方中原南迁泉山的先民，拥有先进生产技术、丰富物产和陶瓷器手工业生产等许多方面，很好地融合为一体的独特优势资源。

古代泉州东门外古牌坊前是通往东湖和大海的古码头

从北方中原南迁到原东越国都会泉山大地上，大批勇于创新传承中原优秀文化、善于海纳百川、具有开放包容精神特质的古代泉州先民，自古以来在持续不断地延续西汉时期以来泉山先民所构建的对外海上贸易通道的基础上，参加开辟前所未有的中国古代海上丝绸之路，做出可歌可泣、令人瞩目的历史贡献。

根据汉代志书史籍记载，东汉时期以来，泉山东冶港已是海运货物的集散地和贡品转运站。由于久远的历史原因，目前通过考古发掘东汉泉州外销货物商贸活动的历史遗址并不多见。但是，自古以来在泉州大地上留存大量古窑址、拥有许多海湾港口和站在世界上先进海船福船建造技艺高地上等独特的优势资源，可以证实东汉以来泉山的东冶县做出"贡献转运，皆从东冶泛海而至"[①]的历史贡献。

第一节　遍布泉山大地的古陶瓷窑

中国在新石器时代遗址中，曾经发掘发现大量陶器。商代时期，中国已经

---

① （南朝宋）范晔编纂、李贤注：《后汉书》卷之三十三，传第二十三《郑弘传》，简体字本二十四史，北京：中华书局，2005年3月，第774页。

能够生产原始青瓷。中国古代制瓷是独创技术，瓷器烧制技艺与古代丝绸生产，在世界上同样享有美誉。古代中国烧制生产的精美瓷器，在世界上是无与伦比的。①

据泉州地方文物史籍记载，泉州窑陶瓷生产的历史悠久，在新石器时代至秦汉时期，已发现有大量出土的印纹陶。从泉州历次考古发掘调查采集的资料发现：商周时期，首先在永春、德化建窑烧制青瓷，遍布泉山的古瓷窑业发展局面从此形成。②秦汉易代时期，闽越军队进入北方、中原地区，先后参加推翻秦王朝的农民起义和楚汉战争，前后为期八年，③闽越先民从北方、中原地区学习农业、手工业方面先进的技术和技艺。两汉时期，泉山东冶县外销陶瓷方兴未艾，与广州共同开辟海夷道。

晋江考古出土的东晋时期方格纹陶盆
（晋江博物馆藏品）

东汉时期，会稽郡东冶县泉山先民的海外商贸交通活动十分活跃（据《后汉书·东夷传》），说明东汉时泉州的外销瓷器生产已经兴起，并成为海洋商贸的主要货物。据《后汉书·郑弘传》载，东汉时，"旧交趾七郡,贡献转运,皆从东冶泛海而至"④。东汉时泉山先民从泉山东冶港出发，泛海转运大批海洋商贸外销陶瓷器货物，已经做出引人瞩目的贡献。

魏晋南北朝时期，大批中原先民南迁到泉山，带来了北方、中原先进的陶瓷制窑业的技术、配方、烧制和工艺，为古代泉山陶瓷窑业的全面兴起，提供了先进技术和技艺的生产保障。

---

①胡世庆：《中国文化通史》，杭州：浙江大学出版社，2005年9月，第109、573、582页。
②泉州市政协文化文史和学习委员会编：《海丝泉州》，北京：中国文史出版社，2021年11月，第60、64页。泉州市政协文史和学习宣传委编：《刺桐博物》，2018年11月，第122、135页。
③（汉）司马迁：《史记》卷之一百一十四，列传第五十四《东越列传》，简体字本二十四史，北京：中华书局，2005年3月，第2276页。
④（南朝宋）范晔编纂、李贤注：《后汉书》卷之三十三，传第二十三《郑弘传》，简体字本二十四史，北京：中华书局，2005年3月，第774页。

　　从古代泉州陶瓷业的整体发展趋势看，古代泉州窑业呈现出由沿海向山区逐步深入发展的态势。这一时期，古代陶瓷窑场主要在泉山沿海地区兴起发展。隋代，在泉山由原东越国南岳庙修建改名的南海古庙，供奉和祭祀南海神祇祝融，为往返世界各国的中外海洋商贸海船提供周致、必不可少的心灵和信仰服务。

　　据考古发掘发现，隋唐五代时期，泉州已经兴建并形成一批具有影响的外销陶瓷器等外销货物的手工业生产基地，包括考古发掘发现的晋江溪口山的南朝古陶窑址，泉港区南埔槐山隋朝古陶瓷窑，永春县一都黄沙村东洋古陶瓷窑，安溪龙涓灶坪古陶瓷窑、尚卿科洋古陶瓷窑，以及南安洪濑大尾洋古陶瓷窑等，均是始建于隋唐时期的古瓷窑。据泉州考古发掘发现，古代泉州各县几乎均分布有许多外销古陶瓷窑址，形成引人瞩目、具有规模的外销陶瓷器的生产基地。古代泉州外销陶瓷器生产基地的古窑址分布、广度、规模和数量，在古代中国具有举足轻重的地位。从古代泉州陶瓷窑业的兴起，可以从侧面清晰地充分印证了两汉至隋唐五代时期泉州陶瓷业发展的历史脉络。[①]隋唐五代时期，随着泉州对外商贸的发展和海外贸易交通航线的持续拓展，泉州陶瓷业方兴未艾，始终为来自世界各国的商贸船只提供源源不断的外销陶瓷器。随着中国古代海上丝绸之路兴盛，宋元时期，泉州陶瓷窑业发展最终达到鼎盛时期。[②]

晋江考古出土精美的陶瓷艺术器物（晋江博物馆藏品）

①陈鹏鹏主编：《泉州文物手册》，泉州市文物管理委员会编印，2000年11月，第60、76、88页。徐本章主编：《德化县文物志》，德化县文物管理委员会、德化县文物志编纂委员会编，1996年6月。泉州市政协文史和学习宣传委编：《刺桐博物》，2018年11月，第122页。
②泉州市政协文化文史和学习委员会编：《海丝泉州》，北京：中国文史出版社，2021年11月，第60、64页。

一、晋江古代磁灶外销陶瓷器的生产基地①

晋江市磁灶镇以历代开窑设灶烧制陶瓷而得名。据《中国文物报》转载磁灶窑考古发掘报告中指出：磁灶窑绿釉产品近乎汉代风格。两汉时东冶县泉山先民就有海外商贸交通活动（据《后汉书·东夷传》），据《后汉书·郑弘传》载，东汉时的泉山，"旧交趾七郡,贡献转运,皆从东冶泛海而至"②。东汉时晋江先民参与从泉山东冶港出发，泛海进行转运大批的外销货物，开展海洋商贸的经济活动，已经做出引人瞩目的贡献。两汉至隋唐时期，磁灶最早兴建形成一批具有影响的外销陶瓷器手工业生产基地。

据清晋江蔡永兼著的《西山杂志》载："西晋武帝泰始元年（265年），便由江南人来业于陶。至南朝、隋唐以后，施加工艺，釉彩青绿，青瓷各色。宋、元、明原业陶，故磁灶是以陶瓷而得名"。清乾隆年间《晋江县志》载："瓷器出晋江磁灶乡，取地土开窑，烧大小钵子、缸、瓮之属。甚饶足，并过洋"。晋江磁灶的外销陶瓷生产至隋唐时期获得进一步发展。晋江岭畔村磁灶窑是具有浓厚地方特色和时代风格的民间古陶瓷窑，兴于南北朝时期，鼎盛于隋唐两宋时期，延续于元明清及近现代，是中国古代著名的陶瓷产地之一，与中国古代海上丝绸之路发展兴盛是紧密相联系的。③

晋江磁灶沟边村的金交椅山窑址，是泉州城郊规模最大的一组古陶瓷窑址，距晋江溜石古渡码头仅十几公里。2002年间，福建

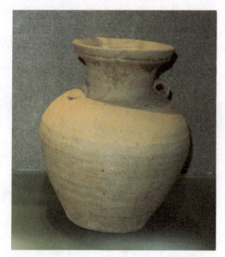

南安考古出土的南朝时期青瓷盘口壶（泉州市博物馆藏品）

---

① 泉州市文物局、泉州市文物考古研究所编：《泉州文物·国宝篇》，北京：九州出版社，2021年6月，第139~148页。福建博物院、晋江博物馆编：《磁灶窑址：福建晋江磁灶窑址考古调查发掘报告》，北京：科学出版社，2011年8月。陈世兴主编：《泉州学研究》，福州：福建教育出版社，2002年4月，第360页。
② （南朝宋）范晔编纂、李贤注：《后汉书》卷之三十三，传第二十三《郑弘传》，简体字本二十四史，北京：中华书局，2005年3月，第774页。
③ 庄炳章：《泉州访古揽胜》，厦门：鹭江出版社，1993年6月，第173页。

省博物馆、晋江市博物馆联合对磁灶金交椅山古窑址进行勘查发掘，在面积约4万平方米的西坡就发现4条残长不一的古龙窑遗址、陶瓷生产作坊遗址及多处陶瓷器的堆积层。从残存的古陶瓷窑址可清晰地辨认出窑口、火膛、窑壁、窑门、窑床等。磁灶金交椅山窑炉是采

据《汉书》《后汉书》等文献考证，晋江磁灶金交椅山窑址始建于汉代

用器物叠烧工艺的。据估算，这样的龙窑一炉可烧制数千上万件陶瓷器。晋江磁灶临近溜石古渡，运载陶瓷器的船只可达磁灶金交椅山边的梅溪，通过梅溪载运外销陶瓷器到泉州港。为此，磁灶外销陶瓷窑业空前兴盛起来。磁灶金交椅山古陶瓷窑址成为泉州"海丝"申报世遗考察点之一。①

晋江磁灶古陶瓷窑所在的晋江境内，多低山丘陵，盛产瓷土，是泉州主要的外销瓷器产区。瓷土埋藏十分丰厚，拥有陶瓷生产最得天独厚的自然资源，是古代泉州重要的外销瓷生产基地。1956年以来，晋江磁灶古窑址经考古发掘和多次考古调查，各窑址出土大批古代陶瓷器和窑具。磁灶梅溪自西北向东流至晋江入泉州湾，逶迤曲折。晋江古陶瓷窑址遍布于梅溪两岸，构成"五坞十八曲"的地势，具有良好的水运交通条件。②

晋江磁灶一带长期历经采掘瓷土、烧制陶瓷器，至今古窑遗迹分布广泛。晋江古陶瓷窑址遍布于磁灶梅溪两岸，磁灶现存历代古窑址有26处之多。其中，南朝时期的古陶瓷窑址1处，即溪口山窑址，在磁灶镇下官路村西双溪口处小山坡上。唐朝至五代时期的古瓷窑址6处，分布于磁灶下灶村古瓷窑址有虎仔山、后山、老鼠石。分布于下官路村的古陶瓷窑址有后壁山、狗仔山，以及岭畔村古陶瓷窑址童子山窑。宋元古陶瓷窑址12处，分布于岭畔村蜘蛛山、

---

①泉州市政协文化文史和学习委员会编：《海丝泉州》，北京：中国文史出版社，2021年11月，第60页。

②《泉州：宋元中国的世界海洋商贸中心文本文献》，国家文物局官网，2021年8月。

土尾庵、童子山、山坪，磁灶村许山、宫仔山、顶山尾、大树威，前埔村曾竹山、金交椅山、溪墘山，及今属南安市官桥镇下洋村的斗温山。这些古陶瓷窑址多属依山傍溪而建。清代古陶瓷窑址7处，分布于下官路村铜锣山，洋宅村路山尾，下灶村宫后山、寨边山、窑尾草埔，磁灶村下尾湖、瓮灶崎等地。

晋江磁灶古陶瓷窑烧造青釉、黑釉器，装饰繁杂。烧瓷品种比较丰富的有土尾庵、蜘蛛山和童子山等地古陶瓷窑。碗窑乡古窑址的面积较大，陶瓷遗存丰富，产品以青白瓷为主，也烧青釉器，在考古出土的陶瓷标本中，还有少量不带印纹装饰的瓶、罐、盒等器物的素烧坯，其正品要在上绿釉之后进行二次烧成。

南安丰州考古发掘出土的南朝青瓷器（泉州博物馆陈列）

晋江磁灶古陶瓷窑场，位于晋江西北紫帽山南麓，为西北高东南低的丘陵地带。泉州地区温暖湿润的亚热带季风气候，草木繁茂，可提供烧陶瓷窑的燃料。境内有晋江九十九溪的支流梅溪穿境而过，水上船只交通运输十分便捷。晋江磁灶陶瓷窑场选址具有科学性：在梅溪两岸依山坡建窑的选址，可取地土开窑，并可就地取柴，陶土的淘洗沉淀用水方便；通过舟楫船只运输，不仅船运的运输运量大、运费低，使陶瓷产品的外销价格具有市场竞争优势，而且又能够较好地解决陶瓷产品在运输中易破损的问题。晋江梅溪是古代磁灶窑运送外销陶瓷器船舶的主要水上运输通道，由西向东经晋江汇入泉州湾。运输磁灶窑陶瓷的船只，可由梅溪直达泉州湾各码头，再远销海外。晋江磁灶窑陶瓷外销范围包括东亚、东南亚、南亚、西亚以及东非等地。①

据泉州地方文物史籍记载，晋江磁灶古陶瓷窑出土的典型器物，以日用陶瓷为主，产品为灰白胎，质地粗松厚重，器形有盘口壶、执壶、双系或四

① 《泉州：宋元中国的世界海洋商贸中心文本文献》，国家文物局官网，2021年8月。

系罐，盘、钵、瓮、灯盏、盆、缸、釜等。磁灶古窑釉色丰富，有青釉、酱釉、黑釉、绿釉、黄褐釉等。陶瓷装饰手法多样，有刻画、剔花、模印、堆贴、镂空、彩绘等，装饰瓷纹样突出特点是为海外定烧伊斯兰风格的缠枝花和云纹瓷。磁灶窑的独具特色的工艺是使用窑具托座叠烧工艺，即垫柱支烧成。宋元时期，晋江磁灶的陶瓷窑业生产已经进入鼎盛发展时期，产品种类繁多，胎骨灰白而

南安丰州考古发掘出土的南朝双耳青瓷器（泉州博物馆陈列）

薄，充分反映当时外销商品生产的专业分工和海外市场的竞争意识。

从磁灶发掘清理的古窑迹看，最具有代表性的金交椅山古窑址，其年代为五代至南宋时期，出土有多种器形的青瓷和酱黑器。宋元窑炉是龙窑结构，采用匣钵、托座等窑具装烧。晋江磁灶的古瓷窑产品在日本和东南亚的菲律宾、印度尼西亚等国均有发现，从而证实晋江磁灶是隋唐五代时期闽南生产外销陶瓷的重要基地，并为研究晋江磁灶窑的漫长发展历史提供了重要的考证材料。

磁灶窑应是两汉时期的古瓷窑。据2016年10月9日的《中国文物报》在对《磁灶窑址：福建晋江磁灶窑址考古调查发掘报告》的报道中指出：磁灶窑具有特殊地位。"磁灶窑考古发现早，生产历史久，海外市场规模庞大，却尚未得到充分地理解与认识"，"在中国东南沿海越窑、龙泉、建窑、闽南诸青瓷，白瓷窑口林立的格局中，磁灶窑绿釉产品近乎汉代作风，酱釉器则以实用为主，品项范围涵盖日常食器及货运容器"。磁灶古窑址，1961年被福建省人民委员会公布为省级文

南安考古出土的南朝时期青瓷两系罐（泉州市博物馆藏品）

物保护单位。2006年5月，被国务院公布为第六批全国重点文物保护单位。①

二、德化古代外销陶瓷器的生产基地②

德化陶瓷生产历史源远流长，始于夏商时期。东汉时东冶县泉山先民就有海外商贸交通活动（据《后汉书·东夷传》），德化的外销陶瓷器生产已经兴起。东冶县泉山先民从泉山东冶港出发，运载德化先民生产的外销陶瓷器，开展海洋商贸的经济活动，已经做出引人瞩目的贡献。据考古发掘发现，隋唐五代时期，德化古窑址已经形成具有影响的外销陶瓷器等外销货物的手工业生产基地。

德化尾林古瓷窑旧址

德化的外销陶瓷器生产兴盛于唐朝五代，鼎盛于宋元时期，繁荣于明清时期。受益于古代泉州对外海洋贸易的繁荣，德化陶瓷窑业迅速崛起，境内瓷窑场林立，陶瓷器产品大量销往古代海上丝绸之路沿线的东南亚、西亚以及东非等许多国家和地区。③

2014年8月，考古发掘队首次对外发布在德化县和永春县交界处的三班辽田尖山古窑址即永春县苦寨坑古窑址的田野考古发掘成果，确定该古窑址为商周时期德化古龙窑遗址，出土原始青瓷窑全国罕见。永春苦寨坑古窑址已列为2016年全国十大考古发现，将德化龙窑建窑史向前推进了200多年。该古窑址已列为国家级重点文物保护单位。自古代中国第一片原始青瓷在德化县三班镇辽田尖山的成功烧制，至今已有3700多年的历史，尤以青白瓷、白瓷为代表。在器型与纹饰上广泛迎合海外的市场需求，德化窑成为外销陶瓷的重要商品生产基地，被誉为"世界官窑"。德化窑

① 《泉州：宋元中国的世界海洋商贸中心文本文献》，国家文物局官网，2021年8月。
② 林合龙主编：《德化陶瓷志》，德化县地方志编纂委员会编印，北京：方志出版社，2004年12月。泉州市文物局、泉州市文物考古研究所编：《泉州文物·国宝篇》，北京：九州出版社，2021年6月，第47~51页。《泉州：宋元中国的世界海洋商贸中心文本文献》，国家文物局官网，2021年8月。
③ 《德化瓷器行销天下》，《人民日报》2021年8月14日。

火不熄，陶瓷器外销不辍。①中国水下考古工作者在对"南海一号"考古出水的18万件文物精品、"泰兴号"古沉船的35万件德化瓷，以及荷兰东印度公司"南京号"古沉船出水的14万件古瓷器的考古发掘中，发现有大量德化白瓷和青花瓷。②

南安考古出土的南朝陶瓷四系罐（泉州市博物馆藏品）

据德化县地方志编纂委员会编印、林合龙主编的《德化陶瓷志》记载，早在新石器时期，德化先民就已经烧制釉陶器和印纹陶器。魏晋时期，烧制青釉陶器。唐朝，德化始制青瓷。德化三班泗滨先民颜化彩（864—933年）编纂了德化第一部陶瓷专著《陶业法》。该书总结德化烧制的经验和技术，成为德化县历史上第一部陶瓷专著。唐朝，德化观音岐、金竹坑先民烧制陶瓷技艺已盛名远播。三班泗滨陶瓷生产具有相当规模。自唐代建窑烧制青瓷器开始，历代德化陶瓷窑业的生产技术和工艺获得不断发展、创新，德化陶瓷以其优良的品质和精湛的工艺在世界瓷坛赢得了广泛盛誉。③

晋江磁灶金交椅山窑址的泉州市古代外销陶瓷博物馆

据《德化县文物志》《德化县陶瓷志》和1988年德化普查古陶瓷窑址资料载，在德化县境内的浔中、盖德、三班等地的多次普查发现，德化古窑址多达247处。这些窑址遍布德化全境18个乡镇73个村。其中，浔中镇窑址分布在12个村98处，

---

① 《辽田尖山发现商周古窑址》，《泉州晚报》2014年11月7日。
② 泉州市政协文史和学习宣传委编：《刺桐博物》，2018年11月，第142页。
③ 林合龙主编：《德化陶瓷志》，德化县地方志编纂委员会编印，北京：方志出版社，2004年12月。

盖德乡6处均在盖德村，三班镇窑址分布在8个村28处，龙门滩镇窑址分布在3个村13处，南埕镇窑址分布在2个村3处，雷峰镇瑞坂村1处，水口镇窑址分布在2个村3处，葛坑乡窑址分布在5个村13处，杨梅乡窑址分布在2个村5处，上涌乡窑址分布在14个村31处，汤头乡窑址分布在4个村16处，桂阳乡窑址分布在5个村9处，大铭乡多窑址分布在3个村6处，国宝乡窑址分布在3个村4处，赤水镇窑址分布在4个村5处，春美乡分布在2个村4处，美湖乡上田村墓林窑属唐五代时期1处。德化很多古瓷窑址规模大，延烧时间长，瓷器远销国外，已广泛流传到世界77个国家和地区。

唐朝五代时期，德化人口日渐繁盛，许多陶瓷窑兴起。后唐长兴二年（931年），归德场升为德化县，属泉州管辖。德化境内山多、水足、矿富，为德化千年古瓷都的形成和发展，提供了重要的物质基础条件。德化窑所在的德化境内是泉州主要的瓷器产

被列为全国重点文物保护单位的德化屈斗宫古窑址

区，拥有陶瓷生产最得天独厚的自然环境、丰富瓷土和人文资源。德化生产的青白瓷以其质美量多而闻名海内外。①

德化龙窑或称土龙窑、鸡笼窑，俗称蛇目窑，这类窑依山坡而建，德化三班镇月记窑被誉为龙窑的活化石。盖德乡的碗坪仑窑址、浔中镇的屈斗宫窑址，三班镇的内坂窑、尾林窑均保存较好。著名的德化屈斗宫古陶瓷窑址，在龙浔镇宝美村破寨山的西南坡上，因窑址附近昔有屈斗宫小庙而得名。考古出土800件烧制工具和6793件或完整或残缺的日用陶瓷器产品，以纯净莹润的乳白色为特征，造型和制作工艺具有宋元特点。陶瓷器中的粉盒、执壶、盖壶、军持、小口瓶、莲瓣碗、墩子式碗、高足杯、飞凤碗和弦纹洗等器类是宋元时外销陶瓷，都曾分别发现于日本、菲律宾、马来西亚、印尼和斯里兰卡。根据

① 《德化瓷器行销天下》，《人民日报》2021年8月14日。

德化古窑基出土的现状和结构分析，属于由龙窑发展至阶级窑的一种独特的窑炉类型，即分式龙窑。1988年1月，屈斗宫德化窑遗址，包括三班、盖德、龙浔、浔中四个乡镇的古陶瓷窑址被国务院公布为第三批全国重点文物保护单位。[1]

德化三班镇月记窑被誉为龙窑的活化石

2020年，对德化县尾林窑址内坂窑进行考古发掘，在我国首次在一处古窑址中发现四座横跨宋至清四个朝代，同时出现龙窑、分室龙窑、横室阶级窑等窑型，第一次较为完整地揭示德化窑从宋元时期的龙窑至明清时期的横室阶段窑的发展演变过程。[2]

古代德化窑场选址日臻科学性，与磁灶古窑场选址相同，在沿溪两岸依山坡建窑的选址，可就地取柴，瓷土的淘洗沉淀用水极为方便，舟楫运输运量大、运费低，而且解决陶瓷产品在运输中易破损的问题，可直接高效进行陶瓷产品原材料供给和陶瓷外销产品运输，使得陶瓷产品价格更具有市场竞争优势。古代德化窑在产品种类、釉色、烧制技术和装饰技法等方面，不断进行传承和创新，形成完整的外销陶瓷产业体系。德化窑依托泉州港陶瓷业的集散地市场，形成规模化的陶瓷外销体系，全面开拓德化窑陶瓷产品在海外市场的销售渠道。

德化祖龙宫庙祭拜德化窑行业的窑神"窑坊公"。每年农历五月十六日是德化窑神"窑坊公"的诞辰纪念日，当地制陶瓷业者都在祖龙宫举行隆重的祭祀仪式。值得一提的是，祭祀所用的供品不是美味佳肴，而是创新做出来的陶瓷新样品，以此来纪念窑神的革新精神。这种祭祀"窑坊公"窑神的祭典方式，在闽南地区许多的民间信仰宫庙中是前所未有的。德化祖龙宫庙祭祀"窑

① 陈鹏鹏主编：《泉州文物手册》，泉州市文物管理委员会编印，2000年11月，第60、178页。
② 《德化瓷器行销天下》，《人民日报》2021年8月14日。

坊公"窑神的活动，充分彰显古代泉州先民开拓世界海洋商贸市场的拼搏精神和创新意识。①

古代德化窑业发展水平高，规模大，产品日益精湛。产品博采众长，因地制宜，独具特色，并以海外市场为导向，大量远销许多国家和地区，是中国古代东南沿海重要的外销陶瓷生产基地。德化瓷窑址是宋元泉州的世界海洋商贸中心的代表性遗产点，无论是青白瓷、白瓷的生产技艺、造型装饰，还是先进的分室龙窑筑造技术以及庞大的生产规模，都彰显出古代泉州作为世界海洋商贸中心强大的产业能力和输出能力。德化古瓷窑是中国陶瓷文化的重要发祥地之一，在中国陶瓷史上占有重要的历史地位。德化陶瓷器是古代海上丝绸之路的重要外销商品，也是古代对外文化交流的重要载体，在中国古代的手工业史、陶瓷史、海外交通史、对外贸易与经济交流史等方面，具有重要而又深远历史影响。

德化祖龙宫彰显德化瓷器的持续创新

三、南安古代外销陶瓷器的生产基地②

东汉时，东冶县泉山先民就有海外商贸交通活动（据《后汉书·东夷传》），东汉时南安的外销瓷器生产已经兴起。据《后汉书·郑弘传》载，有东汉时的泉山，"旧交趾七郡,贡献转运,皆从东冶泛海而至"③。东汉时南安先民从泉山东冶港出发，参加泛海进行转运外销陶瓷器和外销货物，开展海洋商贸的经济活动，做出引人瞩目的贡献。据古代史籍考证和考古发掘发现，晋代至隋唐时期，南安已经兴建形成一批具有影响的外销陶瓷器和外销货物的手工业生产基地。

据南安史籍记载，东田南坑、罗东、金淘、官桥、水头、仑仓等地瓷土资

---

① 泉州市政协文史和学习宣传委编：《刺桐博物》，2018年11月，第135、136页。
② 泉州市文物局、泉州市文物考古研究所编：《泉州文物·国宝篇》，北京：九州出版社，2021年6月，第52~56页。《泉州：宋元中国的世界海洋商贸中心文本文献》，国家文物局官网，2021年8月。
③（南朝宋）范晔编纂、李贤注：《后汉书》卷之三十三，传第二十三《郑弘传》，简体字本二十四史，北京：中华书局，2005年3月，第774页。

源极为丰富，分布在南安境内的东田官田、南坑蓝溪寮仔山龙窑古窑址、南坑加冬井大宫后古窑址、南坑坪圹古窑址、东田后垄、岐山宫后埔古陶瓷址等，以及洪濑等地的古陶瓷窑址有近60处。其中，有多处是唐代古陶瓷窑址。南安东田南坑古陶瓷窑址有33处，瓷窑面积约达20万平方米，分布在南坑村抢仔岭、长埔、大坝、牛路沟、顶南埔、大官后等山岭之间，为闽南沿海乡镇烧制青瓷的最大规模陶瓷窑场。2006年，南坑古陶瓷窑址已被列为全国重点文物保护单位。②

被列为全国重点文物保护单位的德化屈斗宫古瓷窑址

　　南安东田镇南坑古陶瓷窑，烧制有青、青白、白三种釉色，器形有碗、洗、炉、盒、罐、杯、瓶、壶、碟等，纹样有缠枝、卷草、篦点、莲花、莲瓣等，装烧方法用匣钵仰烧、匣钵覆叠、托座叠烧等。质地坚硬细腻，釉色晶莹润泽，釉水均匀。装饰技法有莲瓣、菊瓣、草叶、缠枝、斜直线、篦纹和弦纹等，以刻划、模印并行，风格活泼奔放，线条刚劲流畅。釉色繁多，烧造篦点划花青瓷被日本称为珠光瓷。②据考古发掘南安的西晋和南北朝的古陶瓷器考证：南安东田南坑古陶瓷窑兴起于晋代至唐朝时期，是中国古代海上丝绸之路的重要外销瓷器生产基地。

四、安溪古代外销陶瓷器的生产基地③

　　东汉时，东冶县泉山先民就有海外商贸交通活动（据《后汉书·东夷传》），说明东汉时安溪的外销陶瓷器生产已经兴起，安溪县先民参与生产外销陶瓷器

①洪少霖：《海丝南安》，香港：香港海丝文化出版社，2019年12月，第195、197页。
②陈鹏鹏主编：《泉州文物手册》，泉州市文物管理委员会编印，2000年11月，第60、88页。
陈世兴主编：《泉州学研究》，福州：福建教育出版社，2002年4月，第362页。
③陈鹏鹏主编：《泉州文物手册》，泉州市文物管理委员会编印，2000年11月，第60、97页。
陈世兴主编：《泉州学研究》，福州：福建教育出版社，2002年4月，第362、363页。

和外销货物，参加开展海洋商贸的经济活动。据古代史籍考证和考古发掘发现，隋唐五代时期，安溪县已经形成具有影响的外销陶瓷器和外销货物的手工业生产基地。

据安溪县地方文物史籍记载，分布在安溪境内的古陶瓷窑共发现155处，其中宋元时期有36处。主要分布在安溪南部和中部12个乡镇的46个村庄，在安溪县境的西南、中部和东北部，以魁斗、龙涓、长坑、尚卿等地古陶瓷窑最为密集。龙涓灶坪古瓷窑和尚卿科洋古瓷窑是隋唐时期的古陶瓷窑旧址。安

《中国文化通史》是一部介绍悠久的中华民族文化历史的著作

溪县级及以上文物保护单位，有魁斗凤山陶瓷窑遗址、长坑三村圆润山古陶瓷窑遗址、尚卿翰苑古陶瓷窑遗址、尚卿银坑古陶瓷窑遗址、龙涓吉山古陶瓷窑遗址、龙涓福昌古陶瓷窑遗址、龙门桂瑶古陶瓷窑遗址、龙门溪坂古陶瓷窑遗址、尚卿科洋古陶瓷窑遗址、龙涓灶坪古陶瓷窑遗址等。[1]

泉州考古出土的唐朝青瓷器
（泉州市博物馆藏品）

2019年9月至12月，经国家文物局批准，厦门大学历史系、福建博物院、安溪县博物馆联合对安溪龙涓乡庄灶村西南下尾林古陶瓷窑遗址进行考古。考古发掘发现，安溪县下尾林古瓷窑遗址是古代安溪民间古陶瓷窑的生产基地。[2]

古代安溪外销陶瓷以青白瓷、青花瓷为主，还有白瓷、黑釉瓷、黄釉瓷、仿哥窑青瓷、青花瓷等，兼烧少量白瓷、釉上红彩等。器物有

---

①安溪县人民政府文化体育旅游局官网的信息资料，2021年10月。
②羊泽林：《福建省安溪县下尾林遗址发掘简报》，《故宫博物院院刊》2020年第7期。

碗、盘、粉盒、钵、洗、壶、瓶、军持、杯、罐、灯具、炉等，装饰技法有刻画、划花、印花、堆花、描青、釉彩等。③安溪窑烧制方法多种多样，其品种之多，纹饰之丰富，数量之巨，范围之广，规模之大，甚为罕见。

安溪桂瑶，古称龟窑乡，今为龙门镇的一个行政村。桂瑶村方圆八九公里的山坡、民房、田园、道路、河旁，均散布瓷片与窑具，俯拾皆是。据考古发现，桂瑶古陶瓷窑烧制的青瓷碗，瓷器产品内画篦梳纹、卷草纹或压印单、双鱼，瓷器外画莲瓣纹或篦梳纹风格，均与同安古陶瓷窑青瓷产品相似，在日本被尊称为"珠光青瓷"。桂瑶青瓷碗的烧制方法，均为单件匣烧，釉色有灰青、茶黄、豆绿、青白釉等色调。胎骨灰白，细密坚硬，瓷盏在古窑址中占有相当数量。目前，考古发掘发现的桂瑶青瓷碗的烧制年代为北宋至元。在安溪龙涓等处的明清古陶瓷窑，还生产"沙足底"的青花碗。②

安溪青白瓷的古陶瓷窑是以魁斗垵园仑古陶瓷窑为代表，分布约8万平方米。魁斗垵园仑古窑址考古发掘还发现，青白瓷的釉下有以酱褐色彩绘，也有军持肩部两侧堆贴乌龟，龟的眼、背及四爪上点施褐彩，这在福建其他古陶瓷窑场中尚未发现过，是独具一格的陶瓷器产品。③

古代安溪仿哥窑青瓷系元代仿制浙江哥窑器，以魁斗扫帚仑古陶瓷窑和龙门溪坂古陶瓷窑为代表。烧制方法均为单件匣烧，胎色土黄或灰白，胎质有粗松和细密两种。④

唐咸通五年（864年），析南安县西南两乡置小溪场。五代后周显德二年（955年），小溪场改为清溪县。⑤之后，清溪县

泉州河市考古出土的唐朝贞观二十二年（648年）青瓷虎子（泉州市博物馆藏品）

①陈世兴主编：《泉州学研究》，福州：福建教育出版社，2002年4月，第362页。
②③陈鹏鹏主编：《泉州文物手册》，泉州市文物管理委员会编印，2000年11月，第97页。
④陈世兴主编：《泉州学研究》，福州：福建教育出版社，2002年4月，第363页。
⑤庄炳章：《泉州访古揽胜》，厦门：鹭江出版社，1993年6月，第199页。

改名为安溪县。

自古以来，安溪县古陶瓷窑产品大量销往国外。安溪地处晋江流域中部，水路交通方便，境内盛产高岭土，为古代泉州重要的外销陶瓷产地。泉州陶瓷窑业的迅速崛起，为宋元时期海上丝绸之路的外销陶瓷器生产奠定了坚实基础。1985年10月，安溪古陶瓷窑遗址被福建省人民政府公布为省级文物保护单位。①

五、惠安古代外销陶瓷器的生产基地②

东汉时，东冶县泉山先民就有海外商贸交通活动（据《后汉书·东夷传》）。东汉时，惠安县的外销陶瓷器生产已经兴起，惠安县先民参与从泉山东冶港出发，泛海进行转运外销货物，开展海洋商贸的经济活动，做出引人瞩目的贡献。据古代史籍考证和考古发掘发现，南北朝至隋唐五代时期，惠北已经形成具有影响的外销陶瓷器和外销货物的手工业生产基地。

惠安县惠北，今属泉州市泉港区。惠北南埔槐山村名，自古称磁窑。"磁"同"瓷"，即是烧制"青窑"产品的古窑厂。据历史文献研究和考古发掘考证，今泉港区槐山古陶瓷窑址系南北朝至五代时期的古陶瓷窑。槐山陶瓷窑最盛时达九十九窑，总面积约两万平方米。以本地方言把本村的地名"磁窑"称为"辉窑"。千百多年来，这里的人们习惯上还是把槐山地名称"辉窑""瓷窑"。

泉州东北部界山镇槐山古瓷窑最兴盛时达九十九窑。图为槐窑自然村林氏家庙

泉州东北部泉港区南埔槐山考古发掘古窑址共五处：即该村境内林厝尾（又称银厝尾）两

---

①安溪县人民政府文化体育旅游局官网的信息资料，2021年10月。

②泉州市泉港区文体旅游局编：《海上丝绸之路泉港文化遗产》，北京：朝华出版社，2018年2月，第2、5页。陈支平、肖惠中主编：《海上丝绸之路与泉港海国文明》，厦门：厦门大学出版社，2015年3月，第103页。

处，山仔头两处，许厝一处。据专家对考古出
土物的鉴定，这些古窑址系为唐至五代时期的
窑址，至今时历千余年。在出土的古陶瓷器
中，有壶、罐、壶、钵、洗、器盖及窑具等。
南埔槐山与晋江磁灶一样，在隋唐五代时期陶
瓷生产方面极具盛名。据泉州北部南埔槐山村
民历代口传，槐山古代瓷窑烧制陶瓷的历史，
是始起于南北朝时期。槐山古窑址不止五处，
至唐朝时已经有99座古陶瓷窑之多。①

晋江考古发掘的宋朝青釉执
壶（晋江博物馆陈列藏品）

　　泉州东北部泉港区南埔槐山古窑址东北方
向大约五公里，就是"世界少有，国内罕见，
不冻不淤"的肖厝天然良港。隋唐时期，泉州对外交通贸易频繁，位于泉州市
东北部的肖厝港口，也有着繁荣的中外海洋商贸船舶活动。20世纪七八十年
代，泉港区槐山制陶瓷工人从两米深的制陶瓷原料土层中挖掘出古船板。经专
家鉴定，这些船板和泉州港出土的宋船有一样古老的历史。古代泉州北部湄洲
湾港口均是泉州湾古港口的重要组成部分。

　　泉州东北部泉港区槐山古窑是南北朝泉州外销瓷器的重要生产基地，槐山
古窑的陶瓷发展史与泉州的海交外贸史具有不可分割的关系。

　　六、永春古代外销陶瓷器的生产基地②

　　在永春县苦寨坑古窑遗址，对原始古陶瓷窑址进行考古，发现有商周时期
的古陶瓷窑址遗迹，历史十分悠久。

　　2015年底至2016年间，在永春苦寨坑考古发掘发现9座依山而建的古龙窑
遗址，发掘出土大量陶瓷标本。古窑址出土的原始青瓷器形有尊、罐、豆、
钵、纺轮等，装饰技法、纹饰与印纹陶相同，采用刻画、拍印、戳印、堆贴、

①林挺金主编：《柳厝人文风情》，泉港文化丛书，福州：海峡书局，2015年12月。
②泉州市文物局、泉州市文物考古研究所编：《泉州文物·国宝篇》，北京：九州出版社，
2021年6月，第259、263页。陈世兴主编：《泉州学研究》，福州：福建教育出版社，2002
年4月，第361页。

镂空等手法，纹饰有弦纹、菱格纹、方格纹、直条纹、圆圈纹、篦齿纹、凸棱纹等。大部分器物外壁均有纹饰，腹部拍印方格纹、菱纹、直条纹为主，肩部戳印圆圈纹、锥刺纹，并间以弦纹、篦齿纹等。大部分垫饼亦拍印有直条纹，少量方格纹和菱格纹。苦寨坑原始青瓷标本出土的时间是公元前1700多年至公元前1400多年，即相当于中原夏代中期至商代中期，至今有3400—3700年，这把中国烧制原始青瓷的历史向前推进200年。

永春介福乡苦寨坑古窑遗址，在永春县介福乡紫美村，西北距辽田尖山原始瓷窑址约500米，东南距永春县介福乡约3公里，海拔高度674米，是目前全国发现最早的原始青瓷窑址。窑炉遗迹清晰完整，保存了夏商时期的原貌，真实可靠，对于研究我国原始瓷器的起源、发展具有重大的意义。

永春县介福乡紫美村的苦寨坑古窑址，获评2016年度中国十大考古新发现。2019年10月，苦寨坑古窑址被列为第八批全国重点文物保护单位。①

东汉时，东冶县泉山先民就有海外商贸交通活动（据《后汉书·东夷传》），东汉时永春县的外销陶瓷器生产已经兴起，永春县先民参与生产外销陶瓷器和外销货物，参加开展海洋商贸的经济活动，做出引人瞩目的贡献。据古代史籍考证和考古发掘发现，东汉至隋唐五代时期，永春县已经兴建形成具有影响的外销陶瓷器和外销货物的手工业生产基地。

目前，永春县考古发掘发现的古窑址有33处，其中夏商时期2处，唐朝1处，宋元7处。永春古陶瓷窑场大多分布在与德化交界的介福、苏坑、湖洋、玉斗等乡镇。其陶瓷器产品器形、装饰等方面，对历史上德化青花瓷的烧造，具有一定的影响作用。②此外，

晋江考古发掘的青釉四系瓷罐
（晋江博物馆陈列藏品）

---

①泉州市政协文史和学习宣传委编：《刺桐博物》，2018年11月，第122页。
②泉州市政协文史和学习宣传委编：《刺桐博物》，2018年11月，第124页。

据泉州市博物馆陈列的史籍资料，永春县一都黄沙村东洋古瓷窑是始建于唐朝的古陶瓷窑遗址。

唐长庆二年（822年），析南安县西北两乡置桃林场。后唐长兴四年（933年），桃林场升为桃源县。后晋天福三年（938年），桃源县改称永春县。

古代永春湖洋碗芸窑是在青釉瓷的基础上改烧青花瓷的。从考古采集的青花瓷标本看，该窑保留有明显的元代制作工艺特征。碗芸窑烧制青花瓷比碗窑坑要早。湖洋碗芸古窑和碗窑坑是明代永春青花瓷生产的代表性瓷窑址。永春碗芸窑青花瓷器型以碗为主。①

据《八闽通志·寺观》《闽书》《永春县志》《永春州志》史籍记载和实地田野调查发现，永春县桃城镇花石村的桃溪古渡口是来自永春县、德化县等地陶瓷器和丝织品等中外海洋商贸货物的重要集散地，也是运载外销货物的中外船舶的主要集散地。永春县城南部的桃城镇花石村桃溪南岳寺和龙潭庙，是古代桃溪古渡口供奉、祭祀海神祝融和海龙王的海神庙，也是见证永春县和德化县外销陶瓷业的兴盛

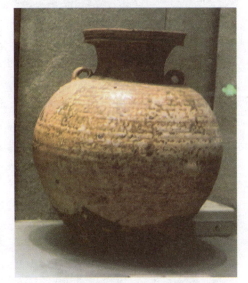

泉州考古出土的唐朝青瓷罐（泉州市博物馆藏品）

发展和古代永春县古代海上丝绸之路崛起史实的重要文化遗存。

七、泉州古代陶瓷器在外销商品中举足轻重②

隋唐时期，勇于拼搏开拓的泉州先民，在古代外销陶瓷器的产品种类、制坯施釉、装烧技术、品质釉色和装饰技法等方面进行不断创新拓展，快速地适应了世界各地对泉州外销陶瓷器的市场需求。与此同时，隋唐时期泉州外销陶瓷器贸易的兴盛，直接推动北宋时期泉州陶瓷窑业的兴盛，包括泉州城东镇东门碗窑古陶瓷窑，惠安东方后窑古陶瓷窑，南安东田高山东洋古陶瓷窑、西崎

---

①泉州市政协文史和学习宣传委编：《刺桐博物》，2018年11月，第124页。
②泉州市文物局、泉州市文物考古研究所编：《泉州文物·国宝篇》，北京：九州出版社，2021年6月。《泉州：宋元中国的世界海洋商贸中心文本文献》，国家文物局官网，2021年8月。

泉州考古发掘出土的唐朝青瓷器
（泉州博物馆陈列）

泉州考古发掘出土的宋朝晋江酱釉双
系执壶（晋江博物馆陈列藏品）

古陶瓷窑、鞍埠古陶瓷窑、后垄山古陶瓷窑、寮仔古陶瓷窑，仑苍白土山古陶瓷窑，罗东白扩山古陶瓷窑，永春玉斗玉美古陶瓷窑，湖洋蓬莱古陶瓷窑等。②

隋唐五代时期以来，中外海洋商贸活动的兴起，大力推动泉州陶瓷业的发展，外销陶瓷窑场遍布泉州乡村，现已发现的外销陶瓷窑址达150多处，分布之广泛位居古代中国前列。晋江磁灶、德化、南安、安溪、永春、惠北等地陶瓷窑业广泛兴起，外销陶瓷蓬勃发展，泉州地区有数以百计的古窑址，见证了南北朝至宋元时期泉州外销陶瓷器的繁荣昌盛历史，以及古代泉州海上丝绸之路的形成发展和鼎盛崛起。②

泉州地区古陶瓷窑不仅生产国内外都使用的日常陶瓷器产品，还生产专供外销的来样加工陶瓷器产品，以满足海外市场的广泛需求。泉州古陶瓷窑是中国汉唐外销陶瓷业生产的大窑场，为中国汉唐海上丝绸之路的发展和繁荣，发挥了非常重要的作用，促进了世界的陶瓷科学技术进步，在中外多元的文化交流中产生了十分重要的历史影响。③

①泉州海外交通史博物馆、泉州市博物馆陈列的文献资料。
②泉州海外交通史博物馆、泉州市博物馆陈列的文献资料。陈世兴主编：《泉州学研究》，福州：福建教育出版社，2002年4月，第368页。
③《泉州：宋元中国的世界海洋商贸中心文本文献》，国家文物局官网，2021年8月。陈世兴主编：《泉州学研究》，福州：福建教育出版社，2002年4月，第372页。

　　伴随着泉州古陶瓷窑业的兴起，隋朝泉州先民修建泉山南岳庙，改名为泉州南海古庙，成为中国隋唐海上丝绸之路上的泉州海神庙。同时，伴随着泉州海外交通贸易经济的迅速发展，古代泉州先民以南海之神祝融的厚重信仰文化内涵，始终激励着大批运载外销瓷器远洋船舶的中外航海人无所畏惧，乘风破浪，勇往直前。

第二节　古代泉州的溪江河流

　　伴随着泉州汉唐海上丝绸之路的迅速崛起，泉州地区各地遍布广泛的古陶瓷窑址方兴未艾，生机勃勃。与此同时，古代泉州纵横遍布的晋江溪河水系优势和泉州沿海四湾十六港的繁荣，异军突起。中外海洋商贸船舶的活动，浩浩荡荡、波澜壮阔。

从泉州东西两溪汇成滚滚晋江河流向东奔腾进入大海

　　泉州丘陵群山地域所形成的晋江东西溪流水系和溪流网络，水源十分丰富，长年不断，源远流长，为泉州汉唐外销陶瓷器和其他外销货物的生产和运载，提供优良的自然环境和客观条件。晋江纵横密布的溪流江河网络水系，是支撑汉唐泉州中外海洋商贸船舶活动的重要运输水运通道，更是支撑汉唐泉州各地古陶瓷窑等外销货物手工业生产兴盛的重要水运资源。

　　晋江河流是泉州第一大江。晋江上游有东溪和西溪两大支流，东溪发源于永春县呈祥乡云路村，河长120公里。西溪发源于安溪县感德乡桃舟村，河长145公里。东溪和西溪两支流于南安市丰州镇井兜村双溪口汇合，始称晋江。晋江东西溪在双溪口合流后，双溪口以下至入海口的不同地段，分别称为金溪、黄龙溪、笋江、浯江、溜石江，并于晋江池店镇溜石纳入九十九溪，至泉州城东蚵浦的出海口入海。①

一、晋江东溪支流②

晋江东溪，发源于永春县呈
祥乡云路村附近海拔1386米的雪
山南麓，流经永春县锦斗、呈
祥、蓬壶、达埔、石鼓、五里
街、桃城、东平等乡镇，在永春
境内称桃溪，至东平镇东关桥纳

中国古陶瓷学会在晋江磁灶金交椅山窑址设
立的磁灶窑研究中心

湖洋溪后始称东溪。后出东关入南安地域，经山美水库、码头、梅山、洪濑、
康美、美林、丰州等乡镇，在丰州镇双溪口与西溪汇合流入晋江干流，全长
120公里。东溪主要支流有桃溪、湖洋溪、诗溪、淘溪、罗溪。

桃溪，发源于永春县锦斗镇珍卿村附近的雪山南麓，流经永春县锦斗、呈
祥、蓬壶、达埔、石鼓、五里街、桃城和东平8个乡镇，地处晋江主要支流东溪
上游，全长近62公里，是永春县境内最主要河流。据《八闽通志·寺观》等史
籍载，在永春县桃城镇桃溪有一座唐朝五代时期的南岳寺，③据古代史籍文献
记载和实地田野调查考证，永春
县南岳寺是供奉、祭祀南海之神
祝融的海神庙。

湖洋溪，发源于仙游县西苑
乡西部，流经德化县霞碧，由双
坑入永春县境内，在湖洋境内，
纳双港坑、玉柱溪、桃美坑、锦
溪、介福溪、吴岭坑之水，进入

今日永春县桃溪两岸

① （明）黄仲昭：《八闽通志》卷之七，《地理·山川·泉州府》，第174页。福建省文物局
主编：《福建晋江流域考古调查与研究》，北京：科学出版社，2010年5月。何少川主编：
《八闽地名要览》，福州：海峡文艺出版社，2019年3月。
② （明）黄仲昭：《八闽通志》卷之七，《地理·山川·泉州府》，第174页。何少川主编：
《八闽地名要览》，福州：海峡文艺出版社，2019年3月，第139~141页。
③ （明）黄仲昭：《八闽通志》卷之七十七，《寺观·泉州府永春县》，第1150页。

东平镇转向东南至内碧纳上坂溪，再折向西南，在外碧纳外山溪，至东关桥下汇入永春桃溪。

诗溪，发源于永春县岵山镇白云岩，自西北向东南流入南安县诗山镇，于鹏峰村纳源于蓬华镇将军山的另一支流，经南安码头镇，至诗口村汇入晋江东溪，全长44公里。南安码头镇诗南村曾经是东溪流域货物的主要集散地之一。晋江东溪河的码头镇，位于南安北部。诗溪上游源于永春小姑塔口与南安蓬华两条支流汇合，流经码头境内大庭村澳头渡、惠书桥古铜喉，合刘林溪、坑内溪等溪涧流，过码头渡诗口溪，注入晋江东溪，汇归大海。①

淘溪，发源于南安诗山镇山门和金淘镇与眉山乡交界的朝天山，自西向东流经金淘、梅山两镇，在南安梅山镇林坂村汇入晋江东溪，全长22公里。

罗溪，发源于今洛江罗溪镇海拔750多米的朴鼎山，自东向西流入南安罗东镇，至土宅村纳飞云诸溪涧水，向西南流经罗东、梅山两镇，在梅山镇园尾村进入晋江东溪，全长41公里。唐宋时期，由于船只是当时的主要交通运输工具，往返永春、德化等地运载货物，大多自泉州沿晋江东溪入码头渡诗口溪，然后在码头镇境内的中游地段停泊起卸。同时，永春、德化等地山货，也由此下船装运至泉州各地，此处成为晋江东溪流域和古代泉州北部的外销货物主要集散地，故称之为"码头"。由于古代商贸结市交易，诗溪两岸便形成古代泉州北部的重要商埠街市，即称之为"码头街"。

汉唐时期，泉州沿晋江东溪进入南安北部洪濑溪西林村湖尾，洪濑镇成为繁华商埠。南朝梁武帝时置南安郡，丰州成为南安县治后，毗邻的洪濑集镇形成。洪濑集镇码头周边有许多古渡口：包括五都溪霞村的五都祠口古渡、前峰村的古十九都琉璃

历史悠久的泉州石笋古渡口是晋江溪河的古渡口

---

① 洪少霖：《海丝南安》，香港：香港海丝文化出版社，2019年12月，第67页。

乡郑山渡和米粉渡、康美园内村鸭母桥顶园内渡、洪濑西林村的古十九都湖尾渡、洪濑东林村的古十九都猛虎渡、扬尾村的古十九都洋尾渡，以及梅山镇的古二十都格后渡、康美镇的古二十都坑尾渡和古二十都东坂渡。[1]南安洪濑镇商埠的古渡口，彰显汉唐泉州已经为中外海洋商贸活动构建一个水陆纵横的交通运输网络。

二、晋江西溪支流[2]

晋江西溪，主要支流有一都溪、蓝溪、龙潭溪、坑仔口溪、双溪、金谷溪、龙门溪、潮碧溪、英溪和东田溪。西溪为晋江河源头，发源于安溪县桃

舟乡达新村附近海拔1352米的斜嵙山，流经安溪县桃舟、永春县一都和横口、安溪县剑斗、白濑、湖上、湖头、金谷、蓬莱、魁斗、城厢、凤城等乡镇，在城厢镇仙苑村纳蓝溪的溪流后始称西溪，再进入南安仑苍、美林、溪美，至丰州双溪口与东溪溪流汇合，全长约145公里。

始建于宋代的泉州石笋古桥

一都溪，发源于永春县一都镇仙友村任田，向东南流经仙友村，纳西南的仙友坑溪水，至中坂纳三村溪。至溪尾南有流尾坑，北有黄田溪，经龙蛟厅至下口坡与安溪县的尾溪汇合，后转向东北至三岭，纳北面大坂溪的溪流后又转东南，经福德头向东流至横口，与大横溪水汇合后进入安溪县剑斗小横溪流，全长44公里。永春县一都溪是运载黄沙村东洋古瓷窑外销瓷器的主要交通水道。

蓝溪，晋江西溪的最大支流，又称官桥溪。发源于安溪县芦田镇海拔1225米的莲花山南麓，流经芦田、西坪、虎邱、官桥等乡镇，至城厢镇仙苑渡口汇入西溪，全长52公里，溪流水源十分丰富。

---

① 洪少霖：《海丝南安》，香港：香港海丝文化出版社，2019年12月，第200页。
② （明）黄仲昭：《八闽通志》卷之七，《地理·山川·泉州府》，第174页。何少川主编：《八闽地名要览》，福州：海峡文艺出版社，2019年3月，第137~139页。

龙潭溪，发源于安溪县长卿镇珊屏附近海拔1504米的同发山，流经长卿、尚卿、蓬莱镇，至金谷源口汇入西溪，全长55公里。龙潭溪是古代运载龙涓灶坪、尚卿科洋以及魁斗、长坑等地古瓷窑外销瓷器的主要交通水道。

始建于宋代的泉州顺济桥旧址

坑仔口溪，发源于永春县桂洋镇岐山，流向西南，与下洋镇的涂山溪流向东南，在磨石坑纳上姚溪水。两溪流在坑仔口乡的洞口溪流汇合，后南向经坑仔口和玉斗乡，纳诗元坑溪、玉斗溪、福地溪流等溪水，转向西南进入安溪县剑斗镇，于举口汇入晋江西溪，全长42公里。

双溪，又称剑斗溪，发源于安溪县感德镇潘田村海拔1301米的石门堪南麓。流经感德剑斗附近汇入晋江西溪，沿途集纳源于长坑西北部溪流，经长坑、感德和剑斗等乡镇的歧阳溪，溪流全长20公里。剑斗溪也是运载长坑等地瓷窑外销瓷器的交通水道。

金谷溪，又称佛口溪，发源于安溪县金谷镇东溪附近海拔1074米的大吕山南麓和永春县达埔海拔838米的天马山南麓。自西北向东，经金谷镇的东溪、芸美，至金谷汇入晋江西溪，溪流全长19公里。

龙门溪，南安蓝溪的最大支流，发源于厦门同安西北部海拔756米的水洋山。溪流由西南向东流后转北流入安溪县龙门镇，溪流经龙门、官桥等乡镇，沿途纳桂溪、仙地溪、寮山溪等三条溪流，于官桥汇入南安蓝溪，溪流全长27公里。

潮碧溪，属安溪境内西溪第三大支流，发源于永春县海拔1207米的天湖山南麓。北流向东南，经永春下洋镇入境内潮碧，于举口汇入西溪干流，溪流全长42公里。

被列为全国重点文物保护单位的南坑古窑址

英溪，发源于南安翔云镇与安溪县龙门镇交界海拔1175米的云顶山，溪流自西南向东北流经翔云、英都、仑苍镇。至仑苍镇楼尾寨，溪流汇入晋江西溪，溪流全长19公里。英溪是运载仑苍镇等地瓷窑外销瓷器的交通水道。

东田溪，又称蓝溪，发源于南安东田镇与同安新圩镇交界海拔1095米的芹山和海拔878米的铁峰山。溪流自西南向东北流经东田、溪美，汇入晋江西溪，溪流全长30公里。东田溪是古代运载东田镇南坑瓷窑外销瓷器的主要交通水道。①

三、古代著名的晋江九十九溪②

晋江九十九溪，发源于南安市大旗尾山，溪流以支流很多而得名。九十九溪上游为彭溪和双溪两支流，溪流经晋江市内坑镇和紫帽镇流域。晋江九十九溪下游流域，主要包括磁灶、青阳、池店、陈埭四个镇，是晋江市境内最长的河流。流域面积350平方公里。其中，晋江市境内137平方公里，溪河全长47公里。③晋江九十九溪，是晋江流域平原的主要水系，水源十分丰富。

清道光《晋江县志·山川志》载："晋邑之水，以大海为归"。晋江九十九溪，形成有潘湖支流、池店支流、浦沟支流、沿江支流、双沟支流、乌边港支流、六原港支流、苏厝支流、南溪支流等许多溪河支流。晋江九十九溪的许多溪河支流，曾成为古代晋江、南安两地的主要交通水道，也是汉唐时期磁灶镇古陶瓷窑外销陶瓷器运往泉州出海口的重要交通水道。④

据清道光《晋江县志·山川志》记载，晋江九十九溪流域，"所溉之田，

①何少川主编：《八闽地名要览》，福州：海峡文艺出版社，2019年3月，第139页。
②（明）黄仲昭：《八闽通志》卷之七，《地理·山川·泉州府晋江县》，第174页。福建省文物局主编：《福建晋江流域考古调查与研究》，北京：科学出版社，2010年5月。
③何少川主编：《八闽地名要览》，福州：海峡文艺出版社，2019年3月，第141页。
④黄鸿源：《乡土潘湖》，香港：风雅图书出版有限公司，2017年12月，第211页。

曰潘湖洋、曰吟啸洋、曰池店洋、曰仙店洋、曰沟头洋、曰下埭洋、曰涵江洋、曰陈翁洋、曰孤坑洋。旧志云，溉田千八百顷"[1]。田畴丰熟，鱼米充裕，人文兴盛。古代晋江九十九溪的田园风光和生态环境，成为吸引大批从中原南迁到泉州的先民聚居在这里繁衍生息的重要因素。

从晋江磁灶镇下官路溪流汇合后的溪河支流，流经磁灶、池店，于加沙桥上游，纳入沿江、直溪，金鸡闸南渠，过加沙桥至双沟又分浦沟和乌边港两溪流支流，"船只往返于梅溪之上"，分别由古代的溜石港汇入晋江和乌边港入海。古代磁灶窑大量外销陶瓷，就是通过船只载运经溜石古渡进入泉州湾的出海口，出洋远销海外。[2]

古代晋江九十九溪水在溜石江的三斗门水口进入大海

晋江池店镇潘湖村形成于隋末唐初。金墩潘湖雅称"金湖""欧湖"。明代曾衍谅重编的《泉郡晋南地名探源·村落考·池店潘湖》载：潘湖环湖百余里，在泉郡南门外西南十里许。唐宋时属（晋江县）晋江乡登瀛里辖，其村形成于东晋元帝大兴年间。那时，永嘉之乱，中原板荡，衣冠迁居闽中沿江河湖海流域边沿，聚族而居。而相传最早率先入此垦殖的先民是潘姓，故地名为"潘湖"。

古代晋江九十九溪自潘湖村南流经，可行船。潘湖村南水田又称为"八洋""潘湖洋"。潘湖是晋江九十九溪连通晋江河流至泉州湾的内海，也是许多中外海洋商贸船舶的避风良港。[3]

池店溜石渡口隔着晋江河的对岸，即是泉州古城南门与南门古码头。溜石又是晋江九十九溪支流入晋江河的主要水口。自古以来，晋江溜石一直被

---

① （清）胡之铤、周学曾等：《晋江县志》卷之四，《山川志·泉州》。
②《泉州：宋元中国的世界海洋商贸中心文本文献》，国家文物局官网，2021年8月。
③黄鸿源：《乡土潘湖》，香港：风雅图书出版有限公司，2017年12月，第213页。

晋江溜石古渡是古代先民往返晋江的重要渡口

称为溜滨。

晋江九十九溪支流从溜石水口汇入晋江，溜石江滨有座溜石码头，即在晋江下游平原临海处。这里是晋江村庄及石狮、同安、龙溪等地先民进出泉山的古码头，故一直被誉为溜石古渡。晋江九十九溪的出水口旁，就是著名的泉山南岳庙。隋代，泉山先民在晋江九十九溪支流的主要出水口修建溜石古渡口，修建、重建泉山南岳庙改名南海古庙，供奉、祭祀南海之神祝融，庇护往返中外的商贸船只出洋航行，一帆风顺、乘风破浪。

隋唐五代时期，宽阔的晋江河流还没有建设桥梁。晋江和泉南地域的民众往返于晋江九十九溪、泉州古城内，或运载晋江外销海洋商贸货物船只，特别是晋江的外销陶瓷器航运船只，多数是从晋江九十九溪出口的溜石古渡口过江，再直接从晋江河下游的出海口出洋。自古以来，溜石古渡口是晋江的重要渡口。

隋唐五代时期，从南安丰州黄龙溪往晋江下游的两岸，始终停靠着许多中外海洋商贸船只，等候装卸货物。溜石古渡江滨，集市十分繁荣。停泊在溜石古渡的船舶，风樯林立。

据泉州南海古庙文管会人员介绍：在晋江溜石古渡旁，曾经是古代伊斯兰国家客商的主要聚居地之一。新中国成立后，这里仍然还保存许多伊斯兰古建筑石雕、碑石等重要文化遗存。古代溜石古渡，在近代修建泉州刺桐大桥之后，至今仅在晋江九十九溪的出水口留下溜石古渡口遗址。

汉唐时期，由于中国海洋商

晋江东石塔头港口和航标塔

贸经济的发展，泉州海港成为中国海上丝绸之路的重要港口。在晋江河江滨、高甲山下的溜石码头和溜石古渡口，也随着古泉州港的崛起而迅速兴盛，成为古泉州水运的重要交通渡口。自古以来，南海古庙的香火十分旺盛，始终是与溜石码头港口中外海洋商贸船舶的活动息息相关。

第三节　古代泉州四湾十六港

据泉州地方文史资料记载，泉州内陆多丘陵山地，且山地多濒海。泉州许多丘陵山脉蜿蜒入海，形成较大落差，由此形成的晋江西溪，全长153公里；由此形成的东溪，全长120公里。还有晋江九十九溪，向东汇集流向大海，在泉州沿海形成分布广阔、海岸线绵延曲折、独具一格的海湾港口网络。

泉州海湾古港在东南沿海的港湾，北至湄洲湾内澳，南至围头湾同安区莲河，海岸线总长541公里，大小岛屿208个。

泉州十分优越的晋江溪流资源，形成了泉州海湾许多天然避风良港。同时，泉州海湾开口较大，便于中外海洋商贸船只进入晋江内河停泊。

东汉时期，原东越国都会东冶县泉山的复出先民，已经恢复海外商贸交通活动，会稽郡东冶县泉山先民就有海外商贸交通活动（据《后汉书·东夷传》），东冶县泉山外销货物的手工业生产已经兴起。据《后汉书·郑弘传》载，"旧交趾七郡,贡献转运,皆从东冶泛海而至"[1]。值得关注的是，东汉时期，东冶县泉山海湾古港已经是中国海洋商贸外销货物的重要集散地。东汉时，中国古代海洋

晋江溜石古渡口与泉州古城隔江相望

① （南朝宋）范晔编纂、李贤注：《后汉书》卷之三十三，传第二十三《郑弘传》，简体字本二十四史，北京：中华书局，2005年3月，第774页。

商贸外销货物，从全国各地汇集到东冶县泉山的海湾古港。东冶县泉山的海湾古港成为东汉时期中国外销货物的大货仓。东冶县泉山先民乘坐船只从泉山东冶港出发，泛海进行转运大批的外销货物，开展海洋商贸的经济活动，做出引人瞩目的贡献。

据泉州海外交通史博物馆陈列的史籍文献记载，南北朝时期，泉山港已是外国人进出进行海上商贸的重要港口。

两汉至隋唐时期，中国海上丝绸之路的泉州海湾古港号称四湾十六港，即泉州湾、深沪湾、围头湾和湄洲湾每个港湾又各有四个支港。泉州四湾十六港的天然海湾良港网络格局，为大批中外海船的停靠、卸货、装运海洋商贸外销产品，提供丰富的海湾港口资源和十分便利的环境条件。①

泉州古城保存的印度教寺庙和祭坛的石刻遗存（泉州海交馆藏品）

一、古代泉州湾由后渚港、法石港、石湖港、蚶江港组成

古代泉州湾位于泉州市东部晋江下游滨海地区，是泉州四个海湾中最重要的海湾，也是泉州古代海港的咽喉。泉州海湾内有大坠岛、小坠岛、乌屿、白山屿、七星礁等大小岛礁30多座，主航道在马头山与小坠岛之间。泉州海湾最著名的海港是后渚港，又称泉州港，古称刺桐港。泉州后渚港向东南方向敞开，大坠岛、小坠岛屹立在晋江和洛阳江的出海口之外，将出海航道分隔为若干条。泉州湾北有洛阳江，南有晋江河汇流入湾，形成港道深、水域宽的出海口。泉州湾临近泉州古城，水陆交通便捷，成为泉州海外交通的中心港区。古代泉州海湾由后渚港、法石港、石湖港、蚶江港等4个港口组成。

后渚港，面海背山，是古代泉州一座天然的海湾避风港，便于大型海洋商贸船舶避风停泊。由于后渚港与泉州古城有一定距离，为此开发较迟，直至南宋后

---

① （明）黄仲昭：《八闽通志》卷之七，《地理·山川·泉州府》，第174页。《泉州：宋元中国的世界海洋商贸中心文本文献》，国家文物局官网，2021年8月。何少川主编：《八闽地名要览》，福州：海峡文艺出版社，2019年3月，第137~143页。

期，一些重要的海事、军事、外交活动，才开始以后渚港为主要出海港口，后渚港迅速发展成为泉州湾的中心海湾港口。从后渚港进入泉州城的交通古道，分水、陆两路，其中水路是从后渚港经晋江入海口的浔埔，沿晋江下游河道，过往法石一带的码头装卸。从后渚

滚滚晋江河流向东奔腾进入大海

港入城的陆路交通分为南北两线：北线越过桃花山进入泉州古城仁风门，南线越过法石宝觉山进入泉州古城通淮门（又称涂门）或德济门（即南门）。

法石港，在古代晋江石头街法石村，地处泉州内港下游北岸的山地丘陵边缘，是最靠近古城的沿江高地，也是晋江岸线变迁中较早陆地化的区域。法石又称石头山，这里背山面江，又有陆上交通与泉州古城、后渚港等地相连，这一得天独厚的水陆交通运输条件，使得法石一带成为泉州城郊人烟辐辏的聚集地，也成为水陆运输与古城陆路运输的重要转换交通枢纽之一。古代法石港反映了泉州内港码头的功能构成和使用方式。对法石港古船遗址的考古发掘，也同时充分佐证了古代泉州的先进造船技术。

据《八闽通志·地理》载，（泉州）"石头山，在临江里三十六都。与赤城山相连，有三山石杰出，故名。下有石头市，南瞰江亭，昔郡守望祭海神于此（上五山俱府城东南）"①。

泉州法石海港文物古迹有真武庙、文兴宫、美山妈祖庙、两个古码头、海印寺、伊斯兰教徒墓碑遗址等。

滚滚晋江河流流经泉州东海法石古港

① （明）黄仲昭：《八闽通志》卷之七，《地理·山川·泉州府》，第174页。

据泉州市丰泽区政协文史资料记载，古代法石港乌墨澳是天然海湾港和避风良港。古为闽越王无诸之地。两千多年前，就有古闽越、东越先民在这里繁衍生息。后来，又有晋人衣冠南渡，于斯垦荒、结庐沿江而居。唐朝，由陈元光带领固始先民入闽开发。法石古街肇始

泉州港古建筑（包括石狮蚶江石湖码头古渡），已被列为全国重点文物保护单位

于唐朝。随着古代海上丝绸之路的兴起，泉州成为中国对外贸易的四大港口，法石港百姓以渔业、造船、航运、码头、港口作业、手工作坊和商贸谋生。伊斯兰教、印度教、佛教、基督教等，与道教、儒教融为一体，在泉州法石留下许多古代历史文化遗存。②

法石真武庙始建于宋代，是泉州海外交通的重要史迹之一。从石头街法石港往北的上游有座南关港，是作为晋江的一个内河港口，风樯林立，可直达宋元时期设在郡城南水仙门内的提举市舶司，即今水门巷。泉州古城水仙门就在晋江河边，且外来海船能够靠岸验关和卸货。南宋真德秀的《西山真文忠公文集》载："法石寨，去城一十五里，水面广阔，寨临其上，内足以捍州城，外足以扼海道"。

南宋淳熙十三年（1186年），泉州城东设法石寨，城南设宝林寨，分兵守卫。南宋乾道八年（1172年），始设的永宁寨，与法石寨、宝林寨并称左翼水军三寨。这里处于江海交汇处的咽喉地带，远处可达晋江石湖、姑嫂塔，内航可直达晋江内河。法石港的江口码头，包括有文兴码头和美山古渡，是古代泉州对外交通的重要码头之一。在泉州法石港渡头北侧有座美山天妃宫，祀海神妈祖。1982年，在文兴码头以东230米处发掘了一处南宋时期废弃于江岸边的古船遗址，露出古船后部的四个舱位，并发现竹帆及绳索等遗物。

①泉州市丰泽区政协学习和文史委员会、泉州市丰泽区文体旅游局编：《丰泽风景名胜》，《丰泽文史资料》第9辑，2006年11月，第76~77页。泉州市政协文化文史和学习委员会编：《海丝泉州》，北京：中国文史出版社，2021年11月，第88页。

船型为福船造型。该船与保存于泉州开
元寺内的后渚沉船，均使用水密隔舱造
船技术，是古代泉州高超福船建造技术
的实证。原古船遗址回填保护。①

　　明正德年间，美山天妃宫曾作为广东
高州一带人从海上贩运货物进入泉州的聚
居地——高州会馆。2006年5月，法石真
武庙、文兴码头、美山码头及石狮市六胜
塔、姑嫂塔、石湖码头，合并称为泉州港
古建筑，经国务院公布为第六批全国重点
文物保护单位。①

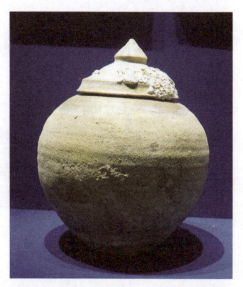

泉州考古发掘五代十国时期瓷器
（泉州海交馆陈列）

　　洛阳港，又称万安古渡口，位于泉州湾北部洛阳江下游，是中外海洋商船
往来的必经之地。洛阳万安古渡口，是连接洛阳江南北两岸的主要交通渡口。
泉州古城内货物集散由仁风门运出，沿清源山麓在万安古渡口过洛阳江，向北
运送至福州、江浙等地。北宋嘉祐四年 (1059年)，洛阳桥的建成，加强了泉州
与闽北的陆运联系，极大方便洛阳港区货物的吞吐和运转，并促进了洛阳港货
物集散地的繁荣发展。因洛阳桥的兴起，在洛阳桥头形成的聚落为洛阳镇。②

　　秀涂港，在惠安县属地的最南端海港，距县城21公里。秀涂初名芸头，是
泉州湾的入海口海港，与泉州湾小坠门岛屿、祥芝港、蚶江港隔海相望，扼泉
州湾之咽喉，成为古代泉州海外交通的重要海港港口之一。秀涂港是外销海洋
商贸货物的主要海港集散地，曾繁华一时。在秀涂港周边依海为生的民众中，
有不少是来自阿拉伯穆斯林后裔的郭姓先民。

　　石湖港，在今石狮蚶江地域，泉州湾滨海入口处，是中外海洋商贸船舶

①《泉州：宋元中国的世界海洋商贸中心文本文献》，国家文物局官网，2021年8月。
②泉州市文物局、泉州市文物考古研究所编：《泉州文物·国宝篇》，北京：九州出版社，
2021年6月，第170、173页。泉州市丰泽区政协学习和文史委员会、泉州市丰泽区文体旅
游局编：《丰泽风景名胜》，《丰泽文史资料》第9辑，2006年11月，第76~84页。
③泉州市文物局、泉州市文物考古研究所编：《泉州文物·国宝篇》，北京：九州出版社，
2021年6月，第69页。庄炳章：《泉州访古揽胜》，厦门：鹭江出版社，1993年6月，第93页。

古代泉州海洋商贸的重要港口文兴码头

的主要避风良港。石湖港三面临海，背依金钗山，泉州港湾岸线一直延伸到蚶江，可停泊大量中外海船。蚶江林銮渡码头，又称石湖码头，始建于唐开元年间（713—741年）。为了保障泉州湾出海口航道的畅通，北宋熙宁年间（1068—1077年），宋朝廷在石湖设立巡检寨。北宋政和三年（1113年），在金钗山上建有石湖塔，又称六胜塔，与南面南宋绍兴间（1131—1162年）兴建的姑嫂塔遥相对望，是泉州湾两座标志性的古建筑。这两座石塔傲然挺立在泉州湾的海岸边，成为泉州海港的重要航标，发挥重要的引航作用。南宋嘉定十年至嘉定十二年（1217—1219年），真德秀任泉州太守期间，重修寨城，建造营房，增加防卫力量。真德秀还巡视海防，清剿海盗，整顿吏治，减免商税，促进泉州港海外贸易的振兴。石湖港是泉州湾的主要港口，在古代泉州海外交通贸易发达时期，"石湖、安平（安海）蕃舶去处，大半市易上国及诸岛夷……"石湖港周边曾围筑城墙，石湖港有十八个海港古渡口，常停靠的中外船舶近百艘。这里不但展现海外交通贸易的海港繁荣兴盛，同时为建造六胜塔提供了重要的经济支撑和保障条件。[1]

泉州蚶江古港的石湖塔，被列为全国重点文物保护单位

蚶江港，在今石狮蚶江地域，扼泉州湾出海口处，是中外海洋商贸船舶的主要避风良港。石狮

①泉州市文物局、泉州市文物考古研究所编：《泉州文物·国宝篇》，北京：九州出版社，2021年6月，第167页。庄炳章：《泉州访古揽胜》，厦门：鹭江出版社，1993年6月，第156页。

蚶江林銮渡码头，又称石湖码头，始建于唐开元年间（713—741年），为"渡蛮舟之便"。①

据清代晋江东石人蔡永兼撰《西山杂志》记述：唐开元八年（720年），古代泉州著名海商、晋江东石人林銮，航海群蛮海路，舟舶至渤泥（文

始建于唐朝的石狮市蚶江林銮渡

莱）、台湾，引来蛮船，恐被礁石触沉，故造七星石塔。因往来有利，晋海舟人竞相率航海。林銮还利用天然海港礁石，兴建蚶江港海港礁石古码头，并继承先祖兴盛的航海通商家业，在泉州湾、围头湾沿海各地海港创建多处航运码头、造船厂，开通了从泉州通往渤泥（加里曼丹岛北部及文莱一带）的航线，直接到香料产地采购，获得很大的商贸利润，从而带动晋江周边沿海地区航运业与对外贸易的发展。②

为方便海外番舶客商往来和停靠，宋元时期，在蚶江港周边又建了蚶江桥、玉澜桥、海岸长桥，方便港口货物的吞吐和转运，至今仍有前埯和后埯两座古码头遗址。清代，清政府开通蚶江港与台湾鹿港对渡。清光绪二十一年（1895年）马关条约签订后，台湾被日本割占，蚶江的清海防官署被关闭。

二、古代深沪湾由永宁港、祥芝港、深沪港、福全港组成③

古代深沪湾地处泉州沿海中部，是中外海洋商贸船舶进出泉州海湾的必经之地，也是中外海洋商贸船舶的主要避风港。深沪湾由永宁港、祥芝港、深沪港、福全港等四个海湾港口组成。

永宁港，古称水澳，位于祥芝港之南，北临大海，东望东洋，为古代泉州港海外交通贸易的重要海湾支港，地理区位突出，具有重要的军事功能，也是

---

①张惠评、许晓松：《泉州古城铺境神》，福州：海峡书局，2014年12月，第167页。
②泉州市文物局、泉州市文物考古研究所编：《泉州文物·国宝篇》，北京：九州出版社，2021年6月，第167页。
③中共石狮市委党史和地方志研究室编：《石狮市志》，北京：新华出版社，2019年11月。

181

石狮市永宁港今已成为著名渔港

中外海洋商贸船舶的主要避风良港。南宋绍兴年间（1131—1162年），在永宁港附近宝盖山巅建造关锁塔，背靠泉州湾，面临台湾海峡，具有镇南疆而控东溟之势。①

深沪港，地处泉州沿海中部，是中外海洋商贸船舶进出泉州港的必经之地，也是中外海洋商贸船舶的主要避风良港。

祥芝港，位于晋江深沪湾北侧，其地突出海滨，是捍卫泉州港的要冲之地，也是中外海洋商贸船舶的良好避风海港。宋元时期，许多中外海洋商贸船舶聚集停泊祥芝港湾，桅樯簇拥，颇为壮观。祥芝港也是福建著名的古渔港。

福全港，宋代泉州中外海洋贸易兴盛时，福全海湾港市十分繁荣。明朝置千户所于此，建造福全城，是捍卫海疆的前哨军港，具有重要的军事功能。

三、古代围头湾由安平港、石井港、东石港、围头港组成②

古代围头湾位于泉州沿海的最南端，地理位置十分重要，历史上的围头港主要作为军事要地而置寨筑城，控制自南洋海道入泉州州界，并可控扼南安石井一带。围头湾由安平港、石井港、东石港、围头港等4个港口组成，形成中外海洋商贸船舶的主要避风良港。明初，明朝廷颁发禁海令，泉州刺桐港迅速衰落，最终失去了世界海洋商贸中心地位。围头湾一带港口则迅速发展起来，海洋商贸活动的繁荣

今日石狮市祥芝港已是中国重点渔港

---

①庄炳章：《泉州访古揽胜》，厦门：鹭江出版社，1993年6月，第160页。
②傅衣凌：《安海志》，晋江安海志修编小组编，1983年9月。许谋清、刘志峰主编：《千年安平》，北京：中国文联出版社，2007年4月。

程度不亚于昔日的泉州刺桐港。

安平港，又称安海港。"湾海"因海湾航道弯曲而得名。西汉时期，安平港称"湾海港"。湾海古地，在晋江流域大平原，临近海湾，物产丰盛，"湾海"是西汉后期闽越王无诸族裔和宗族先民南迁的聚居之地，并在这里建造"湾海闽越王庙"，供奉祖先闽越王无诸。据《安海志》记载，东晋时，从中原南迁到湾海聚居的先民，参加修建了"湾海闽越王庙"。他们与泉山先民在"湾海"大地上，开疆辟土，繁衍生息。

围头湾内尽头的安平古镇，在泉州城南二十余公里濒海处。安海扼晋江、南安两县的水陆要冲，依山临海，海湾曲折。入港处有白沙、石井两澳夹峙成为海门。从围头湾入海门以后，海面开阔，海湾内澳水深风浪小，内港无海涛，是中外海洋商贸船舶的天然避风良港，也是古代泉州海外交通贸易的海湾南港。

晋江安海湾曾经是中外海洋商贸船舶进出的重要海港

安海文史资料记载，南朝时期泉山梁安港，指的是包括围头湾内安平港。在唐朝开元年间建城迁治以前，泉州港指的是包括围头湾内的安平港。安海文史学者认为南朝陈永定年间，印度高僧拘那罗陀（真谛）由晋安（今福州），泛舟往返泉山梁安港，包括安平港。

唐开元六年（718年），晋江人口剧增而设县治建制。许多往返晋江湾海港口的中外商贸船舶和舶商在安海互市。

自古以来，安平古镇是闽南地区的著名商贸重镇和文化名镇。古代安平先民得地利之便与风气之先，善于出海经商，追逐大海彼岸的丰盈利益。古代安平港是中外海洋商贸货物十分重要的海湾集散地，促进滨海陆上交通运输迅速发展。

见证海洋商贸崛起历史的著名的安海五里桥

为此，南宋绍兴八年至二十二年（1138—1152年），安平古镇建成"天下无桥长此桥"的跨海安平桥，同时兴建祀奉海神的昭惠庙和天妃宫，彰显安平港的海洋商贸经济繁荣发展的局面。

明末清初，郑芝龙建立的郑氏家族海上商贸集团，以安平港之石井澳为据点而雄踞海上。明天启六年（1626年），拥有120多艘商贸大海船。明崇祯年间(1628—1644年)，郑氏家族海上商贸集团已拥有千艘商贸海船，秉持"通洋裕国"理念，继续扩大海上贸易。清初，清政府实行惨无人道的迁界禁海，安平港终成废墟。

围头港，又称围头角，在晋江东南沿海突出部、围头湾最外端海湾，东面与台湾一水相隔，地理位置优越。西南与金门岛隔海相望，是沿海南来北往船只必经的海上交通要地。由于围头海湾是个避风深水良港，每当风汛时，中外各处海洋商贸海船多停泊于此处避风，是重要的避风港澳。南宋嘉定十一年（1218年），知府真德秀在晋江围头澳置宝盖寨，由泉州宝林寨移派士兵来此守卫，加强海防。

石井港，与晋江东石港互为犄角。石井港前海面平阔，流平无礁，北侧为沙滩带，南侧水深，形成中外海洋商贸船舶的天然海湾避风良坞。据南安民间传说，隋炀帝在位时有志于开疆辟土。隋大业年间（605—618年），隋炀帝遣使开发夷州（即今台湾），相传曾泊舟于此，并募船

南安石井古港与晋江东石古港同在安海湾

艬驾船渡过海峡以达夷州。[①]唐朝时，泉州开辟中国古代海上丝绸之路，石井港为泉州古港的重要支港之一。

金井港，在晋江围头湾内，围头半岛的南端，隔海便是金门岛，自古以来就是晋南地区商品集散地，贸易兴盛，港市繁荣。

东石港，位于晋江东石镇东北面，是围头湾内的海湾港口，距安海港码头3.5海里，是中外海洋商贸船舶的天然海湾避风良港。唐朝时，东石港曾伴随着著名海商林銮家族的海洋商贸船队的崛起而繁荣一时。

四、古代湄洲湾由肖厝港、南埔港、沙格港、峰尾港组成[②]

湄洲湾地处今泉州市泉港区海湾南岸，有"东方第一大港"之称的湄洲湾南岸肖厝港，三面环海，地理位置十分险要，是"中国少有，世界不多"的天然良港之一。隋唐五代时期，湄洲湾是惠安、莆田地区的海洋商贸货物主要集散地，许多中外船舶在湄洲湾一带的港口装卸货物，海运繁忙，贸易鼎盛。中外各地客商多以湄洲湾港口为基地，开展商品贸易活动，主要依靠湄洲湾海港水路进行。

在泉州东北部地区，即今泉港辖区沿海一带，早年还形成了多座优良港口，有柳厝港、邱厝港、峰尾港、山腰埭港等海湾港口，方便来往的中外海洋商贸船舶或渔船停泊海湾装卸。湄洲湾南岸有肖厝港、南埔港、沙格港、峰尾港等主要港口。

见证海洋商贸崛起历史的著名的泉州洛阳桥

①（唐）魏徵：《隋书》卷之八十一，列传卷之四十六《流求传》，简体字本二十四史，北京：中华书局，2005年3月，第1223页。李金表：《延平故里文史撷珍》，香港：世界社会文献出版社，2009年11月，第22页。

②泉州市泉港区文体旅游局编：《海上丝绸之路泉港文化遗产》，北京：朝华出版社，2018年2月。陈支平、肖惠中主编：《海上丝绸之路与泉港海国文明》，厦门：厦门大学出版社，2015年3月。朱定波：《泉港头北人·闽台同宗村》，北京：九州出版社，2016年7月。

肖厝港，位于湄洲湾南岸惠北，今泉港区南埔肖厝村，地处泉州海湾东北角，三面环海，一面靠山，是个美丽的海湾天然良港，与莆田秀屿港隔海相望。肖厝海湾深入内地18海里，三面为山峦环抱，岛屿罗列湾中。港内水域平稳，海域宽阔。肖厝港区西起屿仔，东至虾屿，南端有鲤鱼尾港区，海岸线总长6公里多，其中海湾深水岸线长3公里多，可建万吨至10万吨级以上泊位，海湾码头岸线长约2公里。古代肖厝澳是一个天然的海湾避风港。这里的古代泉州先民，始终是向海而生，以海为田，以渔为业。

泉港区南埔肖厝渔港

南埔港，位于湄洲湾南岸，今泉港南埔镇南埔村。因聚落位于南埔先民居住地的南面，而称"南浦"，后改名为"南埔"。古代南埔港又称柳厝港，澳阔风平，水深浪静，在湄洲湾内澳海滨是南埔内海。南埔港为惠北著名海洋贸易口岸之一，是中外海洋商贸船舶的天然海湾避风良港。早年南埔港称为"贵澳"，又名"蚶海"。

南北朝至隋唐时期，南埔先民聚居在南埔槐山村的槐窑、窑厝、岭头村下窑一带，烧窑谋生，繁衍生息。古代湄洲湾南埔港是南北朝至隋唐时期瓷窑外销瓷出口的重要海湾港口，成为泉州东北部重要的海上丝绸之路外销商品的集散地。因而南埔港柳厝街商店鳞次栉比，商号货栈林立，南北商贾云集，客舍酒肆兴隆。昼市车水马龙，行人摩肩接踵，物品琳琅满目，商品价廉物美，繁华盛况空前。早年繁荣的南埔港柳厝街市，如今显得狭窄陈旧的街屋，仍然彰显出昔日惠北沿海港口商贸繁荣的历史文化痕迹。①

沙格港，在湄洲湾南岸南埔镇沙格村，与莆田秀屿港、莆头港隔海相望，地理位置独特。沙格港因所处海湾位置像在螃蟹两臂环抱中，故曾有

①林挺金主编：《柳厝人文风情》，福州：海峡书局，2015年12月，第21页。

"蟹谷"之称。沙格村前狭长的内海湾，也称沙格澳，三面环抱海湾，形成一座天然的避风渔港和货运码头。据明朝手抄本《沙堤开辟目录》记载，沙格澳开发于唐朝。

峰尾港，在湄洲湾南岸泉港区峰尾镇。古代峰尾港是一个十分优良的著名避风海港和渔港。

隋代，隋文帝下诏，"于近海立祠"。[1]泉山先民在溜石先后修建、扩建和重建东越国南岳庙。之后，改名为泉州南海古庙，继续供奉南海之神祝融。

隋唐五代时期，由泉州民间举行隆重的祭祀、祭拜南海之神，已成为泉州宗教民间信仰活动的重要内容。世界各国开展海洋商贸的船舶纷纷来到泉州四湾十六港，源源不断地运载外销的瓷器等商品。面对风起云涌的大海和变幻无常的季风，通过泉州南海古庙的民间供奉、祭祀南海之神祝融的活动，祈求庇佑中外海洋商贸海船远航一帆风顺、乘风破浪，源源不断地获得丰盈的利益。

中国汉唐海上丝绸之路重要发祥地的泉州海湾古港，包括泉州四湾十六港。在古代泉州四湾十六港，每一个出海港口就是泉州古代海洋商贸外销货物的一个集散地，也是泉州汉唐海上丝绸

泉州市泉港峰尾港停靠的渔船

之路的一个海洋远航的起点。古代泉州四湾的每个出海港口，都在不同的历史时期扮演着各自的功能角色，发挥着积极作用。正是由于古代泉州四湾十六港口具有广泛分布的特点，为此建立了泉州汉唐独具一格的中外海洋商贸货物集散地和交通网络体系，有利于中外海洋商贸船舶货物的装卸、装运、集散、停靠和运载。

---

[1]（唐）魏徵：《隋书》卷之七，志第二《礼仪（二）》，简体字本二十四史，北京：中华书局，2005年3月，第87页。

宋元时期，在泉州外销商品，特别是外销瓷器生产迅速发展的基础上，由此导致广州港由于航运地利优势的海洋商贸中心重要地位，最终被古代泉州四湾十六港的巨大海洋航运优势所完全替代。

惠安县港墘的崇武港

五、构建水陆纵横的商贸交通网络

据《后汉书·郑弘传》载，东汉时，"旧交趾七郡,贡献转运,皆从东冶泛海而至"①。值得关注的是，东汉时东冶县的泉山海湾古港，已经是中国海洋商贸经济活动的外销货物重要集散地。东汉时泉山先民从泉山东冶港出发，泛海进行转运大批的外销货物，开展海洋商贸的经济活动。

隋唐时期，泉州作为中国海洋商贸外销货物的重要集散地，泉州海湾港口的水陆交通体系已经难以适应外销货物运送发展的客观需求。为此，在古代泉州四湾十六港的主要水陆交通要道上建造桥梁，或是北上南下水陆交通干线上建造桥梁，以形成中外海洋商贸港市互联互通、四通八达的交通网络。

唐朝五代时期，随着社会生产力疾速发展，大量中外商贸船舶进入泉州四湾十六港开展世界性的海洋商贸活动。中外海洋商贸船舶往来频繁，东西文明互动，多元文化激荡，泉州四湾十六港的气象万千。唐朝五代的泉州对外海上贸易经济的繁荣发展，为泉州社会积累大量财富，也为宋代初期推进泉州社会事业发展和泉州四湾十六港的路桥交通基础设施建设，提供雄厚的建设资金保障。

始建于北宋皇祐五年（1053年）中国首座梁式跨海石桥的洛阳桥，建于"水阔五里，深不可测"的海湾。该桥集官民合力的建造模式、无与伦比的筏型基础、开创时代的建造技艺和史无前例的梁式跨海为一体，见证了宋代时期

---

① （南朝宋）范晔编纂、李贤注：《后汉书》卷之三十三，传第二十三《郑弘传》，简体字本二十四史，北京：中华书局，2005年3月，第774页。

泉州十分发达的商贸经济与高度繁荣的文化，在中国古代海上桥梁建造历史上首创的"筏型基础""养蛎固基""浮运架梁"三大建桥技术，被誉为中国四大名桥之一、中国古代梁式跨海第一桥、海陆连通的里程碑，举世瞩目。

始建于宋朝的泉州笋江桥

始建于南宋绍兴八年至二十三年（1138—1153年）的晋江安平桥，被誉为"天下无桥长此桥"，海上桥梁建造技术领先世界。兴建洛阳桥和安平桥，为泉州的世界贸易中心港口与广阔内陆腹地相互连通提供了便捷优越的水陆交通条件，有效地促进泉州海外贸易的快速发展。

据泉州博物馆陈列的史籍文献，为了顺应世界海洋商贸经济的发展，由于唐朝五代时期泉州海洋商贸经济积累的雄厚财力，宋代泉州兴起建造桥梁热潮，由此兴建一批具有历史影响的大桥梁：洛阳桥（始建于1053年）、安平桥（又名西桥，始建于1151年）、玉澜桥（始建于1131年）、顺济桥（新桥始建于1211年）、笋江桥（又名通济桥，始建于1049年）、金鸡桥（始建于1119年）、乌屿桥（又名盘光桥，始建于1253年）、苏埭桥（始建于1154年）、石狮海岸长桥（始建于1165年）、石狮普利大通桥（始建于1142年）等。[1]

此外，泉州四湾十六港区域的晋江各地，还兴建一批较为闻名的桥梁有：陈翁桥（960年）、晋江小桥（976年）、晋江大桥（976年）、清濛桥（992年）、蚶江桥（1098年）、濠市桥（1107年）、东洋桥（1131年）、梅溪桥（1146年）、金溪桥（1172年）、陈坑桥（1174年）、甘棠桥（1198年）、龟山桥（1198年）、棠阴桥（1198年）、玉京桥（1211年）、龙尾桥（1226年）、应台桥（1242年）等。[2]

---

①泉州市博物馆陈列的文献资料。
②晋江市博物馆陈列的文献资料。

闻名天下的宋代泉州洛阳桥

宋代，泉州围绕扩大对外海洋交通贸易而建立四通八达的水陆交通网络，在泉州四湾十六港的水陆交通要道上兴起修筑桥梁的热潮，促进南北陆路交通运输的发展，以保障中外海洋商贸货物的交通运输。宋代，泉州分别兴建各类桥梁175座，为此古代泉州有桥梁甲闽中之说。由此形成泉州水陆纵横、交通网络体系完善的中外海洋商贸运输网络体系，服务于中外海洋商贸船舶在泉州四湾十六港的集散地，进行的外销海洋商贸大货仓货物的装卸、集散、运输和调剂。①

与此同时，泉州在沿海水路沿岸陆续建设一批导航的标志（如灯塔等），包括石湖塔、姑嫂塔等设施，以引导中外海洋商贸船舶的航行与停靠，保障中外海洋商贸船舶航运安全。泉州内港、外港、外海等不同水域的航运设施，承担各自的特殊功能，具有不同的地域特点。泉州港一时"风樯鳞集，舶计骤增"，出现"涨海声中万国商"的中外商贾云集的繁荣局面。伴随着世界海洋商贸活动的迅速发展，泉州开辟了泉州古城与晋江南岸的陆运节点，建设出入古城商业区的主要通道，完善了泉州水陆转运系统，体现了在世界海洋商贸活动推动下泉州古城南部商业性市场的繁荣发展，见证了海洋商贸水陆交通体系的不断完善。②

第四节 古代泉州的多元文化特质

中原民族文化的南移始于周秦时期。③泉州历史文化是由古代的百越文化、

---

①泉州海外交通史博物馆、泉州市博物馆陈列的文献资料。泉州晚报社编：《泉州风物》，厦门：鹭江出版社，1993年6月，第99页。
②《泉州：宋元中国的世界海洋商贸中心文本文献》，国家文物局官网，2021年8月。
③庄炳章：《泉州访古揽胜》，厦门：鹭江出版社，1993年6月，第3页。

闽越文化、东越文化、中原文化、海洋文化和外域文化，经过两千多年来长期的持续传承、交汇融合、相互演化和相互吸收，从而形成具有鲜明个性和独特风格的文化特质。

始建于宋朝的泉州顺济桥遗址

　　西晋至南北朝时期，大批从北方和中原南迁到原东越国泉山大地上的先民，始终把先进的中原民族文化融入闽越文化、东越文化和海洋文化，形成具有包容融合的气魄和胸怀。正是这种多元文化特性铸就了古代泉山先民敢闯敢拼、爱拼会赢、海纳百川的气度，拥有勇于开拓大海、乘风破浪和勇往直前的胆魄。

一、中华民族传统文化在古代泉州的历史传承

　　唐朝，泉州文化教育兴起，文化贤才辈出。唐建中至贞元年间（780—805年），唐朝廷鼓励士子"读书进仕"。[1]中华民族传统文化在古代泉州获得持续的历史传承。

　　唐朝泉州始有进士20人：唐贞元七年（791年）尹枢榜，晋江蔡沼。唐贞元八年（792年）贾棱榜，南安欧阳詹。唐贞元十八年（802年）徐晦榜，晋江徐晦（壬午科状元）。徐晦榜，晋江许稷。唐元和十三年（818年）独孤章榜，晋江潘存实。唐开成三年（838年）裴思谦榜，晋江李稠、林鹏、欧阳秬，以及惠安陈嘏。唐会昌六年（846年）李景谦榜，

泉州府文庙

---

①泉州市政协文史和学习宣传委编：《刺桐博物》，2018年11月，第22页。

南安傅筍（笋）、欧阳澥。唐大中十一年（857年）丁丑科南安桃林场盛均。唐乾符二年（875年）郑合敬榜，惠安黄讷裕。唐乾符五年（878年）戊戌科孙渥榜，晋江王玫。唐光启三年（887年）丁未科，泉州陈峤、南安卢邹。唐文德元年（888年）郑贻矩榜，南安谢修。唐大顺元年（890年）杨赞禹榜，南安王虬、吕占。唐天祐二年（905年）乙丑科归系榜，杨在尧。[1]此外，还有存疑唐朝进士晋江杨廷式、南安黄晔等。[2]

泉州古城古街的状元牌坊

唐景福二年（893年），泉州建立最早书院即杨林书院。据《泉州进士录》《福建通志》《泉州府志》等载，隋代开始开科取士。唐开元二十七至开元二十九年（739—741年），泉州建造鲁司寇庙于州城。五代时期，改称宣圣庙，后称泉州府文庙，开学育才，此后人才辈出。古代泉州府学曾经通过科举考试为国家培养、输送了大量人才。[3]据统计，在中国农耕社会的1100多年间，泉州通过参加科举考试，考中进士的人就有2791名。其中，唐朝五代时期，泉州籍登进士33名，约占福建省的一半。两宋时期，泉州已经成为中国的世界海洋商贸中心。在两宋时期的319年间，泉州籍登进士数量多达1597人，涌现出一批在海内外产生重要影响的杰出人物，在政治、军事、经济、文学、艺术、科技等各个领域都做出卓越贡献，有力地推动古代泉州中外海洋商贸经济文化的蓬勃发展。[4]

汉唐至宋元时期，在原东越国东冶县泉山这块钟灵毓秀的古老大地上，

---

①张惠评、许晓松：《泉州进士录》，福州：海峡书局，2014年12月，第6~15页。
②张惠评、许晓松：《泉州进士录》，福州：海峡书局，2014年12月，第350页。
③陈鹏鹏主编：《泉州文物手册》，泉州市文物管理委员会编印，2000年11月，第64页。
泉州市政协文史和学习宣传委编：《刺桐博物》，2018年11月，第22页。
④张惠评、许晓松：《泉州进士录》，福州：海峡书局，2014年12月，第5页。

根植于福建闽南文化沃土上的古城泉州，具有厚重的人文历史内涵，培养了一批宽容豪迈、海纳百川、卓越胆识、诚信谦恭的先贤，哺育出一批批能够融合闽南文化和中原文化、异域文化、海洋文化的多元文化成果。由此产生了独特的闽南人文风格、革新气质和思维特质，使得泉州府籍先贤政治家更具有创新自信、变革自信和发展自信，激活焕发中国农耕社会的创造活力，气象万千，对推进古代泉州对外海洋商贸经济的蓬勃发展，产生了深刻的历史影响。

二、"泉南佛国"文化与外域宗教文化的大融合

唐朝，泉州的儒教、佛教、道教均十分兴盛，泉州被誉为"泉南佛国"。唐咸通十四年（873年），泉州僧人智宣出国取经，游历30多国，住印度25年，于唐天祐四年（907年）回国。唐朝，泉州名僧层出不穷，儒、释、道并兴，泉州兴建民间信仰宫庙十分兴盛。古代伊斯兰教、印度教、摩尼教、婆罗门教，以及泰米尔客商等，相续进入泉州，[①]并在古代泉州大地上留下十分丰富的异域宗教文化遗存，成为泉州历史文化名城十分珍贵的文化遗存。

泉州历史文化古城的状元街

伊斯兰教，作为世界性宗教之一，早在公元七世纪就随着穆斯林传播到世界各地。在泉州灵山的圣墓，原先有座亭，亭之东北西三面皆有石廊绕之。廊北侧有阿拉伯文石刻一方，其阿拉伯译文载：

> 此墓为昔日传教此方二先贤之墓。贤者当发克富（译音，阿拉伯天子之父）在位时即来此，有善行，至今尚为人称道。后卒葬于此山，人民怀其德而思之。墓有灵异，其遭运不佳，或抱病不起者，皆来此祈祷二贤保佑，有

---

①吴幼雄：《泉州宗教文化》，厦门：鹭江出版社，1993年6月，第112页。

求必应。每届冬季，常有多
人自远方至此墓瞻礼行香，
归家无不康健安全，俱叹行
千里而不徒劳也。留居此地
之回教公会，特集资修墓。
尚祈上帝慨发鸿恩，使此二
墓永远保存，俾此二贤骸骨
不致暴露风雨也。时回教纪

泉州伊斯兰教建筑

元七百二十二年勒墨藏月（即1323年元英宗至治三年第九月）也。[1]

据《闽书》记载，相传在唐武德年间（618—626年），伊斯兰教始祖穆罕默德门徒四人到中国，一贤传教广州；二贤传教扬州；三贤、四贤传教泉州，卒葬于泉州东门外灵山南麓。[2]

古代泉州有伊斯兰清真寺六七座，并保存伊斯兰石刻300方。唐朝泉州伊斯兰圣墓，反映了伊斯兰教在唐朝时期已传入泉州，见证了中国古代海上丝绸之路上的泉州与世界伊斯兰国家密切交往的灿烂历史。泉州伊斯兰清净寺、晋江陈埭丁氏宗祠和惠南百崎乡郭氏聚居地，充分展现唐朝五代时期直至宋元时期，来自阿拉伯伊斯兰国家的先民在泉州开展中外海洋商贸经济活动、繁衍生息，进行中外大交流、文化大融合的灿烂历史。[3]

印度教，是世界上最古老的宗教之一。唐代至宋元时期，许多印度商人沿着古代海上丝绸之路来到泉州，也带来印度教信仰文化和印度建筑艺术，曾经在泉州兴建印度教寺庙和祭坛。从泉州城区的开元寺、五堡街、南校场、天后宫、通淮口、县后街、南俊巷、城西北隅，以及晋江池店兴济亭等地，出土大量精美的印度教寺和祭坛的石刻、建筑构件等。据泉州文物部门的不完全统

---

[1]泉州市鲤城区政协文史委员会：《泉州鲤城文史资料》第6、7合辑（总第24、25辑），1991年1月，第263页。
[2]陈鹏鹏主编：《泉州文物手册》，泉州市文物管理委员会编印，2000年11月，第61页。
[3]庄炳章：《泉州访古揽胜》，厦门：鹭江出版社，1993年6月，第90页。吴幼雄：《泉州宗教文化》，厦门：鹭江出版社，1993年6月，第182页。泉州市鲤城区政协文史委员会：《泉州鲤城文史资料》第6、7合辑（总第24、25辑），1991年1月，第200、237页。

计，至今发现保存在泉州有印度教寺和祭坛的建筑构件近300方。②

泉州古城保存的印度教寺庙和祭坛的石刻遗存（泉州海交馆藏品）

在唐朝兴建的开元寺大雄宝殿前的月台束腰处，嵌砌着74方狮身人面浮雕，十分和谐地融入佛教建筑。

泉州古城曾经发现的印度教舞王湿婆雕像和晋江池店镇兴济亭保存的印度教舞王湿婆雕像等，这些都源自印度故事的石雕和艺术，内容丰富，创造力强，风格独特，闪耀着浓厚的异域风采，具有强烈的艺术感染力。②同时，彰显早在隋唐时期古印度先民来到泉州开展海洋商贸经济活动和中外文化交流，方兴未艾，蓬勃发展。

泉州是唯一留下古印度教寺庙和祭坛遗存的中国城市，展示出古代印度教石刻艺术与中国传统文化艺术元素的相互交织、点缀，成为古代泉州十分绚丽多彩的历史记忆。泉州的印度教寺和祭坛的文化遗存，充分说明泉州与南印度、南洋群岛人民的宗教文化相互交流源远流长，并产生十分广泛的历史影响。③

始建于唐朝垂拱二年（686年）的大泉州开元寺大雄宝殿月台的印度教文化遗存

---

①泉州市政协文化文史和学习委员会编：《海丝泉州》，北京：中国文史出版社，2021年11月，第3页。吴幼雄：《泉州宗教文化》，厦门：鹭江出版社，1993年6月，第307、308页。
②泉州晚报社编：《泉州风物》，厦门：鹭江出版社，1993年6月，第20、63、64页。
③泉州市鲤城区政协文史委员会：《泉州鲤城文史资料》第6、7合辑（总第24、25辑），1991年1月，第214、219页。陈世兴主编：《泉州学研究》，福州：福建教育出版社，2002年4月，第381、382页。

晋江草庵摩尼教庙宇

晋江草庵摩尼教石刻像

摩尼教，唐朝时又称明教，在波斯国家创立于公元三世纪。据史书记载，唐武后延载六年（圣历二年，699年）时，摩尼教通过陆上丝绸之路传入新疆，后由新疆传入唐朝长安等地。[1]与此同时，有摩尼教高僧呼禄法师入闽在泉州传教，卒后葬清源山南麓。《泉州府志·方外》载有呼禄法师的传文。[2]

随着古代泉州海外贸易的迅速发展，信奉伊斯兰教的阿拉伯商人、信奉摩尼教的波斯商人来泉州经商者众多，海外番客在经商的同时，也把各种外来文化如伊斯兰教和摩尼教等宗教文化传入泉州。在晋江的草庵摩尼光佛造像，是世界上唯一完整保存下来的摩尼教，即明教教主石刻造像，已被公布为全国重点文物保护单位。[3]

泉州开元寺大雄宝殿后的婆罗门教石刻，是古代婆罗门教在泉州的重要文化遗存。[4]在泉州古城区五堡街民居，曾经发现一方泰米尔文的古碑刻，古碑石记载印度、斯里兰卡海船的泰米尔客商侨居泉州古城的史实，成为研究古代泉州中外交通贸易历史的重要见证。[5]

①胡世庆：《中国文化通史》（上册），杭州：浙江大学出版社，2005年9月，第509页。
②吴幼雄：《泉州宗教文化》，厦门：鹭江出版社，1993年6月，第282、283页。庄炳章：《泉州访古揽胜》，厦门：鹭江出版社，1993年6月，第137页。
③陈鹏鹏主编：《泉州文物手册》，泉州市文物管理委员会编印，2000年11月，第62页。
④泉州晚报社编：《泉州风物》，厦门：鹭江出版社，1993年6月，第32页。
⑤泉州晚报社编：《泉州风物》，厦门：鹭江出版社，1993年6月，第137页。

三、蕴含强大包容性的中外海洋商贸文化

泉州古城区涂门街中段，是古代泉州历史文化遗产最丰富的一条街，从西往东分别坐落着代表儒家文化的府文庙、代表伊斯兰文化的清净寺。同时，还有锡兰侨民旧居、重要的民间信仰宫庙关岳庙。千百年以来，各种宗教信仰和谐共处于一条千年的泉州古街上，彰显世界海洋贸易中心泉州所蕴含的强大文化包容性、融合性与多元性。①

唐朝，泉州已经是国际性的海湾港口城市，居住了来自世界各国的朋友，有的"蕃商"还慷慨资助泉州建造城墙、寺院和海船。与此同时，世界各国"蕃商"也持续带来异域的优秀文化，与原东越国泉山大地上的闽南文化互相交流、互相融合。②

晋江草庵摩尼教石刻被列为全国重点文物保护单位

在泉州大地上，无论是在历史建筑遗存方面，还是在史籍文献中；无论是在文化艺术方面，还是在日常生活中，依然可看到来自世界各地古代异域文化的时代烙印、历史痕迹和文化遗风。

古代泉州先民冲破大山的阻隔，勇敢迎接浩瀚大海的挑战，运载具有泉州优势的外销产品，迎风搏浪、乘风破浪，闯出了一条通向大洋彼岸的海路，这就是横跨太平洋、印度洋之上的中国古代海上丝绸之路。

隋唐五代时期，来自异域的

泉州海外交通史博物馆陈列的泉州宋代古船

---

① 《泉州：宋元中国的世界海洋商贸中心文本文献》，国家文物局官网，2021年8月。
② 吴幼雄：《泉州宗教文化》，厦门：鹭江出版社，1993年6月，第182页。

历史悠久的泉州关岳庙

优秀文化，与原东越国泉山大地上的闽越文化、东越文化以及中原文化，长期不断地交流、融合，形成了闽南多元文化的新格局。原东越国泉山大地上，独特的闽南文化孕育了一代又一代的泉州先民，他们勤劳、豪爽、开拓、进取的精神意识，造就泉州先民始终富于创造性，敢为天下先，积累了发展中外海洋商贸经济的丰富经验，创造了多种经营的方式，为古代泉州港的繁荣昌盛做出了积极的历史贡献。

从唐宋时期泉州人口增长的情况看，中国古代海上丝绸之路的兴盛，带动泉州人口繁衍发展和经济蓬勃兴盛。

据泉州市博物馆陈列的史籍文献载：①

唐开元年间（713—741年），泉州辖晋江、南安、莆田、清源、龙溪等地，有37054户，249500人。

唐元和年间（806—820年），泉州辖晋江、南安、莆田、仙游等地，有35571户，238400人。

晋江金交椅山古窑作坊（泉州市古代外销陶瓷博物馆陈列）

唐朝，崛起的泉州已经成为古代中国的大城市之一。

两宋时期，泉州已经成为古代中国八大州府城市之一：

宋太平兴国年间（976—984年），泉州辖晋江、南安、惠安、安溪、永春、德化、同安等地，有96581户，521500人。

宋崇宁年间（1102—1106年），

---

①泉州市博物馆陈列的文献资料。

泉州辖晋江、南安、惠安、安溪、永春、德化、同安等地，有201406户，1067400人。泉州人口超过百万大关，人口比宋初增加1.1倍，为古代泉州历史上第一次人口高峰，成为全国八个著名的大州府之一。

宋淳祐年间（1241—1252年），泉州辖晋江、南安、惠

泉州古城北门白耇庙彰显泉州与海外商贸交流的灿烂历史

安、安溪、永春、德化、同安等地，有255758户，1329940人。

四、独具一格人文历史内涵的厚重积淀

历史上泉州古城曾经环城四周种植刺桐树，来自西亚的客商和旅行家伊本·白图泰称泉州为刺桐城，泉州古城闻名天下，蜚声世界。

宋朝，泉州古城拓建翼城，有城门七座；"城内画坊八十，生齿无虑五十万"。宋元时期，泉州社会生产力疾速发展，为适应中外海洋贸易、文化交流的需要，泉州城池不断大规模扩展。元代，泉州古城继续由五代时期的二十里，拓建扩至三十里。改泉州镇南门为德济门，城墙更为坚固："诸蕃琛贡，皆于是乎集"。泉州呈现了空前的繁华景象，也充分展示泉州开放包容与和平友好的城市精神。①

宋元时期，泉州已经成为中国的世界海洋商贸中心。公元10世纪到14世纪产生并留存至今的一系列文化遗产，分布于以今泉州城区为核心的泉州湾地区，包括九日山祈风石刻、市舶司遗址、德济门遗址、天后宫、真武庙、南外宗正司遗址、泉州府文庙、开元寺、老君岩造像、清净寺、伊斯兰教圣墓、草庵摩尼光佛造像、磁灶窑址（金交椅山窑址）、德化窑址（尾林-内坂窑址、屈斗宫窑址）、安溪青阳下草埔冶铁遗址、洛阳桥、安平桥、顺济桥遗址、江口码头、石湖码头、六胜塔、万寿塔等22个世界遗产点，具有鲜明的海上贸易和

①庄炳章：《泉州访古揽胜》，厦门：鹭江出版社，1993年6月，第2、3页。

泉州城历代曾经兴建数以百计的石构牌坊

东西方文明交融特征，古老而生动，繁荣而活力四射，甚至世所罕见，充分见证了泉州"刺桐"这座古代东方大港的历史地位、奉献和风韵。①

历经两千多年丰富的人文历史积淀，泉州成为闽南文化的主要发源地与海上丝绸之路的重要发祥地，以及闽南文化保护的核心区与富集区。泉州的人文历史遗产充分体现东亚文化传统，具有鲜明的闽南地方特色文化。泉州历史文化内涵厚重，名胜文化古迹很多，有"海滨邹鲁""光明之城"的美誉。古代泉州在与世界各国人民经济文化交流的历史过程中，世界各种宗教文化几乎都在泉州古城留下丰富的文化遗存，并引起海内外的高度关注。②

隋唐五代时期，泉州中外海洋商贸活动方兴未艾，促进泉州地区经济的蓬勃发展。泉州地区海外贸易交通的经济发展，反过来又促进泉州古城建设事业的欣欣向荣、繁荣昌盛。

正是因为隋唐五代时期的泉州具有十分雄厚的经济实力，完全适应中外海洋贸易船舶祈求海洋交通航行安全的根本需求，泉州民间社会才能不断修建、扩建和重建颇有建筑规模和完整建筑格局的泉州南海古庙。泉州各地兴建民间信仰宫庙，也同时方兴未艾。

正是由于独具一格的泉州海港自然地理、外销陶瓷器手工业生产基地、多元人文环境和独特的优势资源，造就了隋唐五代时期在泉州建立了中外海洋贸易经济崛起的坚实基础，最终在宋元时期形成泉州在中国的世界海洋商贸中心

---

① 《泉州：宋元中国的世界海洋商贸中心文本文献》，国家文物局官网，2021年8月。
② 《泉州：宋元中国的世界海洋商贸中心文本文献》，国家文物局官网，2021年8月。中国历史文化名城研究会（筹）编：《中国历史文化名城保护与建设》，北京：文物出版社，1987年3月，第224、226页。

的重要历史地位。

正是由于隋唐五代时期泉州民间长期持续供奉、祭祀南海之神祝融的祭典活动，以及泉州南海古庙所彰显的十分厚重的民间信仰文化的内涵特质，使得中国古代海上丝绸之路上的泉州海神庙，成为十分珍贵的历史文化遗存。泉州南海古庙，彰显着隋唐五代时期泉州先民积极参与推动中国古代海上丝绸之路蓬勃发展所做出的历史贡献，是值得泉州史册记述的那不能忘却的悠久而又深沉的宝贵历史记忆。

晋江考古发掘的唐朝青釉火盆（泉州市古代外销陶瓷博物馆陈列藏品）　　晋江池店霞福村唐墓考古发掘的南朝青釉三足炉（泉州市古代外销陶瓷博物馆陈列藏品）

第四章　汉唐海上丝绸之路

历史上，在形成中国古代海上丝绸之路之前，是兴起于秦汉时期的中国古代陆路丝绸之路。西汉时期张骞和东汉时期班超出使西域，开辟以长安(今西安)、洛阳为起点，经甘肃、新疆，到中亚、西亚，并连接地中海各国的陆上通道，被称为"陆路丝绸之路"。两汉

1991年2月，联合国海上丝绸之路考察团成员在晋江草庵签字纪念碑

时期，"陆路丝绸之路"包括南道、中道、北道三条的陆上通道路线。中国古代"陆路丝绸之路"陆路西运的货物中，以丝绸制品的影响最大。隋唐时期，由于西域战火不断，中国古代陆路丝绸之路最终被阻断。①与此同时，开辟渤海道和海夷道的中国古代海上丝绸之路形成，发展更为兴盛。

泉州是中国汉唐海上丝绸之路的起点和重要发祥地，泉州先民为此做出举世瞩目的历史贡献，最终在宋元时期成为中国的世界海洋商贸中心。作为中国隋唐海上丝绸之路上的泉州海神庙——南海古庙，在隋唐五代时期曾产生十分独特、深远的历史影响。

第一节　秦汉时期开辟的海上丝绸之路

秦代，秦始皇为彰显秦朝廷控制闽越地政权，在"七闽"之闽越地置秦朝

①胡世庆：《中国文化通史》(下册)，杭州：浙江大学出版社，2005年9月，第925、928页。

郡县"闽中郡"。

西汉时期，汉景帝为彰显汉朝廷控制闽越王诸侯政权，汉景帝四年（公元前153年），汉景帝实行封国与郡县同时并行的国家重要制度，在闽越国都会"东冶"（今福州）置会稽郡"冶县"（据《汉书·地理志》），以替代秦朝的闽中郡。

2006年5月，晋江磁灶金交椅山窑址，被列为全国重点文物保护单位

西汉时期，汉朝廷从未在闽越国都会"东冶"（据《史记·东越列传》）置会稽郡"东冶县"。汉建元六年（公元前135年），汉武帝为强化控制东越王余善诸侯政权，同时在都会"泉山"的东越国置会稽郡"东冶县"。由于汉武帝立越繇王居住在东冶都城，仍保留闽越国置"冶县"（据《后汉书·东夷传》《嘉泰会稽志》）。

据《嘉泰会稽志》载，"闽越为冶""后汉分冶地"。[1]东汉时期，一些没被北迁逃亡的原东越国先民从躲避在群山密林里走出来后，在原东越大地南北两大区域分别恢复西汉"冶县"与"东冶县"的建制。东汉时期，东冶县泉山先民自行恢复会稽郡东冶县（据《后汉书·郑弘传》《旧唐书·地理三》）。为此，泉山的"东冶县东冶港"成为中国海上丝绸之路的起点和重要发祥地[2]，是始于两汉时期。

一、秦汉时开辟海上丝绸之路的渤海道和海夷道

据《史记·货殖列传》载："《周书》曰：'农不出则乏其食，工不出则乏其事，商不出则三宝绝，虞不出则财匮少。'财匮少而山泽不辟矣。此四者，

① （宋）施宿等编纂：《嘉泰会稽志》卷之一，《越》，北京：商务印书馆，2013年11月。
② （南朝宋）范晔编纂、李贤注：《后汉书》卷之八十五，传第七十五《东夷传》，简体字本二十四史，北京：中华书局，2005年3月，第1897页。(五代后晋)刘昫等，《旧唐书》卷之四十，志第二十《地理（三）》，简体字本二十四史，北京：中华书局，2005年3月，第1081页。（宋）施宿等编纂：《嘉泰会稽志》卷之一，《越》，北京：商务印书馆，2013年11月。（唐）李吉甫：《元和郡县图志》卷之三十，北京：中华书局，2008年6月。

泉州市古代外销陶瓷博物馆，彰显古代晋江磁灶金交椅山窑址的重要历史地位

民所衣食之原也。"，"天下熙熙，皆为利来；天下攘攘，皆为利往"。西汉时期，"番禺（今广州）亦其一都会也，珠玑、犀、玳瑁、果、布之凑"①。

据《汉书·食货志》记载，西汉时期，社会稳定："孝惠、高后之间，衣食滋殖。文帝即位，躬修俭节，思安百姓"，"至昭帝时，流民稍还，田野益辟，颇有蓄积。宣帝即位，用吏多选贤良，百姓安土，岁数丰穰，谷至石五钱，农人少利。时大司农中丞耿寿昌以善为算能商功利，得幸于上"，"是以圣王域民，筑城郭以居之，制庐井以均之，开市肆以通之，设庠序以教之。士、农、工、商，四民有业。学以居位曰士，辟土殖谷曰农，作巧成器曰工，通财鬻货曰商"②。西汉时期，汉朝重视发展各业经济，手工业和商业经济同时获得发展。

早在夏代，中国已具备近海航行的能力。春秋时，吴、越两国开始了远距离的沿海航行。秦汉三国时代则向深海航行发展，可至朝鲜、日本和南海诸国。南北朝时期，中国海上丝绸之路已经到达今伊拉克的幼发拉底河口。当时，已形成两条固定航线，即渤海道和海夷道。③

渤海道，即中国古代海上丝绸

始建于宋代南安官桥竹口五塔岩的古石塔

① （汉）司马迁：《史记》卷之一百二十九，列传第六十九《货殖列传》，简体字本二十四史，北京：中华书局，2005年3月，第2461页。
② （汉）班固，《汉书》卷之二十四，志第四《食货志》，简体字本二十四史，北京：中华书局，2005年3月，第943页。
③胡世庆：《中国文化通史》（上册），杭州：浙江大学出版社，2005年9月，第322页。

之路的东海航线，也称为"东方海上丝路"。三国时期，孙吴雄踞江东，丝织业和造船业尤为发达，也促使远航海洋、航海技术的发展以及航海经验的积累。在胶东半岛开辟了"循海岸水行"，直通辽东半岛、朝鲜半岛、日本列岛，直至东南亚国家的航海通道。唐代，山东半岛和江浙沿海的中韩日海上贸易逐渐兴起。①

海夷道，即中国古代海上丝绸之路的南海航线，又称"南海丝绸之路""海夷道"，起点是在泉州、广州。这是中国古代海上丝绸之路的最早名称。秦汉时期，广东岭南先民在南海、东南亚各国乃至南太平洋的一些岛屿，开辟了以陶瓷器为纽带的海洋商贸交易圈。广州，古称番禺。自秦汉时期以来，古代广州的地缘中心地位以及鲜明的海洋属性，成为往返印度洋地区及南海周边东南亚国家的商贸船舶，前来进行世界海洋商贸活动必先到达的重要港口。②

西汉时期，中国开辟的以陶瓷器为纽带的海洋商贸交易圈，其中外销海外的陶瓷器货物，主要是来自原东越国东冶县泉山大地。③

据《汉书·地理志》记载，西汉时期，"会稽海外有东鳀人，分为二十余国，以岁时来献见云。……中国往商贾者多取富焉"④。西汉时期，汉武帝在东越国都会泉山置汉朝会稽郡县"东冶县"。实际上，会稽郡沿海主要港口是包括泉山的"东冶县东冶港"，当时已经有东冶县沿海先民与外国"东鳀人"开展对外海洋贸易活动的历史记载。

西汉后期，东冶县泉山的港口，同是中国古代会稽郡沿海的外销陶瓷器和丝绸制品商贸转运的重要集散地。由于秦汉时期泉山已是中国陶

晋江出土的宋代陶罐器物
（晋江博物馆陈列藏品）

①胡世庆：《中国文化通史》（下册），杭州：浙江大学出版社，2005年9月，第890、895页。
②胡世庆：《中国文化通史》（上册），杭州：浙江大学出版社，2005年9月，第892-896页。
③（南朝宋）范晔编纂、李贤注：《后汉书》卷之三十三，传第二十三《郑弘传》，简体字本二十四史，北京：中华书局，2005年3月，第774页。
④（汉）班固：《汉书》卷之二十八，志第八《地理志》，简体字本二十四史，北京：中华书局，2005年3月，第1231页。

瓷的重要生产基地，东冶县泉山先民参与开辟主要以陶瓷器为纽带的海洋商贸交易圈。西汉后期以来，会稽郡沿海港口包括泉山的"东冶县东冶港"先民，曾经参与开辟中国古代海上丝绸之路，即"东海航线"和"海夷道"。泉山的东冶县先民曾经为推动中国海上丝绸之路的形成和蓬勃发展，做出了积极贡献。①

中国古代海上丝绸之路最具广泛影响的是南海航线"海夷道"。据《汉书·地理志》载，西汉后期，中国古代"南海航线""海夷道"的海洋商贸船舶交通航线为：从泉山的"东冶县东冶港"海港起航，经广州再进入南海，或从广东徐闻、广西合浦出发，经南海进入马来半岛、暹罗湾、孟加拉湾，到达印度半岛南部等地。这是史籍可见的有关中国海上丝绸之路最早的文献记载。②

据《汉书·地理志》载，西汉后期，中国海上丝绸之路的南海商贸交通航线的"海夷道"，途经数十个国家和地区，包括古代环王国(今越南境内)、门毒国、古笪国、龙牙门、罗越国、室利佛逝、诃陵国、固罗国、哥谷罗国、胜邓国、婆露国、狮子国、南天竺、婆罗门国、新度河、提罗卢和国、乌拉国、大食国、末罗国、三兰国等诸国。③

1974年底，广州考古发掘发现了原南越国宫署遗址和秦代"一军处番禺之都"造船遗址。通过考古对海船和出土陶器，以及有肩有段石器、铜鼓和铜钺的分布区域研究得知，秦汉时期，广东岭南先民已经穿梭于南中国海乃至南太平洋沿岸及其岛屿。中国秦汉文化已经间接影响到印度洋沿岸及其岛屿。④

泉州考古发掘宋代晋江磁灶酱釉瓷器
(泉州博物馆陈列)

---

① (南朝宋) 范晔编纂、李贤注：《后汉书》卷之三十三，传第二十三《郑弘传》，简体字本二十四史，北京：中华书局，2005年3月，第774页。
②③ (汉) 班固：《汉书》卷之二十八，志第八《地理志》，简体字本二十四史，北京：中华书局，2005年3月，第1231页。
④泉州海外交通史博物馆、泉州市博物馆陈列的文献资料。

西汉时期，中国海上丝绸之路已经开辟"南海航线"远洋海路"海夷道"，并持续发展。古代海上的海洋商贸交通路线，实为早期海船载运的"杂缯"，即各种中国的丝绸制品和外销陶瓷。有关中外商贸海路交流的最早历史，可追溯到当时中国"南海航线""海夷道"与南海诸国的交流接触。而中国考古发掘遗迹出土的实物表明："中外商贸船舶经海上航路的商贸交流，则早于汉代时期"①。

二、西汉时期会稽郡沿海主要港口开展对外海洋贸易

西汉时期，"天下熙熙，皆为利来；天下攘攘，皆为利往"②。

西汉时期,从海洋商贸易货交易活动获取巨大的易货贸易商利，始终激励东冶县泉山沿海港口先民积极探寻开辟海洋商贸的海路。据《汉书·地理志（下）》记载，西汉后期以来，会稽郡沿海包括东越国都会泉山，即东冶县在内的沿海先民，已经开始开辟面向茫茫海洋、探寻海洋远航海路的生存之路。③

2010年，被列为中国历史文化名街的泉州中山路的保护碑石

西汉前期、汉建元六年（公元前135年）之前的闽越国都城东冶的港口，称为"冶县东冶港"（据《史记·东越列传》《汉书地理志》）。

汉建元六年（公元前135年），汉武帝在泉山的东越国置会稽郡东冶县。为此，西汉后期以来泉山的东冶县港口，称为"东冶县东冶港"（据《后汉书·东夷传》《后汉书·郑弘传》），即今泉州海港。

西汉时期，中国对外贸易交通以陆道为主，兼行海市。《汉书·百官公卿（上）》记载："典客，秦官。掌诸归义蛮夷，有丞。景帝中六年，更名大行令。

---

①胡世庆：《中国文化通史》（下册），杭州：浙江大学出版社，2005年9月，第923页。
②（汉）司马迁：《史记》卷之一百二十九，列传第六十九《货殖列传》，简体字本二十四史，北京：中华书局，2005年3月，第2461页。
③（汉）班固：《汉书》卷之二十八，志第八《地理志》，简体字本二十四史，北京：中华书局，2005年3月，第1231页。

南安丰州考古发掘出土的南朝双耳青釉瓷器（泉州博物馆陈列）

武帝太初元年，更名为大鸿胪"①。汉武帝太初元年（公元前104年），首设专门外事机构"大鸿胪寺"。

据《汉书·地理志》记载，汉代中国沿海与日本最早的经济文化交往的历史记录，可追溯到西汉后期东冶县在东海航线的对外海洋商贸活动。②西汉后期，泉山的东冶县先民参加开辟了中国汉代海上丝绸之路东海航线的渤海道。

据《汉书·地理志》记载："番禺（今广州），其一都会也。自合浦徐闻南入海，得大州，东西南北方千里"③。即西汉时期，中国对外通商船舶是从广州、合浦、徐闻向南进入大海后，航行到新的海洋大洲。其海洋商贸航运范围有东西南北方圆千里的漫长海路——南海航线"海夷道"。西汉后期以来，由于原东越国都会东冶县泉山大地上蕴藏有十分丰富的瓷土资源，也具有十分悠久的烧制陶瓷器历史。为此，在这些从广州港口出发进行航海转运的远航海洋商贸船舶中，来自会稽郡沿海港口，主要是泉山的"东冶县东冶港"海洋商贸船舶，参与外销陶瓷器等外销货物的航海转运。

据《汉书·地理志》原文载，对西汉时期中国开展对外海洋商贸船舶活动进行详细记载：

自日南障塞、徐闻、合浦船行可五月，有都元国。又船行可四月，有邑卢没国；又船行可二十余日，有谌离国；步行可十余日，有夫甘都卢国。自夫甘都卢国船行可二月余，有黄支国，民俗略与珠崖相类。其州广大，户口多，多异物，自武帝以来皆献见。有译长，属黄门，与应募者俱

① （汉）班固：《汉书》卷之十九，表第七《百官公卿（上）》，简体字本二十四史，北京：中华书局，2005年3月，第609页。
②③ （汉）班固：《汉书》卷之二十八，志第八《地理志》，简体字本二十四史，北京：中华书局，2005年3月，第1231页。

入海市明珠、璧流离、奇石异物，赍黄金，杂缯而往。所至国皆禀食为耦，蛮夷贾船，转送致之。亦利交易，剽杀人。又苦逢风波溺死，不者数年来还。大珠至围二寸以下。平帝元始中，王莽辅政，欲耀威德，厚遗黄支王，令遣使献生犀牛。自黄支船行可八月，到皮宗；船行可二月，到日南、象林界云。黄支之南，有已程不国，汉之译使自此还矣①。

据《汉书·地理志》记载译：即西汉时期，从日南沿海的堡寨、徐闻、合浦出发，乘海船航行约五个月，有都元国。又乘船航行约四个月，有邑卢没国。又乘船航行约二十多天，有谌离国。步行约十多天，有夫甘都卢国。从夫甘都卢国乘船航行约两个多月，有黄支国，民俗与珠崖国大致相同。这个州的面积广大，户口多，有很多奇异的东西，自汉武帝以来都前来进贡过。这个州有译长官，属于黄门官员，与应征的先民一同进入海洋贸易的集市中，购买明珠、璧琉璃、奇石异物，带着黄金、杂货品等前往参加易货交易。所到海洋国家港口都供给他们食物，并与他们一同前行。蛮夷的商船辗转把他们运送到所要到的地方。有追逐商贸交易的利益，也有抢劫杀人的。另外，还有遭受风浪溺死的，

南安丰州考古发掘出土的南朝陶器（泉州博物馆陈列）

长期海洋航行十分艰险。如果没有这些艰险的也需要几年时间才能返回。易货交易的大珠径围最大有在两寸以下。汉平帝元始年间（公元3—5年），王莽辅佐汉朝政权时想要炫耀威武德行，就厚重地赏赐黄支国王，让其派遣使者进献活的犀牛。从黄支国乘海船航行约过八个月，到达皮宗国。再乘海船航行约两个月，就可到达日南、象林的边界。在黄支国南面有已程不国。翻译汉朝语言的国外使者，就从这里返程回国了。②

据《汉书·地理志》记载，西汉时期，"会稽海外有东鳀人，分为二十余国，以岁时来献见云。……处近海，多犀、象、毒冒、珠玑、银、铜、果、布之凑，中国往商贾者多取富焉"①。即西汉时期，会稽郡包括东越国都会泉山的"东冶县东冶港"在内的沿海主要港口，就已经与海外二十多个国家和地区的"东鳀人"，开展对外海洋易货贸易经济活动，并在每年进贡的时候出现。从"东冶县东冶港"运载经广州的外销货物，主要是当时在海外已经十分盛行的会稽郡东冶县泉山的陶瓷器。

南安丰州考古发掘出土的南朝双耳青瓷器（泉州博物馆陈列）

东鳀，即系海外古国名或古民族。会稽郡所属沿海县多数靠近大海，会稽郡沿海主要港口是犀牛、大象、玳瑁、珠玑、银、铜、果、布的聚合交易之地。从中原到会稽郡沿海主要港口的多数商人，能够谋取到丰厚的商贸利益。

西汉后期，新建置的会稽郡东冶县社会经济发展迅速。东越国都会泉山已有十分繁荣的外销陶瓷器手工业生产基础和丰富的海洋商贸货源，"东冶县东冶港"作为会稽郡沿海港口，已成为中国汉代海洋商贸活动的主要港口之一。

三、东汉时期东冶县（泉山）海洋商贸的历史贡献

在汉武帝先后剿灭南越国和东越国之后，原南越国的社会生产稳定发展，基于广州特殊的地理优势开展对外海洋贸易活动。东汉时期，原东越国东冶县泉山先民复出后，在东冶县发展陶瓷器生产、垦殖生产和对外海洋商贸的外销货物转运，推动东冶县社会经济获得恢复发展。泉山的"东冶县东冶港"，已成为开放型的海洋商贸港口。

东汉时期的"大鸿胪卿"，仍然是管理对外通商贸易。

---

① （汉）班固：《汉书》卷之二十八，志第八《地理志》，简体字本二十四史，北京：中华书局，2005年3月，第1231页。

两汉时期开通的西南、东北两条陆道"丝绸之路"，是中国对外交通贸易兴起的重要标志。与此同时，在古代中国东南方沿海港口，先民陆续进军海洋，包括东冶县泉山先民参与不断探索开辟通往世界各地海港的海洋航行海路。

从西汉时期东越国经济的迅速崛起和东越国已经有"越甲卒不下数十万"的史实看（据《汉书·严助传》），在东冶县泉山大地上，蕴藏着丰富的物产资源、强劲的

南安考古发现的丰州博山炉青瓷器（泉州市博物馆藏品）

外销货物手工业生产能力和海洋商贸市场的特殊优势。东汉以来，东冶县泉山的先民从群山密林走出来，在曾经被"灭国迁众"的泉山大地上，通过持续发掘丰富的独特资源优势，加快发展，把先进的技术、技能、创造与东冶县泉山手工业生产相融合为一体，形成海洋商贸外销货物的生产基地。东冶县泉山先民历经世世代代的探寻远洋海路，持续参加开辟中国古代海上丝绸之路，继往开来，举世瞩目。①

据《后汉书·东夷传》载："会稽海外有东鳀人，分为二十余国。又有夷洲及澶洲。传言秦始皇遣方士徐福将童男女数千人入海，求蓬莱神仙不得，徐福畏诛不敢还，遂止此洲。世世相承，有数万家。人民时至会稽市。会稽东冶县人有入海行遭风，流移至澶洲者。所在绝远，不可往来"②。即由于"会稽东冶县"泉山先民的海洋商贸船舶航行时遭遇大风，对外海洋商贸船舶漂流至很远的海外澶洲。

西汉后期，"会稽东冶县人有入海行遭风，流移至澶洲者"。与此同时，《后汉书·郑弘传》载，东汉时，"旧交趾七郡,贡献转运,皆从东冶泛海而至"。③

《后汉书》在这里说的"东冶县""东冶",是指泉山的"东冶县东冶港"。东汉以来,中国古代的天下货物,均已经源源不断地从各地汇集到"东冶县东冶港",即泉山海港,形成闻名的外销商贸货物的大货仓和主要集散地。泉山先民从"东冶县东冶港"出发,经广州、交趾泛海进行转运外销货物,开展海洋商贸的经济活动,已经做出引人瞩目的历史贡献。因此泉山的"东冶县东冶港"被东汉志书盛赞为"贡献转运,皆从东冶泛海而至"。①

东汉时期以来,东冶县泉山先民从"东冶县东冶港"出发,"泛海而至",做出的"贡献转运"是:从东冶县销往海外的陶瓷器货物,源源不断地通过航海船舶,运往"南海航线""海夷道"的沿线国家和地区。这是记载东汉时期泉州开辟海上丝绸之路的史实。

在泉山的东冶县蕴藏有十分丰富的瓷土资源,也具有十分悠久的烧制陶瓷器历史,是东汉时期以来中国古代十分重要的外销陶瓷生产基地。东汉时期,东冶县泉山先民恢复在东冶县进行外销陶瓷的手工业生产,获得迅速发展。东汉时期泉山的外销陶瓷器手工业生产基地,由此兴起,欣欣向荣。

古代中国与南洋和波斯湾地区的定期海洋商贸航线,是从东汉时的"东冶县东冶港"等地主要港口出发,集中于广州港停靠中转,古称"海夷道"。为此,据《后汉书·郑弘传》史籍证实:"旧交趾七郡,贡献转运,皆从东冶泛海而至。"即《后汉书》证实"海夷道"是从泉山"东冶县东冶港"等地主要港口出发,集中于广州港停靠中转。在之后的《晋书》《魏略·西戎传》《新唐书·地理志》等志书史籍,以及泉州市博物馆陈列的文献资料等,均记载有从今泉州沿海主要港口通往广州这条海夷道航线形成的悠久历史。

自此,东冶县泉山先民和"东冶县东冶港",参加开辟中国古代海上丝绸之路的南海航线"海夷道",参加运送海洋商贸货物外销海路航线的活动,"贡献转运,皆从东冶泛海而至。风波艰阻,沉溺相系",而永远载入东汉史册。东汉时期,从泉山"东冶县东冶港"出发,泛海转运的外销陶瓷器等外销货

---

① (南朝宋) 范晔编纂、李贤注:《后汉书》卷之三十三,传第二十三《郑弘传》,简体字本二十四史,北京:中华书局,2005年3月,第774页。

物，源源不断，做出了重要贡献。①

东汉时期以来，原东越国先民在泉山自行恢复汉武帝时设置的"东冶县"，恢复开展对外海洋商贸活动，泉山"东冶县东冶港"（今泉州海港）成为中国古代重要海洋商贸港口，许多从泉山出发的中外海洋商贸船舶经过广州港口，往返于东南亚国家，络绎不绝。

四、魏晋南北朝时期泉山的海上丝绸之路

据《魏略·西戎传》载："大秦道既从海北陆通，又循海而南与交趾七郡（作者注：汉武帝灭南越国后，汉朝在全国设十三刺史部时，把交趾等七个郡分为交趾刺史部，后来称之为交州）外夷通"。"他们先到交趾，再来番禺（今广州）和东冶（今泉州)"②。

魏时的"东冶"，是指会稽郡"东冶县泉山"。会稽郡东冶县泉山先民，早就"循海而南"，参加开辟海洋商贸海路并往返于"海夷道"。这里值得特别关注的是

古代泉州海船营造技艺闻名于世（泉州市海交馆陈列船模）

《魏略·西戎传》记载：此时的东治县泉山，仍然属"会稽东治"。会稽郡东冶县泉山海港即"东冶县东冶港"，仍然是魏晋南北朝时期中国重要的对外通商海港。

据《晋书》载："凡四夷入贡者，有二十三国"，"东夷，夫余国、马韩、辰韩、肃慎氏、倭人、裨离等十国"，"马韩居山海之间，无城郭，凡有小国五十六所，大者万户，小者数千家，各有渠帅"，"倭人在带方东南大海中，依山岛为国，地多山林，无良田，食海物。……计其道里，当会稽东冶之东"③。

---

① （南朝宋）范晔编纂、李贤注：《后汉书》卷之三十三，传第二十三《郑弘传》，简体字本二十四史，北京：中华书局，2005年3月，第774页。（南朝宋）范晔编纂、李贤注：《后汉书》卷之八十五，传第七十五《东夷传》，简体字本二十四史，北京：中华书局，2005年3月，第1897页。
② 胡世庆：《中国文化通史》（下册），杭州：浙江大学出版社，2005年9月，第928页。
③ （唐）房玄龄等：《晋书》列传第六十七，《四夷·倭人传》，简体字本二十四史，北京：中华书局，2005年3月，第1345页。

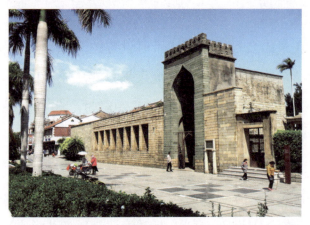

始建于北宋大中祥符二年（1009年）的阿拉伯伊斯兰教在泉州的文化遗存清净寺

东汉时，今福州已经设立侯官都尉。这里值得特别关注的是《晋书》的记述，该书仍然把泉山的东治县称为"会稽东治县"。时"会稽东治县"，并未列入侯官都尉管理。在泉山的"会稽东治县"自西汉建元年间建立，至三国时已经存世长达390余年的历史。

石狮蚶江古渡头，又称林銮渡，是古代林銮家族海商船队往返停泊的海湾码头。据晋江蔡永兼撰《西山杂志》载："林氏自东晋至唐乾符年间，经三百余年，均以海上贸易为业"①。林銮的祖先林尚书，号西山，因五胡乱华从洛阳南迁，举族聚居于晋江东石。林銮的祖先林尚书自东晋时期就开始从事对外海洋商贸活动。林氏家族的海商事业，欣欣向荣。晋江蚶江古渡头，至少是始建于东晋时期。

东晋时期，著名僧侣法显曾从陆路到天竺（今印度）取经，于东晋义熙五年（409年），从东天竺乘船到狮子国（今斯里兰卡）王城无畏山精舍，留居两年。东晋义熙七年（411年）八月，再从狮子国乘坐中外海洋商贸船舶由海路返程归国。②

据著名僧侣法显编纂的《佛国记》载："即载商人大船，上可有二百余人。后系一小船，海行艰险，以备大船毁坏"，"大海弥漫无边，不识东西，唯望日、月、星宿而进"，"如是九十日许，乃到一国，名耶婆提（今印度尼西亚）。其国外道，婆罗门兴盛，佛法不足言。停此国五月日，复随他商人大船上，亦二百许人，赍五十日粮"，"是以不顾微命，浮海而还，艰难其更"。③从当年著名僧侣法显乘坐运载客商船舶"有二百余人"的情况看，中外海洋商贸

①王云传主编：《晋邑史林》，晋江市历史文化研究会编，2014年7月，第160页。
②③（东晋）法显：《佛国记》，上海：上海古籍出版社，1985年2月。

船舶已具有相当规模。

东晋义熙十二年（416年），著名僧侣法显编纂的名闻天下的《佛国记》，也是一部充分展现东晋时期中国对外海洋商贸交通历史和对海洋商贸航运详细记载的重要历史文献，在中国古代海上丝绸之路发展和古代远洋航海的历史中，占有十分重要地位。

大约在四世纪六十年代，幼发拉底河岸巴达尼亚的港口城市，每年都在这里举行一次出售来自古代中国海洋商贸货物的集市。唐代，阿拉伯人在建立古代阿拉伯帝国的过程中，攻占底格里斯河口附近的乌剌港（今伊拉克乌剌布港）。该港是闻名中外的海洋商贸港，并已经被当地民众誉为"中国港口"。[①]伊拉克乌剌布港被誉为"中国港口"，说明南北朝至唐朝来自中国的海洋商贸的活动，已经十分频繁。

南朝梁武帝时，在原泉山的东冶县大地上设梁安郡。此时梁安郡的梁安港，持续开展中外海洋商贸经济活动，方兴未艾。据唐朝释道宣编纂《续高僧传》记载，"泛小舶，至梁安郡（今泉州），再装大舶，返西国"。[②]

南朝梁武帝时，印度高僧拘那罗陀（真谛）两次来泉州，均由海路乘坐中外海洋商贸船舶，泛海前往丰州九日山，住建造寺（又称延福寺）翻译金刚佛经，并在九日山留下"翻经石"的文化遗存。[③]

据泉州地方史料载，印度高僧拘那罗陀住在丰州的建造寺译经的时间，是在南朝陈永定二年（558年）和天嘉六年（565年）。在九日山上翻译《金刚经》后，

著名的泉州老街中山路，建成于1929年

①胡世庆：《中国文化通史》（下册），杭州：浙江大学出版社，2005年9月，第931页。
②泉州市泉港区文体旅游局编：《海上丝绸之路泉港文化遗产》，北京：朝华出版社，2018年2月，第4页。
③吴幼雄：《泉州宗教文化》，厦门：鹭江出版社，1993年6月，第104页。

由泉山海港乘坐海洋商贸船舶到棱加修国（今马来半岛）和优禅尼国（今印度）。①

据泉州地方文史学者研究指出："南北朝时已有文献记载，隋唐时期泉州海上交通开始兴盛，宋元发展至鼎盛时期。如此前后繁荣达400年之久，影响极为深远。早在南朝时，世界翻译佛经的四大名家之一的拘那罗陀即自泉州海道回国。"②

在《后汉书》《晋书》《宋书·州郡志》《隋书》《旧唐书·地理志》《嘉泰会稽志》等志书史籍中，没发现记载有东汉时"冶县""东侯官""侯官都尉"泛海进行中外海洋商贸活动的史事。

第二节　隋唐五代时期的海上丝绸之路

隋唐时期（581—907年），系隋朝（581—618年）和唐朝（618—907年）两个朝代合称，是中国历史上大统一、国家最为强盛的时期。隋朝前后历经38年即亡，唐王朝兴。从公元581年隋朝建立，到公元907年唐朝灭亡，是中国古代历史上著名的隋唐盛世，中国处在当时世界发展的前列，是文明先进、繁荣发达、富庶强大的国家。古代中国与世界的联系进一步加强。

一、隋唐时期中国经济繁荣、国强民富

隋炀帝即位后，奉行的对外政策是："诸蕃至者，厚加礼赐。有不恭命，以兵击之。"③

展现古代泉州海上丝绸之路港口景象（晋江博物馆陈列）

①陈鹏鹏主编：《泉州文物手册》，泉州市文物管理委员会编印，2000年11月，第59页。泉州市鲤城区政协文史委员会：《泉州鲤城文史资料》第6、7合辑（总第24、25辑），1991年1月，第272页。
②庄炳章：《泉州访古揽胜》，厦门：鹭江出版社，1993年6月，第101页。
③（唐）魏徵：《隋书》卷之四，帝纪第四《炀帝（下）》，简体字本二十四史，北京：中华书局，2005年3月，第55页。

在隋王朝恩威并施下，开皇之治，四夷归顺，八方来朝。为了沟通江南地区与中原的经济发展，隋炀帝以洛阳为中心，推动了隋朝大运河的建造。隋朝出现了万国来朝的局面。隋朝大运河长达2700余公里，将中国的很多水系连接起来，形成贯通南北的运输网络，带动沿江河、沿海岸中国古代城市的繁荣发展和工商业城市的兴起，成为沟通南北双方的政治、经济和文化的重要纽带。[1]

据《隋书·帝纪·高祖》载，隋高祖开皇元年（581年）四月，"戊戌，太常散乐并放，为百姓禁杂乐百戏"，"十八年（598年）春正月辛丑，诏曰：吴越之人，往承弊俗，所在之处，私造大船。因相聚结，致有侵害。其江南诸州，人间有船长三丈已上，悉括入官。"[2] 隋开皇十八年（598年）春正月辛丑，隋高祖杨坚下诏说：吴、越之人，继承祖上的陋习，所在之处，私造大船。于是相互聚集，导致侵害。江南各州中，

泉州德济门遗址被列为国家重点文物保护单位的碑石

对民间船只长三丈以上的全部收为官有。之后，又在全国范围内收缴民间兵器，加强国家对武器的控制，以维护隋王朝的统治。

唐太宗时期，唐太宗励精图治，使中国农耕社会空前繁荣而出现"贞观之治"。当时全国经济迅速复苏，击败侵边的蛮族，唐太宗被尊为"天可汗"。唐玄宗时期的"开元盛世"，国强民富。唐朝国家在政治思想和制度方面，实行前所未有的开放、包容政策，在军事、文化、经济、科技等方面，达到前所未有的快速发展。与此同时，唐朝国家治理政策方面实行开明举措，从而深刻影响了中国周边诸国前来朝贡、交流和学习。唐朝实行一视同仁的民族

<hr>

[1]（唐）杜佑：《通典》卷之十，《食货（十）》，北京，中华书局，2016年4月。吕思勉著：《隋唐五代史》（下册），北京：北京理工大学出版社，2016年4月，第985页。
[2]（唐）魏徵：《隋书》志卷之一，帝纪第一《高祖（上）》，简体字本二十四史，北京：中华书局，2005年3月，第1、21页。

蕴含厚重多元历史文化的泉州丰州九日山

政策，实行开放的、文明的边疆政策，积极推动中华民族文化蓬勃发展。①

在唐朝对外开放的历史背景下，泉州加快经济开发的同时，也吸引大批北方和中原先民不断南迁，规模和步伐持续扩大。唐朝大运河水路畅通，四通八达，为中国经济发展起到很大的促进作用，在大运河建成后的六百余年时间里，成为沟通古代中国南北地区的政治、经济和文化的重要交通纽带。唐朝国家版图超过秦汉，加之实行统一的国家集权政治，为中国农耕社会发展和民族文化繁荣提供有利条件，加深中华民族文化对世界经济社会发展进程产生的历史影响。②

唐朝，中国农耕社会的主要经济生产部门是农业和手工业，特别是手工业的商品生产有了较大发展。唐代农业生产工具比隋代有所进步。唐开元年间，发明了曲辕犁，还出现了新的灌溉工具水车和筒车；农业生产工具锄、铲、镰、犁等，都得到大的改进。中原先民长期积累形成与农业发展相关的农耕技术、生产工具，以及种养殖业水平，持续得到大提高，水利设施得到不断修复和新的建设开凿，而得到更为广泛的完善。长期积累的从轮种、犁地、播种、施肥到灌溉等一整套的农业生产技艺、经验，得到广泛的推广应用。种植业的良种普遍使用，果林等经济作物也得到发展。③

二、史籍记载隋唐的中外海洋商贸交通活动

隋唐时期，中国海上丝绸之路发展方兴未艾。泉州、广州、交州等沿海港口，几乎都是同期发展起来的海外交通商贸港口。据泉州市海交馆、博物

---

①王宁主编：《中国文化概论》，长沙：湖南师范大学出版社，2001年4月，第77、81页。
②王宁主编：《中国文化概论》，长沙：湖南师范大学出版社，2001年4月，第84页。
③胡世庆：《中国文化通史》（下册），杭州：浙江大学出版社，2005年9月，第101、527、544页。

馆陈列的文献记述，伴随着中国古代造船、航海技术的迅速发展，中国通往东南亚、马六甲海峡、印度洋、红海，及至非洲大陆的海上交通航路，纷纷开通与延伸，中国古代海上丝绸之路终于替代了中国古代陆上丝绸之路，成为中国对外交往联系的主要通道。

石狮蚶江六胜塔被列为全国重点文物保护单位的碑石

　　唐代，前来泉州贸易的外国商人主要是阿拉伯人和波斯人，还有东南亚以及印度、埃及、伊朗、日本、朝鲜等国家和地区的客商。公元七世纪初，阿拉伯国家正式派遣使节来中国，随后来者日多。唐朝"至武后时（684—704年），阿拉伯人经商于广州、泉州、杭州诸良港恒数万"。[1]

　　据《旧唐书·崔融传》记载，"天下诸津，舟航所聚，旁通巴汉，前指闽越。七泽十数，三江五湖，控引河洛，兼包淮海，弘舸巨舰，千轴万艘，交贸往来，昧旦永日"[2]。即《旧唐书·崔融传》载，"天下诸津，舟航所聚"，指的是江河水上交通很发达，来往船舶很多，促进了经济发展。唐朝时，中国河流纵横，交织成为巨大的水道交通网络，把沿海、江河沿岸及内地的许多城市联结起来。发达的江河水运交通有力地促进了货物流通，推动了商品经济的发展。

　　据《新唐书·二王传》记述，唐贞观十七年（643年），始见"市舶"之名。唐代，中国对外海上贸易十分发达，"市舶贸易"是其中的一种重要方式。[3]

①胡世庆：《中国文化通史》（下册），杭州：浙江大学出版社，2005年9月，第932页。
②（五代后晋）刘昫等：《旧唐书》卷之九十四，列传第四十四《崔融传》，简体字本二十四史，北京：中华书局，2005年3月，第2028页。
③（宋）欧阳修、宋祁等：《新唐书》卷之第一百一十二，列传第四十六《刘钟崔二王传》，简体字本二十四史，北京：中华书局，2005年3月，第3425页。

泉州锡兰侨民旧居已被列为省级文物保护单位

据《旧唐书·卢钧传》载："南海有蛮舶之利，珍货辐凑。旧帅作法兴利以致富，凡为南海者，靡不稇载而还。钧性仁恕，为政廉洁，请监军领市舶使，已一不干预"①。

据《旧唐书·玄宗纪》载，唐"开元二年（714年）十二月，右威卫中郎将周庆立为市舶使"②，即此时始见"市舶使"。

为了适应中外海上交通贸易的新形势，唐代设置市舶使，以管理外国商贸番舶进出港口、市舶征税以及海外交通贸易活动。从海外商贸交通航海而来的客商，在中国的海洋通商城市均可"列肆而市"。③

据《隋唐五代史》载："贸易货物，规以为利"，"通利商贾，民爱之"，"易天下百货，国以富饶"（通鉴），"南方海道，来者尤多，以其交通便易也。唐代中国所以管理之者曰市舶使"④。

在唐代晋江安海，"唐乾元间（758—760年），参军署在安海榷税"⑤。由唐朝参军署管理海外交通贸易事宜。

随着唐朝中国海上丝绸之路的兴盛，阿拉伯国家客商往返于广州、泉州港开展中外海洋商贸活动的日益发展，并与波斯人会集在一起，大规模地开展中外海上交通贸易。唐朝重视对番商的海洋交通贸易，岭南节度使和广州刺史负有招徕番商、鼓励中外海洋商贸的责任。⑥

① （五代后晋）刘昫等：《旧唐书》卷之一百七十七，列传第一百二十七《卢钧传》，简体字本二十四史，北京，中华书局，2005年3月，第3125页。
②（五代后晋）刘昫等：《旧唐书》卷之八，本纪第八（上）《玄宗李隆基》，简体字本二十四史，北京：中华书局，2005年3月，第111页。
③胡世庆：《中国文化通史》（下册），杭州：浙江大学出版社，2005年9月，第94页。
④吕思勉：《隋唐五代史》（下册），北京：北京理工大学出版社，2016年4月，第874~877、881页。
⑤许谋清、刘志峰主编：《千年安平》，北京：中国文联出版社，2007年4月，第220页。
⑥胡世庆：《中国文化通史》（下册），杭州：浙江大学出版社，2005年9月，第932页。

唐朝因"南海蕃舶"常到泉州港，而出现"岛夷斯杂"的盛况。为表示对中外海洋商贸活动客商的关怀，唐文宗大和八年（834年），下令保护到广东、福建的中外商贸船舶客商，规定对海外客商"常加存问。除舶脚、收市、进奉外，任其来往通流，自为交易，不得重加率税"。同时，唐文宗下谕岭南、泉州、扬州节度观察使，要经常慰问当地来自外国的客商番客、侨民。①

泉州锡兰侨民旧居已被列为省级文物保护单位

唐朝中国海外贸易如火如荼，开辟了从广州经由马六甲海峡进入印度洋，抵达印度、锡兰，再西入波斯湾、亚丁及红海地区的远洋航运的海路。前往中国进行海洋商贸活动的中东犹太人、波斯人以及阿拉伯人纷纷东来。中国东南沿海的交州、广州、泉州、明州（今浙江宁波）、扬州等沿海港口城市，因与海外商贸番舶互动频繁，如雨后春笋般兴盛起来，成为古代中国重要的对外海洋贸易港口。②

据《中国文化通史》记载，唐天宝年间，全国有315个州。唐朝中期至北宋时期，全国新增建立113个县，其中南方的县占97个。在这些南方县中，长江以南的县占79个。此时，唐王朝社会经济进入极盛发展时期。③

泉州伊斯兰圣墓被列为国家重点文物保护单位

唐朝安史之乱，中国封建国家统治的政治基础和经济基础都遭到了严重破坏。陆贽（754—805年），

①庄炳章：《泉州访古揽胜》，厦门：鹭江出版社，1993年6月，第5页。
②《泉州：宋元中国的世界海洋商贸中心文本文献》，国家文物局官网，2021年8月。黄森章：《南海神庙》，广州：广东人民出版社，2005年9月，第16、17页。
③胡世庆：《中国文化通史》（上册），杭州：浙江大学出版社，2005年9月，第111、174页。

字敬舆，吴郡嘉兴（今浙江嘉兴）人，是唐朝中期卓越的政治家（范文澜的《中国通史》）。唐贞元八年（792年），陆贽身居宰相之位，励精图治，远见卓识，提出"民为邦本，本固邦宁"，"立国之本，在乎得众"，"均节赋税恤百姓六条"①。据《隋唐五代史》记载："西来商舶，前世本集交州。南朝以来，渐徙西北，而广州遂夺交州之席，盖以其去中原近也？"陆贽上书唐德宗皇帝："远国商贩，惟利是求，缓之斯来，扰之则去。广州素为众舶所凑"②。陆贽推进唐朝鼓励积极发展海外交通贸易经济，曾经产生了深远的历史影响。

三、开辟世界上最长的海洋商贸航线

泉州留存的古印度教石雕文化遗存（泉州海交馆陈列）

中国古代海上丝绸之路，分为东海航线和南海航线两条线路，其中主要是以南海航线为中心，是古代中国与外国海洋交通贸易经济和文化交往的重要海上通道。中国古代海上丝绸之路，形成于秦汉南北朝，兴盛于隋唐时期，鼎盛于宋元时期，转变于明清时期，由盛及衰。这是一条最为古老的中外海洋商贸交通航线。

南海海丝航线，即中国古代"海夷道"，是一条由中国东南沿海通往东南亚、印度洋北部诸国、红海沿岸、东北非和波斯湾诸国的海上交通航路。③泉州之所以能够成为中国汉唐海上丝绸之路的起点和重要发祥地，最为重要的一个原因是隋唐时期泉州已经成为中外海洋商贸外销货物的重要生产基地和主要集散地。大批从泉州出发驶经广州港口的海洋商贸船舶，驶向海南岛东面海域，直穿西沙群岛海面抵达南海诸国（今东南亚各国），再穿过马六甲海峡进入

---

① （五代后晋）刘昫等：《旧唐书》卷之一百三十九，列传第八十九《陆贽传》，简体字本二十四史，北京：中华书局，2005年3月，第2577页。
② 吕思勉：《隋唐五代史》（下册），北京：北京理工大学出版社，2016年4月，第883页。
③ （宋）欧阳修、宋祁等编纂：《新唐书》卷之四十一，志第三十一《地理志（五）》，简体字本二十四史，北京：中华书局，2005年3月，第691页。

印度洋，直驶抵达印度、锡兰，再西入波斯湾、亚丁及红海地区的远洋航路，将通往西方的海道与往新罗的海道连接起来。这是当时世界上最长的远洋商贸交通航线。①

著名的莆田贤良港妈祖庙

隋唐五代时期，泉州作为外销陶瓷器的重要生产基地和主要集散地，在成就开辟中国古代最长的远洋商贸交通航线方面，发挥着重要的作用。

隋唐五代时期，广州成为中国古代海洋商贸的第一大港、世界著名的东方港市。随着中外海洋商贸航路纷纷开通与持续不断地延伸发展，中东商人如犹太人、波斯人以及阿拉伯人，纷纷东来泉州、广州等港口，各国商人、使臣和商船来往不绝。满载货物的商船来往于南中国海和印度洋上，乘风破浪，扬帆航驶。中国南方造船技术和海船业的发展，航海技术明显提高，中国商船的海洋远航能力大为加强，并与东南国家保持着友好关系。②

早期在阿拉伯帝国统御下的西亚和北非很多的地缘板块，在共同维护、发展中国古代丝绸之路的欣欣向荣和畅通往来，曾经带来前所未有的共同利益。隋唐五代时期兴起的中国古代海上丝绸之路，与海上丝绸之路沿线国家进行海洋商贸活动的持续兴盛，是一个永载人类社会文明史

彰显泉州的世界海洋商贸中心地位的提举市舶司旧址

---

①泉州海外交通史博物馆、泉州市博物馆陈列的文献资料。

②吕思勉：《隋唐五代史》（下册），北京：北京理工大学出版社，2016年4月，第591~598页。

册的辉煌时代，具有重要地位和历史影响。

唐代的"安史之乱"导致唐朝逐步走向衰亡。随着唐代中国海上丝绸之路的崛起，中国与西亚的陆上丝绸之路交通线最终崩断。隋唐时期，曾经出现国家分裂割据状况，也只是短暂时间。同期的世界上其他地区，包括西欧、拜占庭、印度等地，仍然处于长期的封建割据状态。而由一些强大部族建立的国家，政治也极不稳定。阿拉伯人建立的大食帝国，在八世纪中叶已分成为东西两大部分。随后，以巴格达为中心的阿拉伯帝国，也在九世纪时分崩离析。①

四、记述泉州汉唐海外交通贸易活动的史籍

据《汉书·地理志》《后汉书》等早期志书史籍载，西汉后期至东汉时期以来，东冶县泉山先民的海船就参加转运从"东冶县东冶港"出发，经广州的外销陶瓷器等外销货物，参加开辟中国古代"南海航线""海夷道"的海洋商贸船舶交通航线。②

由于历史原因，至今还没有发现隋唐之前有泉州地方志书史籍文献记述与中国古代丝绸之路相关的泉州社会经济发展情况。在两宋至元代之后，才出现大量记载泉州与中国古代丝绸之路的社会经济发展情况的相关史籍文献。

古代泉州海洋商贸经济的形成发展是一个十分漫长的历史过程，起源于两汉，发展于魏晋，兴盛于隋唐，而鼎盛于宋元时期。从两汉时期以来，东冶县泉山自始至终参与了中国古代海洋商贸经济的发展进程。从两汉至隋唐五代时期，泉山南岳庙又称南海古庙，自始至终参与并见证了中外海洋商贸经济的历史发展进程。

据《隋书·东夷传》记载："流求国，居海岛，当建安郡东。水行五日而至"。这就是说，从当

晋江池店霞福村唐墓考古发掘的唐代青釉钵（泉州市古代外销陶瓷博物馆陈列藏品）

---

①胡世庆：《中国文化通史》（下册），杭州：浙江大学出版社，2005年9月，第918、931页。
②（南朝宋）范晔编纂、李贤注：《后汉书》卷之三十三，传第二十三《郑弘传》，简体字本二十四史，北京：中华书局，2005年3月，第774页。

时已经开展海洋商贸经济活动的建安郡泉州，到流求航海需五天。隋朝时，"流求国"在史籍中，有的指今台湾岛，也有指今琉球岛。①据《隋书·倭国传》记载："倭国，在百济、新罗东南，水陆三千里，于大海中依山岛而居"②。隋朝，泉山先民曾经前往"流求国""倭国"，开展海洋商贸交流活动，对当时的流求国和倭国所发生的史事，进行详细记录。

唐朝时泉州经济社会已进入江南地区的先进行列，大大超过战乱不断的北方中原地区。经济重心已转移到中国南方，从而为古代泉州海洋商贸经济的蓬勃崛起，创造了良好的经济条件和发展环境。

2009年12月，由中国文史出版社出版的《泉州古城历代碑文录》，收录泉州地区最早自唐朝五代时期的碑石仅有8方，即《雷篆石刻》《尊胜陀罗尼经幡题刻》《东湖二公亭碑》《六曹新都堂署记》《泉州北楼记》《泉州开元寺佛殿碑记》《武肃王神道碑铭并序》《开元寺陀罗尼经幡题刻》。③泉州现存唐代8方碑石碑文，成为反映泉州地方局部史事的重要文献。

位于泉州的元朝的古代印度教文化遗迹

据明《八闽通志·地理·泉州府》载，"（泉州）水陆据七闽之会，梯航通九译之重"，"惠安县：东南频海，西北依山。陆通闽广，水达诸蕃"④。尽管唐朝五代时期，没有专著记述古代泉州开展中外海洋商贸经济活动的史籍文献图书，但是，隋唐以来志书史籍和文史资料，仍然有研究性论文记述一些泉州开展中外海洋商贸经济交流的活动。

① （唐）魏徵：《隋书》卷之八十一，列传卷之四十六《东夷传》，简体字本二十四史，北京，中华书局，2005年3月，第1217页。
② （唐）魏徵：《隋书》卷之八十一，列传卷之四十六《倭国传》，简体字本二十四史，北京，中华书局，2005年3月，第1225页。
③ 吴乔生、林德民、林胜利：《泉州古城历代碑文录》，北京：中国文史出版社，2009年12月，第1~5页。
④ （明）黄仲昭：《八闽通志》卷之二，《地理·郡名·泉州府》，福州：福建人民出版社，1990年5月，第174页。

隋唐时期林銮家族开展海外交通贸易活动[①]。

蔡永蒹（1776—1835年），晋江东石人，生于航海世家，读过许多古藏书，志壮航海商贸，拓海兴田，足迹遍至东南亚等国家，阅历广博。蔡永蒹所撰的《西山杂志》，是一本记述古代晋江地方乡土史实的文史资料，也是一本记述东晋至五代时期以来晋江著名航海家林銮家族长期开展海外交通贸易活动的历史文献。

林銮，字安东，晋江东石人，唐朝泉州著名航海家，是中国古代海上丝绸之路值得一提的著名海商。林銮的曾祖父在隋代时开辟夷州海上航道，十分熟悉海洋航行。林銮继承祖上家业，延续古代泉州的中外海洋商贸活动的悠久历史，林氏家族拥有大海船数十艘。唐开元八年（720年），林銮家族海商船队首航渤泥（今加里曼丹岛），航行"群夷"开拓了南洋（东南亚地区）群岛航线，为泉州开辟中外海洋商贸之路、"梯航万国"打下坚实基础。

泉州保存的古代印度教寺和祭坛的石刻遗存（泉州海交馆陈列）

据《西山杂志》载，唐开元八年（720年），林銮家族海商船队曾经航行：东至夷州、琉球、南达菲、蒲端、甘棠、渤泥、三佛齐，西南达维力、扶南、占城、交趾等海港。唐朝林銮的林氏家族海商船队停靠在泉州海湾的港口，主要分布在肖家港、王家港、柯家港、李家港、中舍港、东石港、后湖窟港、桂林港、安平港、溪边港等。

与此同时，林銮家族海商船队也引来番舶前往泉州开展海上交通贸易，时

---

①泉州海外交通史博物馆、泉州市博物馆陈列的文献资料。石狮市文体旅游广电新闻出版局编：《乐游石狮》，福州：海峡文艺出版社，2016年4月，第42页。王云传主编：《晋邑史林》，晋江市历史文化研究会编，2014年7月，第160、161页。林少川、林丽珍主编：《西山杂志辑佚与研究》，德宏：德宏民族出版社，2022年12月，第5~12页。

因"蛮人喜彩绣，武陵多女红"，以彩缎换香料为多。

唐朝开元年间，林銮的儿子林光复独自开展海上交通贸易，也成为晋江林氏海商家族中的一方富豪巨贾。

据《西山杂志》载，晋江沿海畲家人多从之往。"唐开元八年（720年），林銮舟至渤泥、台湾，引入蛮舟，恐被礁石，故造七星塔"。为引蛮舟，即满足中外航海商贸船舶的需求，唐开元年间（713—741年），林銮投入巨资，用近20年的时间，请善于建造石塔的工匠，从晋江围头到安海港东石澳的沿海地区，兴建了包括钟厝塔（埔头塔）、钱厝塔（倒狮塔）、石菌塔（龙吟塔）、塔头塔（虎啸塔）、西港塔（凤鸣塔）、石兜塔（马嘶塔）和围头塔（象立塔）等七座古石塔，俗称七星塔，以作为泉州中外海洋商贸船舶引航的海上航标。

据《西山杂志》载，"唐开元十年（722年），林銮海引蛮舟，沿海从之往日众。蛮舟蕃商旅览，此时溪边、新店已设立馆驿"。与此同时，林銮还在晋江桂林（井林）设运销仓库，在晋江菌柄纺麻制船绳，在北港新店设中外海洋商贸货物的集散场，在晋江池店、五店市、福埔、佘店等地建造接待来自海外的商贸客商的馆驿。这也充分说明在唐开元年间，晋江沿海已经有许多海外客商来到泉州古城开展海洋商贸活动。[①]

唐朝航海家林銮在晋江蚶江古渡头建造颇有规模的海船商贸码头，被誉为林銮古渡，又称通济桥。全长130米，采用长石条纵横砌筑，古老巨石古渡面对茫茫大海，天然岩石上依稀可辨曾经凿有数条石阶梯和穿系船的缆绳的石孔，以及明崇祯十二年（1639年）立的通济桥残碑。林銮古

泉州古城保存的古代域外印度宗教石雕文化遗存（泉州海交馆陈列）

---

①黄鸿源：《乡土潘湖》，香港：风雅图书出版有限公司，2017年12月，第122页。

渡十分坚固，至今保存完好七星塔和林銮渡，充分见证了唐朝林銮家族开展中外海上贸易交通的经营活动进入巅峰，也充分展现唐朝泉州对外海洋商贸活动的兴盛繁荣。

元朝时泉州开元寺古代印度教古石雕

唐天宝年间（742—756年），泉州与广州、宁波、扬州已经成为中国四大海洋商贸港口。据《西山杂志》载，此时的林銮雄心勃勃地在晋江后湖窟建造海船。唐天宝年间，王尧从渤泥运来木材为林銮造船，建造的海船长十八丈，高四丈五尺许，做圆尖形。分为上下两层，有15间货仓，可容载货物三万余担。当时林銮建造有10余艘大帆海船，最大的一艘海船可容纳1500吨货物。后来，林銮建立的家族海商船队拥有大帆海船多达百艘。

据《西山杂志》载：林銮的林氏家族商贸海船队，走遍东南亚各地，在日本、菲律宾、印尼、马来西亚、越南等地都留下林銮商贸船队的足迹。当时，海上交通贸易是以物易物的方式。林銮从晋江东石港运往东南亚的外销商品，主要有丝绸、茶叶、竹编、陶瓷等，而换来的是象牙、香料茴香、犀牛角、楠木、樟脑等，从而获取丰厚的商贸利润。

据《西山杂志》载，唐僖宗乾符年间（874—879年），林銮九世孙林灵仙建立的林氏家族船队，已拥有特大海船达百艘，仍在夷州（即台湾）、渤泥、占城（即今越南）等地的洋面上航行，继续把海上交通贸易做得红红火火，航海经商而致富百万。

五代十国时期（944年），晋江林銮裔孙林仁翰寓居福州。在福州仍从事林氏家族海商船队的经营活动，具有社会影响。

据《西山杂志》载，"林氏自东晋至唐乾符年间，经三百余年，均以海上贸易为业。因经商有法，往来倍利，世称百万"。由于林銮祖辈家族长期从事海洋商贸活动，"往来倍利"，晋江先民纷纷仿效从之。同时激励并推进泉州沿海先民积极参加海外交通贸易活动。

蚶江港林銮古渡遗址，印证了古代泉州一直延续的海外交通贸易史，也见证了蚶江港海上交通贸易曾经十分繁荣的史实。

自东晋时期以来，晋江林銮祖辈家族建立的海洋商贸船队，世世代代传承的对外海洋商贸经济活动，是古代泉州海上丝绸之路能够延续两千多年历史真实、典型的缩影。

五、泉州成为外销商品的重要集散地

晋代，南安丰州莲花峰以盛产茶叶而闻名海内外。在丰州古石亭的附近，原存有东晋"太元丙子（376年）莲花荼襟"的摩崖石刻。隋唐中国茶叶的种植，已经遍及全国八大茶区的43个州郡，茶叶的种植和外销已经蓬勃发展。①据《元和郡县图志》记载："每岁出茶七百万驮，税十五余万贯"。据《文献通考·征榷四》记载："出茶州、县若山及商人要路，以三等定估，十税其一，自是岁得钱四十万"。唐德宗建中元年（780年），开始对茶叶课税。唐贞元九年（793年），唐朝廷在主要产茶州

东晋太元丙子（376年），九日山莲花峰石亭寺后的摩崖镌刻有"莲花荼襟"，印证泉州茶叶生产历史悠久

郡及交通要塞委派盐铁度支巡院设置茶场，由主管官吏分三等定价，在唐朝中期以后茶税成为国家的重要收入，因此在历史上成为正式设立税茶之始。②

唐朝，泉州茶叶种植已有规模，种植、贩运茶叶形成了一大经济收入。③饮茶的习俗从南方传到北方，逐渐普及。据2015年出版的《福建茶业》第六期刊载福建省农业科学院茶叶研究所等单位研究人员撰写的《历史上福建港口的茶贸之路》文章，记述唐朝时期泉州港口茶叶外销的情况。唐朝

①王宁主编：《中国文化概论》，长沙：湖南师范大学出版社，2001年4月，第83页。
②胡世庆：《中国文化通史》（上册），杭州：浙江大学出版社，2005年9月，第101页。
③庄炳章：《泉州访古揽胜》，厦门：鹭江出版社，1993年6月，第83页。

泉州港是古代中国茶叶外销的重要集散地。古代中国的茶叶通过世界海洋商贸外销各地，甚至远及波斯、大食。

隋唐时期，泉州的农业、水利、手工业等取得较大进展，手工业生产的丝绸、纺织、陶瓷、矿冶，以及造船业等迅速发展，出现经济繁荣局面，已经形成具有一定外销规模的陶瓷器、铁制品、丝织品、茶叶等商品的手工生产制造能力。泉州出产的精美丝绸，也是隋唐时期的大宗出口商品。泉州具有适合于中外船只避风的晋江内河和许多海湾港口，并使得泉州成为古代中国对外海洋商贸交通船舶的主要商品集散地和重要货物转运中心。其中泉州以外销"泉缎"最为著名。"泉缎"质地精良，花色多样，轻便耐久。与此同时，在泉州大量

泉州考古出土的唐朝青釉刻莲纹瓷瓶（泉州海交馆藏品）

外销产品中，还有茶叶、铁器等。现存于泉州开元寺内的一千多年古桑树，彰显唐代泉州地区养蚕制丝绸的辉煌历史。

据泉州博物馆和泉州海交馆陈列的史籍文献显示：隋唐时期，泉州与70余个国家和地区有商贸往来，中外海外商贸交通畅达东西两洋，东至日本，南通南海诸国，西达波斯、阿拉伯国家和东非等地。泉州港是当时国际上重要的贸易港，也是中外各种商品的主要集散地之一。泉州外销出口商品以丝绸织品和陶瓷器为大宗，还有金属、杂货、药物、茶叶、干姜、海盐、绮罗、绢布、棉丝、蕉布、葛布、铜器、铁器等。经泉州港进口的有香料、宝货珍玩、工业原料、纺织品、金属物、器用品、副食品等。[1]

唐初，福建只有三个州：泉州、丰州、建州。其后又增加设立漳州、汀州。[2]唐朝是泉州农耕社会发展的最好时期之一。据《新唐书·百官》记载，唐开元

[1]泉州海外交通史博物馆、泉州市博物馆、晋江市博物馆陈列的文献资料。
[2]泉州市鲤城区政协文史委员会：《泉州鲤城文史资料》第6、7合辑（总第24、25辑），1991年1月，第200页。

二十一年（733年），设福建经略
使，始称"福建"。①

　　唐朝泉州是中国海上丝绸之
路的重要港口。此间，伊斯兰教
穆罕默德门徒三贤少谒储、四贤
我高士来泉州传播伊斯兰教。后
卒葬于泉州东郊灵山，俗称泉州
圣墓。"1962年6月15日，《星
洲日报》题为回教传入中国的历

1961年3月，泉州伊斯兰清净寺被列为全国重
点文物保护单位

史……证明阿拉伯人先是从海路入泉州传教的，时间是始于初唐。因为泉州在
唐初开埠以后，曾经开辟了远洋航线。……《旧唐书》记载，乃是在永徽二年
（651年），大食王遣使朝贡起，同时那时造船业已逐渐发达了"②。

　　据《中国文化通史》记载，唐天宝年间鉴真和尚东渡日本，当时追随这位
高僧东渡的十四名弟子中，和尚昙静来自泉州的。唐朝五代时期，泉州与古代
高丽、日本的海洋贸易关系就已非同寻常，大量从高丽和日本进口的货物从泉
州进入中国，大量中国的陶瓷、丝绸等外销商品，也从泉州进入高丽和日本。③

　　唐朝，晋江河流水运和海上运输的造船业十分繁荣，外销陶瓷器生产已有
大发展，成为泉州海外交通贸易发展的重要资源之一。④

　　值得特别关注的是，举世瞩目的泉州"市井十洲人""船到城添外国人"，
说的就是唐朝泉州蓬勃兴盛的海洋商贸经济活动。

　　唐朝泉州的陶瓷器手工业生产相当发达，陶瓷器生产遍布于晋江两岸流
域、东西溪河沿岸，品种繁多，造型各异，色泽晶莹，图案美观，在外销商
品中占有极其重要的地位。在日本沿海、南洋群岛和印度洋沿岸，乃至东北

---

① （宋）欧阳修、宋祁等：《新唐书》卷之四十九，志第三十九《百官四·节度使》，简体
字本二十四史，北京：中华书局，2005年3月，第855页。
②泉州市鲤城区政协文史委员会：《泉州鲤城文史资料》第6、7合辑（总第24、25辑），
1991年1月，第199页。
③胡世庆：《中国文化通史》（下册），杭州：浙江大学出版社，2005年9月，第895~899页。
④庄炳章：《泉州访古揽胜》，厦门：鹭江出版社，1993年6月，第134页。

非，常有古代泉州的瓷器被出土发现。①隋唐时期的陶瓷器十分畅销。泉州不久成为外销陶瓷器十分重要的生产基地，而且成为外销陶瓷器十分重要的集散地。

六、泉州成为中外海商船舶的云集之地

唐朝更多的泉州商人出海远洋航行开展贸易活动。泉州从事海洋商贸的客商被称为"舶户"或"舶商户"。唐朝廷鼓励泉州"舶商户"招引海外"蕃商"来泉州贸易，州县免除他们的杂役。泉州海商与东南亚、印度、非洲各国进行海洋贸易往来，严守信用，买卖公道，受到欢迎。中外海洋商贸经济活动的丰厚利益，吸引着数以万计来自亚洲、欧洲、非洲的各国客商、传教士、使者、旅行者、贵族和平民，来到泉州古城聚居。其中，尤以波斯人、阿拉伯人、印度人和欧洲人为最多。唐朝廷在泉州设立"参军事四，掌出使导赞"，积极发展泉州与阿拉伯和波斯的穆斯林客商间的海洋商贸关系。

古代泉州古城内外居住有数以万计的外国人。他们或来经商，或来旅游，或来传教，或来考察，许多人长期在泉州定居，有的被唐朝政府授以地方官。他们与泉州先民和睦相处，友好往来，有的还与泉州先民通婚，繁衍生息。他们聚居的地方称为"蕃坊"。唐朝政府和泉州先民尊重他们的风俗习惯，关心他们的生活。他们以民主方法选举自己的"蕃长"，兴建自己信仰的教堂或宫庙，创办自己语言的学校"蕃学"。古代泉州外来"蕃商"享有经商和信仰自由，中外商贸往来频繁，东西文明互动，多元文化激荡，最终造就宋元时期的泉州崛起，成为世界东方第一大港。②

泉州八卦沟彰显泉州唐朝古城历史悠久

---

① 泉州市文物局、泉州市文物考古研究所编：《泉州文物·国宝篇》，北京：九州出版社，2021年6月，第148页。
② 吴幼雄：《泉州宗教文化》，厦门：鹭江出版社，1993年6月，第182、183页。

在广东省南海海域考古发掘发现的著名"中国南海一号"南宋商船，从船型和陶器分析判断，是一艘从泉州港出发，驶向东南亚或西亚的福船型大海船，进行海域商贸活动，船上货物中有大量生产于泉州磁灶窑、德化窑等地的外销陶器产品。迄今发

晋江民众每年在南海古庙前隆重举行祭典活动

现的海上沉船中年代最早、船体最大、保存最完整的远洋贸易商船中国"南海一号"，考古打捞出水18万件陶瓷器文物精品中，德化瓷占三分之一。1999年，考古发掘的"泰兴号"古沉船，打捞出水的35万件瓷器都是德化瓷。1984年，考古发掘荷兰东印度公司"南京号"的古沉船，出水古瓷器14万件，其中有大量德化白瓷和青花瓷。[1]

唐朝泉州对外海洋商贸经济已经是十分兴盛繁荣，大批海外客商聚集、聚居于泉州古城。在著名的中国唐诗作品中可以发现、证实，唐朝有多名诗人曾经来到泉州，从不同视角，分别描绘当时的泉州古城已经到处呈现"市井十洲人"的盛况！

唐玄宗天宝年间（742—756年），李侍君赴泉州，诗人包何称赞十分繁华的泉州。包何，今江苏丹阳人，唐天宝七载（748年）登进士。包何在诗中生动地记述了唐朝时泉州港的兴盛画面，出现海外交通贸易繁荣盛况，侨居泉州的阿拉伯人数难以尽述。包何在《送李侍君赴泉州》诗中曰：[2]

> 傍海皆荒服，分符重汉臣。
>
> 云山百越路，市井十洲人。
>
> 执玉来朝远，还珠入贡频。
>
> 连年不见雪，到处即行春。

---

[1] 泉州市政协文史和学习宣传委编：《刺桐博物》，2018年11月，第142页。
[2]（清）彭定求等编纂：《全唐诗》卷之二百零八，《包何·送李侍君赴泉州》。庄炳章：《泉州访古揽胜》，厦门：鹭江出版社，1993年6月，第5页。

据《泉州府志·山川》载，万安山距郡城东北二十华里，唐福建观察使柳冕置万安监牧马于此，故名。万安之名早于洛阳。海上桥梁未兴建时，此地港口曰"万安渡"。唐会昌年间（841—846年），万安改名为洛阳。宋代，闻名天下的古代泉州海上桥梁洛阳桥，为此又名万安桥。①

薛能（817—880年），河东汾州（即今山西汾阳县）人。唐朝大臣，著名诗人，进士及第，历官御史、刺史、权京兆尹，授工部尚书，先后任感化军、武宁军和忠武军节度使。薛能一生仕宦他乡，游历许多地方。唐大中年间薛能来到泉州，见到中外海洋商贸船只到达繁忙的泉州古城港口后，又增添了许多外国人。薛能撰《薛能诗集·送福建李大夫》诗曰：②

泉州保存的古代印度宗教文化遗存

洛州良牧帅瓯闽，曾是西垣作谏臣。

红旆已胜前尹正，尺书犹带旧丝纶。

秋来海有幽都雁，船到城添外国人。

行过小藩应大笑，只知夸近不知贫。

唐会昌四年（844年），阿拉伯人伊本·胡尔达兹比赫著的《道程及郡国志》（又名《道里邦国志》）载：古代中国有四大海港，即交

见证泉州与海外商贸交流的泉州白耇庙文物保护碑石

---

① （宋）欧阳修、宋祁等：《新唐书》卷之一百三十二，列传第五十七《柳冕传》，简体字本二十四史，北京：中华书局，2005年3月，第3571页。庄炳章：《泉州访古揽胜》，厦门：鹭江出版社，1993年6月，第93页。
② （清）彭定求等：《全唐诗》卷之五百五十八，《薛能·送福建李大夫》，北京：中华书局，2003年7月。泉州海外交通史博物馆陈列的文献资料。

州、广州、泉州、扬州。[1]据《闽书·方域志》载，唐会昌年间（841—846年），由于唐武宗灭佛，延及游方泉州的摩尼教呼禄法师和教徒等被害，葬于泉州清源山麓下。[2]

唐大中年间（847—860年），天竺僧人释智亮（号祖膊和尚）驻锡泉州开元寺东律院弘传佛法。他常与其师慈感到戴云山结庐而居，写下赞美戴云山诗句：“戴云山顶白云齐，登顶方知世界低。”[3]

国家的社会安定，是经济持续发展的根本保证。在古代中原持续社会动荡时期，远离中国古代政治中心的泉州海港，在巨大的海洋商贸经济利益的驱动下，持续开辟通往阿拉伯、印度等各国的远洋航道。隋唐时期，泉州开展对外海洋商贸活动异军突起，欣欣向荣，中外客商云集为市。唐朝诗人包何《送李君使赴泉州》诗文咏赞泉州“市井十洲人”，唐朝诗人薛能《送福建李大夫》诗文咏赞泉州“船到城添外国人”，充分反映唐朝泉州古城已经居住了许多往来开展海洋商贸活动的外国人盛况。唐朝诗人咏赞泉州云集中外客商和船舶的诗文，已经充分印证：

古老的万寿石塔

唐朝中期以来，泉州港已经跻身于中国四大对外通商港口之列，与扬州、广州、交州港成为中国与亚洲等国家海外贸易的重要港口。[4]

由于隋唐时期泉州海洋商贸经济十分兴盛，许多中外海洋商贸船舶往返于泉州开展海洋商贸活动，给古代泉州带来十分丰厚的经济收益，为泉州古城的兴建和扩建提供了雄厚的经济财力。

① （阿拉伯）伊本·胡尔达兹比赫著，宋岘译注：《道里邦国志》，北京：中华书局，1991年12月。
② （明）何乔远：《闽书》卷之八，《方域志·泉州府晋江县》。吴幼雄：《泉州宗教文化》，厦门：鹭江出版社，1993年6月，第283页。
③ （清）彭定求等：《全唐诗》卷之八百二十三，《智亮》，北京：中华书局，2003年7月。
④泉州市文物局、泉州市文物考古研究所编：《泉州文物·国宝篇》，北京：九州出版社，2021年6月，第2页。

唐朝，泉州兴修规模浩大的东湖水利工程。据泉州地方史籍记载，古代东湖面积约达40公顷。唐朝欧阳詹曾诗赞古泉州东湖云："含之以澄湖万顷，揖之以危峰千岭"①。

唐朝兴建泉州城池，有罗城和子城。即子城内城，周长3里，设四座城门。罗城即外城，周长20里。罗城设七座城门，即东门（仁风）、西门（义成）、南门（镇南）、北门（朝天）、东南门（通淮）、西南门（临漳）、新南门（通津）。《闽书》载："即留从效开府建牙（即衙城）之地。"南唐保大至五代年间（943—957年），泉州古城完整形成衙城、罗城和子城等三重城垣的城池格局。②

据泉州博物馆和泉州海交馆陈列的史料，唐朝后期是亚洲海洋商贸发展史极为重要的转折点。东西方的经济文化交流主要渠道，已经由陆上转向海洋。中东与古代中国间建立了以西印度洋、东印度洋和古代中国南海为区域的海洋商贸圈。古代泉州港与世界上近百个国家和地区，都有经贸往来。这些国家和地区主要分布在阿拉伯半岛、印度半岛、南洋群岛、中南半岛和东亚地区，甚至远及非洲东北沿岸，其中以阿拉伯地区为最。③

泉州港是中国古代海上丝绸之路的重要发祥地，不仅是海港大船舶多，货物吞吐量大，通商的国家又多，而且在古代历史文献记载表明其是世界海洋商贸的交通中心。在赵汝适的《诸蕃志》、汪大渊的《岛夷志略》、周致中的《异域记》和《元史》等文献史籍中，均将古代中国泉州作为海洋航运的交通起点，计算与各个通商国家的航程距离。泉州港建立了与世

始建于唐朝的临漳门是泉州古城的标志性建筑

①庄炳章：《泉州访古揽胜》，厦门：鹭江出版社，1993年6月，第87页。
②张惠评、许晓松：《泉州古城古街名巷名居》，福州：海峡书局，2014年12月，第6页。庄炳章：《泉州访古揽胜》，厦门：鹭江出版社，1993年6月，第2页。
③泉州海外交通史博物馆、泉州市博物馆、晋江市博物馆陈列的文献资料。庄晏成主编：《泉州历史人物》，厦门：鹭江出版社，1991年5月，第40、42页。

界各国的海上商贸交通航线形成了四通八达、纵横交错的古代海上丝绸之路网络，也为世界沿海国家带去欣欣向荣的经济繁华。[1]

唐末同安北辰山王审知兄弟在开闽肇始地兴建的广利庙

正是在中国东南沿海航运业和海洋商贸活动的繁荣时期，以及古代海上丝绸之路兴盛崛起的历史背景下，同时为古代泉州民间兴建、修建和扩建包括泉州南海古庙（南岳庙）在内的大批宗教民间信仰宫庙提供十分雄厚的财力支持。

七、五代时期泉州持续兴盛的海洋商贸活动

公元907年，朱温灭唐朝自立。期间，中原地区接连出现五个朝代，即后梁、后唐、后晋、后汉、后周，合称五代。五代时期，环绕中原地区主要建立在中国南方的十个封建割据政权，合称十国。[2]

五代时期，北方、中原战乱频繁，而地处东南一隅的福建，又一次成为北方、中原人民避乱南迁的乐土，大批中原先民迁居泉州。古代泉州社会稳定发展，对外海洋商贸活动持续兴盛，为中国古代丝绸之路的发展做出了历史贡献。[3]

（一）开闽三王保境安民和发展海洋商贸互市

中国古代陷于分裂动荡的五代十国时期，地方割据势力相继或并时兴起，年年血战。北方新兴的契丹（辽）帝国又屡屡向

泉州皇迹山的南唐武肃王陵园

①泉州海外交通史博物馆、泉州市博物馆、晋江市博物馆陈列的文献资料。
②胡世庆：《中国文化通史》（上册），杭州：浙江大学出版社，2005年9月，第34页。
③泉州市博物馆陈列的文献资料。

南进入中原大地，全国战火血腥，人民水深火热，中原地区农耕社会经济发展停滞。

据《隋唐五代史》载，唐乾符、广明年间，由于唐王朝皇帝奢侈日甚，用兵不息，赋敛愈急，潼关以东连年水旱，州县不以实闻，上下相骗，人民或流离、或饿死，无所申诉，乃相聚起兵，劫掠为生，最终导致"唐室乱亡"。唐乾符年间（874—879年），河南濮阳王仙芝聚众数千，起义于河南长垣。同时全国大蝗，自西而东蔽日，赤地千里。黄巢率领农民起义军大掠江陵，焚荡殆

历史悠久的泉州三王祠

尽，僵尸满路。各地节度使兵变。黄巢继续西进，连陷洛阳、潼关，入长安称帝，国号齐。①

唐光启二年（886年），中原地区群雄割据，战乱不已，动荡不安。因中原地区政治腐败、民不聊生，加上严重的自然灾害，河南光州固始人王潮、王审邽、

王审知三兄弟率5000名军士和跟随起义的大批中原民众进入福建，南迁时泉州已是十分繁荣的贸易港口。②

据《十八将随王 九十姓从军》一书史料记载，王潮、王审邽、王审知三兄弟所率将领军士入闽。此次入闽的军校官佐计有58个姓，以及可考的兵士有90多个姓氏。中原先民为了避乱被迫大规模南迁。这些中原先民的后代大部分在泉州繁衍生息，并为开发建设泉州做出了历史贡献。③时王潮被授封为泉州刺史，在职四年，积极发展海外交通贸易，保境安民，深得民心。卒后封秦国公，谥广武。④王潮临终遗命，以王审知为继承人。后梁时，王审知被授封为闽王。王潮、王审邽、王审知被尊称为"开闽三王"。如今，泉州皇迹山武肃

①吕思勉：《隋唐五代史》（上、下册），北京，北京理工大学出版社，2016年4月。
②王光辉：《十八将随王 九十姓从军》，香港：香港文学报社，2015年1月，第250页。
③王光辉：《十八将随王 九十姓从军》，香港：香港文学报社，2015年1月，第294页。
④庄炳章：《泉州访古揽胜》，厦门：鹭江出版社，1993年6月，第126页。

王墓前立有的《武肃王神道碑铭并序》碑石，仍然保存完好，记载王审邽家族入闽开疆拓土、繁衍生息的沧桑岁月。①

泉州皇迹山的武肃王陵园已被列为省级文物保护单位

据《隋唐五代史》记载："审知岁遣使泛海，自登（州）、莱（州）朝贡于梁，使者入海……招徕海中蛮夷商贾，海上黄崎，波涛为阻。一夕，风雨雷电震击，开以为港。闽人以为审知德政所致，号为甘棠港"，继续推动发展对外交通贸易。②宋王象之的《舆地纪胜》载，甘棠港，在闽县，旧名黄崎港。

偏安中国东南沿海的泉州，在王潮、王审邽、王审知三兄弟入闽之后，在政治上采取保境安民的措施，为古代泉州社会经济的发展提供了一个相对安定的环境，政通人和。在经济上，减轻百姓负担，鼓励垦殖，兴修水利，发展生产。进入五代时期，继续推动泉州的海外交通贸易。③

五代十国时期，泉州为闽国辖地。开闽三王重视海外贸易交通，据《泉州府志》《晋江县志》均记载，五代十国时期的王延彬任泉州刺史（904—929年）："前后在任二十六年，岁屡丰登，复多发蛮舶，以资公用。惊涛狂飙，无有失坏，郡人藉之为利，号招宝侍郎"。即王延彬任泉州刺史前后26年，岁屡丰登，境内升平，复多发海舶，藉此获

泉州大开元寺柳三娘造塔，南宋绍兴十五年（1145年）建造

①吴乔生、林德民、林胜利编：《泉州古城历代碑文录》，北京：中国文史出版社，2009年12月，第5页。
②吕思勉：《隋唐五代史》（下册），北京，北京理工大学出版社，2016年4月，第883页。
③陈世兴主编：《泉州学研究》，福州：福建教育出版社，2002年4月，第313页。泉州市政协文史和学习宣传委编：《刺桐博物》，2018年11月，第23页。

利，全力推动泉州的海外交通贸易，推动泉州造船业的持续发展，积极"招徕海中蛮夷商贾"，大大地提高泉州地方的财政收入，被尊称为"招宝侍郎"，并给泉州海洋商贸经济繁荣带来勃勃生机和发展活力。这里的"蛮舶"，泛指中外互市的海洋商贸船舶。①

泉州古城楼威远楼

自两晋至五代时期，大批持续南迁原东越国泉山（今泉州）的北方和中原先民，带来了中原河洛语言的北方官话方言，至此已经成为泉州盛行的地方语言，独具一格，根深蒂固。北方方言已继续融入泉州方言系统，最终成为闻名天下的泉州闽南语方言。②

（二）五代留从效、陈洪进发展海洋商贸经济

五代时期，晋江池店修建六里陂水利工程，彰显古代泉州农业生产和农耕社会发展的新局面。③

在泉州开元寺柳三娘造塔内，曾经出土五代十国时期的泉州刺史王继勋立

泉州开元寺大雄宝殿胎须弥座的古印度教文化遗存

---

①庄炳章：《泉州访古揽胜》，厦门：鹭江出版社，1993年6月，第117页。陈世兴主编：《泉州学研究》，福州：福建教育出版社，2002年4月，第314页。
②陈世兴主编：《泉州学研究》，福州：福建教育出版社，2002年4月，第114、127页。
③泉州市博物馆、晋江市博物馆陈列的文献资料。

于开元寺内的"尊胜陀罗尼石经幢"，石刻勒记早期泉州设有"专客务""海路都指挥使""権利院"等，这些都是早期泉州管理海外贸易、海上安全的管理机构和官员名称。①

据晋江《留氏族谱》记载："五代时，陶瓷、铜铁泛于蕃国，取金帛而还，称甚便"②。五代十国后期，被誉为南唐"晋江王"的留从效和节度使陈洪进，在泉州古城内外种植刺桐树，继续维持泉州的社会稳定和发展经济。他们均以海外贸易为其立国基础，发展海洋商贸经济，在泉州政绩斐然。③

五代十国时期，这个分裂时代前后为时73年，直到宋建隆元年（960年）结束了古代中国五代十国的分裂局面。北宋王朝的建立，国家由分裂重新走向统一。④宋王朝统一中国后，疆域比起汉唐时期不及其三分之二，国势衰弱，此时还未能恢复昔日的辉煌国运。

五代十国时期，地处中国东南沿海地区的泉州经济社会发展仍然是欣欣向荣。随着泉州海洋商贸活动和社会经济的发展，人口持续增长，至宋太平兴国年间（976—984年），泉州有96581户，人口达521500人。⑤至宋太平兴国六年

在泉州古城考古发现的古代泰米尔碑石（泉州海交馆陈列藏品）

（981年），析晋江县东北16个里置惠安县，割莆田、仙游归兴化军。泉州始领南安、晋江、同安、德化、永春、安溪、惠安等七县。⑥

隋唐五代时期的泉州南海古庙，与广州南海神庙均是伴随着中国古代海上丝绸之路生机勃勃发展而兴起的。最值得关注的是，泉州南海古庙，自西汉以来就

①吴乔生、林德民、林胜利编：《泉州古城历代碑文录》，北京：中国文史出版社，2009年12月，第1页。
②泉州市博物馆、晋江市博物馆陈列的文献资料。
③泉州市政协文史和学习宣传委编：《刺桐博物》，2018年11月，第23页。
④泉州市博物馆陈列的文献资料。胡世庆：《中国文化通史》（上册），杭州：浙江大学出版社，2005年9月，第36页。
⑤泉州市博物陈列的文献资料。
⑥张惠评、许晓松：《泉州古城古街名巷名居》，福州：海峡书局，2014年12月，第11页。

一直长期伴随着中国古代海上丝绸之路逐步形成的漫长历史全过程，也是伴随着中国古代海上丝绸之路发展历史进程最长久的海神庙。

毫无疑义的是，泉州成为中国的世界海洋商贸中心这种重要历史地位的确立，完全是始终建立在隋唐五代时期泉州推动世界海洋商贸活动持续发展的坚实基础上。隋朝时修建的泉州南海古庙，作为隋唐五代时期中国丝绸之路泉州海神庙的重要历史地位，最终在宋代时被通远王、真武帝和妈祖等海神信仰所替代。

第三节　宋元时期泉州：中国的世界海洋商贸中心

宋王朝统一中国后，宋国与辽国也结束持续多年的战争，实现暂时和解。在中国广阔的国家疆土上，宋、辽、西夏三国并立。宋辽两国间相对保持长达114年的和平时期，为中国古代海上丝绸之路在泉州的迅速崛起提供很好的发展机遇。宋元时期，泉州刺桐港的海外交通商贸十分发达，泉州成为中国的世界海洋商贸中心，迅速超越广州港、明州港（宁波），成为名扬世界、"梯航万国"的东方第一大港。①

一、中国经济重心南移后泉州经济兴盛发展

两宋时期，是中国农耕社会经济重心完成南移的历史阶段。北宋末年，中国农耕社会经济重心最终完成从北方向南移的历史进程。②

北宋靖康元年（1126年），金兵大举南进中原，战火遍及几乎整个黄河中下游地区。宋高宗赵构经汴河退至扬州，南宋朝廷定都于临安（即今浙江杭州）。宋朝南迁后，由此引发了中原先民又一次大规模南

泉州江南元墓出土的古瓷花瓶（泉州市博物馆藏品）

---

① 《泉州：宋元中国的世界海洋商贸中心文本文献》，国家文物局官网，2021年8月。
② 胡世庆：《中国文化通史》（上册），杭州：浙江大学出版社，2005年9月，第111页。

迁。大批中原先民移居地包括今浙江、江
苏、安徽、湖北、湖南、福建、广东等南
方地域。①

北宋灭亡，宋室南渡，标志着我国农
耕社会的经济重心完全转移到中国东部和
南部的广大地区。中国农耕社会已稳定地
形成了南方经济领先于北方的经济发展大
格局，南方经济发展更加繁荣。至此，中
国农耕社会的经济重心始终在南方和东
部。②

经过隋唐五代时期，北方汉族先民不

泉州考古发掘的晋江磁灶酱釉瓷
器（泉州博物馆陈列）

断涌入当时经济发展、社会安定的泉州，泉州地区成为汉族先民的聚居地。③
在泉州，有许多宗姓家族的族谱记载，其祖先都是在两宋时期南移播迁到泉州
聚居的。

宋代的地方政权建置，基本上是承袭唐朝五代之州、县制。宋代的军、
州、府实为同级行政机构，州、县以上的路，相当唐朝的道。唐朝天宝年间，
全国有315个州。宋代最兴盛时期，全国有路26个、府28个、州254个、军59
个、监4个。④北宋时福建称福建路，包括一府五州二军，计八个同级行政机
构，故号称八闽。

北宋初期，泉州所属各县包括晋江、南安、惠安、清溪（安溪）、桃源
（永春）、德化、同安，均已经建立行政县治，这也是与当时泉州人口和经济的
迅速增长是直接相关的。得益于中国海上丝绸之路的持续兴盛繁荣，泉州在中
国的重要历史地位和世界上的广泛影响为此快速提高。北宋天圣十年（明道元
年，1032年），宋朝政府颁布"天下七府二十一州的郡望"，即中国古代的主要

①胡世庆：《中国文化通史》（上册），杭州：浙江大学出版社，2005年9月，第110页。
②胡世庆：《中国文化通史》（上册），杭州：浙江大学出版社，2005年9月，第111页。
③陈世兴主编：《泉州学研究》，福州：福建教育出版社，2002年4月，第219页。
④胡世庆：《中国文化通史》（上册），杭州：浙江大学出版社，2005年9月，第174、175页。

大城市，泉州已经名列其中。③

北宋翰林学士李邴《咏宋代泉州海外交通贸易》的诗文载"苍官影里三洲路，涨海声中万国商"诗句，描绘的是世界东方第一大港泉州那帆樯如云、商贾辐辏、万国通商的繁华商业景象。④

宋人谢履《泉南歌》载："州南有海浩无穷，每岁造舟通异域。"诗歌描述了宋代泉州对外通商贸易活动的繁荣景象。泉州吸引大批来自中原南迁的先民。与此同时，泉州也成为闻名四方的海洋商贸船舶制造基地。①

北宋宣和元年（1119年），由朱彧撰写成书的《萍洲可谈》载："舶船深阔各数十丈，商人分占贮货，人得数尺许。下以贮物，夜卧其上。货多陶器，大小相套，无少隙地。"《萍州可谈》记载的轶闻琐事，是研究中西海洋商贸交通史及中国伊斯兰教史的重要参考资料。②

宋初，晋江安平始改称安海。北宋元祐二年（1087年），安海港逐渐成为对外贸易的重要港口，并形成西、东的新市、旧市。北宋建炎

泉州考古发掘出土的元朝青瓷器（泉州海交馆陈列）

四年（1130年），在安海港区建镇。据晋江《安海志》卷三载："宋全盛时，直街曲巷，无非贸易之店肆，约有千余座。盖四方射利者所必趋随处。当刺桐港鼎盛时，安海港通天下商船，贾胡与居民互市，成为十分兴隆的刺桐南港。"③

①陈世兴主编：《泉州学研究》，福州：福建教育出版社，2002年4月，第219页。张惠评、许晓松：《泉州古城古街名巷名居》，福州：海峡书局，2014年12月，第11页。
②庄晏成主编：《泉州历史人物》，厦门：鹭江出版社，1991年5月，第124页。
③泉州市泉港区文体旅游局编：《海上丝绸之路泉港文化遗产》，北京：朝华出版社，2018年2月，第200页。
④《泉州：宋元中国的世界海洋商贸中心文本文献》，国家文物局官网，2021年8月。
⑤傅衣凌：《安海志》，晋江安海志修编小组编，1983年9月。

古代泉州海上丝绸之路的繁荣兴盛，赋予了泉州先民海纳百川的胸襟和放眼世界的胸怀。宋元时期，泉州的四个海湾、十六个海港，帆樯林立，千帆竞发，以其恢宏博大、波澜壮阔的气度，吸引了各国番商纷沓而至，熙熙攘攘、川流不息进入泉州古城港口，接纳并融合了来自四方的中外海洋商贸交通船舶和海外客商，更以独具一格的闽南文化魅力将古代中国灿烂的文明传播至世界。

泉州府治西南的南外宗正司文物保护碑石

二、泉州设置的赵宋皇族南外宗正司

宋元时期，泉州海上丝绸之路的飞速发展与迅速崛起成为世界的大型港口城市，形成了中国最为繁华的世界海洋商贸中心。

赵宋立国之初，沿袭了唐代的做法，赵宋朝廷设立了宗正寺作为管理宗室的机构。随着赵宋宗室皇族人口的不断增加，于宋景祐三年（1036年）设立了大宗正司，同时对两个机构的职能做了分工："凡宗室事，大宗正司治之；玉牒之类，宗正寺掌之。"[1]

为了缓解开封的赵宋皇族宗人的居住情况，赵宋朝廷又于宋崇宁元年（1102年），在南京应天府（今河南商丘）设置南外宗正司。宋崇宁三年（1104年），赵宋朝廷在西京河南府（即洛阳）设置西外宗正司。随着金兵南下攻取开封，宋徽宗与宋钦宗被掳北上，宋室开始南迁。宋高宗赵构在临安府（今杭州）建立南宋小朝廷，偏安东南，管理南宋赵氏皇族的两外宗正司亦随之流转。当时的大宗正司被移至江宁（即今南京），西外宗正司则经扬州后转至福州。[2]

据泉州地方史籍记载，泉州是南宋赵氏皇族的封地，成为南宋赵氏皇族宗

①中国社会科学院考古研究所、福建博物院等：《泉州南外宗正司》，北京：科学出版社，2020年8月，第3、4页。

②（元）脱脱等：《宋史》卷之第一百一十七，《职官四·大宗正司》，简体字本二十四史，北京：中华书局，2005年3月，第2605页。

室的主要聚居地。①

据宋《建炎以来系年要表》记载，宋建炎元年（1127年）八月，"徙诸宗室于江、淮以避敌，于是南宫、北宅移江宁府，愿留京师者听之。南班至江宁者三十余人，又移南外宗正司于镇江府，西外于扬州"。北宋靖康之难后，管理南宋赵氏皇族的南外宗正司，也由河南应天府（即商丘）徙迁京口（今江苏镇江市）。因京口该地处于抗金前线，出于对南宋赵氏皇族的安全考虑，南宋建炎年初，迁至今浙江绍兴、明州（宁波），有过短暂停留。②宋建炎三年（1129年），泉州南外宗正司位于泉州府治西南忠厚坊，泉州西街的旧馆驿西侧、大船亭以北、古榕巷西北隅，原泉州梨园剧团驻地。③

泉州南外宗正司位于泉州府治西南。图为南外宗子赵子侁墓的石像生

据《八闽通志·古迹》载，因难舍泉州的中外舶税之膏腴，南宋建炎三年（1129年）十二月，先将宗室349人迁徙泉州，管理南宋赵氏皇族宗室事务的"南外宗正司"随迁，将泉州旧馆驿内西侧的泉州添差通判厅改为赵宋皇族的居住地。④

泉州"南外宗正司"司署，设在泉州古榕巷内的泉州水陆院中。据明清泉州地方志史籍记载，泉州南外宗正司所处的这片区域，在唐天宝六载（747年）时为祝圣放生池，周回四里，后于池上兴建水陆堂。唐乾符六年（879年），改为护国水陆院。到北宋时，仍然是作为寺院在使用。此后被改为都监廨舍和添

①中国社会科学院考古研究所、福建博物院等：《泉州南外宗正司》，北京：科学出版社，2020年8月，第4页。

②（元）脱脱等：《宋史》卷之第一百一十七，《职官四·大宗正司》，简体字本二十四史，北京：中华书局，2005年3月，第2605页。

③泉州市政协文化文史和学习委员会编：《海丝泉州》，北京：中国文史出版社，2021年11月，第30页。

④（明）黄仲昭：《八闽通志》卷之七，《地理·山川·泉州府》，福州：福建人民出版社，2017年3月，第174页。

差通判厅。①

南宋赵氏皇族在泉州设立南外宗正司，日后司署建筑规模不断扩大，聚居地建筑富丽堂皇。南外宗正司是对迁居泉州的南外宗正司皇族群体进行管理的机构，体现泉州的世界多元社群中具有影响力的组成部分，他们积极参与中外海洋交通贸易活动。

泉州南外宗正司的设置，进一步强化了南宋国家政权对泉州海洋贸易的推动，体现了强有力的南宋朝廷的管理保障。泉州南外宗正司的司署内设有睦宗院、惩劝所、自新斋、芙蓉堂，还有天宝池、忠厚坊等。泉州南外宗正司就其建筑布局来看，内有惩劝所、自新斋，其设置显然就是为了管理赵氏皇族宗人遵纪守法。同时，也有提醒赵氏宗室成员引以为戒、悔过自新之意。②

泉州开元寺的砖雕艺术，系属泉州府城隍庙照壁

据元脱脱等编纂《宋史》载："南渡初，先徙宗室于江、淮，于是大宗正司移江宁，南外移镇江，西外移扬州。其后屡徙，后西外止于福州，南外止于泉州。又置绍兴府宗正司，盖初随其所寓而分管辖之。乾道七年（1171年），尝欲移绍兴府宗司于蜀，不果，后并归行在"。同年，在泉州州治西南袭魁坊睦宗院东。设立专为教育南外宗正司皇族子弟的"宗学"，学制两年。南宋"建炎置司之初，宗子仅三百四十有九人，其后日益蕃衍，至庆元（1195—1200年）中则在院一千三百余人，外居者四百四十余人。至于今日（南宋绍定年间，1228—1233年)，则在院者一千四百二十七人，外居者八百八十七人"。③

①中国社会科学院考古研究所、福建博物院等：《泉州南外宗正司》，北京：科学出版社，2020年8月，第129、143页。
②《泉州：宋元中国的世界海洋商贸中心文本文献》，国家文物局官网，2021年8月。
③（元）脱脱等：《宋史》卷之第一百一十七，《职官四·大宗正司》，简体字本二十四史，北京：中华书局，2005年3月，第2605页。

泉州皇迹山的南唐武肃王陵

据《宋会要辑稿》记载，宋高宗赵构云："市舶之利最厚，若措置合宜，所得动以百万计，岂不胜取之于民？"南宋迁都城临安之后，许多中原先民和赵氏宗室成员纷纷南下在泉州落户。这两批来自中原的移民，继续带来了中原和北方的先进生产力和文化。许多中原先民和泉州南外宗正司皇族，从中原地区带来先进生产工具，带来罗、绢、纱、绫等新产品，传入织、绣、彩、绘、染色、印花等先进技术，以及先进民族文化，促进泉州社会经济文化的发展和海外贸易的繁荣。南宋时期，兴建专供朝廷享用的瓷窑场等手工业工场。这些南宋官营手工业转移到南方泉州来，对促进南宋时期泉州民间手工业的发展和世界海洋商贸活动的持续繁荣产生很大的历史影响。①

据泉州地方史籍载，南宋绍兴年间是泉州对外海洋商贸发展的鼎盛年代，泉州每年市舶财政收入达98万贯。南宋嘉定、绍定年间，泉州每年市舶财政收入已经大幅度下降为4万至10万贯间。②

由于在泉州古城的南外宗正司赵氏皇族生活奢侈，沉湎于歌舞声色，仗势扰民，其庞大的生活费用，除南宋朝廷少量补贴外，大部分都是由泉州地方财政来负担。泉州的南外宗正司赵氏皇族，时由300多人增加至2300多人。时仅俸钱和米价钱两项，泉州每年计出备14.37万贯。此外，南外宗正司之官属与居官宗子之养廉、宗学之养士，每年钱1.11万贯、米1500石，也皆由泉州地方出备。南宋绍定五年（1232年），真德秀以徽猷阁学士再知泉州。真德秀写下地方治理的座右铭："崇风教，清狱刑、平赋税，禁苛扰。"为了解决赵氏皇

①《泉州：宋元中国的世界海洋商贸中心文本文献》，国家文物局官网，2021年8月。中国社会科学院考古研究所、福建博物院等：《泉州南外宗正司》，北京：科学出版社，2020年8月，第4、121页。
②庄晏成主编：《泉州历史人物》，厦门：鹭江出版社，1991年5月，第201页。

族高昂的生活费用，又不扰民，真德秀针对泉州的实际情况采取措施，积极发展海外交通贸易，使得一度处于下降趋势的泉州港又再次重振雄风。[1]

三、宋代泉州在世界海洋商贸中心的历史地位

宋元祐二年（1087年），宋朝廷在泉州设立提举市舶司。在泉州古城罗城的镇南门外、翼城的南熏门（又称水仙门、水门）内。始建时位于城外，至13世纪被纳入城内。其西北侧有内沟河连通城市的城壕与晋江水系，东侧可通往镇南门。泉州提举市舶司是宋朝廷设置在泉州管理海洋商贸事务的行政机构。[2]

据《宋史·提举市舶司》载，市舶司的主要职责是"掌蕃货、海舶、征榷、贸易之事，以来远人，通远物"[3]，即市舶司承担着登记船舶，发放商贸许可证，查验商船，征收关税，代表官方采购舶货，储存或出售征得的货品、转运货品或货币至都城、接待外国使节等职责。

泉州提举市舶司建立以后，中外海洋商贸船只及货物往来，可用小船沿破腹沟、过水关，入壕沟直达市舶司报关。宋元朝廷设立的提举市舶司，在泉州前后历经386年。据南宋

泉州市舶司遗址的泉州市文物保护碑石

晋江磁灶金交椅山窑址考古发掘的宋朝青釉瓶（泉州市古代外销陶瓷博物馆陈列藏品）

---

① 庄晏成主编：《泉州历史人物》，厦门：鹭江出版社，1991年5月，第202~205页。
② 陈鹏鹏主编：《泉州文物手册》，泉州市文物管理委员会编印，2000年11月，第141页。
③ （元）脱脱等：《宋史》卷之第一百二十，《官职七·提举市舶司》，简体字本二十四史，北京：中华书局，2005年3月，第2659页。

绍兴年间统计，泉州提举市舶司收入约占南宋政府全年财政收入的2.5%。[1]

晋江安海的著名跨海大桥五里桥

泉州提举市舶司的设置，标志着泉州正式成为开放的国家对外贸易口岸，对泉州社会的经济繁荣、文化交流以及海洋交通贸易的共同发展，具有至关重要的意义。泉州的市舶司遗址，体现了泉州海洋贸易管理保障的代表性要素。[2]

为鼓励海外交通贸易，宋代泉州的提举市舶司官员和地方官员，每当海舶入港或出航的季节，为中外海洋商贸船只举行祭海祈风的活动，以祈求远航海舶顺风安全行驶，并在九日山留存13方祭海祈风石刻。[3]北宋政和五年（1115年），准礼部奏请朝廷，在海外"番舶聚此"的泉州城南车桥头设置来远驿，作为接待贡使和外国海商客商的宾馆。[4]

宋代，朝廷官员主持在南安九日山举行祭海祈风仪式。在九日山祭海祈风仪典结束后，官员们会将祭海祈风过程在九日山岩石上镌刻。[5]其中，九日山有两方祭海祈风仪典石刻上篆刻"遵彝典"三个字，即宋代泉州仍然是依传统汉制举行祭海祈风仪式。[6]这也从侧面说明，早在宋代以前的隋唐五代时期，泉州民间在南海古庙举行的海上丝绸之路祭海祈风仪典，始终是遵照汉代旧制举行传统祭海的礼仪制度。

四、元代泉州的涨海声中万国商景象

古代泉州多种植刺桐树，所以泉州古城被称为"刺桐城"，泉州古港被称

---

①张惠评、许晓松：《泉州古城古街名巷名居》，福州：海峡书局，2014年12月，第98页。

②《泉州：宋元中国的世界海洋商贸中心文本文献》，国家文物局官网，2021年8月。

③⑤泉州市鲤城区政协文史委员会编：《泉州鲤城文史资料》第6、7合辑（总第24、25辑），1991年1月，第274页。

④泉州市政协文化文史和学习委员会编：《海丝泉州》，北京：中国文史出版社，2021年11月，第14页。

⑥泉州市文物局、泉州市文物考古研究所编：《泉州文物·国宝篇》，北京：九州出版社，2021年6月，第89、96、99页。

为"刺桐港"。泉州古港驰誉四海，泉州海域船来船往，最终成为世界上最为繁忙的港口之一。据史籍记述，古代泉州时常停泊有数以千计的中外海洋商贸船舶。[①]

晋江安海著名的跨海大桥五里桥门楼

元朝廷也十分重视海外交通贸易。元至元十四年（1277年），元朝廷准许在泉州重建提举市舶司。又命元将唆都、蒲寿庚"诏谕诸蕃"，委蒲寿庚长子蒲师文为正奉大夫宣慰使左副都元帅兼福建路市舶提举，旋又命为海外诸番宣慰使。据《元史·本纪》记载："诸蕃国列居东南岛屿者，皆有慕义之心，可因蕃舶人宣布朕意，诚能来朝，朕将宠礼之。其往来互市，各从所欲"[②]。

元世祖把诏谕南海诸国重任，委寄予唆都和蒲寿庚。此后，泉州海外交通贸易东至日本，西达东南亚、波斯、阿拉伯、非洲。海舶蚁集，备受称赞。泉州海洋商贸外销出口陶瓷、绸缎、茶叶、金银等，进口香料、胡椒、药材、金银珠贝等。[③]

元朝寓居泉州的大食人特别受到倚重，大食人蒲寿庚数代居泉州，擅长市舶之利。在摩洛哥穆斯林学者、大旅行家伊本·白图泰（1304—1377年）的游记中，对泉州、广州等地风貌、造船、船舶、海运、商贸，以及与印度、海湾国家和阿拉伯半岛海运商贸交流等方面，均做了详细叙述。13世纪时，意大利旅行家马可·波罗在其亲历的游记中，把泉州港和当时世界上最大港口之一的亚历山大港相提并论。据《马可波罗游记》记述：当年的泉州港是"世界最大的港口

①何少川主编：《八闽地名要览》，福州：海峡文艺出版社，2019年3月，第143页。
②（明）宋濂：《元史》卷之十，本纪《世祖（七）》，简体字本二十四史，北京：中华书局，2005年3月，第133页。
③庄晏成主编：《泉州历史人物》，厦门：鹭江出版社，1991年5月，第219、220页。泉州海外交通史博物馆、泉州市博物馆陈列的文献资料。

之一，大批商人云集这里，货物堆积如山"是可以与亚利山大港齐名，甚至更加宏伟。大旅行家伊本·白图泰在泉州考察，亲眼看到泉州港是个"天然之良港"，"由余观之，即谓世界最大之港，亦不虚也"。意大利犹太商人雅各·德安科纳的手稿，记录了泉州港的繁华景观，称赞其为"光明之城"。①

正是唐朝泉州这座海洋商贸港口，给泉州带来了"市井十洲人"，造就了宋元泉州"涨海声中万国商"的繁荣景象，成为当时世界上最为繁华的海洋商贸港口都市之一。

元世祖忽必烈在位时，由于连年对外征战和失败，因而先后进行了四次海禁。在泉州复置提举市舶司之后，元朝不再实施禁海。

泉州古城保存的印度教寺庙和祭坛的印度教大象石刻遗存（泉州海交馆藏品）

元朝实行残酷的民族等级政策，蒙古人为第一等，色目人第二等，汉人为最低等，这便使得泉州港的实际权益落入色目人、阿拉伯人的手里，民族矛盾空前尖锐。②

据《八闽通志·至正近记》《福建通志·元外纪》记载，元至正十七年（1357年），泉州发生了色目人、蒙古贵族和汉族官兵的叛乱，即"亦思巴奚兵乱"。元至正二十六年（1366年）三月，福建行省左丞陈友定奉命讨伐那兀纳。五月，省军兵临泉州。千户金吉、龚名安等人，夜开泉州西城门引入元军，叛军首领那兀纳就擒，泉州长达10年的"亦思巴奚兵乱"最终平息。③泉州发生"亦思巴奚兵乱"，泉州古城南门外的泉州南海古庙的碑石、前殿建筑等历史文化遗存，在无情的战火中损毁。

---

①胡世庆：《中国文化通史》（下册），杭州：浙江大学出版社，2005年9月，第932、933页。
②吴幼雄：《泉州宗教文化》，厦门：鹭江出版社，1993年6月，第190页。王宁主编：《中国文化概论》，长沙：湖南师范大学出版社，2001年4月，第89页。
③吴幼雄：《泉州宗教文化》，厦门：鹭江出版社，1993年6月，第184、185页。

　　宋元时期，赵汝适（1170—1231）著《的诸蕃志》和汪大渊（1311—?）的著《岛夷志略》，是被公认为最重要的两部反映古代泉州海外交通贸易的历史文献，均详细记载了以泉州为中外海洋商贸船舶起航的起点，一直延伸到遥远的东非与北非地中海岸国家，从而由近百个国家和地区所构成的海外交通贸易网络。《诸蕃志》系时任福建路提举市舶赵汝适，"乃询诸贾胡，俾列其国名,道其风土，与夫道里之联属，山泽之蓄产，译以华言"（据《诸蕃志》），即遍访当时迁居泉州的外国商人及其原国家的地理位置、自然环境、物产和社情民俗等。《岛夷志略》是元代以泉州为中心的东南沿海地区与南海至其他海域的贸易实录。泉州为此名扬天下。[①]

　　由于元代泉州遭遇前后十年的异族叛乱，致使许多海外番舶不敢进入泉州港停靠，各地中外海洋商贾船只不敢抵达泉州进行贸易，曾经盛极一时的泉州港开始走向衰落。

　　宋元时期，随着世界的海洋商贸经济的蓬勃发展，泉州曾经成为令人向往的国际大都市，数以万计来自亚洲、非洲、欧洲等地的商人与传教士聚居在这座繁华城市，与泉州官员、社会精英和民众共同构成的泉州多元社会群体，广泛参与世界的海洋商贸经济和文化的交流活动，获取丰厚的商业利益，并同时深刻影响泉州社会经济、文化等各个方面的发展进程，留下独特而又光辉灿烂的多元文化历史烙印。泉州港被中世纪世界著名旅行家马可波罗誉为"世界第一大港"，与埃及的亚历山大港齐名。历史上，作为古代东方第一大港、海上丝绸之路的起点，古代泉州与世界上99个国家和地区有过

泉州保存古代印度教兽面石雕文化遗存（泉州海交馆陈列藏品）

①庄晏成主编：《泉州历史人物》，厦门：鹭江出版社，1991年5月，第207、236页。

友好往来，是古代中国与东亚、东南亚、阿拉伯伊斯兰国家和印度等地开展交流的重要城市，带动了古代泉州与世界的多元文化交融，为增强中华民族文化在世界上的影响力做出了举世瞩目的积极贡献。[①]

第四节 新时代海上丝绸之路的历史延续

中国古代海上丝绸之路是一条持续推动中国海洋商贸与世界经济文化大交流、大融合的通道，也是一条推进东西方国家经济文化大发展、扩大中国在世界上影响力的通道，更是一条把中华民族文化和灿烂文明贡献给人类社会的通道。中国古代海上丝绸之路的发展对世界经济社会持续发展产生深远的历史

唐朝五代泉州进出口商品简表（泉州博物馆陈列）

影响。在新时代，中国加快建设21世纪的海上丝绸之路，对于建设人类社会命运共同体和推进世界经济社会持续发展具有极为深刻、广泛的重要意义。

一、隋唐五代时期海洋商贸活动的重要影响

从公元581年隋朝建立，到公元907年唐朝灭亡，是中国历史上著名的隋唐盛世，中国古代经济社会发展到一个全面繁荣的新阶段，处在当时世界上的发展前列，是文明先进、繁荣发达、富庶强大的国家。从泉州兴起古代"海上丝绸之路"，替代之前古代"陆上丝绸之路"的中西交流活动，重新赋予海洋商贸经济欣欣向荣的无限活力，再次拉开中国海洋商贸与世界交流大融合、大发展的大序幕。

中国古代海上丝绸之路，从西汉时期就已经开始形成。到了隋唐五代时期，泉州对外海洋商贸活动达到了兴盛发展阶段。从泉州港出发，航行广州的中外

---

① 《泉州：宋元中国的世界海洋商贸中心文本文献》，国家文物局官网，2021年8月。

海洋商贸船队，经过南亚各国，越印度洋，抵达西亚及波斯湾，最西可到达非洲的东海岸，后来更远至欧美。这条航线长达一万多公里的古代海上丝绸之路，沟通了东西方的政治、经济和文化的交流，扩大了中国在世界的影响力。①

唐宋时期泉州人口增长表 Table of Population Growth in Quanzhou during the Tang and the Song Periods		
唐	开元间（713—741年）	37054户	249500口
	辖晋江、南安、莆田、清源、龙溪		
	元和间（806—820年）	35571户	238400口
	辖晋江、南安、莆田、仙游		
宋	太平兴国间（976—984年）	96581户	521500口
	辖晋江、南安、惠安、安溪、永春、德化、同安		
	崇宁间（1102—1106年）	201406户	1067400口
	淳祐间（1241—1252年）	255758户	1329900口

唐宋时期泉州人口发展情况表（泉州市博物馆陈列）

隋唐五代时期，中国海上丝绸之路的崛起，泉州、广州等地的港口与东南亚、印度、日本、南洋群岛的联系大大加强，各国商人、使臣来往不绝。满载货物的中外海洋商贸船舶在南中国海和印度洋上扬帆航驶。中国的绫罗、绸缎、丝布、瓷器、陶器、铁器工具、茶叶、造纸术、印刷术等，传遍世界各地，把中国文化和文明贡献给人类社会，对推进世界经济社会迅速发展产生深远的历史影响。②

历经从隋唐时期开始兴盛直至宋元时期鼎盛的数百年中，泉州的对外交通贸易不断发展。泉州港跃居为中国最大的海洋商贸港口，最终确立宋元泉州在中国的世界海洋商贸中心的重要历史地位。如果没有隋唐时期兴盛的古代海上丝绸之路，泉州就不可能在宋元时期迅速进入海上丝绸之路的鼎盛崛起，也不可能成为中国的世界海洋商贸中心。

隋唐五代至宋元时期，是中国在中外海洋商贸活动中居主导地位的重要时期。泉州作为东西洋间国际海洋贸易交

泉州开元寺的印度教古石雕见证古代泉州多元文化历史

---

① 黄淼章著：《南海神庙》，广州：广东人民出版社，2005年9月，第16页。
② 胡世庆：《中国文化通史》（下册），杭州：浙江大学出版社，2005年9月，第900、946页。

通网的东方支撑点，占据重要独特的历史地位，具有重要的历史影响。

中国古代海上丝绸之路的港口，主要由广州、泉州、宁波等主要港口和中国东南沿海的其他支线港口所共同组成的。据《岛夷志略》载，宋元时期，在世界上与泉州开展海洋商贸往来的国家和地区达99个。泉州也是古代中国与东亚经济文化圈交流的重要城市。[1]

据泉州市海交馆、泉州市博物馆的陈列展示，中国古代海上丝绸之路的进出口物品十分丰富。古代中国外销产品主要有丝绸、茶叶、陶器、瓷器、金、银、书籍等货物。进口来自国外的货物，包括琉璃、猫眼石、明珠、象牙、香料、金银、宝石、水晶、玛瑙、琥珀、骆驼皮、乳香、没药、安息香、沉香、檀香、芦荟、胡椒等货物。中国古代海上丝绸之路航线，满载中国输往世界各地的丝绸、陶瓷器、茶叶、书籍、铁器等主要货物，以及灿烂的中华民族文明，从中国东南沿海的明州、泉州、广州等港口出发，经过中南半岛和南海诸国，穿过印度洋，进入红海，抵达东非和欧洲，成为中国与外国贸易往来和文化交流的海上大通道，推动海上丝绸之路沿线各国的共同发展。

中华民族传统文化曾经对中国海上丝绸之路沿线国家和地区以及欧洲各地，均产生了不同程度的历史影响。这些国家和地区崇尚中国瓷器之风十分盛行。在中国精美瓷器的影响下，世界各国的仿制瓷工业获得空前发展。从阿拉伯国家仿制中国瓷器，到波斯地区结合中国瓷器造型制造波斯陶器，从东南亚国家、埃及、印度等地仿制中国瓷器，到西欧许多国家也纷纷掌握中国的制瓷技术，这些国家均把中国瓷器生产技艺与本国传统文化进行结合，创造出许多陶瓷新产品。[2]

泉州开元寺的古印度教石刻

----

[1]泉州市文物局、泉州市文物考古研究所编：《泉州文物·国宝篇》，北京：九州出版社，2021年6月，第2页。
[2]胡世庆：《中国文化通史》（下册），杭州：浙江大学出版社，2005年9月，第899、951页。

中国古代海上丝绸之路航线长达1万多公里，沟通了东西方的政治、经济和文化的交流，扩大了中国在世界上的影响力。中国的丝绸、瓷器、造纸术、印刷术传遍世界各地，把中华民族文化和灿烂文明贡献给人类社会，对推动世界经济社会的持续发展具有重要作用。①

中国古代海上丝绸之路的发展，不仅是一条世界的海洋易货贸易之道，也是一条中外文化科技知识的交流之路，更是一条推进人类社会共同发展的幸福通道。古代世界海洋商贸活动的商品和文化的大交流，带来中外观念意识的持续更新，对人类社会的奋进历史和现代文明的共同发展产生了极为深远的积极作用。

二、加快建设新时代海上丝绸之路的重大意义

中国新闻媒体针对有关泉州海上丝绸之路的重要历史影响，以及加快建设新时代的海上丝绸之路，进行许多新闻报道，主要有：

1989年4月，在陕西西安召开的联合国教科文组织"丝绸之路综合研究专家咨询委员会全体会议"上，与会代表一致决定，今后在中国海上丝绸之路考察将以泉州为重点，有关活动包括建设新时代的海上丝绸之路国际学术研讨会将在泉州举行。②

1991年2月14日，联合国教科文组织的海上丝绸之路考察团，开始在泉州前后为期5天的考察之旅，并在反映泉州海洋商贸与交通史实的泉州九日山留下考察纪事石刻。考察活动汇聚来自30多个国家的50多名专家学者和新闻记者。他们兴奋地亲眼目睹了久违的文化遗迹，并留下了目前南安九日山最新的，也是唯一的一方英文石刻。其中石刻上中文

明代泉州古城来远驿

---

①泉州市文物局、泉州市文物考古研究所编：《泉州文物·国宝篇》，北京：九州出版社，2021年6月，第2页。
②《泉州海丝词典——世界宗教博物馆》，《东南早报》2015年2月11日。

联合国教科文组织考察九日山祈风遗存留下的纪念石刻

部分这样写道："在九日山最后一次祈风仪典之后七百余年，我们来自非洲、美洲、亚洲和欧洲的联合国教科文组织海上丝绸之路国际考察队员……来到这里，作为朝圣者，我们既重温这古老的祈祷，也带来了各国人民和平的信息……为此，特留下这块象征友谊与对话的石刻。"①在完成对泉州的考察之后，总协调人迪安博士向世界郑重宣布考察团的结论："泉州整座城市是海上丝绸之路博物馆的完美体现，在泉州考察是整次考察活动的非常重要阶段。丝绸之路是经济文化交流之路、和平发展友谊之路，泉州在新开辟的海上丝绸之路将发挥中心作用。"

1994年2月14日，联合国教科文组织在泉州举行"中国与海上丝绸之路"国际学术研讨会，大会确立了泉州作为"中国海上丝绸之路"重要发祥地的历史地位。

2002年11月，联合国教科文组织将泉州确认为全球第一个"世界多元文化展示中心"，并派亚太地区文化官员来泉州参加奠基树碑的仪式。②

2013年8月26日，基于古代泉州鲜明奇特的多元文化大观、丰富多彩的传统文化遗产、深远厚重的城市历史文化底蕴，

泉州天后宫成为宋代以后泉州的海神庙，已被列为全国重点文物保护单位

---

① 《福建构筑海上丝路桥头堡》，《人民日报》2015年3月19日。
② 《（风云激荡40年）1991：联合国考察团到泉考察》，《泉州晚报》2018年12月27日。

以及悠久广泛的对外交流等突出特质，泉州被国家文化部评为首届中国东亚文化之都，与日本横滨、韩国光州齐名。①

2021年7月25日，在联合国教科文组织的倡导和推动下，在福州举行的第44届世界遗产大会上顺利通过审议"泉州：宋元中国的世界海洋商贸中心"项目，列入《世界遗产名录》，成为中国第56处世界遗产。宋元时期泉州：中国的世界海洋商贸中心，于10世纪至14世纪产生并留存至今的一系列文化遗产，分布于以今天泉州城区为核心的泉州湾地区，包括九日山祈风石刻、市舶司遗址等22个遗产点。历史

1986年，由国家文物出版社印发的中国历史文化名城保护与建设的研究成果

上，泉州在繁荣的国际海洋贸易中蓬勃发展，成为各国商旅云集、多元文化交融的"东方第一大港"。②

泉州的这些世界遗产，反映了泉州特定历史时期独特而杰出的港口城市空间结构，包含泉州湾地区的世界遗产点涵盖的社会结构、行政制度、交通运输、生产和商贸诸多重要文化元素，共同促成泉州在公元10世纪至14世纪逐渐崛起并蓬勃发展，成为东亚和东南亚贸易网络的海上枢纽，对东亚和东南亚经济文化发展做出了巨大贡献。"泉州：宋元中国的世界海洋商贸中心"这一世界遗产，展现了以泉州为代表的中国沿海地区人民坚韧不屈、顽强拼博、勇于创新的精神，是中华民族自强不息、合作共赢精神特质的体现。①

中国古代海上丝绸之路的开辟和发展，是人类社会文明史上的一种伟大创举，对人类社会文明发展具有重要作用和历史影响，获得世界上许多国家的高度认同和普遍赞誉，推动了世界文明的进步和发展，形成了具有国际化视野、

① 《泉州当选首届东亚文化之都》，《光明日报》2013年8月28日。
② 《泉州成功申遗　我国世遗总数达56处》，《人民日报》2021年7月26日。《泉州：宋元中国的世界海洋商贸中心文本文献》，国家文物局官网，2021年8月。
③ 《泉州：宋元中国的世界海洋商贸中心文本文献》，国家文物局官网，2021年8月。

晋江出土的宋代陶鸱吻器物（晋江博物馆陈列藏品）

开放、交流、创新和合作的思想共识。

为此在新时代，中国提出建设21世纪的海上丝绸之路，坚守中国古代海上丝绸之路的价值内涵，进行中国与世界各国更深层次的互动，构建包容的和谐共荣意识、多元共生意愿、深化互利合作的发展平台，促进海上丝绸之路沿线国家经济的共同繁荣，实现互利共赢，为中国经济持续稳定发展提供有力支撑，具有重要的深远意义。

晋江蜘蛛山窑址考古发掘的宋朝青釉罐（泉州市古代外销陶瓷博物馆陈列藏品）

晋江童子山窑址考古发掘的宋朝青釉铁绘花卉盆（泉州市古代外销陶瓷博物馆陈列藏品）

第五章　东越国五岳遗存

泉州中山路是中国历史文化古街

西汉时期的东越国五岳遗存，就在东越国都会东冶县泉山，即今中国历史文化名城泉州。这是现存不容置疑的客观事实。据泉州市人民政府文化部门公布的《闽南文化生态保护区泉州古城示范区》文献记载，古代泉州有五岳："东岳凤山、西岳龙山、南岳溜石山、北岳狮山、中岳云山，合称为泉州古城五岳。"①

西汉时期，东冶县泉山建造的东越国五岳庙遗存是：

凤山东岳庙（作者注：西汉时皇迹山为东岳。南宋时迁建于凤山，据《八闽通志·寺观》）、龙山西岳庙、溜石山南岳庙（后改名泉州南海古庙）、狮山北岳庙、云山中岳庙（作者注：西汉时又名泉山宗庙。西晋时修建后改名为泉州白云庙。唐朝初期，改为道观。据泉州唐朝古地图，《史记·封禅书》）。

泉州市鲤城区政协出版的《泉州文史资料》曾经刊载泉州著名文史学者傅金星先生的文章记载："泉州地灵人杰，因此文号称五岳。东岳凤山中殿，供奉主神黄飞虎。西岳龙山，供奉刘星主。南岳原在溜石山，后移入市中，无山，供奉陈洪进。北岳在后茂，匾曰恒山古地，供奉玄天上帝。中岳云山，供奉中天王。"②在泉州地方文史资料中，有文史学者对古代泉州五岳庙遗存的介绍，但是没对泉州五岳庙的历史进行系统的深入研究。

①泉州市人民政府文化部门公布《闽南文化生态保护区泉州古城示范区》匾额文献。
②泉州市鲤城区政协文史委员会编：《泉州鲤城文史资料》第6、7合辑（总第24、25辑），1991年1月，第92页。

西汉时期，溜石山被东越王余善尊冠为东越国南岳

西汉时期，东越王余善在都会泉山建立东越国，自立东越国武帝，在泉山公开封禅东越国五岳，兴建东越国五岳庙，举行五岳祭典，彰显至高无上的国家权力的祭典礼仪制度，也是受命于天的重要象征。自古以来，泉州民间信仰始终十分兴盛，东冶县泉山的原东越国五岳庙遗存，长期以来始终获得民间的传承、维护和修建。在中国历史文化名城泉州，至今还保存古代东冶县泉山五岳庙建筑等祭祀体系完整的原东越国五岳遗存，并在中国古代社会形成独具一格、历史悠久、内涵丰富的东越国五岳文化特质。

第一节　西汉建立祭典五岳的国家礼制

在中国古代社会，天地是自然力量的象征。民众对天地自然的敬畏崇拜，是中国古代社会原始崇拜的起源。伴随着古代传统农业社会的不断发展，产生了天地崇拜、图腾崇拜、灵物崇拜、祖辈崇拜、人文崇拜、英灵崇拜等一系列的宗教文化和民间信仰的崇拜现象。①

一、西汉重视建立以"三礼"为基础的社会秩序

中国古代原始宗教崇拜形式的主要内容之一，是对天地、日月、上帝、大帝、祖先等的崇

泉州南海古庙中殿彰显南北朝以来神龙神兽飞天木雕艺术特质

①胡世庆：《中国文化通史》（下册），杭州：浙江大学出版社，2005年9月，第375、376页。

拜。将崇德与上帝、大帝信仰的结合，是周代宗教信仰的突出特征。先秦时期，《周礼》《仪礼》《礼记》是记录与阐述先秦礼仪制度的"三礼"。据《礼记·月令》记载，周朝时天子命有关官员祭祀四海大川、名源渊泽井泉。周代起，历代朝廷就将祭祀江河湖海、名山大川列入国家礼制体系。[②]

据西汉司马迁《史记·礼书》记载："人道经纬万端，规矩无所不贯，诱进以仁义，束缚以刑罚。故德厚者位尊，禄重者宠荣，所以总一海内而整齐万民也"，"至秦有天下，悉内六国礼仪，采择其善"[③]。即做人的道理，千万条无不贯穿的基本准则就是诱导人们知仁义、规矩，并以刑罚规范相约束。所以，德厚之人地位尊显贵重，俸禄多的享受荣耀恩宠，并以此来统一天下民众的思想意识和人心。为此，秦朝统一天下后，继续传承六国时期的礼仪制度，择其完善的礼仪制度而继续传承。

据《史记·礼书》载，"天地以合，日月以明，四时以序，星辰以行，江河以流，万物以昌，好恶以节，喜怒以当。以为下则顺，以为上则明"。即完备的国家礼制，能使天地和谐，日月光明，四时有序，星辰运行，江河流动，万物昌盛，百姓好恶有所节制，民众喜怒无不适当。社会民众能顺从，上层帝君则贤明。"立隆以为极，而天下莫之能益损也。……《正义》：'能从礼者则治安，不能从礼者则危乱'"，即建立隆重完备的国家礼仪，作为民众行为的最高准则，天下无人能有所增损。天下百姓自觉遵循就能得到治理，否则社会就生祸乱。遵从的民众得到安定，不遵从的人则处于危

据《中国文化通史》文献考证，南海古庙中殿，彰显晋代南北朝以来金翅鸟木雕艺术特质

①胡世庆：《中国文化通史》（下册），杭州：浙江大学出版社，2005年9月，第375–378页。王宁主编：《中国文化概论》，长沙：湖南师范大学出版社，2001年4月，第190、232、233页。
②（汉）司马迁：《史记》卷之二十三，书第一《礼书》，简体字本二十四史，北京：中华书局，2005年3月，第1023页。

始建于北宋年间的泉州泮宫建筑

亡。①

据《史记·封禅书》载："郊祀后稷以配天，宗祀文王于明堂以配上帝。自禹兴而修社祀，后稷稼穑，故有稷祠，郊社所从来尚矣。"②即周代时周公已经定下祭典的礼仪制度。郊祀时以后稷配天，宗庙祭祀时在明堂中祭周文王以配天帝。自从夏禹兴起时从事社神的祭祀，后稷稼穑有功，才有后稷神祠的祭祀。郊祭与社祭的祭祀礼制活动，均具有十分悠久的历史。

据《史记·五帝本纪》的注《正义》载，"太史公依《世本》、《大戴礼》，以黄帝、颛顼、帝喾、唐尧、虞舜为五帝。谯周、应劭、宋均皆同。而孔安国《尚书序》，皇甫谧《帝王世纪》，孙氏注《世本》，并以伏羲、神农、黄帝为三皇，少昊、颛顼、高辛、唐、虞为五帝"③。

据《史记·封禅书》载："于是，始皇遂东游海上，行礼祠名山大川及八神，求仙人羡门之属"。即秦始皇十分重视祭典人文始祖五帝、三皇，到东方巡游海上，行礼祭祀名山名川以及八神，寻访仙人羡门之辈。

据《史记·封禅书》记述："《周官》曰，冬日至，祀天于南郊，迎长日之至。夏日至，祭地祇。皆用乐舞，而神乃可得而礼也。天子祭天下名山大川，五岳视三公，四渎视诸侯，诸侯祭其疆内名山大川。四渎者，江、河、淮、济也。天子曰明堂、辟雍，诸侯曰泮宫"④。即《周官》说：冬至这天祭天于城南

---

① （汉）司马迁：《史记》卷之二十三，书第一《礼书》，简体字本二十四史，北京：中华书局，2005年3月，第1023页。

② （汉）司马迁：《史记》卷之二十八，书第六《封禅书》，简体字本二十四史，北京：中华书局，2005年3月，第1161页。

③ （汉）司马迁：《史记》卷之一，纪第一《高祖纪》，简体字本二十四史，北京：中华书局，2005年3月，第1页。

④ （汉）司马迁：《史记》卷之二十八，书第六《封禅书》，简体字本二十四史，北京：中华书局，2005年3月，第1161页。

郊，以迎接夏至日的到来。夏至
这天祭地衹。均需要用音乐、舞
蹈，诸神才会接受祭祀之礼敬。
天子祭祀天下的名山大川，视五
岳如同对待三公之礼，视四渎如
同对诸侯之礼。诸侯只是祭境内
的名山大川。四渎，就是指长
江、黄河、淮水、济水。天子祭

据《中国文化通史》文献考证，南海古庙中殿，
彰显晋代南北朝以来金翅鸟木雕艺术特质

天的地方，被称之为明堂、辟雍。古代朝廷诸侯祭祀的地方，称为泮宫。

据《汉书·郊祀志（上）》载："使先圣之后，能知山川，敬于礼仪，明神
之事者，以为祝。能知四时牺牲，坛场上下，氏姓所出者，以为宗。故有神民
之官，各司其序，不相乱也。民神异业，敬而不黩，故神降之嘉生，民以物
序，灾祸不至，所求不匮。"[1]即要让先世圣贤的后代，能了解山川内涵、尊崇
礼仪的意义。懂得祭祀神灵事情的人，才是有所作为的人。能熟悉神灵来源，
四季供献牲畜在坛场举行祭祀，才能成为部落氏族中的宗长。所以社会上有主
持祭祀神灵之官员，各自管理自己的事情，不相互混乱规矩秩序。社会不同业
进行祭祀神灵，敬重而不冒犯，所以神灵降来好的运气，民众遵循自然发展的
规律顺序，灾祸才不会降临。民众所有追求的才不会缺失。

据《汉书·郊祀志（下）》载："天地明察，神明章矣。天地以王者为主，
故圣王制祭天地之礼必于国郊。"即天地有灵能够仔细地察觉，神明就会得以
显现。天地有灵是以帝王为主导，所以圣王制定祭祀天地的礼仪制度，一定是
在国家都城的郊外举行，即郊祀。[2]

二、先秦至西汉时期的礼制、封禅与祭祀

据西汉司马迁《史记·封禅书》记载，秦朝已经把祭祀宗庙人文祖先和祭

---

[1]（汉）班固：《汉书》卷之二十五，志第五《郊祀志（上）》，简体字本二十四史，北京：
中华书局，2005年3月，第993页。

[2]（汉）班固：《汉书》卷之二十五，志第五《郊祀志（下）》，简体字本二十四史，北京：
中华书局，2005年3月，第1029页。

祀五岳名山大川的祭典活动结合起来，"秦始皇既并天下而帝，或曰：黄帝得土德，黄龙地螾见。夏得木德，青龙止于郊，草木畅茂。殷得金德，银自山溢。周得火德，有赤乌之符。今秦变周，水德之时。昔秦文公出猎，获黑龙，此其水德之瑞"，"昔三代之君皆在河洛之间，故嵩高为中岳，而四岳各如其方，四渎咸在山东。至秦称帝，都咸阳，则五岳、四渎皆并在东方。自五帝以至秦，轶兴轶衰，名山大川或在诸侯，或在天子，其礼损益世殊，不可胜记。及秦并天下，令祠官所常奉天地名山大川鬼神可得而序也"①。《封禅书》载：即以往三代建国都在河、洛两水之间，所以以嵩高山为中岳，而其他四岳山名也都与各自的方位相合，而四渎都在崤山以东。到秦朝时，建秦都城咸阳，则五岳、四渎都在秦都城的东方。自五帝到秦朝一代代的迭兴迭衰，天下名山大川或在诸侯境内，或在天子国中，祭祀的礼仪有损有益，随世而异，不可胜计。在秦王朝统一天下之后，使得祠官经常供奉的天地、名山、大川、诸神，便能得以排列祭典的顺序了。

据《礼记·祭法》载："山林川谷丘陵，能出云，为风雨，见怪物，皆曰神。"古代五岳崇拜最早源于中国古代的山川崇拜。传说中的五岳，是群仙所居。古人认为五岳山清水秀，地大物博，高峻雄伟，神秘莫测，令人敬佩，于是祀之为尊神，顶礼膜拜。秦汉时期，祭祀五帝。汉代，北极星被视为天帝。②

据《中国文化通史》文献考证，金翅鸟木雕艺术是晋代特有的文化遗存。图为南海古庙中殿的金翅鸟木雕艺术

据《史记·封禅书》记载："《尚书》曰，舜在璇玑玉衡，以齐七政。遂类于上帝，禋于六宗，望山川，遍群神。辑五瑞，择吉

① （汉）司马迁：《史记》卷之二十八，书第六《封禅书》，简体字本二十四史，北京：中华书局，2005年3月，第1161页。

② （汉）班固：《汉书》卷之二十五，志第五《郊祀志（下）》，简体字本二十四史，北京：中华书局，2005年3月，第1029页。

月日，见四岳诸牧，还瑞。岁二月，东巡狩，至于岱宗。岱宗，泰山也。柴，望秩于山川。遂觐东后。东后者，诸侯也。合时月正日，同律度量衡，修五礼，五玉三帛二生一死贽。五月，巡狩至南岳。南岳，衡山也。八月，巡狩至西岳。西岳，华山也。十一月，巡狩至北岳。北岳，恒山也。皆如岱宗之礼。中岳，嵩高也。五载一巡狩。禹遵之"[①]。《封禅书》载：即古代《尚书》说，舜帝时在璇玑玉衡，以整齐七政。于是，类祭于上天，禋祭于六宗，望祭于山川，遍祭于天下诸群神。祭祀诸群神后所持瑞玉，选择吉月吉日，会见四岳诸侯牧守，将所收瑞玉还给诸侯牧守。当年二月，向东方巡察到达岱宗。岱宗就是泰山。焚烧柴薪为燎火，按次第望祭诸山川。于是觐见东后。东后就是指东方的诸侯。调合四时与月、日的相对误差。统一声律与度量衡，修饬五礼以及五玉、三帛、二生、一死的贽见之礼。五月，巡察到南岳，南岳就是衡山。八月，巡察到西岳，西岳就是华山。十一月，巡察到北

泉州南海古庙中殿彰显南北朝以来神龙神兽飞天木雕艺术特质

岳，北岳就是恒山。都与岱宗的礼仪相同。中岳就是嵩高山，五年巡察一次。这些自禹以来均需遵循。

　　至此，西汉时期封禅五岳已形成完整的祭典礼仪体系，也为此制定严格的封禅五岳祭典的国家礼仪制度。

　　西汉时期，汉朝封禅的五岳分别是：东岳为山东泰山，东岳庙始建于汉武帝时期。历代帝王封禅泰山成为制度，使泰山居于五岳独尊的地位。西岳为陕西华山，西岳庙始建于汉武帝时期。中岳为河南嵩山，中岳庙始建于汉三阙年间（118—125年）。南岳为湖南衡山，衡山方广寺，始建于南朝梁天监二

---

① （汉）司马迁：《史记》卷之二十八，书第六《封禅书》，简体字本二十四史，北京：中华书局，2005年3月，第1161页。

据《中国文化通史》文献考证，南海古庙中殿，彰显晋代南北朝以来火焰纹木雕艺术特质

年（503年）。北岳为山西恒山，北岳庙始建于南北朝时北魏年间。①

其中，《汉书·郊祀志（上）》载，汉宣帝神爵元年（公元前61年）颁发诏书，将南岳由衡山移往霍山。②隋文帝统一南北朝后，于隋开皇九年（589年）重新诏定湖南湘江之滨的衡山为南岳，废霍山为名山。

据《汉书·郊祀志（上）》载："周公相成王，王道大洽，制礼作乐。天子曰明堂、辟雍，诸侯曰泮宫。郊祀后稷以配天，宗祀文王于明堂以配上帝。四海之内各以其职来助祭。天子祭天下名山、大川，怀柔百神，咸秩无文。五岳视三公，四渎视诸侯。而诸侯祭其疆内名山、大川，大夫祭门、户、井、灶、中霤五祀，士、庶人祖考而已。各有典礼，而淫祀有禁"③。《郊祀志》载：即周公辅佐成王时，王道相当和谐，制定礼创作乐。天子祭天的地方称为明堂、辟雍，诸侯祭祀的地方称作泮宫。郊祭后稷以配祭上天，在明堂宗祭文王以配祭上天。四海之内各按自己的职位来辅助祭祀活动。天子祭祀天下的名山大川，招来诸神灵进行怀柔安抚，遵循自然秩序而不按照祭祀典文。视五岳如同对待三公之礼，视四渎如同对待诸侯之礼。诸侯王只祭祀领地内的名山和大川，大夫祭祀门、户、井、灶、中霤五处，民间民众祭祀祖先就可以了。各自遵循祭祀的典文礼仪。放纵祭祀就要加以禁止。

西汉朝廷制定严格的祭典礼仪制度汉朝各地诸侯王只祭祀领地内的名山和大川。汉朝各地民众只举行祭祀祖先活动。

据《礼记·王制》载："天子祭天下名山大川，五岳视三公，四渎视诸侯。

---

①胡世庆：《中国文化通史》（上册），杭州：浙江大学出版社，2005年9月，第70、71页。
②③（汉）班固：《汉书》卷之二十五，志第五《郊祀志（上）》，简体字本二十四史，北京：中华书局，2005年3月，第993页。

诸侯祭名山大川之在其地者。"
①汉武帝时，"其明年冬，上巡
南郡，至江陵而东。登礼灊之
天柱山，号曰南岳。浮江，自
寻阳出枞阳，过彭蠡，祀其名
山川。北至琅琊，并海上"②。
即汉武帝巡察南郡，到江陵后
向东行。登上南方灊县境内的

泉州南海古庙保存的隋唐五代时期精美木雕构件

天柱山并且行了祭礼，此山号为南岳。然后乘船沿江而下，自寻阳起程，出枞
阳，经过彭蠡湖，沿途祭祀了名山大河。再向北行到琅琊，则是循海路而上。

三、封禅与祭祖成为汉朝国家的重要礼制活动

自古以来，中国古代农耕社会也是一个十分典型的宗法社会，尊宗敬祖情
感十分浓厚，先民对血亲祖先、人文始祖有着强烈的追思和怀念意识，十分重
视祭祖的祭典制度。西汉初期，汉高祖《大风歌》的"游子悲故乡"，③是古代
先民对祖先、祖籍地的深厚家国情怀最真实的写照。汉朝时在五岳祭祀中华人
文始祖是有着深刻的历史背景的。

据《史记·高祖纪》载，汉元十二年（公元前195年）十月，汉高祖在会甄
击败叛乱的淮南王黥布军队之后，"高祖还归，过沛，留。置酒沛宫，悉召故
人父老子弟纵酒，发沛中儿得百二十人，教之歌。酒酣，上击筑，自为歌曰：
'大风起兮云飞扬，威加海内兮归故乡，安得猛士兮守四方！'令儿皆和习之。
上乃起舞，慷慨伤怀，泣数行下。谓沛父兄曰：'游子悲故乡。吾虽都关中，
万岁后吾魂魄犹思沛'"。④《高祖纪》载：即汉高祖率军征战后在返回朝廷时
路过故乡沛县，留驻十多天，在沛宫摆设酒宴，把过去家乡的朋友和父老子弟
全部召集来一起纵情畅饮。还特地挑选沛县的少年儿童120人，教他们唱歌。酒

①胡世庆：《中国文化通史》（上册），杭州：浙江大学出版社，2005年9月，第375、378页。
②（汉）司马迁：《史记》卷之二十八，书第六《封禅书》，简体字本二十四史，北京：中
华书局，2005年3月，第1161页。
③④（汉）司马迁：《史记》卷之一，纪第一《高祖纪》，简体字本二十四史，北京：中华
书局，2005年3月，第1页。

喝到酣畅，汉高祖击着筑乐也作一首《大风歌》唱起来："大风起兮云飞扬，威加海内兮归故乡，安得猛士兮守四方！"让少年儿童都跟着学唱。汉高祖又跳起舞，感慨伤怀，动情之时泪水泣下数行，对沛县父兄乡亲们说："游子罹故乡。大汉国家虽建都于关中，但千秋万岁之后，我的家国情怀、我的家国魂魄，始终依旧不变，我还是会缅怀思念我的故乡沛县。"

据《史记·礼书》载："以太初之元改正朔，易服色，封泰山，定宗庙百官之仪，以为典常，垂之于后云"，"故厚者，礼之积也；大者，礼之广也；高者，礼之隆也；明者，礼之尽也"①。《礼书》载：即以汉朝太初为元年，改定历法，变易服色，封祭泰山，制定宗庙、百官礼仪，作为国家不变的祭典礼仪制度，流传后世。天是至高的极点，地是低下的极点，日月是明亮的极点，无穷是广大的极点，圣君则是礼义之道的极点。

泉州南海古庙中殿保存清代的精美木雕艺术

西汉时期，先民通过举行供奉祖先的祭祀活动，举行人神对话，祈求祖先神灵庇护。宗庙祭祀是中国古代农耕社会最重要的祖先崇拜活动，也是中国古代国家政治社会生活中的重要内容。②

据《史记·封禅书》载：

管仲曰："古者封泰山禅梁父者七十二家，而夷吾所记者十有二焉。昔无怀氏封泰山，禅云云。虙羲封泰山，禅云云。神农封泰山，禅云云。炎帝封泰山，禅云云。黄帝封泰山，禅亭亭。颛顼封泰山，禅云云。帝喾封泰山，禅云云。尧封泰山，禅云云。舜封泰山，禅云云。禹封泰山，禅会稽。

① （汉）司马迁：《史记》卷之二十三，书第一《礼书》，简体字本二十四史，北京：中华书局，2005年3月，第1023页。
②胡世庆：《中国文化通史》（上册），杭州：浙江大学出版社，2005年9月，第375页。

汤封泰山，禅云云。周成王封泰山，禅社首。皆受命然后得封禅"①。

四、祭祀五岳五帝成为汉朝的重要祭典制度

秦汉以来，对中国古代人文先祖的祭祀，被列入国家祀典，是古代礼制的重要内容。祭祀五岳、五帝，成为汉朝国家的重要祭典制度。据《汉书·武帝纪》载，西汉时期，汉武帝："五月，诏曰：'河海润千里，其令祠官修山川之祠，为岁事，曲加礼'"。即汉建元元年（公元前140年）五月，汉武帝下诏说：河海润泽千里，可令祠官修建山川之祠，祭祀岁以为常，祭礼也要有所加益。"二年冬十月，行幸雍，祠五畤"。汉建元二年（公元前139年）冬十月，汉武帝驾临，祭祀五帝。"元狩元年冬十月，行幸雍，祠五畤。获白麟，作《白麟之歌》"，即汉元狩元年（公元前122年）冬十月，汉武帝御驾祭祀五帝，获得白麒麟，作《白麟之歌》。②

西汉时期，汉武帝多次"幸泰山""祠五畤""礼祠其名山大川"，即礼祭五岳、五帝，望祭大海、山川。汉武帝时庙祀五岳、五帝，已成为古代中国封建国家的重要祭典制度。③汉武帝时的庙祀五岳祭祀是一种古老的祖先神祇

泉州南海古庙中殿保留清代的精美木雕艺术

崇拜制度，历代沿袭传承而形成祀典，历代帝王多往祭祀。④

据《汉书·郊祀志（下）》载："制诏太常：夫江海，百川之大者也，今阙焉无祠。其令祠官以礼为岁事，以四时祠江海洛水，祈为天下丰年焉。自是五岳、四渎皆有常礼。东岳泰山于博，中岳泰室于嵩高，南岳潜山于灊，西岳华

---

① （汉）司马迁：《史记》卷之二十八，书第六《封禅书》，简体字本二十四史，北京：中华书局，2005年3月，第1161页。
② （汉）班固：《汉书》卷之六，纪第六《武帝纪》，简体字本二十四史，北京：中华书局，2005年3月，第111页。
③ 王宁主编：《中国文化概论》，长沙：湖南师范大学出版社，2001年4月，第194页。
④ 胡世庆：《中国文化通史》（上册），杭州：浙江大学出版社，2005年9月，第39页。

泉州南海古庙许多石梭柱做成圆弧的卷刹，
彰显隋唐时期的建筑遗存特质

山于华阴，北岳常山于上曲阳。河于临晋，江于江都，淮于平氏，济于临邑界中，皆使者持节侍祠"①。即皇帝下诏给太常说：大海是百川中最大的，至今没有举行祭祀。现令祠官把祭礼作为每年的大事，在四季祭祀长江、大海、洛水，为天下祈求丰年。

从此，五岳、四渎都经常得到祭祀。东岳泰山在博地祭祀，中岳泰室在嵩山祭祀，南岳灊山在潜山之地祭祀，西岳华山在华阴祭祀，北岳常山在上曲阳祭祀。黄河在临晋祭祀，长江在江都祭祀，淮水在平氏祭祀，济水在临邑境内祭祀，均由汉朝廷使者持着符节主持祠庙的祭典活动。中国古代社会的祭祀海神习俗，自此开始在沿海盛行。

据《汉书·郊祀志（下）》称，汉宣帝神爵元年（公元前61年）："自是五岳、四渎，皆有常礼"。即汉宣帝时，除祭五岳之外，还祭四渎："今上封禅，其后十二岁而还，遍于五岳、四渎矣。"②即汉宣帝时自封禅始，其后十二年间，五岳、四渎全祭一遍。古代祭祀天下名山大川的历史十分悠久，又将祭祀五岳、四渎、社稷，作为国家礼制的重要活动，并不断赋予名山大川神化的丰富文化内涵。西汉时期，古代中国建立庙祀五岳国家祭典制度，历代传承沿袭。③

西汉时期建立的五岳祭典制度，还以五帝配祀天地之五方：黄帝轩辕氏，以土德王，配祀于中央；太昊包牺氏伏羲，以木德王，配祀于东方；炎帝神农氏，以火德王，配祀于南方；少昊金天氏，以金德王，配祀于西方；颛顼高阳氏，以水德王，配祀于北方。④

①（汉）班固：《汉书》卷之二十五，志第五《郊祀志（下）》，简体字本二十四史，北京：中华书局，2005年3月，第1029页。
②（汉）司马迁：《史记》卷之二十八，书第六《封禅书》，简体字本二十四史，北京：中华书局，2005年3月，第1161页。
③胡世庆：《中国文化通史》（上册），杭州：浙江大学出版社，2005年9月，第39页。
④胡世庆：《中国文化通史》（上册），杭州：浙江大学出版社，2005年9月，第378页。

西汉时期建立的五岳祭祀制度，依托五岳山川河流以代表国家社稷，最终彰显着西汉朝廷至高无上的国家统治权。与此同时，西汉朝廷也建立了"君权神授"的中国封建国家的传统规范，最终彰显着西汉朝廷至高无上的统治权不可逾越和侵犯。

位于泉州大开元寺的砖雕塑艺术

古代五岳、五帝作为祖先崇拜，自古以来就是中国古代农耕社会受到普遍信奉祭祀的主要神祇。在中国古代农耕社会，祖先崇拜具有维护纲常伦理的特殊意义。由祖先崇拜基础上产生的孝道文化，也具有深刻的历史意义。西汉时期建立的五岳五帝祭典的礼仪制度，曾经对古代中国农耕社会产生极为深刻的历史影响。

西汉时期，由于汉朝廷建立的五岳祭祀制度和五帝祖先崇拜祭典礼仪制度的影响，为此东越王余善不仅仅是私刻"东越国武帝"印章，而同时也在东越国都会东冶县泉山建立五岳祭祀制度和五帝祖先崇拜祭典礼仪制度，作为延续传承中国封建国家设立的祭典礼制，更是彰显着在东越国都会东冶县泉山建立东越王余善那至高无上的东越国政权统治地位。

西汉时期，汉朝廷制定严格的诸侯王五岳祭祀礼仪制度是："诸侯祭其疆内名山、大川。"[①]而不允许自行封冠祭祀五岳。实际上，东越王余善不是遵循实行"诸侯祭其疆内名山、大川"，而是东越王在东越国都会东冶县泉山的大地上，直接尊冠东越国五岳、建造东越国五岳庙，建立东越国五岳祭典制度，以体现东越国至高无上的国家政权，自立"东越国武帝"。因此被汉武帝视为大逆不道的反叛行为。最终，东越国和东越王余善被汉武帝"灭国迁众"（据《史记·东越列传》）。

---

① （汉）班固：《汉书》卷之二十五，志第五《郊祀志（上）》，简体字本二十四史，北京：中华书局，2005年3月，第993页。

第二节　东越国五岳与五岳庙

一、东越国东岳凤山的东岳庙

秦汉之前，古代先民认为泰山为"峻极之地"，是人与天相通的神地所在，对泰山特别崇拜畏敬。在古代先民心中，泰山是至高无上的。古代中国东岳泰山为五岳之首，谓泰山之神，即东岳大帝。后来，东岳泰山与道教有着密切关系，曾经盛极一时。①

汉代封禅五岳和祭祀五帝，唐朝廷封五岳神为王。宋元时期，朝廷封五岳神为帝。明太祖洪武年间，将五岳诏改为神号。②西汉时期，在东冶县泉山的东越国东岳庙，又称为东帝庙、东帝宫、东岳行宫，供奉东岳大帝。泉山"东帝庙"，是汉代封禅五岳和祭祀五帝时的庙名。

据明万历修编的《泉州府志》载，泉州"东帝庙"是从"开元观侧"迁建，重建在泉州东门外凤山。据泉州著名文史学者傅金星先生研究记述，唐朝"开元间，行春门外建有东帝宫，奉祀日神。天宝二年（743年），诏赐紫极宫。

西汉时期泉山五岳遗存：今泉州皇迹山的东越国东帝庙，迁建于宋代凤山的泉州东岳庙

五代末，留从效拓罗城，把紫极宫迁建于龙兴宫右，改迎恩馆之西庑为宫"③。早在唐朝以前的泉州古城行春门外，就修建有泉山"东帝庙"。泉州古城的行春门，在古城东街相公巷口边。

据清道光《晋江县志·祠庙志》载，"东方曰青帝，灵威仰之神"，"吾郡岳建在仁风门外第

①胡世庆：《中国文化通史》（上册），杭州：浙江大学出版社，2005年9月，第70页。
②胡世庆：《中国文化通史》（上册），杭州：浙江大学出版社，2005年9月，第39页。
③泉州市鲤城区政协文史委员会编：《泉州鲤城文史资料》第6、7合辑（总第24、25辑），1991年1月，第4、27页。

一山之阳。志不载其构于何代何年，但云建置修葺不一，至宋绍兴，规制益宏，则其由来已久矣。"①即《晋江县志》载：古代对泉州"东帝庙"的始建朝代，"建置、修葺"的说法不一。在宋绍兴年间之前，泉州"东帝庙"已"由来已久矣"，究竟是何时兴建，古代泉州地方史籍从未记载"东帝庙"的始建朝代。

关于对西汉时期东冶县泉山的东越国东岳山的历史考证：

据《八闽通志·寺观》记载，"东岳行宫，在府城东北三十九都皇迹山。旧附开元观侧（作者注：指泉州唐朝古城白云古地的唐朝开元观）。宋绍兴间始建于此，国朝正统四年重建。"②

查阅《唐朝泉州古城址地图》和明万历年间《泉州府志·泉郡总图》，③在泉州古城行春门外至仁风门，均无山。由于泉州古城行春门外没有山可尊冠东岳，为此，东越国东岳庙不可能是始建于"旧附开元观侧"，也不可能是始建于行春门外，而是从其他地方迁建于"旧附开元观侧"。

在《唐朝泉州古城址平面图》中，在"开元观侧"标注有"左祠"，而没标注"开元观侧""东帝庙"。在行春门之北方有座虎头山，标注兴建有一座"北帝庙"。在行春门外，没见标注修建"东岳庙"。在古城仁风门外东禅寺（少林禅寺）的东方，标注兴建一座"东岳庙"。但是这个地方没有标注山名。

据《唐朝泉州古城址平面图》绘制说明，原图简略。该地图是于1922年根据实地调查结果增添古迹，由泉州工务局绘制。由于该平面图比例不准，且早期的古代宫庙多数已废，根据实地调查结果在唐朝泉州古城址增添标注古代宫庙的具体位置，明显出现偏误。

查阅明万历年间的《泉州府志·泉郡总图》，在泉州古城仁风门外明显分别标注有两座山，即"凤山"和"东岳山"。在古城仁风门外标注"凤山"的东方，是标注古代泉州"东岳山"。这样，也可以确定泉州东门外三十八都"凤

---

① （清）胡之锞、周学曾等：《晋江县志》卷之十六，《祠庙志》。
② （明）黄仲昭：《八闽通志》卷之七十七，《寺观·泉州府》，福州：福建人民出版社，2017年3月，第1150页。
③ 中国社会科学院考古研究所、福建博物院等编著：《泉州南外宗正司》，北京：科学出版社，2020年8月，第133、139页。

西汉时期泉山五岳遗存：东越国东帝庙，
南宋时迁建于凤山的东岳庙山门

"山"东侧，这座"东北三十九都皇迹山"（《八闽通志·寺观》）是西汉时期东冶县泉山的"东岳山"。[①]

据此，唐朝之前的东冶县泉山"东岳庙"，仍然是沿用西汉东越国"东帝庙"的名称。南宋时，从泉州古城行春门外的"东帝庙"，改迁建于泉州的凤山。据明《八闽通志·寺观》记载：古代泉山的皇迹山，曾经被尊为东岳。泉州的皇迹山，是西汉时东越国东岳。泉州的凤山，是南宋时泉州的东岳。泉州东岳行宫，位于泉州古郡城仁风门外凤山之南麓，今泉州市东门外凤山南坡，古称驿路铺岳口境，宫下村庄则名为东岳村。东岳行宫与泉州少林寺仅一墙之隔。

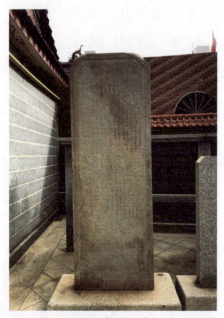

晋江南岳禅寺前立泉州府城南晋
江县十一都古代"东岳行祠"碑石

西汉时期，"泉山"的皇迹山是闽越王弟弟余善率领闽越军队长期据守的地方，也是余善长期经略闽越国南部的重要据点，成为当时闽越国南部地区的政治、经济和文化中心。在汉武帝封立余善为东越王之后，余善在都会东冶县泉山建立东越国，仿照汉武帝在东越国举行封禅、祭典五岳。东越王余善"自立为东越国武帝"，尊冠皇迹山为东越国"东岳"，在皇迹山建造东越国"东帝庙"，举行隆重的东越国东岳祭典盛事。东冶县泉山的皇迹山古地名，是与东越王余善在此地屯兵驻守、聚居、祭祀东岳庙、祭祀

①中国社会科学院考古研究所、福建博物院等编著：《泉州南外宗正司》，北京：科学出版社，2020年8月，第133页。

东岳帝的活动有密切关联。

晋代太康年间，从中原南迁到泉山的先民，把东冶县泉山的皇迹山"东帝庙"迁建到泉州古城"旧附开元观侧"。此时迁建的泉州"东帝庙"建筑，"规制狭陋"（《泉州府志》）。南宋时，泉州先民再把"东帝庙"迁建到泉州古城东门外凤山。凤山成为南宋时的泉州东岳。

据《闽书》载泉州东岳称："凤山，自北山而来，势如凤飞泉之北邙也。上有东岳行祠。宋绍兴末，尚书张汝锡捐资开山，几落成而殁。汝锡有女，嫁为颍川韩元吉妻。闻父殁，悲恸不禁。元吉乃持橐金来讫功。而汝锡子渤，仕银青光禄大夫，复买田为供灯费。元吉尝为建安守，后官吏部尚书"[①]。张汝锡之婿应为"韩君习"，即韩习（据《南涧集》）。韩元吉与韩习，均为颍川人。

据南宋韩元吉为张汝锡倡建泉州东岳行宫而写《南涧甲乙稿·东岳庙碑》碑文载，"泉州故有东岳庙，附于开元观之侧，规制狭陋。绍兴二十一年（1151年），郡人相与谋……右朝请大夫张君汝锡，首施钱五千缗，以倡郡人。施者既集，而张君即

古代泉州东岳庙石刻"万山第一"

世。其子婿右朝奉大夫韩君习实始终之"[②]。即是由张汝锡的女婿韩君习，在泉州东门外凤山完成重建泉州东岳行宫。韩元吉编纂《南涧甲乙稿》，又名《南涧集》。

韩元吉（1118—1187年），字无咎，号南涧，颍川人（今河南许昌）人。南宋绍兴年间，历任南剑州主簿、建安令，迁知建州，累官吏部尚书等，封颍川郡公。曾撰《建安郡志》《南涧甲乙稿》等，时与朱熹、辛弃疾、张汝锡等往来密切。

---

① （明）何乔远：《闽书》卷之七，《方域志·泉州府·凤山》。
② （宋）韩元吉：《南涧甲乙稿》卷之十九，《东岳庙碑》，北京：中国社会科学出版社，2022年4月。

泉州市人民政府公布的文物保护单位东岳行宫的碑石

值得关注的是，南宋韩元吉是最早以史籍记载古代至少在唐朝之前泉州东岳庙"旧附开元观侧"，在古城东街行春门外一带。历代泉山先民多次迁建东岳庙，宋代绍兴年间，泉州先民把"旧附开元观侧"的"东帝宫"，由泉州古城行春门外一带迁建于东门外凤山。宋代泉州已经成为中国的世界海洋商贸中心，泉州民间具有十分雄厚的经济实力，在"东帝宫"重新迁建、扩建之后，改称为泉州东岳行宫，庙宇建筑规模浩大。①

据泉州东岳行宫《第一山重修地祇忠义庙记》碑文云：宋绍兴年间有金紫光禄大夫张公讳汝锡者，避地入泉州，修玄于此山。历代有重修，且愈修愈大。明万历三十五年（1607年），副使姚尚德、知府姜志礼重建。据明李兴缙在泉州东岳行宫《第一山青帝宫记》载：明代扩建时将原有一殿拓为三殿，并增建左右回廊。东岳行宫大殿内祀东岳大帝等神像，每年农历三月廿八为东岳大帝诞辰。②

清康熙三十年（1691年），提督张云翼祷雨于此。清乾隆、嘉庆年间，泉州民间修建东岳行宫。泉州东岳行宫最兴盛时，庙宇建筑规模曾经多达七殿十

西汉时期泉山五岳遗存：东越国西岳龙山庙，明代改建为泉郡西岳龙山寺

①泉州市丰泽区政协学习和文史委员会、泉州市丰泽区文体旅游局编：《丰泽风景名胜》，《丰泽文史资料》第9辑，2006年11月，第71页。
②泉州市鲤城区政协文史委员会编：《泉州鲤城文史资料》第6、7合辑（总第24、25辑），1991年1月，第13页。

三坛。泉州东岳行宫历经几次被火焚烧，损毁严重。泉州东岳行宫原刻有"万山第一"的明代山门石匾，现存放于泉州开元寺。泉州东岳行宫是道教的重要庙宇之一。2001年，泉州东岳行宫被泉州市人民政府公布为第五批文物保护单位。①

西汉时期泉山五岳遗存：东越国西岳庙，清代改建为泉郡西岳龙山寺

在清道光《晋江县志·祠庙志》中，用一定篇幅详细记载介绍古代中国的五岳帝君和五岳庙，以及五岳祭祀活动，内容十分丰富。但是，《晋江县志·祠庙志》仅记载由宋朝地方重要官员负责迁建、扩建的泉州东岳行宫，②没转载明《八闽通志·寺观》记述的唐朝之前建造的东帝庙，也没记载隋代重建、扩建东越国南岳庙之后改名的泉州南海古庙，更无全称记载"泉郡西岳龙山寺"。

二、东越国西岳龙山的西岳庙

古代中国的西岳华山，又名太华山，崛起于黄河和渭河之滨。西岳势盖秦川。古代华山西岳庙，始建于汉武帝时期。③

西汉时期，东越王余善在东越国都会东冶县泉山，尊冠龙山为东越国西岳。西岳龙山，又称龙头山。东越王余善在东冶县泉山的东越国西岳龙头山建造东越国西岳庙，清代改名为泉郡西岳龙山寺，又称泉郡西岳离宫，系明代天启年间重建，位于今泉州新门街西段龙头山南麓。东越国龙山西岳庙何时废，古代志书史籍从没记载。

关于西汉东越国西岳（今泉州龙头山），早年泉州地方文史学者傅金星先生为此曾经做过大量的田野调查研究后指出："泉州龙山位于北峰镇石角

①泉州市丰泽区政协学习和文史委员会、泉州市丰泽区文体旅游局编：《丰泽风景名胜》，《丰泽文史资料》第9辑，2006年11月，第70、71页。
②（清）胡之锽、周学曾等：《晋江县志》卷之十六，《祠庙志》。
③胡世庆：《中国文化通史》（上册），杭州：浙江大学出版社，2005年9月，第70、71页。

西汉时期泉山五岳遗存：东越国西岳庙，清代改建为泉郡西岳龙山寺

山的南麓。泉州北峰镇石角山，历史上称为龙山，亦名西山。龙山距离南安丰州六七里，在泉州古城西门外潘山以北三华里。"①

在明《八闽通志·寺观》等志书文献中，没记载泉州龙山西岳庙。据清道光《晋江县志·寺观志》记载，"龙山寺，在胜得铺升文山。明天启丁卯建，名资寿寺。国朝雍正二年修，改今名"②。

据《泉郡西岳龙山寺历史碑记》碑文载，明天启丁卯年（1627年），知府沈翘楚始在原泉山西岳寺基础上复建，初改名为资寿寺。清雍正甲辰年（1724年），知府张无咎重修后，易名为西岳龙山寺。泉郡西岳龙山古寺，坐北朝南，双殿回廊式土木结构，建筑面积约1800平方米。沿中轴线自北而南，配有正殿、拜亭、潮汐井、庭院、东西两廊庑和天王殿。③

泉郡西岳龙山寺修建碑石十分详细记载西岳龙山寺历史

值得特别注意的是：明朝泉州知府沈翘楚主持修建、扩建"泉郡资寿寺"，清朝泉州知府张无咎再进行重修后，并恢复原古庙名为"泉郡西岳龙山寺"。由泉州府官方主持恢复修建的东越五岳庙之一泉州西岳庙，在《晋江县志·寺观志》文献中，仅记载为"龙山寺"。在《晋江县志·寺观志》中，甚至没记载"泉郡西岳"，更无记载为"泉郡西岳龙山寺"。这说明直至清代的志书史籍，也是十分忌讳并避开记载东越国五岳名称。《晋江县志·寺观志》也没有记载由民间修建、扩建的古代泉山

①傅金星：《泉山采璞》，泉州市鲤城区地方志编纂委员会编，1992年1月，第94、95页。
②（清）胡之鋹、周学曾等：《晋江县志》卷之十六，《祠庙志》。
③《泉郡西岳龙山寺修建碑石》碑文。

南岳庙、北岳庙和中岳庙。

从清道光《晋江县志·寺观志》等历代志书史籍的历史记载中，可以清晰表明证实：由于历代朝廷认为东越国五岳山和东越国五岳庙是属于大逆不道的历史遗存，在中国封建社会的正统泉州郡县志书史籍中，均不予记载古代东越国五岳相关的史实史料。

泉州市人民政府公布的《闽南文化生态保护区泉州古城示范区》匾额记载有古代泉州五岳遗存和五岳宫庙

据《泉郡西岳龙山寺历史碑记》碑文载：明代重建的泉州西岳龙山寺正殿天王殿，为重檐歇山式三进五开间的传统古建筑。殿内神龛主祀西岳顺圣大帝塑像，并配祀文昌帝君牌位，神龛上额悬挂着知府张无咎题"玄洞天"金字匾额。泉州西岳龙山寺殿内正上方，悬挂清乾隆甲戌（1754年）泉州府同知觉罗四明题的"镇国保民"匾额。西岳寺前悬挂清康熙年间延陵坂头村进士吴茂华题的"龙山寺"匾额。① 今西岳龙山寺庭院西北侧有口潮汐井，庭院东西两侧有六株古榕树枝繁叶茂。连接正殿与天王殿的东西两廊庑塑有二十四行孝图浮雕，显得格外醒目。天王殿内塑有四大天王神像，形神俱备，令人顿生敬畏。现存的整座宫庙保存了清代的建筑风格，依山势而北高南低，错落有致。

据泉州市人民政府文化部门公布的《闽南文化生态保护区泉州古城示范区》匾额的文献记载，"泉州

泉州西岳龙山寺修建碑石记载，历史上西岳龙山寺规模十分宏大，后被泉州粮食局占用，用于建造粮库

---

① 《泉郡西岳龙山寺修建碑石》碑文。

西岳龙山寺是泉州仅存的全真教圣地，并体现道、儒、佛三教在泉州历史文化古城完美地融为一体的文化遗存。"①

据《泉郡西岳龙山寺历史碑记》载：清代，晋江先民在泉郡西岳龙山寺设立义学。清雍正二年（1724年）重修，龙山寺所创办的义学，成为清代晋江县六所社会义学之首。泉郡西岳龙山寺的敬文亭，以其独具一格的传统文化内涵，曾经与泉州城北白耇庙敬字亭交相辉映。古代泉郡西岳龙山寺供奉的刘星主香火，分炉远播港澳台、东南亚和世界各地。泉州西岳龙山寺修建碑石还记载历史上的泉山西岳龙山寺规模十分宏大，后被建造泉州粮食仓库所占用。②

由于久远的历史原因，至今还没发现泉州地方史籍有更早修建泉山东越国西岳庙的历史文献记载，仅有在今"泉郡西岳龙山寺"的大门两旁，题有值得引人深思的古楹联：西岳圣地历经沧桑重兴建，龙山古寺几遭坎坷复回归。

三、东越国南岳溜石山的南岳庙

中国古代南岳所指之山不同时期曾有变化。据《史记·封禅书》载，汉武帝元封五年（公元前106年），"登礼潜之天柱山，号曰南岳"。③此南岳即今安徽霍山，也称潜山、霍山、衡山。之后，南岳改为今湖南衡山县的衡山。南岳有方广寺之深、水帘洞之奇、藏经阁之秀。④

西汉时期东越国五岳遗存：泉山南岳庙，隋代改名为泉州南海古庙

位于泉州古城的南方、今晋江北部池店镇溜石村有座溜石山。据《闽书》载，"山有

①泉州市人民政府文化部门公布《闽南文化生态保护区泉州古城示范区》匾额文献。
②《泉郡西岳龙山寺修建碑石》碑文。
③（汉）司马迁：《史记》卷之二十八，书第六《封禅书》，简体字本二十四史，北京：中华书局，2005年3月，第1161页。
④胡世庆：《中国文化通史》（上册），杭州：浙江大学出版社，2005年9月，第39、71页。

水井，方广丈余，海潮至，与泉不杂，色莹味甘"。据清道光《晋江县志·山川志》载，晋江池店高甲山（又名东山、溜石山）因山在海边孤耸而名："高甲山，一名东山。溜石镇在其下，又名溜石山。在（晋江）二十九都，距郡城南十里"③。

西汉时期，东越王余善尊冠溜石山为东越国南岳，并兴建东越国南岳庙。值得注意的是，东冶县泉山的东越国南岳庙是在隋朝时改建的，并改名为泉州南海古庙。据《重修南海庙碑记》记载，南海古庙原名南岳庙，是供奉衡山南岳之神（又称南海之神）祝融。自古以来，泉州南海古庙的庙址从未变化。南海古庙所在地是在晋江九十九溪水入海的重要水口。

晋江九十九溪之水最终是从溜石古渡旁的溜石江流入晋江河，再进入大海。历史上溜石山附近有一座溜石古渡码头，是利用晋江江滨一块方圆一百多米的巨大岩石坡道，修建成为运送古代泉山先民往返于晋江的重要古渡口。古代晋江流域平原九十九溪水汇成溜石江，溪流在入海处的水口古称三斗门，今已经兴建为晋东溜滨水闸14斗门的水口。

隋代，隋文帝下诏在全国沿海建立四海神庙，以祭祀四海之神，供奉南海之神祝融。①地处中国东南沿海的古代泉山，随即遵循国家祭祀礼制，于是就把长期一直供奉祭祀衡山南岳之神祝融的原东越国南岳庙，修建后改名为南海古庙。在古代泉山南岳庙供奉南岳之神祝融，从隋代修建后南海古庙至今保存许多魏晋时期以来的古建筑构件遗存，也可以证实：南岳庙就是隋代在泉山重建、

晋江民间每年在南海古庙前隆重举行祭典活动

① （清）胡之鋘、周学曾等：《晋江县志》卷之四，《山川志》。
② （唐）魏徵：《隋书》志卷之二，帝纪第二《高祖（下）》，简体字本二十四史，北京：中华书局，2005年3月，第21页。南海神庙编写组：《南海神庙》，广州：广东省地图出版社，1992年1月，第10页。

西汉时期东越国五岳遗存：泉山南岳庙，隋代改名为南海古庙，仍然保存晋代至隋唐时期的建筑构件

扩建的南海神庙。①

中国海上丝绸之路的重要发祥地是在泉州，与广州同时期，始于两汉时期，兴盛于隋唐时期，鼎盛于宋元时期。从适应中外海洋商贸船舶远航、进行祭祀南海之神的客观需求看，广州是在隋朝兴建的供奉祭祀南海之神祝融的南海神庙。②作为古代中国闻名天下的世界宗教博物馆、"泉南佛国"的泉州，也是在隋朝时重新修建供奉、祭祀南海之神祝融的南海古庙作为海神庙。如果隋朝的泉州没有修建海神庙以满足中外海洋商贸船舶远航的需求，那是不可思议的。泉州这座供奉祭祀南岳之神祝融的南海古庙，实际上是比广州南海神庙建造年代要早数百年。

由于十分久远的历史原因，在明《八闽通志》《明一统志》以及《泉州府志》等志书史籍中的寺观、祠庙历史文献，从未记载过泉州南海古庙原称南岳庙，甚至清道光《晋江县志》等晋江当地文史资料和历史文献，也没记载晋江县所在地古代已是规模宏大的泉州南海古庙的任何资料。

四、东越国北岳狮山的北岳庙

中国古代北岳最先是位于河北曲阳的西北。明朝时，始以今山西浑源的恒山为北岳，又名太恒山、元岳、常山等。恒山主峰是天峰岭，形势险要，历来为兵家所必争。始建于北魏时期的北岳恒山北岳庙，以气势庄严而著称。③

西汉时期，东越王余善在东冶县泉山北峰尊冠东越国狮山为北岳，在泉山建造东越国北岳庙。原东冶县泉山的东越国北岳庙，是位于今泉州古城北方的清源山下、北峰环山村山兜自然村门牌100号，属今泉州市丰泽区北峰镇。泉州

①晋江市池店镇溜石村南海古庙：《重修南海庙碑记》，清乾隆十二年（1747年）四月。
②南海神庙编写组：《南海神庙》，广州：广东省地图出版社，1992年1月，第11页。
③胡世庆：《中国文化通史》（上册），杭州：浙江大学出版社，2005年9月，第71页。

市丰泽区北峰山兜村人口200多人，村民有颜、甘、张、曾、魏、刘、梁等诸多姓氏。

泉州清源山，在泉州北方的北峰镇。古代先民将清源山南方、山兜村北侧的山峰，称为泉山北岳狮山。

据中国社会科学院考古研究所、福建博物院等编著的《泉州南外宗正司》中，有刊载明朝万

西汉时期东越国五岳遗存：泉山北岳庙，在泉州北峰山兜村

历年间《泉州府志》"泉郡总图"（图号151）古地图文献，十分清晰显示标注：泉州古城北部有座山名狮山，位于古代泉州清源山的东南方北侧，在左石山的西侧、龟山的东侧。①

泉州市鲤城区政协出版的《泉州文史资料》记述，这里的狮山北岳，历史上曾经被尊冠为古代泉州北岳的"恒山古地"。②

历史上，在明《八闽通志》《明一统志》《泉州府志》《晋江县志》等寺观、祠庙的文献中，从未记载过东冶县泉山东越国北岳古庙。在泉州北岳狮山之下的北峰山兜自然村，由于西汉时期就在东冶县泉山建造东越国北岳古庙，至今历史十分久远，村民并不清楚北岳古庙的建造年

明代万历年间泉州府志泉郡总图（图号151）明显标注泉州古城北部有座狮山

①中国社会科学院考古研究所、福建博物院等编著：《泉州南外宗正司》，北京：科学出版社，2020年8月，第133页。
②泉州市鲤城区政协文史委员会编：《泉州鲤城文史资料》第6、7合辑（总第24、25辑），1991年1月，第92页。

代。北峰山兜村民众只知道,自古以来,历代村民一直在现庙址持续进行过修建、扩建和修缮十分古老的北岳庙。

泉州市鲤城区政协出版的《泉州文史资料》曾经有记载:"北岳,在后茂,匾曰恒山古地,供奉玄天上帝。"即早年悬挂在原泉山东越国北岳庙的匾额是"恒山古地",北岳庙是供奉玄天上帝。[1]基于修建当年的北岳庙是"供奉玄天上帝",这座古庙应是在唐代再进行过大的修建。

据泉州北峰山兜《北岳庙修建碑记》载:在最近的1994年和2012年间,泉州北岳庙曾经进行过两次大的修建。悬挂在今泉州北岳庙的"北岳"匾额,是

西汉时期泉山五岳遗存:东越国北岳庙,又是泉山恒山古地的历史文化遗存

由泉州市丰泽北峰山兜村文史学者颜添玉先生撰题的。以北岳庙的"北岳"匾额,替代之前悬挂在泉州北岳庙的"恒山古地"的匾额。

据泉州丰泽区北峰山兜村民介绍,泉州狮山北岳庙仍然基本保留新中国成立后的建筑规模和庙宇格局。

据泉州北峰山兜《北岳庙修建碑记》碑文记载:今泉州狮山北岳庙供奉祭祀的是广利尊王。广利尊王,系唐朝天宝年间封冠的南海之神祝融,即唐玄宗下诏封南海神祝融为广利王。[2]据此,泉州北岳庙在唐朝时是否也作为南海神庙,参加为中外海洋商贸客商举行祭祀祭海的祈风活动,值得进一步研究。

今泉州北峰狮山北岳庙广利尊王造像为黑面,身材魁梧,两眼炯炯有神,与北岳真武帝君的面容相似。泉州北峰山兜村民称,时至今日,泉州北岳庙香火仍然十分旺盛。

① 泉州市鲤城区政协文史委员会编:《泉州鲤城文史资料》第6、7合辑(总第24、25辑),1991年1月,第92页。
② 南海神庙历史文化丛书编印:《南海神庙碑刻拓片集》,广州:广州出版社,2007年9月,第4页。

五、东越国中岳云山的中岳庙

古代中国的中岳嵩山，包括太室山和少室山。尧时，称为方山。夏时，称为崇山。春秋时，称为嵩山、大室、岳山。中岳邻近洛水和古都洛阳。汉朝（公元前118年—前125年）时，在今河南省中岳嵩山建造中岳庙。[①]

据泉州市人民政府文化部门公布的《闽南文化生态保护区泉州古城示范区》匾额的文献记载："泉州中岳庙"，位于泉州古城中部的"云山"。[②]即古代泉州"云山"是西汉时期的东越国中岳。西汉时据守在东冶县泉山的东越王，在"云山"建造了东越国中岳庙。

实际上，西汉时期，东越国中岳庙是在今泉州城的中心位置"白云古地"。由于隋唐时期以前泉州没有任何记载古代泉山人文历史的地方志书史籍，要进行考证原东越国都会泉山的中岳"云山"所在地和"白云庙"是由东越国中岳庙改名的，确实是十分艰难的。西汉时期东越国都会泉山还未修建城郭。泉州唐朝古城曾经持续进行多次修建、扩建。因此只能从中国古代志书史籍和仅存的泉州唐朝古城池地图中去寻找研究查证。

（一）东越国云山中岳庙在泉山白云古地的考证

今泉州古城"云山"地名，在今鲤城区开元街道古地名有北隅云山铺，指的是泉州古城一个街道社区范围。古代泉州北隅云山铺，包括生韩境和联墀境地域。生韩境，是从泉州古城钟楼至谯楼的中山北路两边、驿内巷、连理巷、米仓巷口以南的县后街、彩笔巷。联墀境，包括镇抚司、箭刀巷、小城隍、新街全段、公亭顶、船肚、十一间林。由于西汉至建造

西汉时期东越国五岳遗存：泉山北岳狮山的北岳古庙

①胡世庆：《中国文化通史》（上册），杭州：浙江大学出版社，2005年9月，第37、71页。
②泉州市人民政府文化部门公布《闽南文化生态保护区泉州古城示范区》匾额文献。

西汉时期的东越国五岳遗存：中岳云山兴建
中岳庙，即白云庙，唐朝初改为道观玄妙观

泉州城池后，至今已经有2000多年历史，泉州中岳"云山"是一座小山，泉州文史资料没有记载。

据《泉州府志·宫观坛庙》记载，西晋太康年间（280—289年），在今泉州古城大地上曾经修建一座庙宇称为"白云庙"。泉州文史学者研究记述："古泉州还像座海岛，庙常弥漫于沧海白云间。规模大小，供何神祇，未见记载"①。"白云庙"是古代泉州地方史籍记载最早、历史又最为详细的庙宇之一。泉州文史学者认为，由于这座庙宇是处于"沧海白云间"，为此称为"白云庙"。但是，在泉州史籍、文史研究资料中，从未见记载"中岳庙"是在泉州古城中岳云山的"白云古地"。

泉州唐朝古城址地图（图号158）
明显标注有泉山五岳遗存：中岳

为什么西晋时期的泉山先民要在当时还没有建造古城池的"白云古地"，去修建这座十分孤独地长期屹立在人烟稀少、茫茫泉山大地上的庙宇？为什么在这座位于古代"白云古地"云山的庙宇修建长达400多年以后的唐朝，古代泉州先民才开始建造泉州唐代古城池？由于过去缺乏全面系统研究古代"白云古地"的云山"白云庙"，对于云山"白云庙"最初始建的漫长历史事实，长期以来许多地方史学家对此均不得而知！

秦汉时期，泉山先民十分重视居住地的

①泉州市鲤城区政协文史委员会编：《泉州鲤城文史资料》第6、7合辑（总第24、25辑），1991年1月，第26页。

地理风水。泉山古城之地是秦汉时期闽越泉山先民的主要聚居地。据《晋江县志·祠庙志》记载，中国古代中岳庙，"中央曰黄帝，含枢纽之神"①。

据《晋江县志·山川志》载，古代泉州郡城山势，"郡城山脉起于白虹"，"乃由东北城濠盘石而入城隅之崇福寺。由是耸于城内之东北者为虎头，稍迤而南者为云山"，"从云山以西过开元寺，迤而薄城之西南者为升文（即龙头山）、裁山"，"云山，在郡治北，居虎头稍南。宋时州治在此，即韩魏公生时榕树开花处。……前有生韩古庙"②。

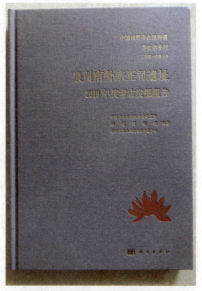

泉州南外宗正司遗址 2019 年考古发掘报告，介绍泉州南外宗正司情况

据中国社会科学院考古研究所、福建博物院等编著的《泉州南外宗正司》一书中，有两幅《泉州唐城平面图》《泉州古城址平面图》（图号156、158，泉州市建委城建档案室存）古地图文献，十分清晰标注：在泉州唐朝古城中部明显标注的有"云山"和早已经建造的"中岳"庙。③"白云古地"位于泉州唐朝古城中部区域"云山"，即今泉州市公安局所在地的南脊坡端。

在《泉州古城址平面图》（图号159，泉州市建委城建档案室存）④中标注的这座泉山"中岳庙"，是位于泉州古城肃清门外东侧、镇抚司前衙（驿）内埋。后人在重新绘制泉州古城池地图时，曾经做出明确的说明："绘制地图对泉州古城古地图的错误有做过修改。"而查阅另一幅泉州唐城古地图文献《泉州古城址平面图》（图号158泉州市建委城建档案室存），⑤则十分清晰地标注：

① （清）胡之钰、周学曾等：《晋江县志》卷之十六，《祠庙志》。
② （清）胡之钰、周学曾等：《晋江县志》卷之四，《山川志》。
③ 中国社会科学院考古研究所、福建博物院等编著：《泉州南外宗正司》，北京：科学出版社，2020年8月，第137、139页。
④ 中国社会科学院考古研究所、福建博物院等编著：《泉州南外宗正司》，北京：科学出版社，2020年8月，第140页。
⑤ 中国社会科学院考古研究所、福建博物院等编著：《泉州南外宗正司》，北京：科学出版社，2020年8月，第139页。

泉州古城池肃清门外东侧、镇抚司前衙（驿）内埕，至宋代时仍然属"宋放生池"。东越王是在"云山"建造东越国"中岳庙"，而不会在一片水池、至宋代仍然是"放生池"的所在地建造"中岳庙"。实际上，《泉州古城址平面图》（图号159，泉州市建委城建档案室存）中标注的"中岳庙"位置明显偏误。

据《泉州古城址平面图》（图号156，泉州市建委城建档案室存）的古地图文献，十分清晰地显示：泉州古城中部的"中岳云山"，在今泉州的"白云古地"。①秦汉时期，云山古称"白云古地"，即在古代泉山白云庙一带区域，在泉州唐城古地图中，没有标注"中岳云山"中岳庙，唯有标注"白云庙"。

泉州唐朝古城址地图（图号159）
明显标注有泉山五岳遗存：中岳云山

据泉州唐城古地图标注，在泉州古城中部"中岳云山"的偏南面，唐朝时兴建一座枭枀庙（又名中和庙），供奉唐朝护国圣王李宽。中和庙是"在郡治旁边"。②泉州唐朝古城中部"枭枀庙"的偏西南面，分别标注的是泉州唐朝古城池南街的东沟和西沟。在泉州唐朝古城"中岳云山"建造的原东越国云山中岳庙，就在枭枀庙的偏东南面，也就是西晋时期在泉山"白云古地"修建的云山"白云庙"所在地。③

由于历史原因，没发现泉州地方史籍文献对古代"白云古地"兴建"白云庙"供奉神祇的记载，更没有对"白云古地"云山中岳庙文化遗存的历史记载。由于东冶县泉山中部云山被东越王余善尊冠为中岳，古泉州唐朝地图也有标注建造中岳庙。④

为此，西汉时期东越王余善在中岳云山建造的东越国中岳庙，即是西晋太康

①③④中国社会科学院考古研究所、福建博物院等编著：《泉州南外宗正司》，北京：科学出版社，2020年8月，第137页。
②张惠评、许晓松：《泉州古城铺境神》，福州：海峡书局，2014年12月，第150页。

年间修建的"白云庙"。西晋太康年间，从中原南迁到原东越国都会东冶县泉山的先民，在"白云古地"对云山中岳庙进行修建后，自此被改名为云山白云庙。

（二）东越国中岳云山是泉山的吉祥之地

秦汉时期，闽越国泉山先民在进入中原参加八年征战的过程中，不仅把中原的宗教和民间信仰带到泉山，而且也把中原地区居住的地理环境经验带到泉山。据泉山地理环境看，云山背靠巍巍清源山，远望前面有滔滔晋江河流和宽阔出海口，为吉祥之"汭位"。为此，西汉时期，东越王余善在东越国建造云山中岳庙。登临中岳云山，则面向川流不息的晋江河流，一望无际，一览无余，为吉祥之山脉。①

据泉州文史研究学者在《泉州古城池的构筑与风水观念》一文研究表述：泉州古城池中部的"云山"，对于泉州先民来说是十分重要的。"云山"是背山面水、向阳背风的吉祥之地，即"汭位"，是泉州先民居住、生活和生产的优良位置。②

泉州唐朝古城址地图（图号156）明显标注有泉山五岳遗存：中岳云山旧址

西汉时期，东越王选择东冶县"泉山""汭位"作为东越国都会，并在吉祥之地云山建造"中岳庙"，是经过十分慎重选择的。东越国都会泉山的吉祥之地"云山"，自西汉时期已经形成吉祥"汭位"的特殊地理位置，具有深刻的历史背景。

唐朝著名诗人包何诗："云山百越路，市井十洲人。"说的就是泉州云山是秦汉时期闽越、东越先民的主要聚居地。唐代时，云山已成为世界各地海洋商贸客商的聚集地，即云山古地是外商客商的聚居地。

---

① 石狮市地方志编纂委员会办公室等编：《乡情石狮》，2015年8月。
② 石狮市地方志编纂委员会办公室等编：《乡情石狮》，2015年8月，第321页。

泉州唐朝古城址地图标注的泉山五岳遗存东越国中岳云山，位于古城泉州中部的"白云古地"

由于原东越国中岳"云山"及周边地域是吉祥之地，为此，唐朝时选择兴建泉州郡县州治城池的所在地，不是选择在已历经数百年郡县治所历史积淀的南安丰州建造城池，而是把古老的南安丰州郡县治所迁移到原东越国泉山的"汭位""云山"，新建今泉州古城的郡县州治城池。延续占据东越国中岳云山"汭位"的吉祥之地而建造泉州古城池，是南安丰州郡县治所迁址的根本原因。此后，古泉州吉祥之地"云山""汭位"始终成为唐朝以及之后历代的郡府、州署、晋江县衙建治所的重要首选。

据泉州地方志书史籍记载，唐久视元年（700年），武荣州的州治从南安丰州迁移至东南十五里的泉州中岳"云山"，依垒山的云榭建造古泉州"六曹都堂"，兴建泉州的唐朝城池。[1]

自古以来，东越国中岳云山始终是泉山古城的风水宝地。西汉时期，东越王余善在东越国都会东冶县泉山大地上，选址位于今泉州古城中部区域"云山"，尊冠为东越国中岳，并在中岳云山"白云古地"建造东越国中岳庙。东冶县泉山的"白云古地"，也是东越国云山中岳庙的所在地。三国时期设在南安丰州的郡县治所，最终在距建立泉山都会时过830多年之后的唐久视元年（唐圣历三年，公元700年），武荣州废，郡县州治迁址改设在今鲤城，并始建造郡县州治城郭。唐朝泉州先民也是完全根据西汉时期东越王余善的东越国五岳格局，并以东越国中岳云山为古城中心，进行建造泉州古城池的。由于历代朝廷十分忌讳东越国五岳，历代志书史籍均不记载"云山"中岳庙。

---

[1]傅金星：《泉山采璞》，泉州市鲤城区地方志编纂委员会编，1992年1月，第74页。泉州市鲤城区政协文史委员会编：《泉州鲤城文史资料》第6、7合辑（总第24、25辑），1991年1月，第26页。

原东越国中岳庙所在地的"云山"，古称"白云古地"，时至今日，泉州古城仍然立有"白云古地"的石牌坊。

据《八闽通志·拾遗·泉州府》记载，在泉州古城区"白云古地"，"紫极宫寿星殿前有古桧一株，围一丈六尺，高七丈余，枝如虬龙，香叶荫郁如幄。

泉州唐朝古城址地图所标泉山五岳遗存东越国中岳云山所在地的白云古地牌坊

旧志云：晋时植，旁有石刻'晋朝桧'三字。许弥安《晋桧行》，出本志"。

宋代诗人许弥安《晋桧行》诗文曰：[①]

紫极宫中晋朝桧，故老语我今千年。

根盘厚地龙蛇走，干薄霄汉星斗悬。

玄冬飞雪断人迹，贞姿不改平时妍。

虬枝香叶翠如幄，一子不落含苍烟。

胡为大厦构梁栋，如此大材能弃捐。

伊昔晋朝纷乱日，衣冠南渡依江堰。

风流王谢更幻化，肝胆铁石兹挺然。

"干"，木也。"堰"，壔也，即为宫庙之外溪流水边的田地。"紫极宫"，是指西晋太康年间的宗庙、云山白云庙，唐代改建为紫极宫。在西晋太康年间"伊昔晋朝纷乱日，衣冠南渡依江堰"之时，从中原先民南迁泉山时，这里还没兴建城池，仍然是一片溪流水沟纵横的田野。在宋代泉州紫极宫的前面，矗立着一棵已经有千年历史的古桧树。晋代太康年间为此立有"晋朝桧"碑石。

宋代诗人许弥安在诗文中盛赞原白云庙前已有千年历史的古桧树"根盘厚

---

① （明）黄仲昭：《八闽通志》卷之八十六，《拾遗·泉州府》，福州：福建人民出版社，2017年3月，第1419页。

地龙蛇走""虬枝香叶翠如幄"。只见那千年古桧树，枝繁叶茂，郁郁葱葱，傲骨铮铮，气冲霄汉。"紫极宫中晋朝桧，故老语我今千年"，只见那千年古桧树，生龙活虎，依然还活灵活现地说"我今千年"了！（据《八闽通志·晋桧行》）。从宋代许弥安这诗文中也充分证实：西汉建元年间东越王余善在"云山"建造东越国中岳庙时，就已经在庙前种植这棵古桧树，至宋代时已约有1100年历史。宋紫极宫前的这棵古桧树，并不是晋代种植的。

在这座福建省古代历史上最早修建的古庙，为什么之前会孤独地屹立400多年、又在修建改名为云山"白云庙"长达400余年之后才的唐朝兴建泉州古城，这个长期以来一直困扰泉州文史学者无以解析回答的一个历史问题，至此完全可以迎刃而解。

如今，在泉州古城区"白云古地"、泉山中岳古地建造楼房的墙面，刻有一幅巨大的石头艺术浮雕，充分展现了西晋太康年间"伊昔晋朝纷乱日，衣冠南渡依江堧"的动人景象。

据泉州鲤城区地方史籍记载，唐总章二年（669年），泉潮大地之间发生"蛮獠啸乱"。唐高宗派遣岭南行军总管陈政率领士兵入闽镇压，陈元光随父同行。唐仪凤元年（676年），陈元光带领部分军队驻扎在泉州云山附近。为了军事防御和阅兵的需要，陈元光令士兵运土垒山，筑造云榭。古代泉州云榭，是古代泉州的军事防卫设施，旧址就在原东越国中岳云山附近，即今泉州气象台。①

西汉时期的泉山五岳遗存在历经800年后建造泉州城泉山门

（三）东越国中岳庙是泉山先民的宗庙

据《史记》《汉书》等文献史籍记载，西汉时期建立的五岳祭典国家礼仪制度，中岳庙供奉

---

①傅金星：《泉山采璞》，泉州市鲤城区地方志编纂委员会编，1992年1月，第71~74页。

的嵩山中岳之神是轩辕黄帝。《史记·五帝本纪》记载："以黄帝为五帝之首，盖依《大戴礼·五帝德》"①。轩辕黄帝是古老中华民族的祖先之一，据《汉书·严助传》记载："天下赖宗庙之

唐朝高僧无等法师赞誉泉州宗教信仰文化兴盛而题刻的"泉南佛国"

灵，方内大宁。"即西汉时期祭祀宗庙，是先民极为重视的祭典礼制。天下安定，有赖于祭祀宗庙祖先的在天之灵。②为此，据《中国文化通史》记载，西汉时期的嵩山中岳庙，成为祭祀轩辕黄帝的宗庙。③

据《中国文化通史》载，中岳为五岳之中央。依据西汉时期传统的祖先崇拜国家祀典礼制，以土德王，供奉祭祀先民的祖先轩辕黄帝于五岳中央。④西汉时期东越王余善在东越国都会东冶县泉山建造的云山中岳庙，实际上就是供奉祭祀泉山先民的祖先轩辕黄帝。

西汉时期，东越国被汉武帝军队"灭国迁众"（据《史记》），由于泉山的原东越国五岳庙，供奉包括人文始祖轩辕黄帝的东越国先民宗庙，均是东越国先民供奉古老中华民族祖先五帝神祇的庙宇，始终获得中国古代天下万民的尊崇、敬重，因而没受到"灭国迁众"战火的破坏影响，能够完好地保存下来。自古以来，古代中国五岳、五帝具有至高无上的社会地位和历史影响，原东越国五岳庙始终得到泉山先民世世代代的

唐朝，泉山中岳宗庙南迁德济门旁即泉郡黄帝宫，供奉轩辕黄帝

① （汉）司马迁：《史记》卷之一，纪第一《高祖纪》，简体字本二十四史，北京：中华书局，2005年3月，第1页。
② （汉）班固：《汉书》卷之六十四，传第三十四（上）《严助传》，简体字本二十四史，北京：中华书局，2005年3月，第2097页。
③胡世庆：《中国文化通史》（上册），杭州：浙江大学出版社，2005年9月，第378页。
④胡世庆：《中国文化通史》（上册），杭州：浙江大学出版社，2005年9月，第37、71页。

尊奉、维护和传承。

据1991年泉州市鲤城区政协编印的《泉州文史资料》记载，"中岳云山，供奉中天王"[1]。这里的记载指的是唐朝供奉"中天王"，记述有笔误。唐朝中岳庙供奉神祇的正确名称应为"天中王"。中国古代中岳庙供奉嵩山之神"天中王"，是指唐垂拱四年（688年）武则天在嵩山封禅中岳庙时封中岳神为"天中王"。[2]而在唐朝之前的中岳庙，则不是供奉祭祀"天中王"，而是供奉祭祀古老中华民族的人文始祖轩辕黄帝。

（四）晋魏至隋代的云山中岳庙供奉轩辕黄帝

自古以来，基于"天下赖宗庙之灵，方内大宁"观念（据《汉书·严助传》），建造宗庙、供奉祖先，不仅是中国古代国家朝廷重要祭典的礼仪制度，而且也是中国古代先民的重要祭祀礼仪活动。

西晋太康二年（281年），南迁到原东越国都会泉山的中原先民，在东冶县泉山中岳庙旧址，即云山白云古地，重新修建、扩建云山中岳庙，改名为"白云庙"，仍然作为供奉中华民族人文始祖轩辕黄帝的宗庙。自西晋太康年间至隋朝相当长的历史时期，云山"白云庙"一直是泉山先民的宗庙，而不是泉州地方史籍记载的泉山道教宫观。从魏晋朝廷推崇建造宗庙的史实看，白云庙也不是佛教寺院。

唐初南迁重建的泉郡黄帝宫，是西汉时期泉山先民供奉轩辕黄帝的宗庙

魏晋时期以来，宗庙持续兴起。据《晋书》记载，魏"武帝受命登帝位，即令傅玄作歌二十二篇，亦述晋以功德代魏"。傅玄撰的《大晋承运期》辞赋载，"大晋承运期，德隆圣皇。时清晏，白日垂光。应箓图，陟帝位，继天正玉衡。化行

---

①泉州市鲤城区政协文史委员会编：《泉州鲤城文史资料》第6、7合辑（总第24、25辑），1991年1月，第92页。

②（五代后晋）刘昫等：《旧唐书》卷之十九，本纪第十九《懿宗李漼》，简体字本二十四史，北京：中华书局，2005年3月，第441页。

象神明，至哉道隆虞与唐。元首
敷洪化，百僚股肱并忠良。时太
康，隆隆赫赫，福祚盈无疆。"①
傅玄（217—278年），西晋时期
著名的文学家、思想家。

泉州古城的中央黄帝宫，又称泉郡黄帝宫，供奉轩辕黄帝

东晋时期，朝廷命各地建
造宗庙仍然十分兴盛。东晋永
和十一年（355年），东晋朝廷
命各地建宗庙、赞祖宗、祀黄
帝："乃使曹毗、王珣等增造宗庙、歌诗，然郊祀遂不设乐"②。曹毗，魏晋
著名文学家，"谯国人，字辅佐。好文籍，善词赋。郡察孝廉，除郎中。迁
句章令，征拜太学博士"。曹辅佐（名曹毗）撰的《黄帝赞诗》曰："轩辕应
玄期，幼能总百神。体练五灵妙，气含云露津。掺石曾城岫，铸鼎荆山滨。
豁焉天扉开，飘然跨腾鳞。仪謦洒长风，褰裳蹑紫宸。"③黄帝，即轩辕黄帝。
同时，"及魏受命，改其十二曲，使缪袭为词，述以功德代汉"（据《晋书·
志》）。时泉山中岳庙，宗庙也。西晋太康年间，中原南迁东冶县泉山的先民
率先在原东越国大地上，重修中岳云山"白云庙"为宗庙，已一目了然。

魏晋时期文学家曹毗撰的《晋左宗庙歌十一首·其十一·四时祠祀歌》赞
曰："肃肃清庙，巍巍圣功。万国来宾，礼仪有容。钟鼓振，金石熙。宣兆
祚，武开基。神斯乐兮！理管弦，有来斯和。说功德，吐清歌。神斯乐兮！洋
洋玄化，润被九壤。民无不悦，道无不往。礼有仪，乐有式。咏九功，永无
极。神斯乐兮！"④即曹毗《四时祠祀歌》曰：肃肃祖宗清庙，巍巍祖宗圣功。
万国诸侯来朝，礼仪行止有容。钟鼓声声振四方，金石熙熙来宗祠。……诸神

---

① （唐）房玄龄等：《晋书》卷之二十三，志第十三《乐（下）·曹毗辞赋·大晋承运期》，
简体字本二十四史，北京：中华书局，2005年3月，第449页。
②④ （唐）房玄龄等：《晋书》卷之二十三，志第十三《乐（下）·曹毗辞赋》，简体字本
二十四史，北京：中华书局，2005年3月，第450页。
③ （唐）房玄龄等：《晋书》卷之九十二，列传第六十二《曹毗传》，简体字本二十四史，
北京：中华书局，2005年3月，第1592页。

不胜其乐兮! 理奏悠悠管弦, 有来曲曲斯和。述说祖宗赫赫功德, 颂以宗祠煌煌清歌。诸神不胜其乐兮! 洋洋玄化之乐, 仁德惠泽九壤。万民无不欢悦, 政通无有不往。礼仪彬彬有节, 乐奏阵阵有式。咏唱祖德九功, 永享庇荫无极。诸神不胜其乐兮!

曹毗赞颂宗庙的诗歌、辞赋, 彰显魏晋以来历代朝廷仍然十分推崇建造宗庙, 祭祀祖宗。自西晋太康以来至唐朝初期, 云山白云庙始终是泉山先民作为供奉、祭祀中华民族先祖轩辕黄帝的宗庙。

(五) 东越国中岳庙在唐朝初期改为道观

自汉代以来, 中国古代传统思想文化的主体是由儒、道两家和佛教所构成的, 曾经对中国农耕社会的政治、经济和文化产生极为深远的历史影响。[1]需要特别指出的是, 古代道教是唯一发源于中国、由中国古代先民创立的宗教, 又称本土宗教。

道教产生于东汉中期, 至魏晋南北朝时期, 道教经典教义、修持功法、科仪规范的确立, 历经数百年演变为成熟的正统宗教, 并于北魏时期 (386—534年) 由民间宗教转变为官方宗教, 道教才在各地发展起来。特别的在唐朝廷尊奉李氏祖先为李老君时, 古代道教发展到鼎盛时期, 并对中国古代民间信仰宫庙的发展曾经产生过重要的历史影响。[2]

由于古代中国历史朝代的持续变动, 由此出现东冶县泉山的原东越国中岳庙, 作为供奉中华民族人文始祖轩辕黄帝神祇的宗庙, 最终在唐朝初期出现持续更替。原东越国中岳庙, 即白云

西汉时期的泉山五岳遗存: 东越国中岳云山旧址兴建石牌坊, 题镌"太康肇始"

[1]胡世庆:《中国文化通史》(上册), 杭州: 浙江大学出版社, 2005年9月, 第497页。
[2]吴幼雄:《泉州宗教文化》, 厦门: 鹭江出版社, 1993年6月, 第3、91页。王宁主编:《中国文化概论》, 长沙: 湖南师范大学出版社, 2001年4月, 第237、238页。

庙，历经多次变更改名。①据明黄仲昭编纂《八闽通志·寺观》载，"玄妙观，在府治西南。晋太康中为白云庙，唐改为老君祠。开元中（713年）建龙兴观于祠西。宋大中祥符二年（1009年），改天庆。元元贞元年（1295年），改今名。国朝洪武、永乐、景泰、成化间，相继增建。开元观，在紫极宫之右。唐神龙初（705年）创建，名龙兴。开元中改今名。"②

泉州城在西汉时期的泉山中岳遗存旧址兴建石牌坊题镌：太康肇始

自西晋太康年间在中岳云山白云古地修建的供奉祭祀轩辕黄帝的宗庙，在历经420多年的发展之后的唐朝初期，泉州先民根据唐朝发布全国各地建造"老君祠"的圣旨，③时泉州中岳云山白云庙改建后改名为"老君祠"。"老君祠"为道观之后，把供奉轩辕黄帝改为供奉道教的最高尊神，成为"玄元皇帝庙"。唐朝初期白云庙最终由泉山先民的宗庙，改为泉州的道教宫观。

在中国古代社会历史上，"庙""寺""观""宫"，均分别具有显著、特殊的含义。中国先秦时期最早称为"庙"，是指供奉祭祀祖宗的地方。古代供奉祖宗神位之处所，称为宗庙。后来称为家庙。秦朝，"寺"是官署，"庙"是宗庙，"观"是台榭。随着佛教传入古代中国后，佛教寺院一般称为"庙"。两汉时期以后，这类名称出现新演变："庙"，一般是指供奉神的庙宇。"寺"，一般是指供奉佛的佛教建筑。"观"，一般是指供奉仙的道教建筑。即道教建筑，一般称为"宫""观"。佛教建筑，一般称为"寺庙"。④

---

①泉州市鲤城区政协文史委员会编：《泉州鲤城文史资料》第6、7合辑（总第24、25辑），1991年1月，第4、12、26页。

②（明）黄仲昭：《八闽通志》卷之七十七，《寺观·泉州府》，福州：福建人民出版社，2017年3月，第1150页。

③（五代后晋）刘昫等：《旧唐书》卷之十九，本纪第十九《懿宗李漼》，简体字本二十四史，北京：中华书局，2005年3月，第441页。

④山东省青岛市即墨人民政府政务网：《庙宇文化》，2016年4月20日。

泉州城的"北辰垂象"古牌坊就在西汉时期泉山东越国中岳遗存之地

东晋时期，江苏句容人葛洪撰道教名书《枕中书》，（又名《元始上真众仙记》），以太昊氏为青帝，治岱宗山。祝融氏为赤帝，治衡霍山。金天氏为白帝，治华阴山。颛顼氏为黑帝，治太恒山。轩辕氏为黄帝，治嵩高山。古代庙祀五岳与五帝结合，并不断地被神化。

在东晋时中国道教创立之后，将五岳视为"洞天福地"。为此，需要特别关注的是：道教创立之初的活动场所，最初是以治、靖、室称之。历史上，中国古代道教场所称为"治""庐""靖""室""仙馆""洞""院""坛""馆""阁""殿""庵""府"等。至北周武帝（560—578年）时，道教活动场所才被称为"观"，取观星望气之意。①

在古代泉州的许多道教场所称为"室"。据《八闽通志·寺观》记载：

> 古玄室，在府城西南三十二都。旧为禅刹，正统九年有道人吴云静者辟其址建室以居，作小丹位于崖巅，为修炼之所。玄隐室，在清源山之东。旧名太公室，宋季建，国朝成化间重建，改今名②。始建于五代英都镇良山村龙山云从古室（原为禄寿院）。

唐朝道教十分兴盛。据《隋唐五代史》记载，唐高祖即幸终南山，谒老子庙。唐贞观元年（627年），唐太宗修建亳州老君庙。唐乾封元年（666年），唐高宗巡幸亳州老君庙，追号老子为"太上玄元皇帝"。唐光宅元年（684年），唐武后追尊老子母为"先天太后"。③

---

① 山东省青岛市即墨人民政府政务网：《庙宇文化》介绍资料，2016年4月20日。胡世庆：《中国文化通史》（上册），杭州：浙江大学出版社，2005年9月，第491页。
② （明）黄仲昭：《八闽通志》卷之七十七，《寺观·泉州府》，福州：福建人民出版社，2017年3月，第1150页。
③ （五代后晋）刘昫等：《旧唐书》志卷之二十四，志之第四《礼仪（四）》，简体字本二十四史，北京：中华书局，2005年3月，第613页。吕思勉：《隋唐五代史》（下册），北京，北京理工大学出版社，2016年4月，第1333页。

唐玄宗时，嵩山中岳之神改封为"天中王"。据《旧唐书·礼仪志四》载，唐朝武则天垂拱四年（688年）四月，"又以嵩山与洛水接近，因改嵩山为神岳"。唐朝武则天还"加封洛水之神""授太师、持节、神岳大都督、天中王""并为置庙"。十二月，武则天"亲拜洛受图，为坛于洛水之北，中桥之左。……自有唐以来，未有如此之盛也"。唐朝开元五年（717年），立武则天拜洛受图坛及碑文，"文云：圣母临人，永昌帝业"，"改元为永昌"。[①]唐朝在嵩山封禅的中岳庙以及古代完整的中州庙宇建筑群，规模十分巨大。2001年，嵩山中岳庙被国务院公布列为全国重点文物保护单位。

据《旧唐书·礼仪志四》记载，唐朝"开元二十九年（741年）正月己丑，诏两京及诸州各置玄元皇帝庙一所，并置崇玄学。其生徒令习《道德经》及《庄子》《列子》《文子》等，

泉州著名的道观元妙观，是西汉时期的东越国五岳遗存：晋代时中岳云山的白云庙

每年准明经例举送"，"九月，两京玄元庙改为太上玄元庙，天下准此"。

"玄元皇帝庙"，即供奉道教的最高尊神。唐朝"天宝二年（743年）正月丙辰，加玄元皇帝，尊号'大圣祖'三字"，"天下诸州为紫极宫"。后来，"玄元皇帝庙"最终改为"太清宫""开元观"。[②]

据泉州地方志书记述，古代道观供奉的"三清"是道教最高尊神，即元始天尊、灵宝天尊和道德天尊。唐神龙年间（705—707年），泉州白云庙重建，改为道教宫观，并一直供奉道教的最高尊神。[③]西晋太康年间，泉州先民重新修建的白云庙，最终改为泉州玄妙观，又称天公观，供奉

① （五代后晋）刘昫等：《旧唐书》志卷之二十四，志之第四《礼仪（四）》，简体字本二十四史，北京：中华书局，2005年3月，第613页。
② （五代后晋）刘昫等：《旧唐书》志卷之二十四，志之第四《礼仪（四）》，简体字本二十四史，北京：中华书局，2005年3月，第613页。
③ 张惠评、许晓松：《泉州古城铺境神》，福州：海峡书局，2014年12月，第50、51页。

"三清"道教的最高尊神。①

在中国古代历史上，中国五岳也是中国道教名山。②西汉东越王在东冶县泉山建造东越国中岳庙，祭祀轩辕黄帝，最终成为泉州著名的道教玄妙观，均是顺应中国古代农耕社会宗教信仰发展的客观要求。

中国唐代道教厚重的文化内涵，曾经对古代泉州民俗文化和民间信仰的形成与发展产生广泛而深刻的历史影响，包括古代民间举行祭祀的庙会、财神、超度，以及灶君、神祇生日，还有行业神祇等，均具有极为深刻的中国传统道教文化的历史烙印。中国古代道教许多传统活动都转化为泉州古代的民间习俗，代代相传，蔚然成风。③

第三节　历代史籍失记的泉州五岳遗存

一、两汉以降未发现泉州五岳庙编入史籍

自两汉、晋魏南北朝和隋唐时期的漫长历史过程中，几乎没发现有编纂记述"泉山"的史料书刊或泉州地方史籍，几乎没有什么可以查阅的古代泉山历史文献资料。西汉时期，东越王余善在都会东冶县泉山尊冠东越国五岳建造令人瞩目的东越国五岳庙，时至今日仍然完好地保存一个体系完整、独树一帜的东越国五岳文化遗存。这种现象在中国古代农耕社会的地方城市中是绝无仅有的。但是自古以来，始终没见东冶县泉州的原东越国五岳文化遗存完整地载入古代地方历代志书

泉州城的崇福寺后殿

① 吴幼雄：《泉州宗教文化》，厦门：鹭江出版社，1993年6月，第11页。
② 胡世庆：《中国文化通史》（上册），杭州：浙江大学出版社，2005年9月，第488页。
③ 胡世庆：《中国文化通史》（上册），杭州：浙江大学出版社，2005年9月，第496页。王宁主编：《中国文化概论》，长沙：湖南师范大学出版社，2001年4月，第238页。

史籍等文献之中。

二、宋元时期未见泉州五岳遗存载入史籍

据《泉州古城址平面图》文献（图号159，泉州市建委城建档案室存），在泉州唐朝古城古地图文献已经十分清晰标注建造有"北帝庙""中岳庙"，[1]但是，在唐朝及以后历代的地方志书、史籍中，却从没见过记载有"北帝庙""中岳庙"的历史文献资料。在古代泉州官方的地方志书史籍中，均无记载在泉山建造的东越国五岳庙。

值得特别关注宋代泉州历史上有一个重要史实：两知泉州的蔡襄为南海之神祝融加封王号"洪圣"作诰，却在泉州另立海神。这足以充分说明原东越国五岳文化遗存，没能完整地载入历代史籍文献之中的根本原因：认为泉州五岳庙是东越王反叛朝廷的文化遗存。

宋康定元年（1040年），宋仁宗下诏增封南海神祝融加王号"洪圣"，此为祝融"南海洪圣广利王"之始。宋仁宗朝廷大臣"蔡襄作诰"[2]，也就是说蔡襄曾经为宋仁宗下诏增封广州海神庙的南海之神祝融加王号"洪圣"而作诰，即制作北宋朝廷的封赠文书。蔡襄十分清楚广州海神庙的南海之神祝融，多次被历代朝廷下诏增封王号，也十分清楚南海神祝融的重要地位和历史影响。

作为隋唐五代时期泉州供奉祝融的海神庙——泉州南海古庙，尽管已经时过1000多年的久远历史，但是北宋两次知泉州的蔡襄，却仍然十分忌讳西汉时期泉山的东越国五岳庙

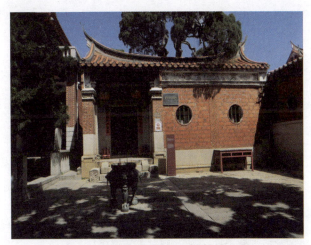

始建于唐朝的泉州开元寺檀越祠

---

①中国社会科学院考古研究所、福建博物院等编著：《泉州南外宗正司》，北京：科学出版社，2020年8月，第140页。

②南海神庙编写组：《南海神庙》，广州：广东省地图出版社，1992年1月，第74页。黄淼章：《南海神庙》，广州：广东人民出版社，2005年9月，第104页。

反映唐宋时期海洋商贸活动的刺桐古城梦华图（蔡永辉、许瑞珍提供）

遗存那十分久远而又深刻的历史影响，认为南海古庙是原东越王反叛朝廷的文化遗存，而不愿到南海古庙（南岳庙）祭祀南海之神祝融。

宋皇祐五年（1053年），北宋朝廷又一次下诏加封南海神祝融"昭顺"之号，是为"南海昭顺洪圣广利王"。[①]而两知泉州的蔡襄时在主持兴建泉州洛阳桥，完全放弃为泉州南海古庙（南岳庙）的南海神祝融赐加封号，更不愿参加在南海古庙（南岳庙）为中外海洋商贸船舶和客商举行的祭海祈风活动。蔡襄则是为南安丰州昭惠庙通远王作诰，加封其为海神，奉迎丰州昭惠庙通远王神祇香火，祀于惠安万安古渡头的唐代万安镇海庵。修建后更名为万安"昭惠庙"，成为宋代惠安洛阳桥头的海神庙（据《惠安重建万安昭惠庙碑记》）。

晋江安海古塔见证安海海洋商贸经济发展的悠久历史

三、明清时期未见泉州五岳遗存载入史籍

由明代泉州地方主要官员主持修建的泉郡西岳龙山寺，在泉州地方志书史籍中，也均回避记载泉州五岳遗存之具体情况。

据《八闽通志·寺观》史籍，也没有发现记载古代泉州南岳庙、中岳庙、西岳庙和北岳庙遗存的史实。明弘治年间，镇守太监陈道监修、黄仲昭编纂的《八闽通志》，始修于明成化乙巳（1485年），成于明弘治己酉（1489年），刊行于明弘治庚戌（1490年），

①南海神庙编写组：《南海神庙》，广州：广东省地图出版社，1992年1月，第75页。

翌年有递修本，是福建第一部全省性的地方志。隋唐时期重修建筑规模宏大的泉州南海古庙，作为隋唐五代泉州海上丝绸之路的海神庙，也始终没见载入古泉州历代的地方史籍文献之中。

明万历四十年（1612年）编纂的《泉州府志》，同样也没有

晋江池店古窑址考古发掘的宋朝素胎军持（泉州市古代外销陶瓷博物馆陈列藏品）

发现记载泉州南海古庙（又称南岳庙）、中岳庙、西岳庙和北岳庙的史实。

明《泉州府志》，共24卷，泉州知府阳思谦修，晋江黄凤翔类编，晋江林学曾等同编。值得一提的是，编纂《泉州府志》的黄凤翔，祖籍晋江池店人，从小就在池店潘湖仁颖书院读书。[1]

这里有值得关注的一个重要史实，是载入《晋江县志》的黄凤翔《咏晋江》诗文曰：[2]

> 清溪共订暮云期，万里霜天映酒卮。
> 贾客迎风催棹急，游人待月放舟迟。
> 星星野火迷村树，隐隐寒潮漾钓丝。
> 一曲高歌娱永夕，江头何事泣蛟螭。

明代尚书、泉州会通巷人黄凤翔（1538—1614年），[3]在《咏晋江》诗文中描述黄凤翔站在泉州南海古庙旁的溜石古渡头，溜石古渡头旁是溜石江头，由晋江九十九溪汇流的溜石江水，就从溜石江头水口流入晋江至大海。黄凤翔望着晋江船夫正在加快划桨速赶行船，而游客却在悠然自得地停舟待明月升空。黄凤翔诗文惟妙惟肖地描绘夕阳之下晋江流域平原的无限风光，泉州海湾与晋江两岸融为一体的秀丽景色，泉州南海古庙的辉煌庙宇

①张惠评、许晓松：《泉州进士录》，福州：海峡书局，2014年12月，第176页。
②（清）胡之鋘、周学曾等：《晋江县志》卷之四，《山川志·晋江》。
③庄晏成主编：《泉州历史人物》，厦门：鹭江出版社，1991年5月，第270页。

泉州小山丛竹旧址

和晋江平原一望无尽的田野美景，还有深藏在江海之中兴风作浪的蛟螭。这正是千年以来往返泉州舟船的真实写照。

黄凤翔在"江头何事泣蛟螭"的诗文中，对溜石江头的泉州南海古庙被海神威震江海中而"泣蛟螭"，具有特殊寓意，内涵极为深远。此时的黄凤翔十分清楚池店溜石村早已闻名四方的泉州南海古庙（南岳庙）和供奉海神祝融的客观存在史实。在《泉州府志》中，有晋江人黄凤翔类编、晋江人林学曾等同编纂的记载，还有与泉州南海古庙相邻的晋江溜石塔史迹的客观史实。

由宋代泉州地方主要官员主持迁建、扩建的东帝庙，在明代泉州地方志书史籍中，也均回避记载古代泉州五岳遗存之具体情况。明弘治年间，镇守太监陈道监修、黄仲昭编纂的《八闽通志·寺观·泉州府》记载，南宋迁建泉州东岳行宫，而不是记述重建或迁建泉州东帝庙，仅以"旧附开元观侧，规制狭陋"

晋江溜石古渡口旁今已经兴建一座供奉巡海将军的民间信仰宫庙

的记述，也未曾提到唐朝泉州"东帝庙"的名称和情况介绍。①

值得关注的是在中国古代志书史籍编纂中存在的一个重要史实：据《八闽通志·拾遗·漳州府》记载："唐史传阙而不载，使元光之丰功伟烈无传焉。因志于此，以待后之补唐史者。宋代吕璹《威惠庙》诗：

---

① （明）黄仲昭：《八闽通志》卷之七十七，《寺观·泉州府》，福州：福建人民出版社，2017年3月，第1150页。

当年平贼立殊勋，时不旌贤事忍闻？

唐史无人修列传，漳江有庙祀将军。

张嵩诗：

功名不到凌烟阁，读尽丰碑泪欲流。①

北宋末南安诗人刘涛的《威惠庙》同题诗曰：②

史书失记当年事，野老丰碑语不同。

宋吕璹在《威惠庙》诗文中，指出以开漳圣王陈元光"当年平贼立殊勋"的重大史实，仍然存在"失记"情况，即"史书失记当年事"，"野老丰碑语不同"。据此可充分说明：即使是到了唐朝时的福建地方史籍文献之中，对一些十分重要的历史人物、丰功伟绩和历史事件也曾经出现没有客观进行记录的"失记"情况。

西汉时期，东越王在东越国都会泉山建造东越国五岳庙遗存，为我们揭开了久远隐藏在泉州历史文化古城十分厚重的人文历史。与此同时，东越王在东越国都会泉山兴建的东越国南岳庙，也为我们揭开了久远隐藏在泉州历史文化古城十分厚重的南海之神、广利王祝融的文化内涵，更使得我们能够铭记隋唐五代时期中国海上丝绸之路泉州海神庙的真实历史。

南安丰州皇冠山六朝古墓砖人物像拓片（李德谦提供）

---

① （明）黄仲昭：《八闽通志》卷之七十六，《拾遗·漳州府》，福州：福建人民出版社，2017年3月，第1419页。
② 李竹深：《略谈历史上的陈元光》，《漳州职业大学学报》，2002年4月。

第六章 泉州隋唐海丝遗存

泉州南海古庙，原称泉山南岳庙，在古代泉州南门外，即今晋江市池店镇溜石村的晋江溪河之江滨，与南岳溜石山隔路相望，具有十分独特的自然地理环境和内涵厚重的人文历史。隋代以前的古泉州称泉山。隋代，泉山南岳庙改称为泉州南海古庙，成为泉州隋唐海神庙。

著名的泉州老君岩为宋代石雕造像

第一节 泉州隋唐海神庙

一、溜石与泉州南海古庙

溜石是晋江市池店镇所辖的一个行政村。池店镇位于晋江市北部，与泉州市中心城区接壤，地处晋江下游南岸，属晋东平原，南为潘湖洋，北为水田洋。辖区内错落着若干低丘，有溜石山、狮山、螺山、雁山、欧祠山和太和山等。

唐宋时期，晋江池店称为"矽石"，因村子附近山上有巨石，故称。之后，池店更名为称"凤池"，是因池店地域附近有个湖泊，相传曾有凤来戏水，故称。明宣德年间，村民在湖泊边设店经营，便取名池店。宋代，池店镇又称泉州城南门外凤池，属晋江县溪南社登瀛里。1952年，池店属晋江涵坂乡。1991年，改设池店镇。全镇下辖24个行政村。

在历史发展的长河中，晋江市人才辈出，在古代科举时期共出现进士1853

名，历代文武状元10名，宰相14名。[①]

地处晋江流域平原的池店镇，有着极为厚重的历史文化积淀，是古代素有"海滨邹鲁"之称的泉州一处人杰地灵的人文圣地，历史上先后共出五名状元、两名榜眼、三名宰相和四名尚书。[②]

晋江池店镇历史上有五名状元：唐代仕村的福建历史上第一位状元徐晦、五代渎头村状元陈逖，五代潘湖村的状元黄仁颖，宋代清濛村的状元王曾，清代钱头村的状元吴鲁。

晋江池店镇历史上有两名榜眼：即唐代潘湖村的开闽甲第榜眼欧阳詹、明代榜眼潘湖村欧祠山（也称属泉州古城会通巷东里黄氏）的榜眼黄凤翔。

晋江池店镇历史上有三名宰相：即宋代清濛村的宰相王曾、宋代潘湖村的丞相欧阳珣、清代潘湖村湖口的大学士黄锡衮。

著名的泉州开元寺西石塔

晋江池店镇历史上有四名尚书：即唐代仕村的礼部尚书徐晦、唐池店李厝村的工部尚书李稠，明代潘湖村临漳的刑部尚书黄光升、明代潘湖村欧祠山的南京礼部尚书黄凤翔。

据《闽政通考》云，"欧阳詹文起闽荒,为闽学鼻祖"。据晋江地方相关文史资料，池店镇潘湖村历代登进士有19人。此外，还有明代大慈善家李五、大儒陈琛、苏浚、陈让等名贤。晋江池店由于保存有许多历史文化古迹而成为中国历史文化名镇。

晋江市池店镇溜石村，在今泉州市刺桐大桥南桥头两侧，距池店镇政府驻地东北约3.5公里，与泉州市中心城区隔江相望。溜石村坐落于大溜滨的东

①泉州市政协文史和学习宣传委编：《刺桐博物》，2018年11月，第46页。
②张惠评、许晓松：《泉州进士录》，福州：海峡书局，2014年12月。

溜石村是晋江朱氏的主要聚居地，图为溜石朱氏宗祠

南方，是原溜石大村的三大角落之一，因大溜滨拆分而沿用"溜石"村名。

溜石村古称溜石、溜江、溜滨。溜石是以石为名，乃因本村临江面海。在晋江靠近溜石江的江滨岸畔有一块方圆百米的巨大天然岩石伸入水中，故名溜石村。早年的晋江溜江村，指的是包含今溜石、溪头、霞福三个村的大溜滨，是晋江朱氏族裔的主要聚居地。宋朝时，溜江村属晋江县永宁乡和风里。明清时期，溜石村属晋江县三十都。1984年，属池店镇溜石村委会。溜石村分设两个村民小组，村委会设在黄后自然村。

原属溜江的池店溪头村，在晋江下游临海处。因该村自古是晋江沿岸村庄及石狮、安海、厦门、漳州等地进出泉州城的主要古渡码头，故这个溜石古渡头的村落，一直被称为"溪头"。明清时期，溪头属泉州府晋江县三十都。1984年，改为池店镇溪头村。

与溜石相邻的霞福村古称"下呷"，清代已是一个独立的村落。池店镇霞福村位于今池店镇政府驻地东北2.7公里，西南与古福村接壤，村委会设在霞福自然村。明清时期，霞福村属泉州府晋江县三十都。1944年，属青阳乡溜滨保。1961年，从溜石村析出，改属池店公社霞福大队。1984年，属池店乡，改为霞福村。早年，霞福村、溪头村和溜石村合三为一，通称为池店"溜江"。后改称池店溜滨，再而

隋唐五代时期泉州海神庙南海古庙，原称泉山南岳庙

改为溜石。1961年，霞福村从溜石村析出。

晋江地方史籍记载，1998年11月，晋江市博物馆在溜石邻近的池店镇霞福村西发掘清理出南朝纪年墓一座，该墓是目前福建省发现的南朝时期最大的墓葬之一，也是迄今为止晋江市境内发

唐宋时期泉州古城州署古迹遗址的碑石

现年代最早、具有规模的纪年墓葬。南朝纪年墓形制为左右耳室的券顶砖室墓，平面呈十字形，由甬道、左右两室、墓室组成。墓室后壁嵌有一铭文墓砖，铭文为南朝隆昌元年（494年）阴刻紧排行楷"隆昌元年七月廿日为王智首造砖"。南朝墓葬早年已被盗，出土器物有料珠三百多颗，黄金坠一件，滑石猪一对，青釉瓷器九件等。①

晋江池店镇南朝纪年古墓的发掘，充分说明了泉州南海古庙所在地池店溜石村曾经是古代泉州先民聚居繁衍之地。

泉州南海古庙有《重修南海庙碑记》石碑刻，是于"大清乾隆十二年（1747年）四月"所立。碑文记载："欲稽建庙原由，而故老无有能道其事者。盖自吾祖暨乡人之祖未卜居时，古庙貌已巍然矣。"②据《泉州朱氏文化》载，元至正年间（1341—1368年），朱佛逊，号四致正，由泉州郡城东隅入赘晋江县池店溜石唐十万家，繁衍成族。朱佛逊为溜石朱氏始祖。即在此之前，池店溜石村早已建有规模宏大的泉州南海古庙。但是，南海古庙的前殿已经遭宋元易代之际战火的损毁。元末，朱佛逊迁居溜石开基肇族时，这里已经完全失去往时世界的海洋商贸中心的繁华地位。

据溜石民间传说，在溜石古渡周边曾经分散有许多早期伊斯兰教的石刻和石头构件遗存。南海古庙管委会人员介绍，这里曾经是来自伊斯兰国家客商的

①泉州市博物馆、晋江市博物馆陈列的文献资料。
②晋江市池店镇溜石村南海古庙：《重修南海庙碑记》，清乾隆十二年（1747年）四月。

主要聚居地之一。

晋江市池店镇溜石村有座溜石山江上塔，古称溜石塔，位于村北的晋江南岸溜石山上。宋代，晋江先民在溜江开渠道、修陡门，"内积山之源流，外隔海之潮汐"。灌溉晋东平原的金鸡古渠的源头，便始自溜石村，地理位置相当重要，在古代是"郡溪入海第一门户"，扼守泉州（晋江）古城南的军事要塞。明代，在晋江溜石村兴建的大型海上交通建筑——海岸长堤的首站。

古代晋江九十九溪水，从溜石江三斗门水口流入晋江至大海

据清道光《晋江县志·山川志》载，晋江溪河"又东流逆北，环城东南，至溜石，别名溜石江。此处城东之水，负城南江外数重之水不得自入海者，皆归此以入。众水汇流，舟行颇险。明万历间，郡守蔡善继建塔江上，以锁内堂水口"，"溜江之南，则收龙首、小乌石、双凤、洋屿、行辇诸山之水"，"溜石渡，在三十都"①。溜石江是著名的晋江九十九溪水的重要出水口。

明万历年间，郡守蔡善继兴建溜石塔。"该塔始建于明万历年间，石构，平面八角，塔尖高擎，高约20米，共13层"。溜石塔后毁。清咸丰四年（1854年），庄俊元重建，将泉州西门定应宫内宋代石塔构件移建于此塔。塔为石构实心、仿楼阁式古塔，没设塔门。

晋江溜石山江上塔用角石三合土做基础，上置条石，纵横相间作为基座。基座上有望柱、栏板做须弥座，基座朝西向做台阶。基座底层六面浮雕金刚天神各一尊，第二、三层浮雕佛像各六尊。溜石塔层层有拱石一道，上盖板石出檐，六角雕尖角翘脊。上置雕莲花圆盘石及八角形雕佛像八尊，石相间，层层缩小。溜石山江上塔最上两层建筑为方形石，四面分别阴刻楷书"风调雨顺"

---

① （清）胡之鋘、周学曾等：《晋江县志》卷之四，《山川志·晋江》。

"国泰民安"，塔刹为葫芦形。整座塔结构严谨，造型别致简约。因长期遭受海风带来咸性的侵蚀，溜石山江上塔苔纹斑驳，漫漶不清。

溜石山江上塔与紫帽山上的凌霄塔、石狮宝盖山上的姑嫂塔（又名关锁塔）和蚶江石湖村东北金钗山上的六胜塔（俗称石湖塔），并列为泉南港口的重要古塔，被视为泉州古港的重要航标之一，见证了泉州海外交通贸易的繁荣景象。溜石山江上塔是为引导古代过往商贸船舶而建的，现为晋江市级文物保护单位。

南岳庙，在溜石山，图为溜石山江上塔

古代晋江池店的溜石村、溜石江、溜石山，均在泉州郡府城外晋江溪河对岸，这里自古以来一直被称为泉州南门外。由于溜石江是晋江九十九溪水入海的第一门户，同时又处于晋江流域平原下流的出海口，为此在这里兴建泉州南海古庙，均以属地泉州冠名。池店溜石山也成为东越国建造南岳庙的南岳之地。

二、清代状元吴鲁题匾"南海古庙"

今泉州南海古庙，原称南岳庙，占地面积约2250平方米。南海古庙前殿于宋元易代之际损废。现存泉州南海古庙（南岳庙）的中殿，建筑高度为6.84米，建筑规格为面阔大五开间，进深三间，庄重古朴。中殿系抬梁式木构架，重檐歇山顶，气势宏伟，飞檐高耸，雕梁画栋，殿宇供奉南海之神祝融（即广利尊王）。南海之神祝融造像高度为3.38米。

泉州南海古庙，原称南岳庙，图为清代状元吴鲁题的"南海古庙"匾额

由于自古以来历代南海古

省级文物保护单位晋江钱头村的清代状元吴鲁故居

庙中殿与后殿建筑的修建工程都采用一些重建于魏晋南北朝以来的古老木雕艺术构件和覆盆式柱础石，以及隋唐五代时期独特的两头小中间大的梭形石柱，至今尚完好保留历代修建、扩建时的传统建筑技艺和建筑构件的文化遗存。泉州南海古庙（南岳庙）现存的建筑艺术、规模和格局，在隋唐时期泉州的寺庙宫殿建筑中位居前列，充分展现中国古代海上丝绸之路兴盛时期，海上贸易利润曾经为庙宇的扩建、修建工程提供雄厚的财力支撑。

在泉州南海古庙（南岳庙）中殿正面大门的上方，悬挂晋江池店人、清代状元吴鲁于清光绪二十三年丁酉（1897年）春月题书的横匾"南海古庙"四个大字。历史上，由泉州状元为古代泉州寺庙题书横匾的情况，并不多见。

为什么清代泉州状元吴鲁要为家乡泉州南海古庙题书横匾"南海古庙"这块值得人们深思的匾额？答案是非常清晰的：吴鲁题书这块横匾"南海古庙"，十分明确揭示出历史悠久的泉州南海古庙与南岳庙关系极为密切，具有深刻的历史渊源。历史上，南岳庙供奉的神祇为衡山南岳之神祝融。由于南海古庙供奉的南海之神也是祝融，为此南岳庙又称泉州南海古庙。[1]

泉州南岳庙的南岳之神，与中国古代海上丝绸之路的南海之神，具有极为密切的关系。南岳庙即泉州南海古庙，是古代泉州的海神庙，曾经对泉州古代海上丝绸之路具有深刻的历史影响。在古代泉州海洋商贸活动中，南海古庙彰显着十分厚重的文化内涵。

吴鲁（1845—1912年），字肃堂，号且园，晚号老迟，又号白华庵主。祖父名璧经，父亲名厚宇，祖上三代均为平民。今晋江池店镇钱头村人。清同治十二年（1873年），登拔萃科，入国子监。第二年，授刑部七品京官。任满，

—————————

[1]晋江市池店镇溜石村南海古庙：《重修南海庙碑记》，清乾隆十二年（1747年）四月。

升刑部主事，充秋审处总办。清光绪十二年（1886年），吴鲁考取军机章京。清光绪十四年（1888年），顺天乡试中举。清光绪十六年（1890年），吴鲁殿试状元及第，授翰林编修，为福建古代科举时代最后一个状元。历任陕西典试（主考），安徽、云南督学、云南主考，吉林首任提学使。[①]

晋江清代状元吴鲁像（晋江博物馆陈列藏品）

吴鲁以振兴文教为己任，把兴学育才当作施政的第一要义。为了振兴教育，吴鲁特上《请裁学政疏》，提出建议：一在广筹经费，遍立学堂；二在严督各府厅州县，实力奉行；三在遴委道府精于学备者，认真考察；四在鼓励本籍绅士协力相助。凡此四端，皆宜统归督抚经理，方能确着成效。吴鲁在任上广筹经费，建立学堂；主张因材施教，按部就班，重用从海外留学归来的人才。同时，吴鲁身体力行，积极推行。在废科举、兴学堂新风兴起之后，许多有识之士出国留学。吴鲁认为对这些留学东洋的莘莘学子，要加以重用，建议在经考试及格，应当破格用之，或量其才而授之以事，或分发各省学堂以为人师，或入官出其所学以襄理新政。吴鲁因积极兴学育才卓著成效，而被诰封为资政大夫。吴鲁十分关心国家命运，强调要以史为鉴，因时变通，进行革故鼎新。清光绪二十六年（1900年），八国联军入侵京津时，吴鲁大声疾呼要激发民众的爱国锐气，加强水陆联防。对八国联军

晋江池店镇钱头村的清代状元吴鲁故居被列为省级文物保护单位

---

① 张惠评、许晓松：《泉州状元录》，福州：海峡书局，2014年12月，第29页。

清代状元吴鲁故居晋江钱头状元第前立的省级文物保护单位碑石

攻掠津京，人民备受凌虐的悲惨情况，深表同情；对腐败的清廷在民穷财尽、国家将亡之际，犹不思悔改振作，深感悲愤。清光绪庚子之乱被困居京师孤城之时，吴鲁满怀悲愁忧愤作《百哀诗》，诗文强力鞭挞那些丧师失地、媚外辱国的奸佞之徒。①

吴鲁一生著有《蒙学初编》《兵学经学史学讲义》《教育宗旨》《杂著》《国恤恭纪》《文集》《读王文成经济集书后》《使雍皖学滇学西征东游诸日记》，以及《正气研斋类稿》《正气研斋遗诗》《百哀诗》《纸谈》等，其中后四部著作曾刊印行世。②

吴鲁能书善画，其字体沉雄峻拔，堪称大家。知识十分渊博，具有深厚学识，在任内题书匾额"南海古庙"。吴鲁熟悉家乡晋江池店的南海古庙作为祭祀南海之神的人文历史，熟悉南海古庙在古代海洋商贸活动中祭海活动的历史影响，更是十分熟悉南海古庙供奉南海之神祝融圣帝的重要地位。

三、泉州南海古庙的四方碑石

晋江溜石的泉州南海古庙，目前存有四方石刻碑石：一是清乾隆年间的《重修南海庙碑记》碑石，二是晋江县人民政府公布的文物保护单位的碑石，三是原晋江县文管会撰的《重修南岳紫明后殿碑记》碑石，四是晋江市池店镇溜石村泉州南海古庙文管会立于南海古庙前的海神亭里的《海神亭碑记》碑石。

（一）《重修南海庙碑记》碑石

清乾隆十二年（1747年）四月，泉州南海古庙的《重修南海庙碑记》。碑记全文：③

南海古庙由来久矣，相传为南岳崇奉广利尊王，即记所谓仲夏之月，其神

---

①张惠评、许晓松：《泉州状元录》，福州：海峡书局，2014年12月，第30、31页。
②张惠评、许晓松：《泉州状元录》，福州：海峡书局，2014年12月，第32页。
③晋江市池店镇溜石村南海古庙：《重修南海庙碑记》，清乾隆十二年（1747年）四月。

祝融是也。欲稽建庙原由，而故老无有能道其事者。盖自吾祖暨乡人之祖未卜居时，古庙貌已巍然矣。按旧制有三落及两廊，山门临溪。年远倾圮，而原基在焉。兹因中殿后落，亦稍有不完，乡中人咸曰：庙以栖神，又以庇人。吾侪水旱沴疫，皆有祈焉，而愿令斯庙之颓落乎？斯议甫出，众争赴之。越有三日，捐银八百余两。自丙寅仲夏鸠工，告竣于孟冬。以其余资就庙前建魁星神一座，并沾及本乡霞尾大士宫等处。苟非神灵之赫，安得人心之协，而构茸之易哉！竣时请志于余，余以不文，固辞。是日，假寐齐而贝王趣余曰："重修庙宇，甚盛举也。"子盍为志之，爰忘，因陋，搦管勒石，以垂永远云。

（作者注：南海古庙重修碑石主要捐资者170多人，略）

里中弟子朱光宇敬志

大清乾隆十二年四月毂旦立

清乾隆年间，溜石民众广泛发动晋江民间集资进行修建泉州南海古庙。据现存的泉州南海古庙重修碑石碑文记载，在主要捐资人中，有朱氏、林氏、庄氏、施氏、何氏、纪氏、吴氏、陈氏、谢氏、郭氏、杨氏、李氏等十多个姓氏共170多人，共捐800多两银。[①]

清乾隆年间，晋江溜石民众组织捐资重修的南海古庙楹联有：

南海古庙大门楹联：

千秋翰墨文光灿，

万古旌旗武烈昭。

南海古庙大门两侧石柱楹联有：

位崇紫德，

岳镇南方。

南海古庙大殿石柱的楹联有：

造物本无私移来槛外烟云适开盛境，

今心原不远就此眼前山水犹见斯人。

清代乾隆年间泉州南海古庙《重修南海庙碑记》的石碑

---

①晋江市池店镇溜石村南海古庙：《重修南海庙碑记》，清乾隆十二年（1747年）四月。

大发慈悲春风煦物，

扫除私欲秋月沉浮。

宇宙茫茫真世界，

苍天朗朗大乾坤。

昔日曾经沧海千重浪，

今时又添江潮三道桥。

晋江池店金交椅山窑址考古发掘的宋朝酱釉执壶（泉州市古代外销陶瓷博物馆陈列藏品）

据泉州地方史籍记载，宋元易代之际，泉州南门外（即今晋江沿海地区）持续发生战乱。[1]泉州南海古庙的历代许多碑石、碑刻和珍贵的文化遗存，因被以后多次的战火和社会动荡而损毁。

2017年，晋江溜石和周边地区民众捐资，兴建泉州南海古庙牌坊，镌刻有楹联。重建南海古庙的山门，有四柱三间格局的石构牌坊。泉州南海古庙山门牌坊，正面横匾为清代泉州状元吴鲁书"南海古庙"，石构牌坊山门背面书"南岳古庙"。南海古庙山门牌坊两侧均有镌题楹联。

南海古庙牌坊一侧的楹联有：

南扬正气恩德齐天高，

岳镇境域神麻诚佑民。

崇德声赫留万古，

助顺功名垂千秋。

南海古庙牌坊一侧的楹联

有：

泉州古代海上丝绸之路波澜壮阔的历史图景（蔡永辉、许瑞珍提供）

南岳神威浩荡显庇佑，

溜石福地黎民得安康。

至尊至圣通四海，

助顺助善传八方。

---

[1]张惠评、许晓松：《泉州古城铺境神》，福州：海峡书局，2014年12月，第191页。

（二）《晋江县人民政府文物保护单位》南岳庙保护碑石

1991年9月，泉州南海古庙的庙左立"晋江县人民政府文物保护单位"的碑石。碑文介绍："南岳庙，又称南海庙，始建于五代，历代有修葺。原为前殿、中殿、后殿所组成，前殿于近代废。中殿与后殿尚保留始建形制，是研究闽南五代时期建筑之重要实物依据。"①

由于《晋江县人民政府文物保护单位》的碑石碑文介绍内容，是镌刻在碑石的背面不易阅看，常常被忽视。晋江县人民政府文物保护单位的南岳庙保护碑文，只是介绍泉州南海古庙（又称南岳庙）是研究闽南五代时期建筑之重要实物依据，并没有记载泉州南海古庙供奉祭祀南海之神祝融（广利尊王），也没有记载泉州南海古庙是中国古代海上丝绸之路的海神庙，更没有记载泉州南海古庙在中国古代海上丝绸之路的主要作用和历史影响。

1991年9月，晋江县人民政府立的泉州南岳庙文物保护单位碑石

（三）《重修南岳紫明殿碑记》碑石

1994年，台湾台北信士朱紫明先生慷慨解囊，献资50多万元重修南海古庙的紫明后殿。为此，晋江县文物管理委员会撰《重修南岳紫明殿碑记》。①碑文曰：

> 南岳古庙，泉南胜迹。襟晋江而带紫岭，脉脉龙兴来自千里，源源晋水绕于傍川。溯源思远，始于北宋，祀奉观音恩泽，于斯兴废。凡几未能尽详，辛未之春，列入保护。沧桑岁月，檐牙秃废，天赐英挟，暨诸董事忧焚于心，多方联络。癸酉仲夏，台北信士紫明先生慷慨解囊，献资伍拾壹万捌仟玖佰元

晋江文管会撰写的台湾同胞捐资重修泉州南岳庙碑记

①南海古庙:《晋江县人民政府文物保护单位》,南岳庙保护碑石,1991年9月。
②晋江县文管会撰: 南海古庙《重修南岳紫明殿碑记》碑石, 1994年。

整。是年阳月，令郎祥德先生亲临，吉时奠基，即日兴工，伐木细作，雕梁画栋。历时满年，甲戌菊月，大功告成。晋江古建施加工艺，宇托云天，而复于古檐牙高啄，又壮于昔。洋洋大观，众皆欣誉。台北信士俊德先生迓神就位，香火绵绵，昔日非比。神恩永布，泽于黎民。原名后殿，而感于朱先生功德，易为今名，曰紫明殿。先生之举，名扬千秋。爰以镌石，以为志之。

晋邑文管 撰书

公元1994年岁次甲戌年　吉日

(四)《海神亭碑记》碑石

2022年2月，晋江溜石和周边地区民众捐资在泉州南海古庙前兴建了一座南海古庙"海神亭"。南海古庙海神亭石柱镌题楹联，由南海古庙文物保护管委会写《海神亭碑记》。

南海古庙"海神亭"的石柱镌题楹联：

东越南岳庙供奉南岳圣帝，

隋唐南海庙祭祀海神祝融。

南海古庙"海神亭"的《海神亭碑记》：

海神亭碑记

南海古庙，原称南岳庙，清代状元泉州吴鲁题匾。原晋江县文物保护单位。据西汉司马迁《史记·东越列传》、东汉班固《汉书·严助传》《汉书·朱买臣传》等志书文献考证：西汉建元六年（公元前135年），闽越国被灭。汉武帝封立余善为东越王，余善南迁在泉山建立东越国，泉山今泉州也。"余善刻武帝玺自立"，在泉山尊冠五岳山、建造五岳庙。溜石山为东越国之南岳，并建南岳庙。西汉元封元年（公元前110年）冬，由于余善举兵

新建造的南海古庙海神亭，立有海神亭碑记碑石

反叛汉朝廷，导致汉武帝派遣大军"泛海直指泉山"，东越国被"灭国迁众"而"东越地遂虚"。时东越国五岳庙因供奉祭祀中华民族人文始祖五帝而完好保存。隋开皇十四年（594年），隋文帝下诏命沿海立祠祭祀海神。南岳庙改称南海庙，与

晋江金交椅山窑址考古发掘的宋朝青釉罐（泉州市古代外销陶瓷博物馆陈列藏品）

广州南海庙同是供奉祭祀南海之神祝融，又称广利尊王，同是隋唐五代的海神庙，成为"市井十洲人"和中外海洋商贸船舶的朝拜圣地，备受尊崇，影响深远。晋代以来，南海古庙进行过三十多次大修建，见证中国海上丝绸之路帆樯林立、千帆竞发、波澜壮阔的漫长历程，是中国海上丝绸之路发源于泉州的重要史迹。宋元易代之际，南海古庙前殿被毁，在中殿左侧内门旁增设供奉助顺将军神祇。清代，助顺将军民间信仰播迁台湾地区。今本里村民捐建海神亭，为盛世时代增添光彩。特镌石以记之。

泉州南海古庙文管会敬立　朱定波撰

公元2022年2月 岁次壬寅年 吉日

中国古代海上丝绸之路的广州海神庙，主祀神祇为南海之神祝融，是闻名于世的广州南海神庙。在晋江溜石江古渡边的泉州南海古庙，又称南岳庙，主祀神祇为南海之神祝融，是闻名于隋唐五代时期中国古代海上丝绸之路的泉州海神庙。南海古庙历史十分悠久，但至今仍然默默无闻。

鸟瞰隋唐五代时期的泉州海神庙——南海古庙

第二节　彰显晋代以来古建筑技艺遗存特质

在南海古庙建筑中，我们能够见到至今保存完好的精致而又彰显晋代以来建筑技艺的覆盆式石柱础构件和木雕艺术构件遗存特质。这些十分珍贵的古建筑构件，在福建古寺庙建筑中十分罕见的。1991年9月，晋江县人民政府文物保护碑文记载，"南岳庙，又称南海庙，始建于五代。南海古庙的中殿与后殿尚保留始建形制，是研究闽南五代时期建筑之重要实物依据"。事实上，从系统地研究、考察历史悠久的中国海上丝绸之路兴起和发展过程中，可以清晰发现南海古庙的建筑历史远早于五代时期，是晋代以来的珍贵古建筑文化遗存。

一、晋代以来古建筑及其构件的艺术风格特点

浙江大学出版社出版的胡世庆编著的《中国文化通史》一书中，在介绍相关中国传统建筑时记述：

> 晋魏南北朝时期以来，中国传统建筑的基本特点表现在：具有梭形石柱卷刹、莲花瓣的覆盆式柱础石、建筑斗拱的莲花、卷花纹、火焰纹等艺术木雕，以及金翅鸟木雕、飞天木雕等。[①]

魏晋南北朝以来，在古代中国的寺庙、宫殿等建筑中，回廊建筑盛行一时。这个时期的建筑构件更为多样化，圆柱子的柱础出现覆盆式和莲瓣式两种新形式。而梭柱的问世，使得建筑效果明确突出。建筑木雕的卷草纹、火焰纹、金翅鸟、飞天、狮子、莲花、璎珞等艺术造型被广泛应用。由于莲花是南北朝时期佛教建筑中最为常见的艺术装饰题材，为此莲瓣成为魏晋南北朝以来古代中国建筑覆盆式柱础

泉州南海古庙后殿中部东，保存南北朝隋代时期的梭形柱卷刹及圆突形覆盆式柱础石

①胡世庆：《中国文化通史》（下册），杭州：浙江大学出版社，2005年9月，第751、752页。

和柱头的重要装饰。①

　　隋代的古建筑技艺，上承两汉六朝，下启隋唐宋代，为中国传统建筑趋向成熟的一个过渡时期。隋朝存续时间虽很短，由于隋炀帝大兴土木，大建行宫别苑，建筑技术得到快速的进步。因隋朝当时一统分裂多时的南北两朝的国家，南北建筑技术交流空前繁盛，为唐朝成熟的建筑体系奠定了发展基础。隋唐时期，是中国农耕社会经济文化发展的高潮时期。同时，古代建筑技术和建筑艺术也有巨大发展。②

泉州南海古庙清代石柱

　　据古代中国建筑史籍介绍，隋唐时期，中国传统建筑是师承南北朝时期建筑技艺。在传统建筑设计与施工大殿石柱部位时，对圆而平的柱头做成将棱角砍去，成为圆弧的形状，也叫作"刹柱头"。当圆柱子要做成梭柱时，也同时做出圆弧形的卷刹，这个部位叫作"柱头卷刹"。隋唐时期的建筑构件,采用柱头卷刹、梭柱造型、覆盆式柱础等建筑技艺，显得十分突出。传统建筑宫庙大殿梁柱的整体建筑轮廓，均呈自然圆形和的"卷刹"曲线,显得格外大方、和谐。③

　　隋唐建筑的风格特点是气势宏伟、形体俊美、庄重大方、严整开朗，古朴而富有活力，舒展而不张扬，布局严整而彰显大方，完美地体现当时的时代精神和文化特质，建筑技艺发展到了一个成熟时期，已经形成了一个完整的建筑体系。隋唐时期的建筑，包括木作、砖石的建筑技艺，延续历代建筑技艺和文化特质，实现了建筑艺术加工与建筑结构造型的完美统一。建筑的斗拱、柱子、柱头、

泉州南海古庙清代石柱

①胡世庆：《中国文化通史》（下册），杭州：浙江大学出版社，2005年9月，第752页。
②胡世庆：《中国文化通史》（下册），杭州：浙江大学出版社，2005年9月，第749、750页。
③胡世庆：《中国文化通史》（下册），杭州：浙江大学出版社，2005年9月，第751、752页。

泉州南海古庙中殿中部保存的隋唐时期梭形柱卷刹及覆盆式柱础石

房梁、柱础等在内的建筑构件，以及卷草纹、火焰纹、飞天、金翅鸟、莲花等木雕艺术的建筑装饰部件，均体现了力与美的完美结合。隋唐建筑注重舒展对称，结构简单，朴实无华，庄重大方，色调简洁明快，给人以庄重、大方的深刻印象。①

值得特别关注和需要继续深入研究的是，在泉州南海古庙，至今保存晋代以来至隋唐五代建筑遗存特质。古庙局部完好的梭形石柱"卷刹"，建筑斗拱的鳌鱼镇脊、虎豹神兽护卫，以及中国龙与印度象的木雕等，结构精巧。其精湛的建筑木雕艺术构件及覆盆式柱础石，其建筑工艺和构件传统技艺，仍十分明显保留晋魏南北朝以来典型的传统建筑技艺特质的文化余韵。南海古庙中殿建筑斗拱的木雕莲花、卷花纹、火焰纹，金翅鸟木雕、螃蟹木雕、虎豹神兽飞天木雕、斗拱力士木雕等，以及古老莲花瓣的覆盆式柱础石，则是十分明显地展现晋魏南北朝时期以来中国传统古建筑技艺的文化特质。

二、古庙建筑石构件特质比较

泉州南海古庙后殿中部保存晋代南北朝的梭形柱卷刹及覆盆式莲花瓣柱础石

泉州南海古庙两座大殿，现存不同时期年代30多种覆盆式柱础石类型的文化遗存，可以清晰展现，南海古庙至少历经魏晋南北朝以来30多次不同时期朝代的重修，或进行过重建、扩建和维护。在南海古庙两座大殿70根大柱和50根覆盆式柱础中，属两汉

①胡世庆：《中国文化通史》（下册），杭州：浙江大学出版社，2005年9月，第751页。

晋魏南北朝时期建筑技艺类型的覆盆式柱础石有10多种，属隋唐时期建筑技艺类型的覆盆式柱础石有10余种，属宋元时期建筑技艺类型的覆盆式柱础石有两种，属明清时期建筑技艺类型的覆盆式柱础石有多种。其中木柱子20根，系清乾隆年间同一种类型的圆柱型础石。

晋江磁灶窑是古代泉州外销陶瓷生产基地

最值得特别关注的是，泉州南海古庙后殿至少有多种古老莲花瓣的覆盆式柱础石，十分明显地展现了晋魏南北朝时期中国传统古建筑的文化遗存。从现存的南海古庙后殿的文化遗存看，后殿现有26根大柱子，柱底均是历次维修后特地保存的彰显不同时期年代类型的覆盆式柱础石，十分明显地展现两汉魏晋南北朝中国传统古建筑技艺的文化遗存特质。

隋唐时期，泉州已经兴建、扩建和修建一批寺庙宫殿等古建筑，至今保存较为完整的古建筑文化遗存有：魏晋南北朝以来修建的南岳庙（又称泉州南海古庙），唐朝时期建造的泉州开元寺建筑和泉州伊斯兰圣墓建筑。泉州开元寺建筑和泉州伊斯兰圣墓建筑，均具有初唐时期鲜明特质的古建筑风格，在石构件、石柱、柱头卷刹、梭柱造型、覆盆式石柱础等方面，与隋唐时期修建的南海古庙大殿石建筑构件，均有着许多十分显著的相似之处。

还值得我们关注的是，南海古庙大殿柱头"卷刹"曲线十分明显。古庙大殿大部分柱础石为覆盆式，有明显的"卷刹"曲线侧角和生起"卷刹"弧线。古代泉州南海古庙已进行过多次修建、扩建，其大殿时至今日，仍然还保存有多个魏晋南北朝时期的莲花瓣覆盆式柱础石，彰显魏晋南北朝时期建筑石构件遗存的基本特质。

泉州开元寺的石建筑，始建于唐垂拱二年（686年），至今仍保存着中国古代大型佛寺建造形制发展成型初期的典型布局，即在中轴院落的东西两侧另建

始建于唐代的泉州开元寺彰显古代泉州海上丝绸之路的历史文明

塔院，公元14世纪后少有出现，非常珍贵。大雄宝殿是泉州开元寺中轴线上的主体建筑，面阔九开间，属于中国古建筑里最高的形制。明代崇祯十年（1637年），泉州开元寺重修为现在形制，主要建筑构件承袭了唐朝建筑特征，石柱粗壮且呈梭状，柱础石

呈独具一格的覆盆状，仍然承袭唐代显著的风格特征。[①]

泉州伊斯兰圣墓的石建筑，位于泉州丰泽区灵山南坡，是全国重点文物保护单位，也是国家级风景名胜区。据明何乔远《闽书》记载："唐武德来朝，遂传教中国。一贤传教广州，二贤传教扬州。三贤、四贤传教泉州，卒葬此山。"[②]因深受穆斯林的敬重，这两名穆斯林先贤入土安眠之墓，也就被泉州先民称作"圣墓"，又称三贤四贤墓。这是伊斯兰教传入中国最早的历史物证之

始建于唐武德年间的泉州伊斯兰圣墓与南海古庙，保存初唐时期梭形柱卷刹及覆盆式柱础石相似

一。泉州伊斯兰圣墓的石建筑，是依山筑有石构回廊拱护的墓廊，系九开间，直径11米，为中国传统建筑规制最高的规格，显示出圣墓主人身份的尊贵；墓廊形状呈半月形，体现出典型的伊斯兰文化特征。[③]古代泉州曾经为世界留下许多伊斯兰文化的重要历史遗产。

①庄炳章：《泉州访古揽胜》，厦门：鹭江出版社，1993年6月，第10、11页。胡世庆：《中国文化通史》（下册），杭州：浙江大学出版社，2005年9月，第749～751页。
②（明）何乔远：《闽书》卷之七，《方域志·泉州府》。
③庄炳章：《泉州访古揽胜》，厦门：鹭江出版社，1993年6月，第10、11页。泉州市政协文化文史和学习委员会编：《海丝泉州》，北京：中国文史出版社，2021年11月，第52页。

南海古庙中殿因梭型石柱及石柱头称"卷刹"，即柱头弧线设计是隋唐时期梭型柱头的一种艺术加工方法，这是判断隋唐时期文物年代的一种依据。伊斯兰教圣墓廊柱中保留的石柱体上下做"卷刹"的梭柱，乃系隋唐时期流行的传统石柱建筑构件技艺。

晋江池店霞福村唐墓考古发掘的南朝青釉六系罐（泉州市古代外销陶瓷博物馆陈列藏品）

值得指出的是，隋唐时期的石柱、覆盆式石柱础等石构件，可以保存的历史十分久远，均不容易遭受损毁。南海古庙大殿至今保存完好的多支中间粗两头细的梭型石柱，具有十分典型的隋唐时期的风格，与唐武德年间（618—626年）泉州伊斯兰教圣墓墓廊前排梭型石柱和唐垂拱年间的泉州开元寺的梭型石柱，基本相似。南海古庙多根梭型石柱与泉州开元寺和圣墓墓廊古建筑的中间粗两头细梭型石柱，具有十分典型的隋唐古建筑构件的风格。

泉州南海古庙大殿现存的覆盆式柱础石，是与唐武德年间的泉州伊斯兰教圣墓墓廊前排的覆盆式柱础石、唐垂拱年间的泉州开元寺大殿的覆盆式柱础石，也是基本相似。南海古庙这些石柱和覆盆式柱础石，也是彰显隋唐时期特有的石建筑形制和构件技艺。

泉州大开元寺、圣墓和南海古庙的唐朝覆盆式柱础石，已出现覆盆石与柱础石分离加工的状况，即覆盆式柱础石是独立加工成型。在南海古庙的中殿和后殿中，现存有许多难得一见的连体状覆盆式柱础石，即覆盆式础石与柱础是作为一个整体进行加工成型，这种柱础石的外观为圆突状覆盆式础石，与唐朝的覆盆式柱础石的独立加工方式完全不相同。从加工技艺和造型看，南海古庙保存的十多种形态不同的圆突状覆盆式柱础石，体现自汉代以来的泉山南岳庙历代维修保存的柱础石文化遗存。

①中国社会科学院考古研究所、福建博物院等编著：《泉州南外宗正司》，北京：科学出版社，2020年8月，第4页。

三、南海古庙彰显晋代以来的木雕技艺特质

清乾隆年间，泉州民众集资修建了泉州南海古庙。现存清代的泉州南海古庙建筑，规模宏大，气势非凡，布局完整。古庙中殿与后殿尚保留二三十个不同时期修建时传统石建筑的构件。

据《中国文化通史》记载，莲瓣是魏晋以来古代中国建筑覆盆式柱础的重要装饰。在泉州南海古庙中殿和后殿的石建筑构件中，仍然保存晋代时期以来二十多个极为久远的石莲瓣覆盆式柱础，也保存晋代至隋唐时期建筑斗拱、木雕等艺术构件。泉州南海古庙中殿木构件的建筑工艺、技艺，仍彰显晋代至隋唐五代时期丰富的古建筑文化余韵。

南海古庙晋代以来精美金翅鸟的木雕艺术构件，体现了力与美的完美结合

泉州南海古庙大殿的构架形式，为中国古代木构建筑体系中的殿堂式建筑，同时因为供奉祝融神祇的祭拜功能需求，整体构架体现出晋代至隋唐五代时期中国古代木构体系的一些重要特点。南海古庙木作斗拱结构形制特点、局部建筑技艺与工艺构件，均具有隋唐时期的建筑余韵和文化特质。参考北宋李诫的《营造法式》建筑架构实例，南海古庙的建筑木构件年代远早于隋唐时期。

南海古庙中部两排石柱和梁架接合处的斗拱，连接多个的神龙飞天、鳌龙镇脊、虎豹神兽护卫等建筑构件，结构十分精巧。据《中国文化通史》记载的文献考证，南海古庙充分反映晋代以来的卷草纹、火焰纹、飞天、金翅鸟、莲花，以及中国龙与印度象等精湛建筑木雕艺术构件的文化遗存，具有极为典型、丰富的建筑艺术特质。值得关注的是，南海古庙中殿建筑的柱梁斗拱周边，至今仍然留存有卷草纹、莲花、火焰纹、飞天、金翅鸟等多个种类木雕艺术装饰的木构件，彰显晋代时期以来古建筑木雕构件的技艺特质。①

---

① 胡世庆：《中国文化通史》（下册），杭州：浙江大学出版社，2005年9月，第750～752页。

1991年2月，联合国教科文组织"海上丝绸之路"考察团乘坐"和平之舟"到达泉州后，确认泉州是中国海上丝绸之路的起点和重要发祥地之一。[1]作为中国海洋商贸重要港口的泉州，隋朝已修建泉州南海古庙以供奉、祭祀南海之神，是不容置疑的客观史实。

泉州南海古庙中殿历史悠久的飞腾神龙木雕构件

隋代修建的南海古庙建筑，规模宏大，气势非凡，布局完整，工艺精湛，不仅充分证实泉州的海洋商贸经济繁荣、社会经济发达、民间财力雄厚的客观史实，而且彰显中国古代海上丝绸之路泉州民间祭海活动的祭祀环境、隆重规模和浩大气势。

古代泉州南海古庙的建筑风格和木雕构件技艺，十分明显地展现出晋代至隋唐五代时期中国古代建筑的文化遗存特质，也是泉州十分珍贵的中国海上丝绸之路历史文化遗存，值得认真保护管理。

第三节　南海神祝融

据泉州南海古庙的《重修南海庙碑记》记载，古代南海古庙供奉南海之神"广利尊王，即祝融"。[2]据广东《南海神庙碑刻拓片集》《南海神庙文献汇辑》《南海神庙》等图书文献记载，古代广州南海神庙同样也是供奉南海之神"广利王祝融"。[3]南岳衡山之神祝融，就是中国古代农耕社会庇佑海洋远航船只平安的南海之神。隋唐五代时期，南岳之神、南方之神、衡山之神、南海之神，

---

① 《〈风云激荡40年〉1991：联合国考察团到泉考察》，《泉州晚报》2018年12月27日。
② 晋江市池店镇溜石村南海古庙：《重修南海庙碑记》，清乾隆十二年（1747年）四月。
③ 南海神庙历史文化丛书：《广州南海神庙碑刻拓片集》，广州：广州出版社，2007年9月。
南海神庙编写组：《南海神庙》，广州：广东省地图出版社，1992年1月。

始终成为中国海上丝绸之路与海神息息相关的神祇名称。[1]祝融是古代泉州先民在南海古庙供奉、祭祀的南海之神、衡山南岳之神。

清乾隆年间《重修南海庙碑记》载泉州南海古庙主祀南海神祝融（广利王）

一、西汉时期始立祠遥祭海神

南海神是中国古人出于对变化无常海洋的敬畏与尊崇，而创造出来的四海神之一。考诸古代文献，中国最早的海神记载是见于《山海经》。在中国古文献中，无论是地理神话书《山海经》，还是《左传》《尚书》《国语》《史记》等史书，乃至《淮南子》《墨子》等诸子散文，均有古老四海神的历史记述。[2]

据广东人民出版社出版的岭南文化知识书系《南海神庙》一书记述，海洋是人类生命起源的发祥地，自古以来人类始终推崇无边无垠的宽广大海，敬畏风云变幻莫测的波涛海浪，自汉代始立祠遥祭海神。[3]

据《史记·封禅书》记载：（汉武帝）"上遂东巡海上，行礼祠八神"，"是时既灭两越，越人勇之乃言越人俗鬼，而其祠皆见鬼，数有效。昔东瓯王敬鬼，寿百六十岁。后世怠慢，故衰耗。乃令越巫立越祝祠，安台无坛，亦祠天神、上帝、百鬼，而以鸡卜。上信之，越祠鸡卜始用"[4]。即汉

泉州庄俊元在泉州法石古港题：大海潮音

①黄淼章：《南海神庙》，广州：广东人民出版社，2005年9月。
②南海神庙编写组：《南海神庙》，广州：广东省地图出版社，1992年1月。
③黄淼章：《南海神庙》，广州：广东人民出版社，2005年9月。
④（汉）司马迁：《史记》卷之二十八，书第六《封禅书》，简体字本二十四史，北京：中华书局，2005年3月，第1161页。

武帝随后向东巡游来到海上，行礼祭祀八神。当时汉武帝已灭南越国和东越国。一个名为勇之的原越人说道：南越国和东越国的1风俗信鬼，祭祀时都能见到鬼，常常很有效验。过去东瓯王奉敬鬼神，活了一百六十岁。后世先民怠慢鬼神，所以很早就衰老了。于是，汉武帝命越巫建立越祝庙，其中有台而无坛，同样是祭祀天帝百鬼，而用鸡卜吉凶。汉武帝十分相信，越祭和鸡卜从此开始在天下通行。

晋江池店南朝墓考古发掘的南朝青釉三足火盆（泉州市古代外销陶瓷博物馆陈列藏品）

据班固编撰《汉书·郊祀志》载，汉代，"孝文十六年（公元前164年）用新垣平，初起渭阳五帝庙，祭泰一、地祇，以太祖高皇帝配。日冬至祠泰一，夏至祠地祇，皆并祠五帝，而共一牲，上亲郊拜"，"《礼记》祀典，功施于民则祀之。天文日、月、星辰，所昭仰也；地理山川、海泽，所生殖也"①。

据《汉书·郊祀志》记载，汉神爵元年（公元前61年），汉宣帝有感于百川之大，无阙无祠，于是在河南洛水处立祠遥祭海神，以求海神保佑、风调雨顺、五谷丰登。②从此，对南海神等四海神的供奉祭祀，源远流长，最终成为中国古代农耕社会国家郊祀礼制的重要组成部分。

湖南省衡山的南岳祝融峰

据《后汉书·祭祀志》记载：

---

① （汉）班固：《汉书》卷之二十五，志第五《郊祀志（下）》，简体字本二十四史，北京：中华书局，2005年3月，第1029页。
② （汉）班固：《汉书》卷之二十五，志第五《郊祀志（下）》，简体字本二十四史，北京：中华书局，2005年3月，第2169页。

"祭祀之道，自生民以来则有之矣"。东汉刘庄，"明帝即位，永平二年（59年)""立夏之日，迎夏于南郊，祭赤帝祝融"。东汉："章帝即位，元和二年（85年）正月，诏曰山川百神，应祀者未尽。其议增修群祀宜享祀者"①。

祝融以火施教，为民造福，被后世祭祀为火神、灶神。相传黄帝、炎帝也曾被尊为火神、灶神。在中华大地的五岳山中，湖南省南岳衡山兴建规模宏大的南岳大庙，供奉的就是南岳衡山之神祝融。由于祝融身兼火水两职，祝融又属南方之神，所以祝融兼任南海之神。②

二、隋文帝下诏于近海立祠祭祀海神

为适应中央集权封建国家政治的需要，秦汉时期，对前代建立的祭祀礼制以及国家宗教体系曾经进行了一系列改革。兴建宫庙供奉、祭祀南海神等四海神，成为历代封建王朝国家郊祀礼制的重要组成部分。③

隋开皇年间，隋军南下灭陈朝，统一中国，结束了自西晋末年以来中国长达近300年的分裂局面。隋朝是五胡乱华后汉族重新建立的大一统朝代。隋开

湖南衡山南岳庙棂星门

皇九年（589年）四月，隋文帝下诏称："往以吴、越之野，群黎涂炭，干戈方用，积习未宁。今率土大同，含生遂性，太平之法，方可流行。"此后，再次强调"天下大同，归于治理"。④隋文帝励精图治，在治国方略上立足于发展封建国家的经济，开创了"开皇之治"

---

① （南朝宋）范晔编纂、李贤注：《后汉书》卷之九十八，志之第七《祭祀（上）》，简体字本二十四史，北京，中华书局，2005年3月，第2143页。
②黄淼章：《南海神庙》，广州：广东人民出版社，2005年9月。
③（汉）班固：《汉书》卷之二十五，志第五《郊祀志（上）》，简体字本二十四史，北京：中华书局，2005年3月，第2143页。胡世庆：《中国文化通史》（上册），杭州：浙江大学出版社，2005年9月，第164页。
④（唐）魏徵：《隋书》卷之四，帝纪第四《炀帝（下）》，简体字本二十四史，北京：中华书局，2005年3月，第55页。

的繁荣局面。隋朝"开皇之治"时期，为隋朝的鼎盛时期。[1]

在经历了五胡乱华和南北朝两个漫长的历史时期之后，隋朝成为中国大一统的封建王朝。隋文帝根据南北朝时期的经验，在政治、军事、经济、文化和外交等领域进行大改革，以巩固隋朝国家中央集权：[2]

在政治上，隋朝采取"制礼作乐"和加强吏治、法制等措施。为强化中央集权和恢复汉族王朝官制的传统，设立中书、门下、尚书三省制，作为隋代中央官制的核心。建立政事堂议事制、监察制、考绩制。同时，制定《开皇

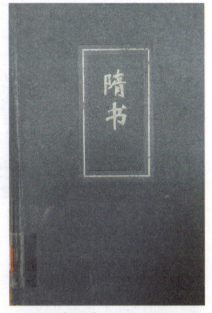

据《隋书》记载，隋朝廷下诏于近海兴建四海神庙

律》等法律，以维护隋王朝国家的根本利益，维护封建社会的政治秩序。隋炀帝继位后不久，将所有隋朝行政区改州、郡、县三级制为州、县两级制，大幅度地裁减郡、县。州设刺史，县设县令。

在军事上，隋朝继续推行完善府兵制，军队"禁卫九重""镇守四方"，实行"兵民合治""寓兵于农"的新型兵役、兵符制度。

在经济上，隋朝采取减免赋役，轻徭薄赋，救灾济民，继续实行均田制并改定赋役，减轻农民生产压力，兴修水利等措施，着重发展社会生产。隋朝兴建大运河以及驰道，大大改善水陆交通线，形成贯通古代中国南北的运输网络，带动沿岸、沿海城市的发展。

在文化上，隋开皇七年（587年），隋文帝正式设立分科考试制度，通过科举制选拔优秀人才，弱化世族垄断仕官的现象。

---

[1] 王宁主编：《中国文化概论》，长沙：湖南师范大学出版社，2001年4月，第75页。
[2]（唐）魏徵：《隋书》卷之四，帝纪第四《炀帝（下）》，简体字本二十四史，北京：中华书局，2005年3月，第55页。王宁主编：《中国文化概论》，长沙：湖南师范大学出版社，2001年4月，第75页。胡世庆：《中国文化通史》（上册），杭州：浙江大学出版社，2005年9月，第174页。吕思勉：《隋唐五代史》（上、下册），北京，北京理工大学出版社，2016年4月。

晋江考古发掘出土的唐朝古墓砖（晋江博物馆陈列）

在外交上，隋炀帝即位后，奉行的对外政策是"诸蕃至者，厚加礼赐；有不恭命，以兵击之"。隋朝恩威并施，四夷归顺，出现了万国来朝的局面。隋朝社会经济得以迅速发展，隋朝国家呈现"人庶殷繁，藏充实"的兴盛局面。①

佛教产生于印度，约在两汉时期传入古代中国。隋唐时期，是古代中国佛教的全盛时期，也是中国道教十分兴盛时期。自南北朝以来，佛道儒统称三教，占据着古代中国农耕社会思想领域的主导地位。南朝信佛喜欢兴建寺院，北朝信佛则喜爱立塔造像。②

隋代，中国结束了魏晋南北朝300余年的分裂局面，重新建立大一统的封建帝国。隋朝仍然十分重视儒教、佛教与道教。隋朝早期，由于隋文帝深信自己得佛保佑，宣称"我兴由佛法"，所以积极提倡佛法，重兴佛法，翻译佛经，塑造佛像，营造佛寺，修建寺塔。隋文帝主张调和宗教与儒学，采用三教并重的策略，并容儒教、佛教与道教，以相辅治国。佛教进入极盛阶段，一度成为隋朝国教。

海洋是人类生命起源的发祥地，自古以来人类社会始终推崇无边无垠的宽广大海，敬畏风云变幻莫测的波涛海浪。隋朝开皇十四年（594年），隋朝廷有大臣向隋文帝提议，大海宽阔无边无际，神秘莫测，海神灵应昭著，应在近海处建祠祭祀，才能表达人间社会对海神的敬畏和虔诚。③

据《隋书·礼仪一》载："唐、虞之时，祭天之属为天礼，祭地之属为地

①(唐)魏徵：《隋书》卷之四，帝纪第四《炀帝（下）》，简体字本二十四史，北京：中华书局，2005年3月，第55页。
②胡世庆：《中国文化通史》（上册），杭州：浙江大学出版社，2005年9月，第463页。王宁主编：《中国文化概论》，长沙：湖南师范大学出版社，2001年4月，第71页。
③黄淼章：《南海神庙》，广州：广东人民出版社，2005年9月，第4页。

礼，祭宗庙之属为人礼。"①据《隋书·礼仪二》载："开皇十四年（594年），群臣请封禅"，"开皇十四年（594年）闰十月，诏东镇沂山，南镇会稽山，北镇医无闾山、冀州镇霍山并就山立祠。东海于会稽县界，南海于南海镇南，并近海立祠。及四渎、吴山，并取侧近巫一人，主知洒扫，并命多莳松柏"②。泉山南岳庙，也就是在这个时候修建的，并改名为泉州南海古庙。

隋开皇十四年（594年），隋文帝下诏在东海会稽、南海镇南和全国沿海地区建立四海神庙，以祭祀四海海神。广州始建南海神祠，并在当地请了一位巫师主持神庙的洒扫和祭祀南海神，祠内还广植松柏树木等，广州南海神庙由此建立。③为此，隋唐时期中国的沿海地区，特别是中国古代海上丝绸之路的海洋商贸港口，兴建海神庙以供奉、祭祀南海神祝融。④

由于广州占据中外海洋船舶必经之地的特殊地理位置，隋代兴建海神庙是以广州南海神庙最为著名。

据广州出版社出版的《南海神庙文献汇辑》一书记载，"令人感到非常可惜的是，现有的史书对南海神庙的始建记载甚少，其形制、规模等如何，至今仍无从考据"，"关于南海神庙建于何时，还有另一种说法，就是隋文帝下诏建南海神庙，广州黄埔的扶胥镇原来已有一座小海神庙。这座小庙是大同元年（535年）由当地土人董昙所建。不过，这只是一个传说，没有得到历史学家的认可"⑤。

广州出版社出版的《南海神庙碑刻拓片集》记载南海神庙和供奉南海之神祝融的历史

---

① （唐）魏徵：《隋书》卷之六，志第一《礼仪一》，简体字本二十四史，北京：中华书局，2005年3月，第73页。

② （唐）魏徵：《隋书》卷之七，志第二《礼仪二》，简体字本二十四史，北京：中华书局，2005年3月，第87页。

③广州市地方志办公室编：《南海神庙文献汇辑》，广州：广州出版社，2008年12月，第66页。

④南海神庙编写组：《南海神庙》，广州：广东省地图出版社，1992年1月，第2页。

⑤黄淼章：《南海神庙》，广州：广东人民出版社，2005年9月，第5页。

泉州古代木雕释迦牟尼佛像
（泉州博物馆陈列）

据广州南海神庙的文献资料介绍，在中国古代海上丝绸之路兴起的隋朝开皇年间，中国沿海兴建海神庙。为此，在泉州、明州（宁波）等中国古代海洋商贸港口，同期作为中国古代海上丝绸之路重要港口而兴建海神庙以祭海神是大势所趋。①

隋唐五代时期，中国农耕社会仍然延续着古代传统的祖先崇拜和宗教信仰，对南岳祝融帝君的信仰崇拜，长期以来一直在中国农耕社会具有重要影响。明成化八年（1472年），据明《成化壬辰重修南海神祠记》载，（南海神庙）"旧匾颜以祝融，于礼未宜。一遵我朝定制，刻以南海神祠，表当代礼制之正，鄙前古徽号之讹"。明成化年间修葺广州南海神庙时，以"祝融"为匾额。在明朝廷官方祀典中，南海神就是祝融。②

1986年1月，广州南海神庙进行重修。1991年2月，广州市文物管委会撰写的重修南海神庙碑文记载，"隋文帝开皇十四年（594年），于此建南海神庙，奉祀南海神祝融，祈求波澄万里，庇佑海事平安"。中国古代南海神在四海神中，名气最大。古代中国沿海各地供奉的南海神均是南岳之神祝融。③

作为中国古代海上丝绸之路的海神庙旧址，南海古庙是中国古代海上交通贸易的重要史迹，也是中国古代海上丝绸之路发源于泉州的重要历史见证。南海古庙作为中国海上丝绸之路的重要文化遗存，也是有迹可循、有据可查的。

隋代中国修建的海神庙，是以泉州南海古庙最为领先。

由于西汉时期兴建的泉山东越国南岳庙，世世代代长期供奉祭祀南岳之神

①南海神庙编写组：《南海神庙》，广州：广东省地图出版社，1992年1月，第12页。
②南海神庙历史文化丛书：《广州南海神庙碑刻拓片集》，广州：广州出版社，2007年9月，第113页。黄淼章：《南海神庙》，广州：广东人民出版社，2005年9月，第121页。
③广州市地方志办公室编：《南海神庙文献汇辑》，广州：广州出版社，2008年12月，第204页。

祝融，并由泉山先民长期完好地修建和维护。

在隋文帝下诏建四海神庙祭四海之时，为了"近海立祠"供奉南海神，从北方和中原南迁到泉山的先民，随即把早已建造供奉祭祀祝融的泉山南岳庙，重新修建后改名为南海古庙。泉州南海古庙与泉山南岳庙，同样供奉祭祀祝融帝君。

晋江金交椅山古窑场（泉州市古代外销陶瓷博物馆陈列）

隋唐五代时期，南海古庙成为中国海上丝绸之路闻名海内外的海神庙。南海之神祝融，始终备受中外海洋商贸客商的尊崇。

自隋代以来，古代泉山先民把南岳庙改称泉州南海古庙。在之后的一千多年时间，泉州先民长期一直同时保留南岳庙（又称南海古庙）的名称。时至今日，仍然是南岳庙，又称泉州南海古庙，承载着古老中华民族传统文化的结晶，也凝聚着闽南先民坚韧不拔的精神。

隋朝的泉州南海古庙与广州南海神庙，均是在中国东南沿海地区海洋商贸航运业兴起、中国海上丝绸之路蓬勃发展的历史背景下兴建的，均同时见证了波澜壮阔的中国海外交通史的发展。

三、南海之神祝融的历史记载

由广州地方志办公室编印的《南海神庙文献汇辑》，收集有大量关于南海神庙的建立、南海之神祝融的由来、历代朝廷的封号、历代朝廷的祭祀活动、历代南海神庙的碑文、历代南海神庙的维修、记载南海之神祝融的历史文献，以及南海之神祝融的民间历史传说文献。在中国出版的许多史籍书刊中，也有许多介绍古代中国的原始宗教、祖先崇拜和民间信仰的历史故事或民间传说。[1]

从周代起建立祭祀江河湖海、名山大川等自然地理的制度，列入历代朝廷

---

① 广州市地方志办公室编：《南海神庙文献汇辑》，广州：广州出版社，2008年12月。

国家祭祀礼制体系。古代成书于战国后期的《周礼》，是集儒家思想融合道、法、阴阳等诸家而形成的。《周礼》载，"以血祭祭社稷、五祀、五岳，以狸沈祭山林、川泽"②。因此，五岳思想是糅合夏代、商代以来的四方神和战国初期的五行观念而形成的山岳崇拜。③

中国古代民间传说五岳为群神所居。古代中国五岳是汉朝文化中的五大名山的总称，是古代民间山神崇敬、五行观念和帝王巡猎封禅相结合的产物，后为道教所继承，被尊为道教名山。五岳，自古就是国家江山社稷的重要象征，为此古代历代帝王或遣使或亲临祭祀。④五岳，是历代中国封建国家帝王仰天功之巍巍而封禅祭祀的神圣地方，更是历代中国封建国家帝王受命于天的重要象征。

广东省人民出版社出版介绍南海神庙和衡山之神祝融的图书

古代中国以五帝配祀天地之五方。五帝是中国原始社会五位最具影响力的主要部落联盟首领，被后世追尊为五帝，即指的是黄帝、颛顼、帝喾、尧、舜。《家语》载："水、火、木、金、土，是谓五帝。"④西汉时期，司马迁编纂的《史记·封禅书》载：汉武帝所定之五岳也。五岳祭典制度始于汉武帝，在五岳诸山举行封禅、祭祀盛典。⑤隋代以后，遂为定制。魏晋南北朝时期，佛教和道教开始在五岳修建佛寺、道观，进行宗教活动。唐宋以前，五岳大抵是佛、道共尊，

① 《周礼·春官·大宗伯》，桂林：漓江出版社，2022年4月。

② （汉）司马迁：《史记》卷之二十八，书第六《封禅书》，简体字本二十四史，北京：中华书局，2005年3月，第1161页。

③ （汉）司马迁：《史记》卷之二十八，书第六《封禅书》，简体字本二十四史，北京：中华书局，2005年3月，第1161页。（汉）班固：《汉书》卷之二十五，志第五《郊祀志（上）》，简体字本二十四史，北京：中华书局，2005年3月，第993页。

④ 广州市地方志办公室编：《南海神庙文献汇辑》，广州：广州出版社，2008年12月，第2页。

⑤ （汉）司马迁：《史记》卷之二十八，书第六《封禅书》，简体字本二十四史，北京：中华书局，2005年3月，第1161页。

寺、观并存。①

　　中国历代帝王遵循五岳祭典的国家礼制，祭祀五岳、四海、四渎。举行隆重祭典，祝告大海山川，祈福消灾。五岳指的是东岳泰山、南岳衡山、西岳华山、北岳恒山、中岳嵩山。②四海指的是古代中国的国土四周和海疆，即与天下同义。《尔雅·释地》曰："九夷、八狄、七戎、

泉州开元寺的麒麟雕塑艺术壁图，原系清乾隆六年（1741 年）泉州府城隍庙照壁

六蛮，谓之四海。"四渎指的是古代对长江、黄河、淮水、济水的总称。又有唐代四渎，大淮为东渎，大江为南渎，大河为西渎，大济为北渎。③

　　据庄周云："南海之帝，又曰赤帝。"西汉时期淮南王刘安《淮南子》云："祝融，赤帝也。"南海之神祝融，是古代中国以有历史记载人类祖先命名的南海神。自尧舜以来，南岳衡山作为五岳之一的历史已达四千多年。古代炎帝、祝融曾在衡山栖息，尧、舜、禹均登临衡山祭拜。衡山南岳是中华大地五岳之一。南岳衡山，是中国南方最古老的人文始祖祭祀名山。其中，炎帝神农氏以火德王，配祀于南方，历史十分悠久。④

　　河南省《新郑县志》载，祝融是中国原始社会末期最著名氏族领袖之一,也是华夏民族历史上的古神话人物。历史上夏官祝融，也是华夏民族的氏族名。《礼记·月令》载，"仲夏之月……其帝炎帝，其神祝融。"《史记·楚世家》记载，祝融氏是黄帝的后世子孙。历史上,祝融氏出多元，有颛顼族祝融氏和炎帝

①王宁主编：《中国文化概论》，长沙：湖南师范大学出版社，2001年4月，第463、491页。

②（汉）司马迁：《史记》卷之二十八，书第六《封禅书》，简体字本二十四史，北京：中华书局，2005年3月，第1161页。

③（南朝宋）范晔编纂、李贤注：《后汉书》卷之九十八，志之第八《祭祀（中）》，简体字本二十四史，北京：中华书局，2005年3月，第2157页。

④（汉）司马迁：《史记》卷之二十八，书第六《封禅书》，简体字本二十四史，北京：中华书局，2005年3月，第1161页。

族祝融氏。其中，祝融是三皇五帝时夏官火正的官名。②

据先秦时期的《山海经》记述，在"春夏秋冬四官"中，夏官祝融，又称为南方神。由于中国大部分地方属季风气候，春天东风，夏天南风，秋天西风，冬天北风。春官句芒是东方神，夏官祝融是南方神，秋官蓐收是西方神，冬官玄冥是北方神。③

古代南安丰州的古经幡石座

据《管子·五行》记述，在中国古代神话传说中，祝融又被尊为南方之神、南海之神。列为《汉书·艺文志》的西汉淮南王刘安《淮南子·十三篇》载：祝融是黄帝六大辅相之一。黄帝六大辅相是指天、地、春、夏、秋、冬六官。在黄帝六大辅相中就有祝融。③

罗泌《路史·前纪》载，祝融卒葬衡山之阳。衡山最高峰为祝融峰，并建有祝融殿。《石氏星经》载，"南方赤帝，其精朱鸟，为七宿，司夏，司火，司南岳，司南海，司南方是也。司火而兼司水，盖天地之道。"《吕氏春秋·孟夏》载，祝融为火官之神。《国语·郑语》载，"夫黎为高辛氏火正，以淳耀敦大，天明地德，光照四海，故命之曰祝融。其功大矣"④。

据《汉书·郊祀志》载，汉武帝时曾经东巡海上祭祀海神。"上遂东巡海上，行礼祠八神。齐人之上疏言神怪、奇方者以万数，乃益发船，令言海中神

① (汉) 司马迁：《史记》卷之四十，列传第十《楚世家》，简体字本二十四史，北京：中华书局，2005年3月，第1387页。广州市地方志办公室编：《南海神庙文献汇辑》，广州：广州出版社，2008年12月，第4、5页。
② (南朝宋) 范晔编纂、李贤注：《后汉书》卷之九十九，志之第九《祭祀（下）》，简体字本二十四史，北京：中华书局，2005年3月，第2169页。
③ (汉) 班固：《汉书》卷之三十，志第十《艺文志》，简体字本二十四史，北京：中华书局，2005年3月，第1351页。
④广州市地方志办公室编：《南海神庙文献汇辑》，广州：广州出版社，2008年12月，第3页。

山者数千人求蓬莱神人"①。

据《后汉书·祭祀志》记载："立夏之日，迎夏于南郊，祭赤帝祝融"②。唐韩愈《南海神庙碑》："考于传记，而南海神次最贵，在北东西三神河伯之上，号为祝融。"③唐韩愈《谒衡岳庙》诗曰："紫盖连延接天柱，石廪腾掷堆祝融。"（据《唐诗三百首》）。即紫盖峰绵延连接着天柱峰，石廪山起伏不平连着南岳祝融峰。

在古代中国历史上，自春秋战国以来，对南岳之神、南方之神、衡山之神、南海之神祝融的历史记述，源远流长。

南海古庙海神亭碑记

四、南海之神祝融的历史传说

2005年9月，由广东人民出版社出版的岭南文化知识书系《南海神庙》一书，详细介绍广州南海神庙的建立、南海神祝融的由来、历代朝廷的封号、朝廷的祭祀活动、南海神庙的碑文、南海神庙的维修，以及许多南海神庙的古老传说。据《南海神庙》书中记述，相关南海之神祝融的历史传说主要有：

传说一：祝融是中国帝王。他以火施化，号为赤帝。相传，祝融还是一个音乐家，他经常在高山上奏起悠扬动听、感人肺腑的乐曲，使黎民百姓精神振奋、情绪高昂，对生活充满热爱。祝融死后，葬在南岳衡山之阳（今衡阳市南岳区），后人为了纪念他，就把南岳最高峰称为祝融峰。

传说二：上古帝喾在位时，有一个叫重黎的人，是颛顼的儿子。他的官职是火正，即火官。重黎忠于职守，努力为帝喾和广大黎民服务，当火官有功，

① （汉）班固：《汉书》卷之二十五，志第五《郊祀志（上）》，简体字本二十四史，北京：中华书局，2005年3月，第993页。
② （南朝宋）范晔编纂、李贤注：《后汉书》卷之九十八，志之第八《祭祀（中）》，简体字本二十四史，北京：中华书局，2005年3月，第2157页。
③ 南海神庙历史文化丛书：《广州南海神庙碑刻拓片集》，广州：广州出版社，2007年9月，第4页。

帝喾于是赐以祝融的封号。祝是永远、继续的意思；融是光明的象征，就是希望重黎继续用火来照耀大地，永远给人带来光明。祝融死后，葬在南岳衡山舜庙的南峰，即今之祝融峰下。

传说三：黄帝时期，祝融就是其六相之一。黄帝南巡，分不清方向，于是派祝融辨别方向，祝融辨别出南方。也就是说，衡阳的南岳，最先是由祝融辨别出来的，他因此担任了司徒的职务。后来，祝融被封楚地，成为楚国人的始祖。今在湖南衡阳的南岳祝融峰顶还有一座祝融殿。殿后岩石上建有石栏杆，可以凭栏眺望北山的风光。

南宋绍兴十五年（1145年）建造的泉州大开元寺的宝篋印经古塔

这个火神、楚人的始祖祝融又怎样兼任海神的呢?古人认为，南方属火，火又是光明的象征，火之本在水，故祝融合水火为一神，且符合周文王八卦中《离卦》属火，方位在南方的卦象。

传说四：尧帝时期，洪水滔天，淹没了山冈和许多房屋，黎民百姓生活于水深火热之中。尧帝令鲧（人名）去治理洪水，可是九年过去了，毫无成效。后来，鲧知道天上有一种名为息壤的宝物，只要用一点来投向大地，马上就会生长起来，积成山，堆成堤。于是鲧想办法到天上，偷了息壤到人间，用它堵塞洪水，息壤被投到水边马上变成长长的堤坝，大地终于渐渐看不见洪水踪迹了。但是，天帝知道宝物息壤被窃，非常震怒，就派火神祝融下凡，在一个叫羽山的地方把鲧杀死，并夺回余下的息壤。天帝还命祝融监视人间治水，命他掌管一方之水的大权。由于祝融属南方之神，所以就合水火为一神，兼任南海之神了。①

值得一提的是，在新时代赋予了南海之神祝融新的使命。2021年4月，中国首辆火星车全球征名活动公众网络投票结束，"祝融号"荣登榜首。中国首

---

①黄淼章：《南海神庙》，广州：广东人民出版社，2005年9月，第8～10页。

辆火星车命名为"祝融号"，即火神祝融登陆火星的意思。2021年5月22日，祝融号火星车在中国文昌航天发射场，由长征运载火箭发射升空。之后，祝融号火星车在火星表面开始巡视探测，通过环绕器传回遥测数据。[①]

宋代朱熹在泉州法石港题"天风海涛"

　　祝融，是古代的南海之神。如今，古老的南海之神祝融，赋予火星车新的使命，再次谱写历史的新篇章。

第四节　广州南海神庙

　　全面了解隋唐时期中国古代海上丝绸之路的泉州海神庙，就需要了解同期兴建供奉南海之神广利王祝融的广州南海神庙的历史。

一、广州南海神庙与泉州南海古庙同期兴起

　　隋代以来，中国古代海上丝绸之路重要发祥地的泉州港口，许多中外海洋商贸船舶满载外销货物，从泉州起航远洋，均需要经过广州黄埔扶胥港。据广

始建于隋代的广州南海神庙供奉南海之神祝融广利王

东人民出版社出版的《南海神庙》载，南海神庙，又称波罗庙、东庙，坐落于广州市黄埔区庙头村，始建于隋开皇十四年（594年），至今已有1400多年历史，是中国历代皇帝祭海的重要场所。[②]这里是广州南海神庙所在地，在中国南方沿海的珠江三

---

① 《祝融号火星车成功驶上火星表面》，《人民日报》2021年5月22日。
② 南海神庙编写组：《南海神庙》，广州：广东省地图出版社，1992年1月，第1页。

角洲北端，处于东、西、北三江的汇合处，濒临南海，属珠江水系河口区范围，在中国古代海上丝绸之路重要海港的扶胥港。①

在广州扶胥镇近海建立南海神庙之后，隋唐时期，随着中国古代海上丝绸之路的兴起，来自古代中国东南沿海港口包括泉州等地的中外海洋商贸船舶汇集于广州，广州成为闻名天下的海洋商贸货物的重要集散地。广州南海神庙最终成为历代中央朝廷委托地方官，或派出钦差、使臣举行国家祭祀南海之神的主要场所。

与此同时，在中国古代海外交通贸易的重要港口兴建供奉海上保护神祝融的南海神庙，以适应中外海洋商贸船舶航运的根本需求。②

据广州南海神庙史料记载，从唐朝开始，广州南海神庙便香火日盛，各朝代政府也派人前往管理庙事。事实上，这个时期广州南海神庙成为四海神庙中香客最多、地位最高的一座，主要是由早期广州海上商贸活动日益繁荣发达的经济地位所决定。古代从中国各地运载外销产品的中外海洋商贸船舶，均必须经停古代广州黄埔港口，在南海神庙这里祭拜南海神之后，再起航驶向世界各国。③

始建于隋朝供奉南海之神祝融的广州南海神庙石牌坊

唐天宝十载（751年）三月，唐玄宗认为："四海之神，灵应昭著，而自隋以来祭祀海神仅以公侯之礼，虚王仪而不用，非至崇极之意也。"唐玄宗下诏封南海神祝融为广利王。④据史籍文献记载，广利，即是广招天下财利之意，或释作"广

---

①南海神庙编写组：《南海神庙》，广州：广东省地图出版社，1992年1月，第6页。

②南海神庙历史文化丛书：《广州南海神庙碑刻拓片集》，广州：广州出版社，2007年9月，第4页。

③黄淼章：《南海神庙》，广州：广东人民出版社，2005年9月，第7页。

④南海神庙历史文化丛书：《广州南海神庙碑刻拓片集》，广州：广州出版社，2007年9月，第4页。广州市地方志办公室编：《南海神庙文献汇辑》，广州：广州出版社，2008年12月，第40页。

利生民"之意。广州南海神庙史料记载，由于中国对外海洋商贸活动和古代海上丝绸之路的重要作用，市舶之利为唐朝带来源源不断的丰厚财源，唐玄宗寄望于通过对南海神的敕封，而能够为唐朝廷持续长久地广获天下财利。[①]

唐元和十五年（820年），韩愈在为南海神庙撰写的碑文中记载，"海于天地间为物最巨，自三代圣王，莫不祀事。考于传记而南海神次最贵，在北东西三神、河伯之上，号为祝融"[②]。

韩愈（768—824年），字退之，河南河阳（今河南省孟州市）人，自称祖籍昌黎郡，世称韩昌黎，系唐代中期唐朝大臣，文学家、思想家、政治家。唐元和十二年（817年），出任宰相裴度行军司马，从平

唐元和十五年（820年），韩愈撰南海神庙碑记载南海之神为祝融

"淮西之乱"。韩愈由于直言谏迎佛骨，被贬为广东潮州刺史，宦海沉浮，累迁吏部侍郎。唐长庆四年(824年)，韩愈病逝，追赠礼部尚书，谥号为文，故后人称为韩文公。韩愈著有《韩昌黎集》等，作为唐代古文运动的倡导者，韩愈名列"唐宋八大家"之首。[③]

二、广州南海神庙供奉祝融的庙宇建筑

据中国古代海外交通贸易史籍记载，中国海外交通贸易历史兴盛于隋唐时期，鼎盛于宋元时期。唐宋之交，中国经济重心已由西部转移到东部，中原地区的经济重心已由北方转移到南方，从而为古代中外海洋商贸经济的崛起创造了良好的经济基础、环境和条件。[④]

---

①黄淼章：《南海神庙》，广州：广东人民出版社，2005年9月，第17页。
②南海神庙历史文化丛书：《广州南海神庙碑刻拓片集》，广州：广州出版社，2007年9月，第4页。
③（五代后晋）刘昫等：《旧唐书》卷之一百六十，列传第一百一十《韩愈传》，简体字本二十四史，北京：中华书局，2005年3月，第2857页。黄淼章：《南海神庙》，广州：广东人民出版社，2005年9月，第87、88页。
④胡世庆：《中国文化通史》（上册），杭州：浙江大学出版社，2005年9月，第111页。

《南海神庙》图书，十分详细地介绍了广州南海神庙供奉祝融的庙宇建筑情况：①

广州南海神庙经历代多次扩展修葺，20世纪80年代重修的南海神庙，以文献记载中的明代建筑形制为蓝本进行复原，保留原有建筑风格。其建筑宏伟深广，规模宏大，坐北向南，前堂后寝，占地面积3万余平方米。南海神庙主体建筑沿着中轴线从南到北依次为：庙前码头、牌坊、头门、仪门、东西复廊、中庭天阶、拜亭、南海神大殿、昭灵宫（后殿）等共五进，一进高于一进，其他附属建筑均以五进为中心，左右对称。两侧有东西廊

古代泉山的南岳溜石山上古老的碑石题镌：海天砥柱

庑，是较典型的中国传统庙宇建筑。重修南海神庙中的扶胥古埗牌坊，为三间四柱冲天式，正面石额刻"海不扬波"四字，为清代花岗岩石制的牌坊建筑。

南海神庙头门是南海神庙的第一重建筑，为清代砖木建筑结构，面阔三间，东西八字墙喻意四平八稳，进深两间。神庙头门东西两侧均设前塾台、后塾台，建筑形式始于周朝，或是春秋时期的建筑形制，前塾台东西两侧有顺风耳与千里眼两座神像。横梁木雕保留宋代风格，为硬山脊。花板博古的屋脊是典型的清代风格。神庙头门建筑分心墙用两柱，前后两侧均设塾台，梁架雕刻图案纹饰。为硬山顶，两龙争珠陶塑瓦脊。门前置一对明代红砂岩石狮。门两侧为八字墙影壁。重修神庙头门建筑依旧保留清代文化遗存。

南海神庙仪门，即礼仪之门。按传统礼制，中间大门为

泉州考古出土的唐朝船型陶灶（泉州海交馆陈列藏品）

---

①南海神庙编写组：《南海神庙》，广州：广东省地图出版社，1992年1月。黄淼章：《南海神庙》，广州：广东人民出版社，2005年9月。

王侯贵族出入，官阶低者和百姓只能从侧门进出。神庙仪门门楣上悬挂有"圣德咸沾"匾，下方有一副对联："镇海神麻永，司南庙貌崇。"仪门两旁石鼓还巧藏封侯爵禄图，寓意皇恩浩荡，普及众生。仪门面阔三间，进深四间，硬山顶，两侧与复廊相通。

南海神庙礼亭，又称拜亭，是古人放贡品及拜祭的地方。礼亭中间有一口出土于高州的东汉铜鼓，是中国第三大铜鼓。鼓身花纹精致细密，鼓边有青蛙六只，栩栩如生，足见东汉时高超的铸造工艺。拜亭原建于明代，单檐歇山顶，面阔、进深均三间。毁后仿明代风格重建。

在神庙中心的大殿，坐北向南，面阔五间，进深三间，外观气势雄伟，古朴庄重。重修南海神庙大殿的殿堂建筑，大部分梁柱、木架、斗拱等采用进口木料。神庙大殿复原为明代单檐绿琉璃瓦歇山顶建筑形式，为七架椽屋结构，前后三步梁用四柱，全部入榫的木架结构。主大殿重檐飞托，有24条高耸的主梁与横梁斗拱全部入榫成架，使南海神庙的主大殿显得宏伟而稳重，是广东规模最大的一座木结构大殿，为典型的中国传统庙宇建筑。

南海神庙大殿屋顶的正脊侧脊，采用石湾陶瓦，琉璃瓦脊，博古花板，两龙戏珠，鳌鱼镇脊，彩凤朝阳，神兽护卫，双凤飞翔，鳌鱼倒悬。大殿飞檐单铺双下昂，每根红色巨柱，平竖于柱础。擎楼托顶，横梁飞架，驼峰斗拱，结构精巧，全部入榫。大殿巍峨恢宏，轩昂大度，加上重塑了六侯顺风耳、千里眼等神像，使南海神庙大殿重现昔日的辉煌灿烂，仍具有很高的文化价值和艺术价值。

南海神庙大殿重塑南海神像，正中坐像为南海神祝融。南海神庙大殿正中是身高3.8米的南海神祝融，头戴王冠，身着龙袍，手执玉圭，神情端庄。大殿左右两旁立有六侯的塑像。神庙昭灵宫也称南海神

南安丰州延福寺前的古代石经幢

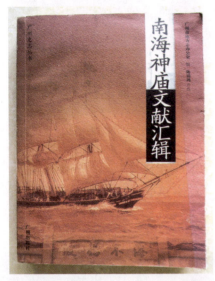

2008年12月，广州出版社出版的介绍南海神庙文献汇辑的图书

庙后殿。是宋朝时期被封为"明顺夫人"的南海神夫人的寝宫。南海神夫人兼司送嗣之职。神庙后殿改建为钢筋混凝土结构，修建时重新安装了陶塑瓦脊。

南海神庙的西侧的山冈名章丘，冈上修建有浴日亭，是古代观望神庙海上日出之地。唐宋时期，这里三面环水，"前临大海，茫然无际"，人立亭中，是观赏海景、对大海抒怀的最佳位置。据广州地方史书记载，古代章丘山冈共有108级冈阶，如今仅余72级冈阶。这里东连狮子洋，烟波浩渺，夜幕渐退，红霞初现，万顷碧波顿时染上一层金光，当一轮红日从海上冉冉升起之际，有一半仍沉在大海之中，景象壮观。现存的浴日亭建筑为清代所建，单檐歇山顶，梁架简洁。宋元时期，即为羊城八景的首景"扶胥浴日"。

三、隋唐时期广州南海神庙由历代朝廷修建和主持祭典

隋唐五代时期，由于广州港的对外海洋商贸经济在古代中国占有举足轻重的历史地位，历代朝廷将广州南海神庙祭祀祝融海神活动列为国家祭祀。中外海船出入广州港口，按例都要到广州南海神庙中祭拜南海神，祈求出入平安，一帆风顺。①

据《南海神庙文献汇辑》等文献记载，隋唐五代时期，由历代朝廷主持重要的祭海活动情况有：

> 隋代，在广州南海近海立祠及四渎，并取侧近巫一人主知洒扫，并令多植松柏。②

> 高祖太宗，唐武德贞观之制，五岳、四渎、四海，年别一祭，各以五郊迎气日祭之。东海于莱州，东渎大淮于唐州，西海、西渎大河于同州，

---

① 黄淼章：《南海神庙》，广州：广东人民出版社，2005年9月，第12页。
② 南海神庙历史文化丛书：《广州南海神庙碑刻拓片集》，广州：广州出版社，2007年9月，第2页。

北海及北渎大济于洛州，南海于广州，南
渎大江于益州。此广州南海神庙之始。①

　　唐玄宗天宝十载（751年）正月，以
东海为广德王，南海为广利王，西海为
广润王，北海为广泽王。分命卿监：诸
岳渎及山川，取三月十七日一时备礼兼
册。此封广利王之始。②

　　唐玄宗天宝年间，分命义王府长史、范
阳张九皋奉金字玉简之册封南海王，还对南
海神庙旧庙进行重新修葺。祭南海神自此始
用王侯之礼，并定下立夏节由广州刺史代祭
南海神制度。张九皋奉唐玄宗之命，以特遣
持节的身份到广州祭祀南海神，由北海太守
李邕撰《册祭广利王记》碑记其事。这是南
海神庙历史上一次重要的举行祭祀南海神典
礼活动，开创了皇帝派重臣南来南海神庙代
祭南海神之先河，并对中国古代封建社会帝
王祭海和祭拜南海之神的制度，产生了重要
的影响。对确立广东南海神庙重要地位，也
产生深远的历史影响。③

　　"唐宪宗元和十三年（818年）将夏，祝
册自京师至。"即将夏，昭用前尚书右丞、国
子祭酒、鲁国孔戣为广州刺史、岭南节度使，
亲奉唐宪宗祝册往广州南海神庙祭祀。④

始建于宋代的泉州洛阳桥石雕造像

泉州古代铜雕座像（泉州海交馆陈列）

---

①南海神庙历史文化丛书：《广州南海神庙碑刻拓片集》，广州：广州出版社，2007年9月，第4页。
②广州市地方志办公室编：《南海神庙文献汇辑》，广州：广州出版社，2008年12月，第104页。
③黄淼章：《南海神庙》，广州：广东人民出版社，2005年9月，第14页。
④南海神庙历史文化丛书：《广州南海神庙碑刻拓片集》，广州：广州出版社，2007年9月，第3页。黄淼章：《南海神庙》，广州：广东人民出版社，2005年9月，第66页。

唐宪宗元和十五年（820年）夏至，孔戣第三次前往南海神庙祭祀南海神，并请袁州刺史韩愈为新修葺的南海神庙撰碑文，以记其事。由循州刺史陈谏书碑文，著名刻工李叔齐刻碑，均是当时的名家之作，史称"三绝碑"。这就是南海神广利王庙碑是南海神庙第一块镇宝之碑。今立于南海神庙仪门东侧，并建有唐碑亭。①

唐元和十五年（820年），南海神庙第一块镇宝之碑《南海神广利王庙碑》的碑阴

据《南海神庙文献汇辑》载，由于隋唐时期广州港的对外海洋商贸经济，在古代中国占有举足轻重的地位。为此，唐代朝廷拨出巨资兴建、修建或扩建广州南海神庙，主要活动有：②

唐天宝六至十载（747—751年），扩建南海神庙规模，新建神庙殿堂。唐天宝十载（751年），唐玄宗命张九皋奉金字玉简之册封南海王，还将旧庙进行重新修葺。祭广州南海神自此始用王侯之礼，并定下立夏节由广州刺史代祭广州南海神的制度。

唐宪宗元和十三年（818年）将夏，广州刺史、岭南节度使孔戣亲奉宪宗祝册往南海神庙祭祀。

唐宪宗元和十四年（819年），即立夏日，"广庙宫而大之，治其庭坛，改作东西两序，斋庖之房"。广州刺史、岭南节度使孔戣再次前往南海神庙祭祀，并进行扩建南海神庙。治庭坛建筑，改作东西两序和斋庖之房，并把广州南海神庙改为广利王庙。③

唐宪宗元和十五年（820年）夏至，广州刺史、岭南节度使孔戣等第三次前往南海神庙祭祀。请唐朝袁州刺史韩愈为南海神庙撰《南海神广利王庙碑》碑文，陈谏书碑文，以记其事。

---

①南海神庙历史文化丛书：《广州南海神庙碑刻拓片集》，广州：广州出版社，2007年9月，第3页。
②黄淼章：《南海神庙》，广州：广东人民出版社，2005年9月，第101～104页。南海神庙编写组：《南海神庙》，广州：广东省地图出版社，1992年1月，第69～75页。
③黄淼章：《南海神庙》，广州：广东人民出版社，2005年9月，第67页。

四、宋元以来广州南海神庙由历代朝廷修建和主持祭典

宋元至明清时期，历代朝廷仍然延续在广州南海神庙中对南海神祝融进行敕封，派遣大臣使者主持祭拜南海神，并在广州南海神庙留下许多祭祀活动的碑石。[①]据《广州南海神庙文献汇辑》《南海神庙》等南海神庙史籍文献记载，宋元至明清时期，历代朝廷主持在广州南海神庙举行南海神祭典的重要活动有：[②]

磁灶古窑址曾经名闻天下。图为晋江唐朝黄釉四系瓷罐（晋江博物馆陈列藏品）

宋开宝五年（972年），宋朝政府下诏自今日起，岳渎及东海、南海庙等，各以本县令兼庙令，县尉兼庙丞，专掌祭祀事。由政府统一管理南海神庙。[③]

宋开宝六年（973年），宋朝政府在广州设立市舶司，管理对外交通贸易。北宋朝廷命中使修葺南海神庙，还立《大宋新修广利王庙》之碑于广州南海神庙内，由裴丽泽撰碑，韩溥奉敕书碑文。此碑也称开宝碑，今立于广州南海神庙内头门之西侧，是南海神庙第二块镇宝之碑。

宋太平兴国八年（983年），宋朝政府定每岁以立夏日祭祀南海神，仍然依唐朝制度。

宋大中祥符六年（1013年），宋真宗派遣官员重修南海神庙。

宋仁宗康定元年（1040年），宋仁宗下诏增封南海神加王号"洪圣"，此为"南海洪圣广利

晋江考古出土的唐朝四系青釉瓷罐（晋江博物馆陈列藏品）

---

①黄淼章：《南海神庙》，广州：广东人民出版社，2005年9月，第101～104页。
②南海神庙历史文化丛书：《广州南海神庙碑刻拓片集》，广州：广州出版社，2007年9月。黄淼章：《南海神庙》，广州：广东人民出版社，2005年9月。
③南海神庙编写组：《南海神庙》，广州：广东省地图出版社，1992年1月，第70页。

王"之始。蔡襄作诰。①

宋皇祐五年（1053年），诏加封南海神"昭顺"之号，是为"南海昭顺洪圣广利王"。赐王夫人为"昭顺夫人"。

宋嘉祐七年（1062年），宋朝政府拨款修建广州南海神庙。

宋元祐年间（1086—1093年），宋朝政府拨款重修神庙。

宋高宗绍兴七年（1137年），加八字褒封，有"威显"之号，是为"南海广利洪圣昭顺威显王"。

宋乾道三年间（1167年），宋朝政府拨款大规模重修广州南海神庙。更换大梁，铺砌石阶。隆其栋梁，壮其柱石，增建山亭和风雷师之殿。

宋庆元四年（1198年），广州南海神庙立碑记载：大奚岛民起义，于宋庆元三年（1197年）在南海神庙附近洋面被宋军官军击败。宋朝官府认为是海神显圣，保佑社稷，遂报京师表彰海神。宋朝礼部状拟赐庙额，奉敕"宜赐英护庙为额"。

宋宝庆元年（1225年），南宋朝廷大规模重修南海神庙，耗钱600余万。据广州南海神庙修建的碑文记载，这次维修南海神庙的大部分资金来自对外海上贸易之利。

南安丰州考古发掘出土的南朝双耳青瓷器（泉州博物馆陈列）

元至元十三年（1276年），元朝派遣近侍速古儿赤等，于四月十八日为南海神庙建醮，并赐以宝香锦幡银盒楮币诣祠。元朝《至元丙子碑》记此事。碑由广州路儒学教授刘本作记。

元至元二十八年（1291年），封南海神为"广利灵孚王"。

元至元三十年（1293年），因南海神庙大殿庙堂已残破倒塌，元朝廷政府拨款重修建之。兴建南海神庙两侧廊庑。

①南海神庙编写组：《南海神庙》，广州：广东省地图出版社，1992年1月，第71页。

元至正八年（1348年），元朝政府拨款维修广州南海神庙。

明洪武二年（1369年）初，由于元末连年战火纷乱，南海神庙香火稀少，不少殿宇废坏，海神难以居住。明太祖朱元璋下诏大规模修建广州南海神庙，命中书椽高希贤等修神庙，换掉腐朽的木柱和破碎砖瓦，重新整治殿堂、廊庑、斋堂等。

明洪武三年（1370年），明太祖朱元璋派遣大臣到广州祭祀南海神庙。下诏取消历代宫庙神祇的封号，只以当地之名称神。

明成化八年（1472年），因广州南海神庙年久失修，残破不堪，明朝廷命广州府判余志重修神庙。这一年，广州南海神庙旧木的祝融匾额，改为南海神祠之匾额。同时，明朝政府拨款全面维修广州南海神庙的建筑、牌坊、道路、地面、台阶和廊庑。此次修建是明代广州南海神庙建筑最大的一次维修。

晋江考古发掘出土的唐朝青釉瓷罐（晋江博物馆陈列藏品）

明天启元年（1621年），明朝政府拨款维修广州南海神庙建筑。

清康熙四年（1665年），重修南海神庙。康熙皇帝派遣重臣到南海神庙祭祀南海神，并题"四海不扬波"，希望海神保佑大清江山。清平南王尚可喜等立《重修南海神庙题名碑记》。

广州南海神庙前边有一座石牌坊叫"海不扬波"，以前为木结构牌坊，明代以后改为石牌坊，现存石牌坊是清代建造，系三间、四柱、二楼的建筑风格，是典型的清代遗风。

清康熙四十二年（1703年），康熙帝御笔亲书"万里波澄"四字，并制成巨匾，派户部右侍郎范承烈将御匾专程护送到南海神庙，并专门立碑记事。这是广州南海神庙唯一由皇帝亲笔题字的碑文。

清康熙四十四年（1705年），清政府拨款修建广州南海神庙。

泉州河市出土的宋代青白瓷魂瓶（泉州市博物馆藏品）

清雍正三年（1725年），清政府拨款修建广州南海神庙，并立碑记事。

清道光二十九年（1849年），因广州南海神庙年久失修，非常破败。于是，清朝廷进行较大规模的维修，鼎新神庙建筑。

清宣统二年（1910年），清政府拨款维修广州南海神庙。

明清时期，妈祖信仰虽然已逐步取代广州南海神庙祝融帝君海神的历史地位，但是历代封建朝廷仍然延续拨出资金对广州南海神庙进行修建、扩建。20世纪40年代，广东国民政府曾经拨款维修广州南海神庙的礼厅和后殿等。

1986年1月至1991年2月，广州市人民政府拨款400多万元，大规模修建广州南海神庙。

五、广州南海神庙保存有丰富的诗碑石刻

据《广州南海神庙碑刻拓片集》《南海神庙》等图书记述，广州南海神庙保存有丰富的诗碑石刻：[①]

广州南海神庙规模宏大，保留了明清时期修复的规模形制、建筑风格和传统技艺，没发现有隋唐五代时期的一些建筑技艺遗存。但是，广州南海神庙仍然保留着唐宋以来历代的许多碑文石刻，包括唐代韩愈碑、宋开宝年间石碑和历代皇帝御祭石碑等，总共有七八十方之多。

据《广州南海神庙碑刻拓片集》记述，广州南海古庙地处珠江出海口，中外海船出入广州按例都要到庙中祭拜南海神，祈求出入平安，一帆风顺。自隋唐以来，历代皇帝都派官员到南海神庙举行祭典，留下了不少珍贵碑刻，故南海神庙有"南方碑林"之美誉。

唐朝南海神广利王庙碑立于神庙头门的东侧，建亭护盖，也称唐碑亭。唐

[①]南海神庙历史文化丛书：《广州南海神庙碑刻拓片集》，广州：广州出版社，2007年9月。黄淼章：《南海神庙》，广州：广东人民出版社，2005年9月。

玄宗天宝十载（751年），唐朝廷册封南海神祝融为广利王。据民间传说，南海广利王是汉族神话中四海龙王之一，居住在南海，地位仅次于东海龙王。唐朝韩愈撰的南海神广利王庙碑文、陈谏书，碑刻内容对研究广州南海神庙的起源、发展、唐代祭海习俗及当时海上商贸往来，具有重大的参考价值。

在广州南海神庙存有一方巨大的石碑，上镌刻朱元璋诏书。此碑至今仍屹立在南海神庙内拜亭右侧，是明洪武御碑。明洪武初年，明太祖朱元璋下诏废除南海神的所有封号。同时，明朝廷在中国沿海实行严格的"海禁"。明洪武年间的朱元璋御碑碑文，记述建国不久的明朝廷发布的全国对各类神祇的称呼，建立各类神祇供奉祭祀的基本规范。

明洪武三年（1370年）庚戌年，朱元璋御碑全文：

奉天承运，皇帝诏曰：自有元失驭，群雄沸鼎，土宇分裂，声教不同。朕奋起布衣，以安民念，训将练兵，平定华夷，大统以正。永惟为治之道，必本于礼。考诸祀典，知五岳、五镇、四海、四渎之封，起自唐世。崇名美号，历代有加。在朕思之则有不然。夫岳镇海渎，皆高山广水，自天地开辟，以至于今。英灵之气，萃而为神，必皆受命于帝。幽微莫测，岂国家封号之所可加？渎礼不经，莫此为甚。至如忠臣烈士，虽可加封号，亦惟当时为宜。夫礼所以明神人、正名分，不可以僭差。今命依古定制，凡岳镇海渎，并去其前代所封名号，止以山水本名称其神。郡县城隍神号，一体改正。历代忠臣烈士，亦依当时初封以为实号，后世溢美之称，皆与革去。其孔子善明先王之要道，为天下师，以济后进，非有功于一方一时者可比，所有封爵，宜仍其旧。庶几神人之际，名正言顺，于理为当，用称朕以礼祀神之意。所有定到各各神号开列于后：

广州南海神庙著名的明洪武御碑亭

五岳：称东岳泰山之神、南岳衡山之神、中岳嵩山之神、西岳华山之神、北岳恒山之神。

五镇：称东镇沂山之神、南镇会稽山之神、中镇霍山之神、西镇吴山之神、北镇医无闾山之神。

四海：称东海之神、南海之神、西海之神、北海之神。

晋江池店霞福村唐墓考古发掘的南朝青釉双系罐陶瓷（泉州市古代外销陶瓷博物馆陈列藏品）

四渎：东渎大淮之神、南渎大江之神、西渎大河之神、北渎大济之神。

各处府州县城隍：称某府城隍之神、某州城隍之神、某县城隍之神。

历代忠臣烈士并依当时初封名爵称之。

天下神祠无功于民不应祀典者，即系淫祀，有司毋得致祭。

於戏！明则有礼乐，幽则有鬼神，其理既同，其分当正。故兹诏示，咸使闻之。

洪武三年六月初三日

明洪武年间，朱元璋的御碑文明确去除南海神的历代各种封号，也不增加南海神的新封号，而是明确祝融就是南海之神。祝融仍然成为明清时期的南海之神。

广州南海神庙历代诗碑、石刻的碑文内容十分丰富。从20世纪80年代中期起，广州市文物管理委员会对庙中残存的古碑刻进行了整理，并复原、重刻了一批南海神庙碑刻。截至2005年，南海神庙仪门东西廊竖立的碑刻共有45块。其中，唐碑1块、宋碑2块、元碑1块、明碑17块、清碑4块，另据原拓片复原重刻宋至清古碑

晋江池店霞福村唐墓考古发掘的南朝青釉四系罐陶瓷（泉州市古代外销陶瓷博物馆陈列藏品）

10块，现代书法家书古人咏南海诗碑等10块。历代皇帝祭祀南海神的御碑上部和两侧均雕刻龙纹，中间镌刻有大记事，是历代皇帝祭典活动时留下珍贵的历史文化遗产。

广州南海神庙文献和南海神庙内的碑刻文字，客观、系统地记载了中国古代海上交通贸易的历史，大量南海神庙的石刻文献资料，全面反映南海之神是古代中国海上丝绸之路的保护神，为广州、泉州、漳州、宁波、北海、扬州、蓬莱等城市共同打造中国古代海上丝绸之路、申报世界文化遗产提供了极为重要的文献素材。

始建于宋代的泉州洛阳桥古石塔

广州南海神庙是中国古代海神庙中保存下来的规模最大、最完整的海神庙，在对外交通贸易中起着重要作用，是中国古代海上丝绸之路和对外贸易交往的历史见证和重要史迹。2013年，广州南海神庙被国务院公布为第七批全国重点文物保护单位。

第五节　泉州与广州南海庙的显著不同特点

隋朝时祭祀南海神，是伴随着中国古代海上丝绸之路的中外海洋商贸航运而崛起的。隋代，泉山南岳庙在修建、扩建之后，改名为南海古庙，作为泉州的海神庙，仍然供奉南海之神祝融。泉州南海古庙坐东向西，主体建筑原是一座五开多进的庙宇殿堂，由西至东依次为牌坊、仪门、前殿、中殿、后殿等建筑所组成。庙宇两侧设有古戏台、廊庑、拜亭等配套设施。

泉州南海古庙与广州南海神庙具有十分明显的相同之处，均是供奉南海之神祝融，有同样的祭拜殿宇建筑、祭典礼仪制度和祭海祭祀格局。需要特别指出的是，泉州南海古庙与广州南海神庙进行比较，主要体现在五个方面的不同突出特点。

一、泉州海神庙是两庙合一祭祀南海之神

泉州南海古庙原称南岳庙，均是供奉南岳之神祝融。为此，隋唐五代时期，泉州是将南海古庙和南岳庙合为一体的海神庙。泉州南海古庙，以祭祀南海之神祝融，率先在隋代搭建中国古代海上丝绸之路的民间祭祀南海之神平台，促进了中国古代海上丝绸之路海神信仰地方化、庶民化的文化变迁与融合发展。

泉州出海口的晋江溜石码头和溜石古渡口，处在泉州海洋商贸交通航线的重要位置，从晋江磁灶、德化、永春、安溪、南安等地运载外销商贸产品的航船，都须经过晋江海滨的溜石古码头。此时晋江溜石古码头旁的南岳庙，是供奉南岳之神祝融的庙宇。①

晋江出土的宋代酱油陶罐器物（晋江博物馆陈列藏品）

泉山南岳庙地处晋江之滨和泉州出海口，具有独特的地理条件和区位优势。中国海上丝绸之路重要发祥地泉州，十分推崇民间信仰文化。隋开皇年间，隋文帝下诏在全国沿海建立四海神庙，以供奉祭祀四海之海神。②泉山先民在溜石近海，通过民间修建、扩建南岳庙之后，并改名称为南海古庙，以作为泉州沿海的海神庙，以祭祀南海之神，开展为中外海洋商贸船舶航行祭祀海神的服务活动，从根本上适应中外海洋商贸船舶航行的需求，这也是大势所趋。

据《重修南海庙碑记》石碑刻记载，"南海古庙由来久矣，相传为南岳崇奉广利尊王，即记所谓仲夏之月。其神祝融是也。"泉州南海古庙古碑石记载，该庙供奉的神祇是南岳之神祝融。

最值得关注的是，由于泉州南海古庙是在泉山南岳庙修建的基础上改名

---

① 晋江市池店镇溜石村南海古庙，《重修南海庙碑记》，清乾隆十二年（1747年）四月。
② 南海神庙编写组：《南海神庙》，广州：广东省地图出版社，1992年1月，第2页。

的，完整地保留泉山南岳庙大五开间
的建筑规模和祭祀格局，为此，南海
古庙中殿大五开间的建筑布局，要比
广州南海神庙的建筑布局大。

泉州大开元寺的元代古印度教石刻

广州南海神庙从建立伊始就是供
奉南海之神祝融，自始建起称为南海
神庙。①唐宪宗元和十四年（815年），
曾经把广州南海神庙改为广州广利王
庙。②后来，再恢复南海神庙名称。广州南海神庙最初没有建成南岳庙的基本
形式，也始终没有冠以南岳庙之名。

明嘉靖皇帝派广州官员致祭南海神，立求子碑，祈求南海神赐子。数年后
喜得贵子。明嘉靖十一年（1532年），"岁次壬辰九月丙午"，立碑谢恩。谢恩碑
的碑文载，"惟神钟灵孕秀，利泽一方"③。随后，
明嘉靖皇帝又遣钦差道士周大同再祭南海神。为此，
广州南海神庙的南海之神又被视为赐子之神。④

泉州南海古庙即南岳庙，则没有记载赐子之
神的历史传说。

泉州南海古庙供奉南海神，是在泉山南岳庙
修扩建的基础上而改名为海神庙。隋唐五代时期，
泉州南海古庙供奉"南海神广利王"，始终成为中
国海上丝绸之路的泉州海神庙。两宋以后，泉州
南海古庙供奉的南海之神祝融，仍然是晋江当地
民众长期祭祀的信仰神祇，自始至终保持不变。⑤

泉州古城保存的元代古
印度教石刻文化遗迹

①黄淼章：《南海神庙》，广州：广东人民出版社，2005年9月，第5页。
②黄淼章：《南海神庙》，广州：广东人民出版社，2005年9月，第67页。
③南海神庙历史文化丛书：《广州南海神庙碑刻拓片集》，广州：广州出版社，2007年9月，第81页。
④黄淼章：《南海神庙》，广州：广东人民出版社，2005年9月，第40~41页。
⑤晋江县人民政府：南岳庙文物保护单位碑石，1991年9月。

明代，泉州南海古庙和广州南海神庙所供奉的南海神、广利王祝融，均称为"南海之神"。据清乾隆年间的泉州南海神修建碑石记述，清代，泉州民间社会仍然尊称祝融为广利尊王。①由于久远的历史原因，泉州南海古庙为中外海洋商贸船舶举行祭祀海神的活动，自始至终没有被古代泉州地方史籍所记载。

二、泉州海神庙是由民间举行祭祀南海之神

古代泉州航海人驾驶木制船舶远洋航行，主要是依靠海洋的冬、夏两季的海洋季风，作为海洋船舶的航运动力。为了祈求海洋季风如期来临，以便海洋商舶顺利往返，古代泉州航海人均要事先准备祭海的丰盛祭品，选择黄道吉日举行十分隆重的祭海典礼活动。②

古代中国先民十分敬畏天地、山川、大海、祖先神祇。祈求列祖列宗有"在天之灵"，庇佑子孙后代繁衍生息。天地大海，行"尊奉之礼"，庇佑人类谋生，万事如意。古代泉州依据汉代礼仪制度举行祭祀祭典活动，通过祭祀祭典礼仪，祈求南海神祇的庇护和保佑。内容极为丰富，形式多种多样，文化内涵深厚。③古代泉州是"泉南佛国"。古代泉州民间祈祷对外海洋商贸船舶一帆风顺的祭海祈风仪式，自始至终均成为一项十分重要的祭典仪式。④

每年晋江民众在南海古庙前隆重举行祭典活动

泉州面临台湾海峡，每年冬季的10至11月间盛行东北风。古代从泉州起航出发的海洋商贸船舶，可顺着风势下南洋到东南亚、南亚、波斯湾，一直连接到东非沿岸。每年夏季则盛行西南风。每年春夏三四月间，古代从泉州起航出发的海

①晋江市池店镇溜石村南海古庙，《重修南海庙碑记》，清乾隆十二年（1747年）四月。
②吴幼雄：《泉州宗教文化》，厦门：鹭江出版社，1993年6月，第42、44页。石狮市地方志编纂委员会办公室等编：《乡情石狮》，2015年8月，第340页。
③石狮市地方志编纂委员会办公室等编：《乡情石狮》，2015年8月，第115~119页。
④石狮市地方志编纂委员会办公室等编：《乡情石狮》，2015年8月，第339页。

洋船舶，可顺着风势航行到东北亚的日本、朝鲜半岛。①

泉州南海古庙与广州南海神庙供奉、祭祀南海之神祝融（广利王）是完全相同的。每年农历三月十五日的南海之神诞日，泉州民间均自发组织隆重举行祭祀南海之神的传统民间信俗活动。

广州南海神庙从建立伊始，就形成由历代朝廷高官重臣主持祭祀海神的祭祀礼制。到了清朝时期，仅清康熙皇帝就先后11次派遣高官重臣，前往广州南海神庙祭祀南海神。历代皇帝加封，使得南海之神成为四海之内至高无上的海神。②

泉州南海古庙所在地的溜石古码头，沿着晋江出海口通向茫茫大海。隋朝以来，地处民间信仰十分兴盛的中国东南沿海泉州，民间遵循施行传统的祭海祀典礼制。很多的中外海洋商贸航线的商船经过溜石江的泉州南海古庙，均停靠溜石古码头，上庙

泉州出土的五代陪葬陶俑器物（泉州海交馆陈列藏品）

祭海，以祈求海洋航路平安、生意顺利；或上庙祭拜感恩于庇佑他们海洋商贸船舶一帆风顺、平安大吉的南海之神——祝融。

宋代，宋朝廷重要官员在南安九日山举行祭海祈风仪式，会将祭海祈风过程在九日山岩石镌刻。③其中，南安九日山有两方祭海祈风仪典石刻上篆刻"遵彝典"三个字。"彝典"意为"常典""旧典"，古称汉制、汉典。南北朝至隋朝时期，在梁国江淹的《萧相国拜齐王表》、北周庾信的《为阎大将军乞致仕表》，以及《隋书·帝纪·高祖（下）》等诸多历史文献中，就已有"彝典"的称述。④宋

①庄炳章：《泉州访古揽胜》，厦门：鹭江出版社，1993年6月，第104页。
②南海神庙编写组：《南海神庙》，广州：广东省地图出版社，1992年1月，第11页。
③泉州市鲤城区政协文史委员会编：《泉州鲤城文史资料》第6、7合辑（总第24、25辑），1991年1月，第274页。
④（唐）魏徵：《隋书》志卷之二，帝纪第二《高祖（下）》，简体字本二十四史，北京：中华书局，2005年3月，第21页。

始建于北宋熙宁元年（1068年）的崇福寺古石塔

代，泉州民间是依汉制、"遵彝典"举行祭海祈风仪式。①这也从侧面说明早在隋唐五代时期，泉州南海古庙是以旧制、"遵彝典"举行汉代传统礼制的祭海祈风仪典活动，至少一直延续至宋代。

古代泉州四通八达的对外海洋航线，加上泉州的许多海湾避风港口，江阔水深的地理环境，使得泉州拥有得天独厚的海洋航运优势，形成了古代泉州对外开放与中外海洋商贸繁华的发展基础，彰显泉州对外海洋商贸发展的兴盛。隋唐五代时期的每年冬夏两季，泉州民间都在泉州南海古庙举行隆重的祭海祈风仪式。时至今日，泉州沿海渔民渔船出海打鱼，或海洋船舶的出海航行，民间均一直延续着举行十分隆重的传统旧制祭海祈风的仪式。②

泉州和广州同是中国古代海上丝绸之路的重要港口。泉州南海古庙由民间举行祭祀海神的活动，而广州南海神庙由历代朝廷主持祭祀海神，同样是祭祀海神的庙宇，香火兴旺。泉州和广州的海神庙附近，商旅云集，民间庙会交易频繁。泉州作为中国古代海上丝绸之路重要发祥地，最早修建海上保护神的庙宇泉州南海古庙，始终成为隋唐五代时期具有广泛影响的南海之神庙宇。

三、泉州南海古庙保存晋代以来建筑技艺的文化遗存

自唐朝以来，历代朝廷均拨款对广州南海神庙进行维修。但是，广州南海神庙至今仅保留明清时期的建筑风格。③

魏晋以来，从中原南迁到泉山的先民，在持续不断地修建泉山南岳庙的基

①泉州市文物局、泉州市文物考古研究所编：《泉州文物·国宝篇》，北京：九州出版社，2021年6月，第89、96、99页。
②石狮市地方志编纂委员会办公室等编：《乡情石狮》，2015年8月，第340页。
③黄淼章：《南海神庙》，广州：广东人民出版社，2005年9月，第110页。

础上，于隋朝时改名为泉州南海古庙。时至
今日，仍然保存许多隋唐五代，甚至有魏晋
南北朝时期以来的局部石建筑构件技艺余韵
和木雕建筑文化遗存。

宋元易代之际，泉州南海古庙遭受到战
火的洗劫，南海古庙的建筑、碑石和文物，
以及古庙前殿均遭受不同程度的损毁。元末
明初时期，泉州朱氏先民迁居到南海古庙附
近溜石村一带地域，开基肇族。清乾隆年间，
溜石朱氏和当地民众捐资修建的泉州南海古
庙，至今仍然保留着许多隋唐时期的建筑文
化遗存和传统建筑技艺。①

始建于北宋天圣三年（1025
年）的南安丰州陀罗尼经幡，已
被列为国家级重点文物保护单位

从泉州南海古庙的建筑规模和庙宇格局，以及大殿的建筑技艺和辉煌文化
遗存，可以十分清晰看到，作为古代中国海上丝绸之路的泉州海神庙，由于隋
唐中国海上丝绸之路经济的繁荣兴盛，泉州社会民众曾经为这座历史悠久的海
神庙进行重建、修建、扩建和维护提供了十分雄厚的经济实力支撑。

在广州市黄埔区庙头村的南海神庙，又称波罗庙，是中国四海神庙中保存
下来的规模最大、最完整的海神庙。该庙始建于隋文帝开皇十四年（594年），
距今已有1400多年历史，均由历代朝廷拨款进行重修、扩建，现存的是明清时
期的建筑风格。②

泉州、广州均是中国古代海上丝绸之路的重要发祥地。隋唐五代时期，历
代朝廷没有派遣官员、使者到泉州举行祭祀海神活动的记录，而是由泉州民间
自发举行祭祀南海神的活动。由于久远的历史原因，在古代泉州地方志书史籍
文献中，至今从未发现有南海古庙举行祭祀海神祝融（广利王）祭典活动的历
史记载。

①晋江市池店镇溜石村南海古庙，《重修南海庙碑记》，清乾隆十二年（1747年）四月。
②南海神庙编写组：《南海神庙》，广州：广东省地图出版社，1992年1月，第17、36页。

四、南海古庙是隋唐五代时期的泉州海神庙

广州南海神庙从建立伊始，就是历代朝廷认可的国家祭祀制度的祭海神庙。据广州南海神庙史籍记载，宋康定二年（1041年），宋仁宗下诏增封南海之神祝融加王号"洪圣"。于是，南海之神祝融成为南海广利洪圣王。[②]

泉州南海古庙作为民间祭祀的海神庙，是在隋唐五代时期成为中国海上丝绸之路的海上保护神。两宋时期，南海古庙的海神庙地位，由于久远的历史原因，被供奉通远王、妈祖和真武帝的海神庙所完全替代。

泉州在中国古代海上丝绸之路兴盛发展的隋唐五代时期，如果没有建立中外海洋商贸经济发展的坚实基础，就没有泉州最终在宋元时期成为中国的世界海洋商贸中心的重要历史地位。

泉州南海古庙和广州南海神庙，同样供奉祭祀南海之神广利王祝融，共同见证了中国古代海上丝绸之路发展的历史进程。

五、南海古庙是由泉州民间修建和维护

广州南海神庙从隋朝建立伊始至明清时期，始终是由历代朝廷拨款兴建和维修的海神庙。泉州南海古庙，自古以来均是由泉州民间民众自行捐资进行兴建、修建和维护的海神庙。

隋唐五代时期，泉州对外海洋商贸活动十分兴盛，而历代朝廷未在泉州设置市舶司。为此，往返于泉州海港的中外海洋商贸船舶的经济活动，长期始终能够为泉州民间修建、扩建和维护泉州南海古庙，以及举行祭祀海神活动提供了十分雄厚的资金。

历史上，泉州南海古庙始终是由泉州民间集资修建和维修的。隋代，泉州民众自行集资在泉山

始建于唐末年间的安溪城隍庙。图为清溪福地牌坊

---

①黄淼章：《南海神庙》，广州：广东人民出版社，2005年9月，第19页。

南岳庙旧址的基础上，进行改建、扩建后，改名为泉州南海古庙，并由泉州民间承办举行为中外海洋商贸船舶的祭海祈风活动。长期以来，作为中国古代海上丝绸之路的海神庙，一直是由泉州民间民众自行捐资并负责进行日常保护的。清乾隆年间，泉

泉州东塔下的古民居

州南海古庙进行一次大修建。据至今仅存一方清乾隆年间重修古碑的碑文记载的不完全统计，共计主要捐资者有170多人，捐献修建南海古庙的资金达800多两银。①

　　必须指出，隋唐五代时期以南海之神祝融为代表的海神信仰，是在中国古代民间信仰体系发展的一个特殊而又重要时期，完全适应了中外海洋商贸船舶的航运业和世界海洋商贸活动的客观需求，源远流长，地位独特，影响深远，持续推动中国古代农耕社会对外交通贸易广泛交流的历史进程。②正是古代泉州南海古庙民间长期开展为中外海洋商贸船舶航行举行祭祀海神的活动，最终见证了宋元时期泉州成为中国的世界海洋商贸中心的重要历史地位的形成和崛起。

　　隋唐五代时期，广州南海神庙与泉州南海古庙，均是隋代同时期于近海立祠，分别代表着中国农耕社会的朝廷官方与民间社会举行祭祀南海神的祭海祈风活动。广州南海神庙和泉州南海古庙从建立伊

位于石笋古渡口反映泉州历史悠久的海丝文化的石雕艺术墙

---

①晋江市池店镇溜石村南海古庙，《重修南海庙碑记》，清乾隆十二年（1747年）四月。
②黄淼章：《南海神庙》，广州：广东人民出版社，2005年9月，第30页。

始，始终成为中国古代海上丝
绸之路的海神庙，祭祀的海神
始终是南海之神广利王祝融。

泉州历史文化古城西街人潮涌动

宋元时期的泉州，是在隋
唐五代时期中国海上丝绸之路
崛起和兴盛发展的坚实基础上，
伴随着中国北方经济重心实现
南移而进入中国海上丝绸之路
的鼎盛发展时期，迅速超越古代广州的世界海洋商贸中心的重要历史地位。泉
州，最终在宋元时期成为中国的世界海洋商贸中心。①

隋唐五代时期，泉州南海古庙，在中国海上丝绸之路兴盛发展的漫长历史
进程中，以中国古代民间传统祭典礼制举行隆重祭祀南海之神祝融的祭海祈风
活动，持续不断地参与推进泉州的世界海洋商贸中心历史地位的最终形成。
"泉州是宋元时期中国的世界海洋贸易中心"已经成功列入《世界遗产名录》。
而隋唐五代时期的泉州海神庙，与中国海上丝绸之路同期兴盛发展的历史记
忆，同样不能被历史所忘却。

晋江唐墓考古发掘的唐朝青釉虎
子（泉州市古代外销陶瓷博物馆陈列
藏品）

由于久远的历史原因，泉州南海古庙作
为隋唐五代时期的海神庙，并未引起关注。
通过研究、挖掘、探析和考证泉州南海古庙
在隋唐五代时期的历史轨迹，展现真实的泉
州南海古庙所蕴含的极为丰富内涵的人文历
史，昭示真实的泉州南海古庙在隋唐五代时
期中国海上丝绸之路发挥的历史作用和重要
影响，从而为泉州海上丝绸之路在隋唐五代
时期没有修建海神庙、出现祭祀海神的历史
空白，填补一份值得高度关注而又必不可少

①《泉州：宋元中国的世界海洋商贸中心文本文献》，国家文物局官网，2021年8月。

的重要史实。

　　毋容置疑的是，隋唐中国海上丝绸之路海洋商贸活动为泉州南海古庙的修建提供了雄厚的经费支持。南海古庙的装饰华丽气派，隋朝立式的南海神祝融塑像延续至今。古庙殿堂的梭形石柱、莲花瓣石柱础、覆盆式石柱础、圆突式石柱础、圆柱式石柱础，以及金翅鸟、火焰纹、龙王、海龙王、鳌龙、螃蟹、大象、猛兽等建筑构件雕刻艺术之精美，融合了丰富的道教、佛教、古印度教以及中国传统文化特征，全面展现了自魏晋以来中国历代传统建筑构件装饰中独有的文化特质，堪称中国古代民间信仰宫庙建筑艺术文化的瑰宝。南海古庙的厚重文化内涵，生动地见证了隋唐五代时期泉州与世界各地密切的贸易往来与文化交流活动，是中国海外交通贸易史的重要遗址。

泉州古代海上丝绸之路波澜壮阔的历史图景（蔡永辉、许瑞珍提供）

第六节　唐朝泉州的南岳海神庙

历史上，泉州兴建与南岳名称相关的寺庙，有南安市东田镇南岳南川宫和永春县马岭山的桃溪南岳寺，均供奉南海之神、南岳之神祝融，是与泉州南海古庙一样，成为五代时期之前中国古代海上丝绸之路的海神庙，均具有重要的历史价值和厚重的文化内涵。

一、唐朝南安海神庙：东田南川宫

唐朝南安海神庙东田南川宫，在福建省南安市东田镇南坑村。泉州南岳即东田南坑南川宫，是一座在一千多年前中国古代海上丝绸之路兴盛发展时，就成为古代中外海洋商贸船舶供奉、祭祀的海神庙。泉州南岳东田南川宫，也是一座处于泉州内地山区、深刻反映中国古代海上丝绸之路祭祀南海之神祝融客观史实的海神庙，更是一座长期始终守望在东田南坑古瓷窑址的海神庙，

南安海神庙，始建于唐代的南安东田镇南坑南川宫

是具有重要历史价值的中国古代海上丝绸之路的重要文化遗存。

1977年，在福建省南安市东田镇南坑村一带，发现一座颇有相当规模的唐宋时期南坑古瓷窑址，古瓷窑址面积约20万平方米。2003年，福建省考古队发掘整理出蓝溪寮仔山窑址龙窑、南坑加冬井大宫后古窑址、南坑坪圹古窑址等三处。[1]

南安东田镇南坑村四周群山起伏。在许多翠绿群山大地上，均蕴藏着丰富、高品位的高岭土。东田南坑古窑址的山坡上，发现有大量的唐宋时期古陶瓷片

---

[1]陈鹏鹏主编：《泉州文物手册》，泉州市文物管理委员会编印，2000年11月，第88页。洪少霖：《海丝南安》，香港：香港海丝文化出版社，2019年12月，第195页。

堆积层，陶瓷品种多，分布范围连绵数里。据福建考古发掘和文献资料称，东田镇南坑古瓷窑址地域，蕴藏的瓷土资源极为丰富，这里是闽南地区沿海乡镇发现的保存完整、颇有规模的唐宋时期古窑址群。1991年1月，南安东田镇南坑古瓷窑址被列为福建省重点文物保护单位。2006年5月，南安东田镇南坑古瓷窑址与德化屈斗宫古瓷窑，同期被公布列为全国重点文物保护单位。①

2006年5月，南安市东田南川宫附近的南坑窑址，被列为全国文物保护单位

南安东田镇南坑古瓷窑址依山而建，出产有青瓷、白瓷、青白瓷，有青、青白、白三种釉色，且以青瓷和青白瓷为最多。南坑古瓷窑主要陶瓷器形产品有碗、碟、盏、洗、壶、瓶、杯、罐、盒、盆、炉、器盖和动物玩具等。胎骨里呈灰色、白色、灰白色，质地坚硬细腻，釉色晶莹润泽，釉水均匀。装饰技法以刻画、模印并行，纹样有缠枝卷草、篦点、莲花、莲瓣、菊瓣、草叶、缠枝、斜直线、篦纹和弦纹等，风格活泼奔放，线条刚劲流畅，充分展现唐宋时期泉州烧制瓷器的高超技艺和瓷器蕴含的文化内涵。②

古代南坑古瓷窑的一大特点是釉色繁多，除大量烧造被日本人称为"珠光瓷"的篦点划花青瓷，日本称为"珠光瓷"外，还仿烧龙泉、官窑等多种釉色青瓷。古代南坑古瓷窑工艺水平已经非常成熟，采用龙窑式窑炉烧造。装烧方法用匣钵仰烧、匣钵覆叠、托座叠烧等。南坑古瓷窑大量采用匣钵正烧法，另有匣钵复叠法、叠烧法支圈复烧等烧造方法。③

据国外考古发掘发现证实，东田南坑古瓷产品在日本及东南亚国家曾经大

①泉州市文物局、泉州市文物考古研究所编：《泉州文物·国宝篇》，北京：九州出版社，2021年6月，第50页。
②陈鹏鹏主编：《泉州文物手册》，泉州市文物管理委员会编印，2000年11月，第88页。
③泉州市文物局、泉州市文物考古研究所编：《泉州文物·国宝篇》，北京：九州出版社，2021年6月，第53页。

南安市东田镇南坑南川宫前立的泉州南岳碑石

量出土或出水。《马可·波罗游记》中提到的"距城十里"的产瓷地，被日本学术界称为"珠光青瓷"古瓷的产地，即古代东田南坑一带的古瓷窑址。在南安境内考古发掘近60处古瓷窑址中，唐朝五代时期古瓷窑址占4处，宋元时期古瓷窑址占50处。东田南坑瓷窑群是南安瓷器的主要产地。

宋元时期的东田南坑古瓷窑址共有33处，约占南安古瓷窑址的一半以上，分布在南坑村抢仔岭、长埔、大坝、牛路沟、顶南埔、大官后等地的山岭之间。①

南安市东田镇境内有一条溪流称为东田溪，又名蓝溪，是古代海上丝绸之路的内河驿渡。东田溪是晋江西溪的支流之一，发源于南安东田镇与今厦门市同安新圩镇交界的芹山和铁峰山，东田溪自西南向东北流经南安东田、溪美，汇入晋江西溪。隋唐五代至宋元时期，东田溪是运载东田南坑瓷窑外销瓷器的主要交通水道。②

南安东田南川宫至今保存南北朝十分独特的
圆突状覆盆式柱础石构件

最值得一提的是，南安市东田镇南坑南川宫前，立有一方镌题"泉州南岳"的碑石，即东田南坑南川宫是从泉州南岳庙奉引南海之神香火的。

据南安南坑民间传说，唐朝时期，东田南坑加棠井自然村民众在东田溪畔古瓷窑址兴建一座

---

①泉州市文物局、泉州市文物考古研究所编：《泉州文物·国宝篇》，北京：九州出版社，2021年6月，第52页。洪少霖：《海丝南安》，香港：香港海丝文化出版社，2019年12月，第197、198页。
②何少川主编：《八闽地名要览》，福州：海峡文艺出版社，2019年3月，第139页。

南川宫，从溜石"泉州南岳"，即泉州南海古庙引来香火。东田当地民众称南坑南川宫为"泉州南岳"，供奉南海之神、衡山南岳之神祝融。①

历史悠久的南安市东田南坑南川宫

南安东田南坑村民因古代南岳之神祝融的香火，曾经为东田带来繁荣和兴盛而十分自豪，至今仍然口传南川宫为"泉州南岳"。

南安市东田镇南坑的"泉州南岳"南川宫，古老的闽南传统建筑的格局壮观。东田南川宫的庙宇宽11米，进深15米，高6米，三开间布局，分为上下两落、前后殿堂，中间天井。东田南坑的南川宫顶建筑为硬山式，燕尾脊，造型优美，塑有两龙戏珠、浮雕花鸟等图案，具有古代闽南信仰宫庙建筑的显著特色。东田南坑南川宫正殿，塑造有南岳祝融帝君神像，高达2.2米。左右两旁各塑有高1.8米的大王公和大仁福王的神祇造像陪祀。在南川宫门口，存有一独特、罕见的南北朝圆突状覆盆式柱础石构件。南坑南川宫虽然历经历代多次修建，正殿的圆突状覆盆式柱础石，仍然保留着唐宋时期的建筑风格，具有十分厚重的古代闽南建筑的文化特质。

据南安市东田镇当地民众称，唐朝至宋元时期，在东田溪畔上的南坑古码头，运载外销瓷器产品的中外海洋商贸船只，需要先在东田南坑南川宫祭拜南海之神祝融之后，然后再沿东田溪的溪流，顺着西溪进入晋江河和泉州湾的出海口。

南安市东田南川宫供奉的南岳帝君

①洪少霖：《海丝南安》，香港：香港海丝文化出版社，2019年12月，第196页。

南安东田南坑南川宫，是中国古代海上丝绸之路的南安海神庙，服务于运载外销瓷器船舶的海洋航运客观需求，祈求出海船舶的海洋航行平安。为此，运载外销瓷器的中外船舶来到东田南坑南川宫，必须朝拜、祭祀南海之神祝融。①南安东田南坑南川宫香火十分兴旺。如今，从东田南坑"泉州南岳"南川宫那历经沧桑的古老闽南民间信仰宫庙传统建筑，人们不仅可以看见那古老"泉州南岳"祝融信仰的文化遗存，而且还可以清晰看见在东田南坑"泉州南岳"南川宫周边那漫山遍野蕴藏着瓷光依旧、唐朝至宋元时期极为丰富的陶瓷文化遗存。

南安市东田南川宫供奉的南岳帝君

值得特别关注的是，南安的泉州南岳东田南川宫，是至今保存十分完好、唐朝五代时期福建沿海十分罕见的祭祀南海之神祝融的海神庙建筑。在被誉为福建闽南地区乡镇颇具规模古瓷窑群所在地、东田镇山区内地建造这座祭祀南海之神祝融的"泉州南岳"南川宫，足以说明至唐朝五代时期，福建沿海民间，甚至包括山区内地民众供奉、祭祀南海之神祝融，仍然具有极为深刻、广泛的社会影响。

在南安东田南坑外销瓷业鼎盛发展的宋元时期，由于久远的历史原因，东田南川宫供奉祭祀南海之神、南岳之神祝融的重要地位逐步被新的海神信仰神祇所替代。

据南安东田民间传说，宋代时湖南烧瓷名匠南迁泉州，带来外地先进的制瓷技艺，也同时带来一尊"武安尊王"神祇造像进入南川宫供奉，并在此开发瓷土、烧制外销瓷器。从此，东田南川宫同时祀奉武安尊王为南坑古瓷窑窑主，而南海之神祝融仍然成为运载外销瓷器船只远航的主要保护神。东田南川宫同时成为南坑窑群瓷工和船工朝拜的圣地。古代东田南川宫还配祀一尊"仁远

---

① 洪少霖：《海丝南安》，香港：香港海丝文化出版社，2019年12月，第196页。

王"，系南安九日山下昭惠庙海神通远王的佐神，也是保佑外销瓷器海洋航运船只安全的神。①

宋初，在南安东田镇蓝溪村的村民在蓝溪古渡口边还兴建一座蓝溪进龙宫祀奉顺正王公。进龙宫作为保佑运载外销瓷器船只航运安全的海神庙，至今已有千年历史。②

南安东田蓝溪村进龙宫是供运载外销瓷器船只祭拜的宫庙

南安东田南坑南川宫，是名符其实的中国古代海上丝绸之路南安海神庙，也是见证了古代南安开展中外海洋商贸活动历史的重要文化遗存，彰显着东田南坑外销瓷业鼎盛发展的珍贵史实，在东田镇广大民众的心中，至今仍然占据着重要位置。如今，南安东田南坑古窑址群虽已没落，但是东田南坑大地上广泛留存古代中外海洋商贸活动的历史烙印。东田镇南坑村民众依旧十分悉心维护着供奉南海神祝融的东田南川宫古建筑，修缮东田南川宫的古老庙墙，为南川宫的房梁、门窗重新上漆，保护着泉州古代海上丝绸之路这段极为珍贵的历史记忆。

南安东田南坑古瓷窑址群和南坑南川宫，曾经积极参与推进中国古代海上丝绸之路的蓬勃发展，参加谱写"东方第一大港"泉州兴盛的黄金时代和历史篇章，值得地方史籍铭记。

南安市东田蓝溪的东田南川宫以及泉州南海古庙，均是隋唐五代时期中国古代海上丝绸之路在泉州兴盛崛起的重要历史见证。由此可见，泉州古代海上丝绸之路的繁华景象，从侧面充分说明南安市东田镇南坑古瓷窑群的重要历史地位，以及南坑南川宫作为海神庙的重要社会影响。南安东田南坑南川宫作为中国古代海上丝绸之路的南安海神庙，具有十分厚重内涵和历史文化价值。

①洪少霖：《海丝南安》，香港：香港海丝文化出版社，2019年12月，第196页。
②洪少霖：《海丝南安》，香港：香港海丝文化出版社，2019年12月，第194页。

二、唐朝永春海神庙：桃溪南岳寺

唐朝永春海神庙桃溪南岳寺，在永春县桃城镇花石村马岭山。

唐代，永春县桃溪流域马岭山上兴建一座南岳寺，也是古代泉州内地一座为中外海洋商贸船舶祭祀南海之神祝融的重要海神庙。据《八闽通志·寺观》记载，永春县"南岳寺，在十二都，五代时建"。①即古代永春县十二都在五代时兴建了一座桃溪南岳寺。从南岳寺遗址仅存覆盆式柱础石看，该寺应是始建于唐代。

永春县岵山历史文化名镇

据成书于明万历四十八年（1620年）《闽书》记载："马岭山，宋时有南岳寺，弥勒、明思两院。龙潭庙在其下。支为乌石山，山石尽黑"②。

据《永春县志·卷之四·山川志》记载，"马岭，一名马洋尖，又曰石竹崎。其主峰峭拔，削成插云际，如马奔驰，故名有花。石山《名胜志》云：石乳粲如花开，下有龙潭，深不可测"。

据《永春州志·卷之二·山川志》引旧邑志载："山不在高，有仙则名。昔日马岭山著名，是因为有南岳寺、弥勒院、明思院神佛在焉。龙潭庙在其下"③。

为此，我们据古代史籍文献记载在永春县岵山镇和桃城镇做田野调查，发现由于久远的历史原因，永春县桃溪南岳寺早已荒废。

在永春县岵山历史文化名镇，据一名十分熟悉岵山人文历史的陈老先生介绍，古代永春县岵山乡村，流经岵山境内的桃溪周边，没发现有五代时期的古寺庙或永春县古渡口。

---

① （明）黄仲昭：《八闽通志》卷之七十七，《寺观》，福州：福建人民出版社，2017年3月，第1150页。

② （明）何乔远：《闽书》卷之七，《方域志·泉州府永春县》。

③ （清）郑一崧、颜寿等：《永春州志》卷之二，《山川志》。

在永春县桃城镇马岭山，据
永春县桃城镇花石村郑氏村民介
绍，花石村郑氏族谱记载，宋朝
至明朝期间，花石村已兴建有一
座花石龙王庙。明末清初，花石
村郑氏族谱记载：马岭山的郑氏
祖茔右侧是一座龙潭庙，花石龙
潭庙也已于20世纪倒塌。

永春县桃溪南岳寺旧址今已修建，改名为龙潭庙

据《闽书》《永春县志》《永春州志》史籍记载和田野调查可清晰展现：
唐朝五代时，桃城镇花石村马岭山是永春县的繁华集市之地。

唐朝五代时，永春县先民在马岭山建造永春县桃溪南岳寺。桃溪南岳寺是
永春桃溪流域历史久远的古寺庙。宋代，在马岭山的南岳寺旁边，再兴建弥勒
院、明思院。同时期还在马岭山南岳寺之岭下的桃溪沿岸，建造花石村龙王庙。

明末清初，在马岭山下重修宋代的龙王庙之后，改名为桃溪龙潭庙。桃溪
龙潭庙仍然在马岭山的桃溪南岳寺之岭下。

桃溪南岳寺旧址在今永春县桃城镇花石村马岭山上，依山傍水，与永春县
留安文峰塔遥遥相望。

永春县桃溪南岳寺的前面，
就是永春县境的著名溪流——桃
溪。永春桃溪是晋江东溪的主要
支流，发源于永春县锦斗乡珍卿
村附近的雪山南麓，流经永春县
锦斗、呈祥、蓬壶、达埔、石鼓、
五里街、桃城和东平8个乡镇，为
永春县境内最主要的河流。①

据永春县地方文史资料载，

永春县海丝文化遗址南岳寺留存隋唐时期的
圆突状覆盆式柱础石构件

---

① 何少川主编：《八闽地名要览》，福州：海峡文艺出版社，2019年3月，第140页。

永春县桃溪南岳寺的祝圣放生石

古代从泉州的晋江东溪至永春县石鼓潭的桃溪可通舟楫。东溪支流的桃溪是通往泉州主要的水路运输交通要道。古代舟楫运载永春、德化等地区的陶瓷、老醋、茶叶等地方特色产品外销，桃溪是通往泉州海港的必经之路。古代来往于永春、德化、大田的溪舟船只，途经桃溪要到南岳寺上香朝拜，祈求出海顺利、往返平安，祈庇一帆风顺。桃溪南岳寺香火旺盛。据花石村民间传说，早期桃溪南岳寺兴盛时，曾经住有二三百人。

花石村位于桃城镇东南郊，西北面傍山，东南面临近永春县著名的桃溪溪流。花石村有郑、刘、陈、蔡等四个主要姓氏。永春桃溪从花石村东南面的平原地区流经。

2018年春，花石村民众集资在马岭山一座虽已成废墟但墙基依然存在的寺庙旧址基础上重建一座寺庙，名为桃溪龙潭庙。在重建桃溪龙潭庙期间，从马岭山的寺庙旧址地下挖出许多写有宋代文字的破损瓷器，还留存有一块彰显唐朝时期建筑石构件特点的圆突状覆盆式柱础石。

在永春县马岭山南岳寺旧址的桃溪溪流边，至今完好保存有一块巨石，镌刻有"祝圣放生"四个大字。永春南岳寺始建于唐朝，供奉衡山之神、南海之神、南岳之神祝融。据此考证：永春县桃溪南岳寺，是唐朝五代时期中国古代海上丝绸之路的永春县海神庙。

今永春县马岭山的桃溪龙潭庙的前方，有一条依山而修建的台阶路通往桃溪古渡口。始建于唐朝时的永春县桃溪南岳寺，在历经千年

晋江唐墓考古发掘的唐朝青釉鐎斗（泉州市古代外销陶瓷博物馆陈列藏品）

沧桑的历史变迁，时至今日已重建，改名为桃溪龙潭庙。

唐朝至五代时期，桃溪古渡口是来自永春、德化等地瓷器和丝织品等中外海洋商贸货物的重要集散地，也是运载外销货物的商贸船舶停泊的主要古渡口。为此，在永春县马岭山先后建造四座具有广泛影响的古寺庙，说明这里曾经是古代泉州内陆山区的中外海洋商贸船舶货物的重要商贸市场，往来商贩、民众络绎不绝。

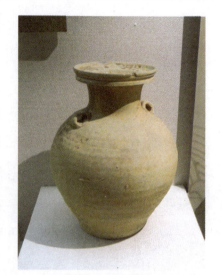

晋江唐墓考古发掘的唐朝青釉盘口壶（泉州市古代外销陶瓷博物馆陈列藏品）

永春县城南郊马岭山的桃溪南岳寺，成为运送外销商贸货物的船舶在古代桃溪古渡口供奉、祭祀南海之神祝融的海神庙。

永春县马岭山的桃溪南岳寺，在《八闽通志·寺观》史籍文献中有十分清晰的记载，具有见证唐朝至五代时期泉州古代海上丝绸之路的珍贵历史价值，也是见证永春县和德化县外销瓷业的兴盛发展和永春县古代海上丝绸之路崛起史实的重要文化遗存。

中国古代祖先崇拜和民间信仰文化的形成、传承与发展，是中华民族传统文化的组成部分。中国古代社会根深蒂固的民间信仰文化和特色鲜明的人文思想内涵，成为凝聚民众意识的的纽带，具有极强的亲和力与向心力。泉州先民通过持续传承中国古代祖先崇拜和民间信仰文化，参与推进中国古代海上丝绸之路的发展进程，具有极为广泛和深远的历史影响。

第七节 南海古庙与衡山南岳之神

在中国古代农耕社会，衡山之神、南岳之神、南方之神、南海之神、祝融之神等，均是源自于中国古代衡山之南岳。在古代中国大地上的不同地方、不同时期和不同地理环境条件之下，南岳之神成为具有不同特殊意义和社会影响的民间信仰神祇。为此，也在不同地域形成具有不同的民间信仰功能定位。

自秦汉以来，中国古代皇帝崇敬山川海泽，封禅并祭祀五岳。其中封禅古代中国名山南岳，有衡山南岳、鸣皋南岳，均建造规模宏大的庙宇供奉南岳之神，祈求风调雨顺、五谷丰登，遂为定制。南岳之神在古代中国大地上具有十分广泛的社会影响。古代泉州十分盛行独具一格的南岳民间信仰文化，彰显泉州是一座无愧于中国历史文化名城的海洋商贸重要港口和宗教信仰兴盛的开放型海港城市。

一、南岳之神祝融与南岳大庙

衡山南岳大庙，在湖南衡阳南岳衡山。据唐代李冲昭的《南岳小录》载，在湖南南岳衡山的祝融峰顶，有一座历史可以追溯至隋朝被称为老圣帝殿的南岳庙，后被毁。

作者在历史悠久的湖南省衡山南岳祝融峰

据湖南衡山《南岳志》记载：衡山南岳大庙原在祝融峰上，为方便国家祭祀与民间朝圣，隋代移至衡山南岳古镇北端的赤帝峰下南岳区（原为衡山南岳镇）。唐初，在湖南南岳衡山建庙宇供奉南岳衡山之神，即祝融火神。唐开元十三年（725年），唐玄宗诏建南岳真君祠。唐天宝五载（746年），唐玄宗封南岳真君为司天王。宋大中祥符四年（1011年），宋真宗赵恒加封南岳司天王为"南岳司天昭圣帝"，因此又称"圣帝殿"。历代帝王都派出重臣到衡山南岳大庙举行隆重祭祀，祈求圣帝"以卫

湖南衡山南岳棂星门，彰显南岳大庙至高无上的殊荣和地位

社稷，而福生灵"。①

湖南衡山南岳庙与各地南海神庙，供奉、祭祀的南岳神祇同样均是祝融。但是，历代朝廷对同是供奉祝融的这两种庙宇进行敕封，却是不尽相同：

历代朝廷对衡山南岳之神祝融进行敕封和隆重祭祀，是由于

作者在衡山南岳祝融峰

衡山南岳之神祝融作为南方神的重要地位和影响作用。

历代朝廷对南海南岳之神祝融进行敕封和隆重祭祀，则是由于南岳衡山南海之神祝融作为南海神的重要地位和特殊作用。

衡山南岳大庙，②是中国南方及五岳之中规模最大的庙宇，集国家祭祀、民间朝圣、道教宫观、佛教寺院于一体，是中国南方最大的宫殿式古建筑群，现为国家级重点文物保护单位。

衡山南岳大庙，历经16次修缮扩建，面积近10万平方米。布局严谨，气势恢宏。南岳大庙建筑坐北朝南，是历朝帝王祭祀南岳衡山与民间朝圣南岳圣帝的重要场所。南岳大庙建筑文化博大精深，主体建筑依次是棂星门、奎星阁、正南门、御碑亭、嘉应门、御书楼、圣帝殿、寝宫和北后门等，共由九进四重院落建筑组成。

衡山南岳大庙正门称为棂星门，主管人兴国旺。棂星冠以庙门彰显南岳大庙至高无上

衡山南岳大庙圣帝殿供奉衡山之神祝融

① （清）李元度：《南岳志》，长沙：湖南出版社，1996年5月。湖南省衡阳市人民政府官网：南岳衡山、衡山南岳大庙的介绍资料，2020年10月。
②湖南省衡阳市人民政府官网：南岳衡山、衡山南岳大庙的介绍资料，2020年10月。

历史悠久的衡山南岳御碑亭

的殊荣。庭院两边建东西碑亭。南岳大庙第二进是一座古朴典雅、精致玲珑的奎星阁，为重檐歇山顶建筑，因主管文人、学士功业命运，备受古代读书人的崇拜。

南岳大庙嘉应门是历史上迎送宾客的仪门，为单檐歇山宋代古建筑风格。嘉应门后第三重为南岳大庙的主院，由御书楼、正殿、寝宫和东西长廊组成。正殿居中，前为御书楼，后为寝宫。大殿左右的东西长廊，今已成为碑廊。

衡山南岳大庙在通往正殿前的16级石阶中，有条汉白玉浮雕龙，俗称拜殿龙。正殿内供奉"南岳司天昭圣帝"，又称"圣帝殿"。大殿屹立在约两米高的16级须弥台座之上，为重檐歇山式建筑，高24米。大殿基长35米，宽53米，建筑面积1877平方米，九进、七间，有石柱72根。圣帝殿大殿装饰以浮雕，刀法刚健、线条流畅、构图奇巧、生动逼真，惟妙惟肖。圣帝殿气势宏伟，飞檐高耸，雕梁画栋，庄严肃穆。在大殿正中汉白玉基座的神龛内，供奉着金身冠冕、神态威严的南岳司天昭圣帝坐像，也就是南岳衡山之神祝融。大殿两侧立的是吏、户、礼、兵、刑、工等六部尚书神祇的塑像。

湖南衡山南岳大庙青烟袅袅，芳香满院，终年香火不断。南岳大庙东面有八座道观，西面有八座佛寺，充分体现衡山南岳大庙将道教和佛教融为一体，共存一山、共融一庙、共尊一神，彰显独具一格的衡山南岳大庙宗教信仰的文化特色。[1]湖南衡山南岳之神祝融火神，在古代南岳信仰文化中具有重要的历史地位和社会影响。

二、南岳之神祝融与鸣皋南岳庙

鸣皋南岳庙，在河南省洛阳伊川县鸣皋镇，相传是北魏孝文帝时兴建的。

①湖南省衡阳市人民政府官网：南岳衡山、衡山南岳大庙的介绍资料，2020年10月。

在河南省洛阳伊川县鸣皋镇鸣皋村衡桃山上，有座鸣皋南岳离宫，又称鸣皋南岳庙。鸣皋南岳庙今存明清古石碑九通。现存其中一方碑石为清康熙三十三年（1694年）南岳圣像的古碑，镌刻碑文载："嵩治鹤鸣镇北有南岳离宫，坐镇红桃，历唐、五

历史悠久的南岳祝圣寺

代、宋、金、元、明，岿然山麓，莫知创始"。红桃山，即今衡桃山。另一方碑石为清乾隆四十一年（1776年）南岳庙正殿寝宫神像碑记。①

据西汉时期被尊为儒家经典的《诗经》，记有鹤鸣之地。在《诗经·鹤鸣》中曾经对洛阳伊川县鸣皋名山盛赞道："鹤鸣于九皋，声闻于野。……鹤鸣于九皋，声闻于天。……他山之石，可以攻玉。"时洛阳鸣皋九皋山名胜之优美壮观早已闻名天下。②

据河南省地方史籍载，洛阳鸣皋南岳离宫，始建于北魏太和十七年（493年），至今已有1500多年的历史。③

据《北史·本记》记载，北魏太和十七年（493年），北魏孝文帝统一黄河流域后，迁都洛阳。④

相传北魏孝文帝在迁都洛阳之后，发现在北魏国家地域的天下五岳已据有其四，即东岳泰山、中岳嵩山、西岳华山、北岳恒山，唯缺南岳衡山。由于洛阳伊川有九皋山，又名鸣皋山，山势雄伟，巅高入云，悬崖峭壁，山峦叠翠。为此，北魏孝文帝南巡至洛阳伊川县鸣皋，为方便朝拜五岳，特尊冠洛阳鸣皋山为南岳衡山，在洛阳鸣皋衡桃山上兴建南岳离宫祭祀。⑤

①《追寻洛阳古寨鸣皋古寨　南岳离宫》，《洛阳晚报》2017年11月17日。《河洛百座古建筑：鸣皋南岳庙》，《洛阳日报》2017年9月28日。
②赵征主编：《诗经》第一百六十七，《鹤鸣》，北京：线装书局，2013年。
③《南岳庙：衡桃山上的帝王离宫》，《洛阳日报》2011年8月16日。
④（唐）李延寿，《北史》卷之三，《魏本记·第三》，简体字本二十四史，北京：中华书局，2005年3月，第57页。
⑤《南岳庙：衡桃山上的帝王离宫》，《洛阳日报》2011年8月16日。

从北魏孝文帝兴建的鸣皋南岳离宫，可以充分说明：中国古代农耕社会是极为重视祭祀南方神——南岳之神。

洛阳伊川鸣皋南岳庙，历经千百年沧桑，多次进行重建、重修。鸣皋南岳离宫建筑主体依次为三层山门、钟鼓楼、四神殿、南岳正殿、两庑、寝宫等，依山势贯穿在中轴线上，雄伟壮丽，气势恢宏。走进伊川鸣皋南岳离宫，新修建的庑殿式三层山门矗立在面前，山门上镶嵌有石刻对联："南岳秀中州，顺阳锁衡桃"。走过二山门和供奉青龙、白虎、朱雀、玄武的四神殿，便是伊川鸣皋南岳离宫的正殿。鸣皋南岳离宫内仅存的古建筑，木枋斗拱、雕梁画栋、五脊六兽、飞檐双挑，蔚为壮观。飞檐突出部分悬有铜铃，钟舌随风自鸣，抑扬顿挫。在伊川鸣皋南岳离宫正殿前门上，悬挂的"南岳庙"木匾额，饱满的大字十分凝重，周边雕刻着九龙戏珠图。①

自古以来，每年农历三月十五日是洛阳伊川县鸣皋南岳庙的庙会，香火十分鼎盛。2008年9月，伊川县鸣皋南岳庙被列入第五批河南省文物保护单位。②

由于湖南南岳衡山的南岳大庙和洛阳伊川鸣皋的南岳庙均是在古代中国的内陆地区而不是沿海地区。对内陆地区这两座南岳庙供奉的南岳衡山之神祝融，是作为火神、南方神举行祭典活动，至今没发现历代朝廷对内陆地区这两座南岳庙作为南海神进行敕封的记载。

第八节　南海古庙与泉州南岳宫

南海古庙，原称南岳庙。由于历代缺失对南海古庙的记载、宣传和研究，民众对此了解不多。泉州南岳宫，在历史文化名城泉州的古城区。历史上，泉州民众对泉州古城内"泉州南岳宫"历史的了解存在误区，认为泉州就只有这一座南岳庙。许多泉州民众时常把泉州古城内的"泉州南岳宫"与泉州南门外的"泉州南岳庙"混为一谈。

① 《南岳庙：衡桃山上的帝王离宫》，《洛阳日报》2011年8月16日。《追寻洛阳古寨鸣皋古寨　南岳离宫》，《洛阳晚报》2017年11月17日。
② 《追寻洛阳古寨鸣皋古寨　南岳离宫》，《洛阳晚报》2017年11月17日。

古代泉州的每一个村落、街道或区域，都奉祀一位特定的信仰神祇，将其作为本境内的地方保护神，俗称境主、社公等。据泉州地方史籍资料显示，古代的泉州古城分为38铺94境，每境都兴建有信仰宫庙供奉境主。泉州古城的民间信仰宫庙星罗棋布。

泉州古城市区的南岳宫

此外，泉州历史文化名城还有种类繁多的古代王爷公神祇和各种挡境神即境主，形形色色的宫庙遍布泉州城乡各个角落。①

始建于北宋初期的泉州南岳宫，在泉州古城区南岳街一带。古代泉州南岳宫地属南岳境，境庙便是泉州南岳宫。泉州南岳宫，古时又称泉州大门铺南岳庙。据清道光《晋江县志·寺观志》载，"庙西向，庙门对巷道，是大门铺南岳境境庙。祀宋节度陈洪进。南岳庙，在城南大门铺。祀宋节度使陈洪进"②。

据《八闽通志》载，"万岁山（在泉州府城东鸾歌里三十七都），宋陈洪进为节度使时，筑坛山上，以效嵩呼，因名"③。也就是说，陈洪进当年曾效仿汉武帝登嵩山接受群臣三呼万岁，而在泉州法石筑坛，因而在法石留下万岁山的古地名。④

泉州城区的南岳宫殿堂

---

①张惠评、许晓松：《泉州古城铺境神》，福州：海峡书局，2014年12月，第11、12页。泉州市鲤城区政协文史委员会编：《泉州鲤城文史资料》第6、7合辑（总第24、25辑），1991年1月，第17页。

②（清）胡之锽、周学曾等：《晋江县志》卷之六十九，《寺观志·城中寺观·南岳庙》。

③（明）黄仲昭：《八闽通志》卷之七，《地理·山川·泉州府晋江县》，福州：福建人民出版社，2017年3月，第174页。

④庄晏成主编：《泉州历史人物》，厦门：鹭江出版社，1991年5月，第57页。

泉州城区南岳街建造南岳宫，历史上有多种民间传说。

事实上，这是一座由泉州清源军节度使陈洪进在泉州建造的南岳宫。陈洪进任泉州清源军节度使之前，古代泉州五岳庙早已全部建造，并已历经久远的历史朝代。

五代十国时期，统治闽南地区的节度使陈洪进为了建立闽南独立王国，在泉州法石建造万岁山坛的同时，在准备举行祭祀泉州五岳时发现，由于隋代时在溜石的原泉山东越国南岳庙已经改名为南海古庙，在泉州古城五岳中还缺一座南岳庙。为了建立五岳祭典体系齐全的泉州五岳庙，陈洪进从泉州南海古庙引香火到泉州古城内大门铺新建了南岳庙，从而在相距不足六里路的距离，泉州古城就有了两座南岳庙。

五代时期陈洪进在泉州松湾古地建造崇福寺

据泉州地方文史资料记载，还有一种广泛流传的民间传说：在晋江溜石的泉州南海古庙原称南岳庙，自西汉时期建立至隋朝时修建改名以来，从未迁废过。五代北宋时期的泉州南海古庙，香火十分旺盛。当时泉州还没在晋江河兴建顺济桥、笋江桥，许多泉州城区民众前往溜石祭拜南海古庙，需要往返乘渡船过晋江溪河，常常因遭遇山洪江流的阻挡不能成行，极为不方便往返祭拜。由于许多泉州城区信众出城过江行香朝拜南海古庙有诸多不便，为此陈洪进在泉州城区古时称大门铺的南岳街一带兴建南岳宫，以方便民众祭祀南岳之神。①

从五代北宋初期陈洪进兴建泉州南岳宫的史实，可以充分证实：南唐至北宋初期，大批泉州民众仍然常常往泉州南海古庙供奉、祭拜南海之神祝融。泉州南海古庙的香火旺盛，由此可见一斑。在泉州古城内外相距不足六里距离就有两座南岳宫庙，也彰显隋唐五代时期南海之神祝融信仰的重要社会影响。

---

①陈敬聪：《泉州老街巷》，北京：中国文史出版社，2014年7月，第150页。

陈洪进（914—985年），字济川。五代十国时期，陈洪进受募于晋江王留从效，曾随留从效打汀州，以战功补为副兵马使。后又随留从效刺杀朱文进政权的泉州刺史黄绍颇，带兵向王审知后代王延政控制的建州靠拢会师，被王延政封为建州马步行军都校。后晋开运三年（946年），

五代时期陈洪进在松湾古地建造泉州崇福寺大殿

南唐李璟攻陷建州。第二年，李璟以投降的留从效为清源军节度使，陈洪进为统军使。留从效死后，陈洪进实掌泉州兵权，南唐朝廷又封陈洪进为泉南等州观察使。北宋乾德二年（964年），宋太祖封陈洪进检校太傅。北宋太平兴国三年（978年），陈洪进赴开封入朝觐见，并奉《纳地表》，献出泉州、漳州两郡及其所辖十四县域，结束封建割据，归顺大宋王朝，标志着宋朝正式统一福建全境。陈洪进被宋朝廷封为武宁节度使、同平章事，未几又进封岐国公。陈洪进病逝后，后人还尊称陈洪进为南康郡王。陈洪进主政闽南地区泉州、漳州两州长达17年之久，大力推进古代海上丝绸之路发展，持续开展对外海上交通贸易。改革田赋，扩建刺桐古城，兴修晋江平原水利设施，推进泉州地区经济发展。重修登瀛里天水淮（后改名节度淮），筑古代晋江县陈埭，合南浦诸水为陡堰门通归于海。围垦造地，开辟大片良田等，推进泉州地区社会经济的持续发展。同时，在泉州城区兴建南岳宫、崇福寺，在丰州九日山镌石佛，在东海法石筑坛等。①

　　宋代以后，由于久远的历史原因，南海之神祝融信仰失去了曾经辉煌的历史地位和重要影响，从此泉州南岳宫成为南岳街境庙。清末时，南岳宫建筑坍塌殆尽。

①庄晏成主编：《泉州历史人物》，厦门：鹭江出版社，1991年5月，第56、57页。张惠评、许晓松：《泉州古城铺境神》，福州：海峡书局，2014年12月，第187、188页。

1923年，泉州先民重建泉州南岳宫。泉州地方史籍记载：20世纪50年代，由于开辟城区街路，泉州南岳宫被拆毁，遂废。1994年，有信女献出自家宅地，并由众里人集资于泉州城区富埕后南侧迁建新的南岳宫，面积100平方米。早年供奉、祭祀的南岳之神、南海之神祝融神祇没

北宋陈洪进建造的泉州承天寺香火旺盛

能恢复。今泉州南岳宫内供奉的境主神，是南唐清源军、五代平海军节度使陈洪进和武财神赵天君。重建的境庙泉州南岳宫，面宽狭窄，纵深修长，内部装饰金碧辉煌，常年梵音袅袅，香火缭绕。①

---

①陈敬聪：《泉州老街巷》，北京：中国文史出版社，2014年7月，第150、151页。

第七章　宋代之后的海神庙

隋唐五代时期，泉州对外海洋商贸经济的快速发展，推动了两宋时期泉州很快地进入中国的世界海洋商贸中心鼎盛发展时期。如果没有隋唐五代时期泉州对外海洋商贸快速发展的坚实基础，就没有宋元时期泉州的世界海洋商贸中心鼎盛崛起的重要历史地位。

由于泉州五岳庙包括南岳庙，自古以来被认为是东越王反叛朝廷的文化遗存，历代泉州郡县州府官方均不愿提及。为此，两宋时期，泉州南海古庙供奉、祭祀南海之神祝融的海神信仰地位，已完全被通远王、真武帝、妈祖等新兴起的海神信仰所替代。

宋元易代之际，泉州南海古庙又多次遭受战火损毁。曾经在隋唐五代时期十分辉煌的泉州南海古庙与南海之神祝融，最终走进默默无闻的历史岁月，逐步被人们所淡忘。明末清初，泉州南海古庙的助顺将军民间信仰，随着入垦台湾的晋江池店先民播迁台

闻名天下的泉州东塔是泉州历史文化名城的标志性建筑

北，海峡两岸民众赋予了泉州南海古庙新的民间信仰寄托。两岸民众通过南海古庙那厚重价值内涵的信仰文化，开展包括闽南文化在内的中华民族优秀传统文化的互动交流，不断增进中华民族优秀文化的高度认同，积极推动祖国和平统一和中华民族伟大复兴的历史进程。

第一节　宋元时期泉州的海神庙

自古以来，泉州宗教民间信仰的发展十分兴盛。唐朝时泉州就已经是"泉南佛国"。泉州南海古庙供奉的祝融，仅仅是隋唐五代时期的南海之神。两宋以来，由于久远的历史原因，古代泉山东越国南岳庙遗存和祭海礼制，仍然不能受到历代官方重视认可。隋唐五代时期海上丝绸之路的泉州海神祝融，最终被新兴起的泉州海神通远王、真武帝和妈祖信仰所替代。

宋元时期，泉州祭祀的海神有三：

兴于晋朝的南安丰州九日山宋元祈风摩崖石刻

一、海神通远王

据《泉州山川·五台山》载，泉州通远王原为乐山王、广福王，俗谓白须公，泉州民间供奉的海神之一。通远王是唐朝末期时在永春与南安交界处乐山（又名五台山）的老隐士李元溥，被后人尊奉为山神。据《南安县志》载：唐末，"四川人进士李元溥避患隐此。闻空中有乐声，白日升天，故名乐山"①。

宋代泉州通远王信仰的兴起，是与北宋蔡襄两知泉州府期间兴建惠安洛阳桥密切相关的。北宋皇祐五年（1053年），蔡襄开始建造泉州洛阳桥，桥址于海水和江水相交之处，工程浩大。于是在惠安洛阳桥头修建了一座

泉州市文管会立的九日山历史的碑石

① 张惠评、许晓松：《泉州古城铺境神》，福州：海峡书局，2014年12月，第152页。

昭惠庙，供奉通远王神来作为镇海利远的精神支柱。为此，北宋徽宗政和四年（1114年），同时敕封通远王和赐庙额"昭惠"。泉州通远王信仰成为北宋时期泉州民间供奉、祭祀的海神。[②]

随着古代泉州海上丝绸之路的兴盛，通远王信仰广泛流行于泉州城乡。自古以来，晋江安海港始终是泉州海外交通贸易的重要港口之一。北宋时期，安海古镇也开始建造海神庙——昭惠庙，以祭祀海神通远王。据《安海志》载明代陈道远《重建昭惠庙叙》记述：

> 盖昭惠，本在南安九日山延福寺之东。考之是山旧志，以为唐咸通岳山降雪，有功于朝，因立祠祀之。逮宋嘉祐五年（1060年）春，郡守蔡襄以旱甚，祷于祠应。熙宁八年（1075年）闻于朝，敕封崇应公。宋政和四年（1114年）立庙，赐今额。建炎南渡以后，屡立阴德功，勤王助顺，累膺宠赠，至有八字之封。……自是之后，卫民翊国，昭晰于后。时淳祐六年（1246年），郡守刘克俊逊核神前后功德上闻。十一年（1251年），特诏封忠济侯。未几，加仁福焉。自政和延福寺有庙，泉之村落多立行庙，安平之庙，亦于是始。[②]

北宋时期，供奉、祭祀通远王的昭惠庙成为泉州的海神庙。

在南安丰州的九日山，以祈风石刻群最为著名，现存有唐朝至明代摩崖石刻70余方。其中，现存宋代丰州祈风石刻群，明确记述祈风经过的有10方。最早的祈风石刻为南宋淳熙元年（1174年），最迟的为南宋咸淳二年（1266年）。[③]

南安丰州九日山祈风石刻，详细记载宋

南安丰州延福寺碑石记述晋太康年间以来泉州海洋商贸交通的悠久历史

①张惠评、许晓松：《泉州古城铺境神》，福州：海峡书局，2014年12月，第153页。
②傅衣凌：《安海志》卷之二十，晋江安海志修编小组编，1983年9月。
③洪少霖：《海丝南安》，香港：香港海丝文化出版社，2019年12月，第4页。

元时期泉州官员为往来商船祈求顺风举办祭典的过程，清楚记述宋代祈风时间、地点、参加者姓名，以及"车马之迹盈其庭，水陆之物充其俎，成物命不知其几百数焉"的盛况，是中外海上交通的重要历史遗迹。①

丰州九日山宋元时期海外交通贸易的祈风石刻被列为省级文物保护单位

在南安丰州九日山的祈风石刻中，有记述宋代尊崇昭惠庙海神通远王的历史文化遗存，如"有郡守倪思正甫，提舶全茂实腾，遵令典祈风于昭惠庙"，"以遣舶祈风于延福寺，通远善利广福王祠下，修故事也"，"大守贰卿颜颐仲，祷回舶南风，遵齐曲也。提舶寺丞刘克逊俱祷焉"，"舶司岁两祈风于通远王庙"等诸多祈风题刻。②

南安丰州九日山的通远王祠，曾称灵乐祠、灵岳祠、乐山行宫、昭惠

泉州真武庙前的石碑刻：吞海

庙。据《泉州山川·九日山·祈风碑刻》等载，南宋时期，每年夏、冬两季，泉州官府由泉州郡守、南外宗正、提举市舶主持，府郡及提举市舶司的高级官员出席，到九日山下丰州延福寺、通远王祠举行"冬遣舶、夏回舶"两次"祈风祭祀"典礼，向海神通远王祈祝番舶一帆风顺，祈求海舶能平安到达目的地。每次祭祀海神通远王仪典，隆重肃穆，规模很大，礼毕勒石记事。每岁春冬，海商也于此祈谢，祭祀海神仪典成为制度。③

① 《泉州：宋元中国的世界海洋商贸中心文本文献》，国家文物局官网，2021年8月。
② 泉州市文物局、泉州市文物考古研究所编：《泉州文物·国宝篇》，北京：九州出版社，2021年6月，第92、93页。庄炳章：《泉州访古揽胜》，厦门：鹭江出版社，1993年6月，第82页。
③ 吴幼雄：《泉州宗教文化》，厦门：鹭江出版社，1993年6月，第42、43页。

清康熙《南安县志》记载，"水旱病疫，海舶祈风，辄见应。宋时累封通远王，赐庙额昭惠。其后迭加至善利、广福、显济。"，"通远王在宋时最为灵著，州人祈祷翕赫，酒肉滂沱。及乎散胙饮福，觞豆杂进，喧呼纷藉"。宋代，泉州举行祭典海神通远王活动盛况空前。①

丰州九日山昭惠庙供奉海神通远王

泉州南安九日山祈风石刻，体现了宋元中国的世界海洋贸易中心管理保障的代表性遗产，是记载了宋代在泉州负责海外贸易管理的国家专员、地方官员以及皇室成员等。而海外贸易商舶举行祈风仪式的摩崖石刻，则体现了宋代市舶制度下国家对海洋贸易的倡导和管理。宋元时期，在泉州设置的福建市舶司，是国家管理海外贸易的官署。②

二、海神真武大帝

宋代，在中国古代海上丝绸之路历史背景下崛起的泉州法石真武大帝，在东海镇石头街。法石真武庙供奉水神玄武，作为"郡守望祭海神之所"，为泉州海外交通贸易的重要史迹。③

泉州法石真武庙，始建于北宋乾德五年至开宝六年间（967—973年），是依山势而建的院落式建筑群，在泉州城东部石头山麓的晋江入海口处，与隔江溜石的泉州南海古庙遥遥相望。晋江入海口背靠石头山，西北山

泉州法石真武庙山门

① （清）刘佑、叶献、洪孟缵：《南安县志》卷之二。
② 《泉州：宋元中国的世界海洋商贸中心文本文献》，国家文物局官网，2021年8月。
③ 陈鹏鹏主编：《泉州文物手册》，泉州市文物管理委员会编印，2000年11月，第71页。

丘绵延，历史上这里是各地船只从外港水域进入晋江的地方。泉州法石的石头山下著名的法石港，交通便利，码头密集，航运繁忙。宋元时期，法石真武庙是祭祀真武帝君的道教庙宇，也成为泉州古法石港的重要地标。2006年5月，泉州法石真武庙已被列为全国重点文物保护单位。①

　　真武大帝，又称北帝，亦称玄武、真武、黑帝、玄天、元天上帝，以及北极真君，源于禹之父水神鲧，原是古代汉族神话传说的中原地区道教神灵系统中的北方之守护神。据《楚辞·远游》注云："玄武，北方神名。"据西汉时期的《淮南子·天文训》，称为颛顼、辰星、玄武。②

泉州法石真武庙

　　在古代中国民间传说中，玄武原为星辰神，是北极玄武星君化身。古代中国将天象均分为四宫，分别尊东宫青龙、南宫朱雀、西宫白虎、北宫玄武。后汉时，又以龟蛇两将合体作为北宫的象征，又称为北方之神，龟蛇合体。玄天大帝不仅劝善，而且惩恶，成为道教信奉的无量祖师。玄天大帝在古代汉族民间信仰和道教中占有重要地位。③

　　据古代中国民间阴阳五行说，北方属水，故北方之神即为水神。北帝属水，当能治水降火，解除水火之患。据《后汉书·王梁传》载，"玄武，水神之名，司空水土之官也"④。重修的《纬书集成》："北方七神之宿，实始于斗，镇北方，主风雨。"⑤玄天大帝被尊为水神。由于雨水为万物生存所必需，

①泉州市文物局、泉州市文物考古研究所编：《泉州文物·国宝篇》，北京：九州出版社，2021年6月，第159、162页。
②张惠评、许晓松：《泉州古城铺境神》，福州：海峡书局，2014年12月，第53页。
③张惠评、许晓松：《泉州古城铺境神》，福州：海峡书局，2014年12月，第55、56页。泉州晚报社编：《泉州风物》，厦门：鹭江出版社，1993年6月，第150页。
④（南朝宋）范晔编纂、李贤注：《后汉书》卷之二十二，传第十二《王梁传》，简体字本二十四史，北京：中华书局，2005年3月，第516页。
⑤安居春山等：《重修纬书集成》卷六，《河图》。

故玄武的水神属性，长期深受民间的广泛信奉。唐太宗时，封玄天上帝为佑圣玄武灵应真君。宋朝时，避讳改玄为真，称真武上帝，系宋朝道教的北方上帝。真武大帝信仰在宋代以后地位才开始显赫。元代，真武帝又被晋升为元圣仁威玄天上帝。至宋代以来，历代屡有加封。①

始建于北宋年间的泉州法石真武庙

　　据中国古代民间传说，玄天上帝的人格化是源于北斗七星，其神像与北斗七星有关。宋代时的玄天上帝塑像，手持北斗七星剑，右脚踏蛇，左脚踏龟。②由于北方在中国五行学说中是对应水，真武上帝不仅统率所有水域的安全，而且还是北斗七星，即北极星的化身，能够指引往返船只在大海时航行于正确方向，不会迷失于海洋上，以保障海舶的航海平安。为此，真武大帝信仰传入泉州后，宋元时期的真武大帝就被泉州沿海民众尊为海神。据泉州民间传说，法石真武庙供奉的真武上帝被尊为八闽道教的第一行宫。③

　　南宋绍定年间，真德秀在任泉州太守期间，曾经撰写了《真武殿祝文》，收录在传世史料《真西山真文公文集》中。真德秀祭文内容描述了宋代在真武庙祭祀海神真武大帝，祈求真武大帝消除江海之上的灾害天气，保护商船、海舶航海平安。法石真武庙成为宋代的泉州海神庙，是宋代泉州海上丝绸之路的重要文化史迹。④

　　真德秀，字景元，又改为稀元，号西山，宋福建路建宁府浦城县仙阳人。

①张惠评、许晓松：《泉州古城铺境神》，福州：海峡书局，2014年12月，第57页。陈鹏鹏主编：《泉州文物手册》，泉州市文物管理委员会编印，2000年11月，第71页。
②泉州晚报社编：《泉州风物》，厦门：鹭江出版社，1993年6月，第150页。
③泉州晚报社编：《泉州风物》，厦门：鹭江出版社，1993年6月，第151页。张惠评、许晓松：《泉州古城铺境神》，福州：海峡书局，2014年12月，第54~59页。
④泉州市文物局、泉州市文物考古研究所编：《泉州文物·国宝篇》，北京：九州出版社，2021年6月，第159页。张惠评、许晓松：《泉州古城铺境神》，福州：海峡书局，2014年12月，第57、189页。

北宋时期的泉州真武庙，已列为全国重点文物保护单位

丰州九日山祈风摩崖石刻，已列为全国重点文物保护单位

宋宁宗庆元五年（1199年），真德秀进士及第。宋理宗时，擢升为礼部侍郎、直学士院。后受权臣史弥远忌惮，被劾落职。理宗崇奉理学后，真德秀两任泉州知州，积极整顿市舶，禁重征，重振海外贸易。整饬吏治，惩贪官，抑豪强，减轻人民疾苦。真德秀对那些长期恣意侵吞外商财物、影响海外贸易的官吏，给予严厉打击。真德秀采取一系列改革举措，促进泉州海洋商贸活动的良性发展。宋端平元年(1234年)，真德秀入朝为户部尚书，改翰林学士、知制诰。之后，升任参知政事等。真德秀在确立理学正统地位过程中，曾发挥重大作用。真德秀所修《大学衍义》，成为元、明、清三代皇族学士必读之书。真德秀去世后，获赠银青光禄大夫，谥号文忠。由于真德秀在泉州为政有方，政绩昭著，泉州民众为真德秀立祠祭祀。①

宋元时期，泉州真武庙所承载的海神信仰，是中外海洋商贸客商群体的重要精神寄托。为此，信众在泉州真武庙大殿奉祀真武大帝，举行隆重的祭祀海神仪式，祈求来往商船一帆风顺、满载而归。泉州真武庙成为宋元时期朝廷祭祀海神的场所，展现出中原文化与海洋文化的互动、交汇和融合。②

明代初期，真武大帝同时被尊奉为明朝

①庄晏成主编：《泉州历史人物》，厦门：鹭江出版社，1991年5月，第56、57页。张惠评、许晓松：《泉州古城铺境神》，福州：海峡书局，2014年12月，第189页。
②张惠评、许晓松：《泉州古城铺境神》，福州：海峡书局，2014年12月，第190页。

的保护神而列入国家祀典制度，获得极力推崇，地位更加显赫。武当山也由此形成了以崇奉真武帝为主要特征的武当道教。明永乐年间，在通往武当天柱峰的神道两旁丹墙翠瓦，布满了建筑宫观庙宇、经堂道房，多达两万间。明朝廷在武当山尊奉真武大帝以"治世玄岳"的崇高地位成为明代全国的道教活动中心。明代武当道教从兴隆走向鼎盛，武当山成为真武上帝的圣地。①

宋元时期，随着泉州港对外海洋贸易的繁盛发展，真武上帝作为海神，与通远王、妈祖等海神信仰共同为从事海上贸易的船舶、商人提供出入平安、万事如意的精神寄托。进入清代，由于明朝廷极力推崇的真武上帝信仰和相关道教遭到清朝廷的严重压制，泉州沿海地区由此经历了一个祭祀海神地方化的逐步演变过程。

三、海神天妃妈祖

妈祖又称天妃、天后、天上圣母，原名林默娘（960—987年），福建莆田湄洲屿人，是我国古代著名的海神之一。②宋元时期以来，泉州天后宫是中国古代海上丝绸之路的重要文化史迹。③

泉州天后宫的妈祖信仰是伴随宋元时期泉州海洋交通贸易鼎盛崛起而形成、发展的民间信仰，是宋元时期的泉州海神庙。

泉州天后宫始建于南宋庆元二年（1196年），始称顺济宫，被认为是海内外年代最早、规格最高的祭祀妈祖的庙宇。南宋绍定五年（1232年），曾为泉州海洋商贸交通事业的繁荣发展做出贡献的真德秀，第二次出任泉州太守，为了肃清海盗，保护泉州内港及外海航道的平安，真德秀亲临泉州天后宫祭祀妈祖，

始建于南宋庆元年间的泉州府天后宫

①胡世庆：《中国文化通史》（上册），杭州：浙江大学出版社，2005年9月，第74页。
②张惠评、许晓松：《泉州古城铺境神》，福州：海峡书局，2014年12月，第120页。
③陈鹏鹏主编：《泉州文物手册》，泉州市文物管理委员会编印，2000年11月，第56页。

祈求保佑航行安全。[1]

在泉州太守真德秀的《真西山真文公文集》中，同时收录在南安九日山举行祈风仪式和在泉州天后宫妈祖祭祀仪式时所分别撰写的《九日山祈风祝文》《圣妃庙祝文》，充分展现古代泉州成熟的海神信仰文化体系，以及

南安丰州九日山兴于晋朝，图为山中唐朝秦君亭

宋朝廷对海上商贸活动的支持和推动。从此，祭祀妈祖纳入宋朝官方祭典。泉州天后宫妈祖的崇高信仰地位，随着泉州港在对外海洋贸易发展地位的提高，得到不断增强。[2]

宋朝，妈祖信仰神祇已显圣于大海，各地沿海建造了许多妈祖庙，沿海一带船民、渔民普遍祭祀妈祖，已有十分广泛的社会基础。元朝为了更好服务朝廷的海外交通贸易活动，随即赐妈祖天妃封号，强化海神妈祖信仰，对其推崇备至。[3]

元至元十五年（1278年），元朝廷敕封妈祖为天妃。随后派遣泉州市舶司提举蒲师文为使者，主持天妃妈祖敕封祀典仪式。从此，泉州天妃宫被列入国家祭典。供奉、祭祀妈祖的民间信仰泉州天妃宫，是宋元时期之后的泉州海神庙。

据《元史·祭祀志》载，"凡名山大川、忠臣义士在祀典者，所在有司主之。惟南海女神灵惠夫人，至元中，以护海运有奇应，加封天妃神号，积至十字，庙曰灵慈。直沽、平江、周泾、泉、福、兴化等处，皆有庙。皇庆以来，岁遣使赍香遍祭。"[4]同时，元朝改易宋代妈祖庙额"顺济"为"灵慈"，每年

①庄晏成主编：《泉州历史人物》，厦门：鹭江出版社，1991年5月，第201页。陈鹏鹏主编：《泉州文物手册》，泉州市文物管理委员会编印，2000年11月，第56页。
②庄晏成主编：《泉州历史人物》，厦门：鹭江出版社，1991年5月，第204页。吴幼雄：《泉州宗教文化》，厦门：鹭江出版社，1993年6月，第28页。
③泉州市鲤城区政协文史委员会：《泉州鲤城文史资料》第6、7合辑（总第24、25辑），1991年1月，第43页。
④（明）宋濂：《元史》卷之七十六，志第二十七《祭祀（五）》，简体字本二十四史，北京：中华书局，2005年3月，第1249页。

泉州天后宫被列为国家重点文物保护单位

派出官员从北至河北，南至莆田、泉州沿海主持祭祀妈祖。①

元天历二年（1329年），元朝廷在祭祀泉州妈祖的祭文中，第一次明确将泉州天后宫列为妈祖信仰的发祥地，充分肯定了泉州妈祖庙在海外贸易中的重要作用，以及妈祖对于社会发展的重要意义。泉州天后宫妈祖升格为全国性的海洋保护神。元代，妈祖信仰文化历史地位的迅速提高，彰显当年泉州海外交通贸易的繁盛发展，印证了泉州港作为中国古代海上丝绸之路东方第一大港的重要历史地位。②

宋元朝廷对海神妈祖信仰的积极推崇，使得妈祖民间信仰与国家发展海洋贸易相结合，显现了宋元朝廷极力推动对外海洋贸易的蓬勃发展。宋元时期，泉州天后宫是泉州对外海洋贸易经济繁荣的重要地标，见证了泉州城市的发展和布局，也见证了妈祖信仰伴随中外海洋贸易活动而形成和发展的历程。

明末，妈祖信仰随福建先民人垦播迁传入台湾。台湾各地妈祖因播迁分灵的地域不同，其称呼在台湾分为湄洲妈祖、温陵妈祖、银同妈祖三大类。清初，靖海侯施琅奏请康熙皇帝敕封妈祖为天后。作为沿海民众的保护神，妈祖信仰也广泛传播到世界华人聚居的沿海

古代运销海外的晋江陶瓷器物（晋江博物馆陈列藏品）

①庄炳章：《泉州访古揽胜》，厦门：鹭江出版社，1993年6月，第45、46页。
②泉州市鲤城区政协文史委员会：《泉州鲤城文史资料》第6、7合辑（总第24、25辑），1991年1月，第62、63页。庄炳章：《泉州访古揽胜》，厦门：鹭江出版社，1993年6月，第46页。

社区。①

宋元时期，泉州九日山奉祀的"通远王"，成为航海人祈求信风的海神。泉州真武庙奉祀的"真武大帝"，是航海人祈求航行平安的海神。泉州天后宫奉祀的妈祖，则是航海人遇险时，祈求拯救生命的海神。古代泉州沿海民众所供奉、祭拜的三个海神，各自承担不同的庇护功能，寄托着泉州航海人渴望的海洋航行平安、希望获得万事如意的良好愿景。②

自古以来，古代泉州海神信仰神祇的发展变迁过程，饱含了古代泉州先民不断深化对海洋文化内涵、价值取向观念和对外经济交流的关注、认知、演变和提高。

第二节　宋元之后的南海古庙

一、宋元时期的南海古庙没被朝廷封号

中国历代朝廷对海神信仰神祇的尊崇封号，具有极为深刻的社会影响和文化内涵。宋元时期，历代朝廷仍然延续在广州南海神庙中对南海神祝融进行敕封。宋仁宗康定元年（1040年），宋朝廷下诏增封南海神祝融加王号"洪圣"，此为"南海洪圣广利王"之始，由"蔡襄作诰"。③

宋皇祐五年（1053年），宋朝廷诏加封南海神祝融"昭顺"之号，是为"南海昭顺洪圣广利王"，赐王夫人为"昭顺夫人"。元至元二十八年（1291年），元世祖昭加四海之神封号"灵孚"，南海之神祝融为"南海广利灵孚王"。历代朝廷派遣大臣、使者主持祭拜南海神祝融，并在广州南海神庙留下许多记载祭祀祝融活动的碑石。④

---

①泉州市文物局、泉州市文物考古研究所编：《泉州文物·国宝篇》，北京：九州出版社，2021年6月，第88页。张惠评、许晓松：《泉州古城古街名巷名居》，福州：海峡书局，2014年12月，第120～123页。
②《泉州：宋元中国的世界海洋商贸中心文本文献》，国家文物局官网，2021年8月。
③黄淼章：《南海神庙》，广州：广东人民出版社，2005年9月，第103页。
④南海神庙编写组：《南海神庙》，广州：广东省地图出版社，1992年1月，第71～75页。黄淼章：《南海神庙》，广州：广东人民出版社，2005年9月，第101～104页。

古代泉州从未发现有泉州南海古庙祝融有"南海洪圣广利王""南海昭顺洪圣广利王"，或是"南海广利灵孚王""南海广利洪圣昭顺威显王"的相关历史记载。

值得关注的是，宋康定元年（1040年），宋仁宗下诏增封南海神祝融加王号"洪圣"，此为祝融"南海洪圣广利王"之始，是宋仁宗朝廷大臣、仙游县枫亭人"蔡襄作诰"（据《广州南海神庙》）。

宋皇祐五年（1053年），宋朝廷又一次下诏，加封南海神祝融"昭顺"之号，是为"南海昭顺洪圣广利王"之时。[1]而两知泉州的蔡襄时在主持兴建泉州洛阳桥时，为丰州

西汉时期的泉山五岳遗存：东越国南岳庙（泉州南海古庙）大殿供奉南海之神祝融

昭惠庙通远王请作诰，封立通远王为海神，奉迎南安丰州"昭惠庙"通远王神祇香火，祀于惠安万安古渡头的唐代万安"镇海庵"，修建后更名为万安"昭惠庙"，成为惠安洛阳桥头的海神庙（据《重建万安昭惠庙碑记》）。

南宋淳熙元年（1174年），南宋福建提举市舶司虞仲房在九日山勒石记述祈风典礼之事，是为九日山现存最早的祈风石刻。[2]南宋朝廷大臣主持为中外海洋商贸船舶举行祈风所祭祀的海神，就是南安丰州"昭惠庙"的海神通远王。

二、南海古庙在宋元易代之际遭受损毁

晋江溜石古渡附近的溜石山，是在晋江流域宽阔平原的江滨上突起的一座海拔不高的山冈，西汉时期被东越王余善封冠为南岳。晋江溜石山的地理位置十分重要，自古以来这里依靠溜石山而设立防卫城堡，又称为溜石山古寨。隔江与泉州古城南门遥遥相对，而又近在咫尺，成为晋江流域的一座重要军事要塞。因此，溜石山古寨曾经是守卫溜石古渡的重要军事据点。

①黄淼章：《南海神庙》，广州：广东人民出版社，2005年9月，第103页。
②庄炳章：《泉州访古揽胜》，厦门：鹭江出版社，1993年6月，第81页。

长期以来，晋江高甲山下江滨的溜石古渡，始终是泉州水运的重要交通古渡口。泉州南海古庙始终是与溜石古码头的发展密切相联系的。两宋时期，泉州兴建了横跨晋江河流的顺济桥和石笋桥，①泉州多数先民从这两座桥梁进出古城，溜石古渡的水运交通作用趋减。但是，溜石古渡仍然作为中外海洋商贸的港口之一，南海古庙仍然是晋江溜石民间重要的信仰宫庙之一。

晋江考古发掘的宋朝青釉明教会黑釉碗（泉州市古代外销陶瓷博物馆陈列藏品）

南宋咸淳十年（1274年），元世祖忽必烈大举攻宋。元军进入中原，长驱直入。南宋德祐元年（1275年），恭宗立，临安危急。四月，江西赣州知州文天祥起兵勤王。南宋德祐二年（宋景炎元年，1276年）三月，元军进入南宋临安城。五月，南宋益王赵昰于福州称帝。十一月，元兵南下，攻福州城。陆秀夫、张世杰等拥赵昰、赵昺两位幼主及杨氏慈元皇太后乘御船来到泉州后渚港，"欲做都泉州"。②

据明《八闽通志·拾遗》记载：

德祐二年（宋景炎元年，1276年）十一月，元兵寇闽，陈宜中、张世杰奉帝航海至泉州。招抚使蒲寿庚来谒，请驻跸，世杰不可。初，寿庚提举泉州舶司，擅蕃舶利者三十年。或劝世杰留寿庚，则凡海舶不令自随。世杰不从，纵之归。继而舟不足，乃掠其舟，并没其资。寿庚乃怒，杀诸宗室及士大夫与淮兵之在泉者。帝移

晋江溜石山江上塔保护碑石

①陈鹏鹏主编：《泉州文物手册》，泉州市文物管理委员会编印，2000年11月，第122、123页。
②庄晏成主编：《泉州历史人物》，厦门：鹭江出版社，1991年5月，第217页。

潮州。十二月，寿庚及知州田贞子以城降于元。七月，张世杰以元军既退，自将淮兵讨寿庚。时汀、漳诸路剧盗陈吊眼及许夫人所统诸峒畲军皆会，兵势稍振。寿庚闭城自守。世杰遂传檄诸路，陈瓒起家丁民义五百人应之。世杰使谢洪永进攻泉州南门不利，寿庚复阴略畲军攻城不力，得间道求救于唆都。九月，唆都来援，世杰遂解围还（上四事出《宋史》）。[①]

宋景炎元年（1276年）十一月，南宋大臣张世杰奉南宋幼帝由海路至泉州法石时，命令当时任闽广招抚使兼领泉州市舶司提举的蒲寿庚将海舟以从，但蒲寿庚闭城拒命。张世杰只好率淮军攻城，久攻不克。南宋幼帝宋端宗赵昰、皇子赵昺兄弟一行在泉州南海古庙、晋江东石一带遭到元兵大军追杀，被迫逃奔南下粤东潮州。临逃时，张世杰抢夺蒲寿庚停泊在法石的400多艘海舶。南宋景炎二年（元至元十四年，1277年）七月，张世杰

历史悠久的泉州霞州妈祖宫

从漳州回师，率淮军与大批义军和泉州宗姓乡兵，讨伐盘踞在泉州古城的蒲寿庚，围困泉州古城90天仍然攻打不下。[②]

南宋景炎二年（元至元十四年，1277年）十月十五日，元兵南下，攻陷兴化郡后下令屠城。莆田城内居民被杀3万多人，莆田、仙游被杀戮有3000余家，"血流有声"。十二月初八，因元将唆都等率元兵到达泉州古城来援，解泉州之围，蒲寿庚正式投降元朝。[③]

---

① （明）黄仲昭：《八闽通志》卷之八十六，《拾遗·泉州府》，福州：福建人民出版社，2017年3月，第1419页。

② （明）黄仲昭：《八闽通志》卷之八十六，《拾遗·泉州府》，福州：福建人民出版社，2017年3月，第1419页。庄晏成主编：《泉州历史人物》，厦门：鹭江出版社，1991年5月，第217、218页。

③ 庄晏成主编：《泉州历史人物》，厦门：鹭江出版社，1991年5月，第218页。张惠评、许晓松：《泉州古城铺境神》，福州：海峡书局，2014年12月，第190页。

晋江东石镇南岳圣公祠

宋元易代之际，在南宋一批忠君爱国的忠烈将领的带领下，南宋军队兵士与泉州许多宗族乡兵、民众浴血奋战，曾经在泉州古城外的晋江流域沿海一带，多次参加了与元兵军队的殊死战斗。①

泉郡南岳圣公祠，在晋江东石镇柯村埕边自然村泉郡南岳禅寺东侧，兴建于元代供奉泉州南宋将领倪国忠。泉州民众把护送南宋帝昺入闽的南宋忠君爱国忠烈之士列为供奉神祇，修建祭祀宫庙，虔心奉祀。闽台泉郡晋江南岳圣公祠奉祀的主神昭福侯，就是南宋忠君爱国将领、忠烈之士、泉郡晋江先民倪国忠。②

据《泉郡晋江南岳圣公祠重建志》碑文记载：泉郡晋江南岳圣公祠昭福侯圣公传略：倪国忠，时南宋人也，原籍泉州南门外溪口倪厝围人。少时聪颖好学，智力过人，力大体壮，就师武馆学艺，磨练甚苦，武艺精进，遐迩皆慕。倪国忠有文武双全之才。宋度宗年间（1265—1274年），倪国忠赴京武科试，得中武探花，因南宋时局乱未授职，又因心牵慈萱回家侍母待命。南宋咸淳甲戌年（1274年），元军大举进入中原。南宋德祐元年（1275年），恭宗立，临安危急，文天祥起兵勤王。陆秀夫、张世杰等护送南宋孤忠臣拥赵昰、赵昺两位王子，及杨氏慈元皇太后入闽，乘御船南下来到世界东方最大港口的泉州后渚港避难。③

泉郡晋江人、武探花倪国忠闻之，奋起相应，北上勤王。南宋德祐二年（1276年）三月，元军攻入南宋临安，俘南宋帝赵㬎及谢全两太后北去。南宋枢密使陆秀夫、太傅枢密副使张世杰等，在福州拥赵昰为帝，是为南宋端宗，

①泉州市晋江东石镇柯仓村：《泉郡晋江东石南岳圣公祠重建志》碑文。
②张惠评、许晓松：《泉州古城铺境神》，福州：海峡书局，2014年12月，第191页。泉州市晋江东石镇柯仓村：《泉郡晋江东石南岳圣公祠重建志》碑文。
③张惠评、许晓松：《泉州古城铺境神》，福州：海峡书局，2014年12月，第192、194页。

改年号为景炎。秋，文天祥率南宋军队北伐进取江西。倪国忠担责固守福州，护驾端宗。南宋景炎二年（1277年）四月，端宗病逝。陆秀夫、张世杰、右丞相文天祥拥赵昺为帝，改元祥兴。十二月，文天祥抗元兵败被俘。[1]

重建于晋江东石镇的南岳圣公祠

南宋祥兴二年（1279年）二月，元军分水陆两路入闽，情势危急，倪国忠即护南宋幼主昺及慈元皇太后南下泉州，立足未稳，元兵已近。倪国忠见帝侧大臣寥寥无几，遂与秀才何进相约，誓死保驾，乃率数艘南宋艨艟迎战敌舰，为南宋御舟南逃避难争得分秒。[2]

据《泉郡晋江东石南岳圣公祠重建志》碑文记载：当年，元军自北而南，势如破竹，没遇阻挡，时元军前锋突遭倪国忠狙击，猝不应防，元军数舰沉没，余船向北逸去。倪国忠遂率舰往南而下，见南宋御舟停泊在晋江东石塔头，遂停舟登岸。讯知南宋幼主仍然在溜石的泉州南海古庙，即南岳庙，即率军趋拜。忽探马报，元军蜂拥而来，倪国忠即护圣驾南宋幼主离开泉州南岳庙，往晋江东石塔头而奔逃。时元军前锋已迫近，倪国忠率领南宋兵士和各路义军奋起迎击，浴血奋战，所向披靡。元军退后，南宋幼主昺泣，深感倪国忠两度退敌之功，口授倪国忠为昭福侯圣王公。由于倪国忠护圣驾南宋

晋江南岳圣公祠殿堂

①张惠评、许晓松：《泉州古城铺境神》，福州：海峡书局，2014年12月，第190、191页。泉州市晋江东石镇柯仓村：《泉郡晋江东石南岳圣公祠重建志》碑文。
②泉州市晋江东石镇柯仓村：《泉郡晋江东石南岳圣公祠重建志》碑文。

幼主一行离开泉州南海古庙南下逃命，倪国忠奋不顾身地在泉州南岳庙组织力量与元军开展浴血奋战。其时不久，元军再至。为保南宋幼帝昺登舟南下逃难赢得时间，以南撤广东潮州，倪国忠义无反顾地率军冲入元军敌阵，大战元军鞑子于晋江东石塔头与柯仓南岳之间，自晨至午挡者辄靡。然元军越战越多，元军兵围三四重，最终倪国忠力战不能脱，刀枪伤累累，壮烈殉躯于南宋祥兴二年（1279年）八月廿一日。[1]

晋江东石镇南岳圣公祠重建的碑石

据晋江民间传说，仅南宋军队与元军在东石一役，晋江沿海就有十三乡被毁，军民死伤无数，足见当时战况之惨烈。据清代柯隆的《泉郡晋江东石南岳圣公祠重建志》碑文记载：倪国忠等忠心保驾护国壮烈殉节于晋江南岳，英灵显赫，不时现身扶危救难，庇佑诸里黎庶。元代中叶，东石民众钦其气节，感其公义，立祠敬奉，建庙塑像，春秋永祀之。此后，晋江沿海的肖下、埭边、塘东、茂亭等村落，皆尊倪国忠为乡里之保护神，虔诚地供奉他。明洪武年间，追赠倪国忠为"昭德侯"，倪通为"相公"，何玄武及何超为"武勇伯"，兴建庙宇为泉郡南岳圣公祠。泉郡南岳圣公祠倪国忠神灵尤为显赫，香火鼎盛，此庙香火延及泉南沿海几十个乡村，海内外群黎皆受神灵恩泽，有诗联颂之。[2]

晋江东石泉郡南岳圣公祠石柱有楹联颂倪国忠，曰：

考武夺探花老母牵怀，待命家门全孝道。

勤王走南岳孤军奋战，淋沙碧血尽忠心。

圣德巍峨，一方黎庶崇昭福；

公恩浩荡，四境生民仰德星。

①张惠评、许晓松：《泉州古城铺境神》，福州：海峡书局，2014年12月，第191页。泉州市晋江东石镇柯仓村：《泉郡晋江东石南岳圣公祠重建志》碑文。
②泉州市晋江东石镇柯仓村：《泉郡晋江东石南岳圣公祠重建志》碑文。

昭明日月光四裔，福地源流汇百川。

明清时期，泉郡南岳圣公祠的神祇香火
也通过入垦台湾的泉州先民分香到台湾。泉
郡南岳圣公祠庙址在泉郡南岳禅寺东侧。清
初，因迁界海禁被毁，历经数百春秋，泉郡
南岳圣公祠庙址已废无稽。晋江东石镇沿海
各里黎众感念南岳圣公神恩，仰望神灵圣威
而慨叹。据《泉郡晋江东石南岳圣公祠重建
志》碑文载：经晋江东石柯仓埕边村几位热
心善士倡首，聘集晋江东石塔头、高后埭边
（许厝、吴厝、柯厝）、塘东、周坑、茂亭、

泉州历史文化古城的古石塔

吕昔、山后、莆下、大房、上埯、东埯、西埯、南安埕美等村主事，共商重建
"南岳圣公祠"之举，并蒙各村善信热情捐资，晋江东石南岳圣公祠重建竣工。
如今，晋江泉郡南岳圣公祠也成为当地的著名境庙，常年香火不断。[1]

历史上，晋江泉郡南岳圣公祠为何称为"南岳"，在晋江古代史籍中没
见过有记载，也没见过晋江有地方民间传说或古碑石的历史记载。泉郡南岳圣
公祠加有"南岳"，或许与倪国忠在泉州南海古庙浴血奋战护圣驾南宋幼主一行
南下逃命而获赠"相公"有关。

元将唆都率元兵南下进军
泉州时，闽广招抚使兼领泉州
市舶司提举的蒲寿庚与泉州府
司马田真子以城降元。蒲寿庚
残酷屠杀城区内南宋诸宗室、
士大夫以及在泉州之淮兵，在
城内"尽杀南外宗子及士大夫
三千余人"，妇幼不能免，"备

历史悠久的石狮永宁卫城隍庙

①泉州市晋江东石镇柯仓村：《泉郡晋江东石南岳圣公祠重建志》碑文。

海峡两岸民众往莆田湄洲岛妈祖庙进香

极惨毒"。仅个别南外宗正司皇族幸存者逃至远郊邻县，四处避难。泉州南外宗正司及睦宗院等规模宏大的建筑群，均毁之一炬，"顿成废墟"。后来，泉州南外宗正司旧址改为织染局。明代，织染局迁至南俊巷，这里均被占用。泉州南外宗正司只剩古遗址，无法再现当年的繁华景象。①

据泉州南海古庙文管会介绍的民间传说：当年南宋军队将领陪同南宋幼主赵昺逃亡南下来到晋江溜石村南海古庙这个地方时，正好是傍晚，因此他们就在晋江溜石村住下，准备第二天再起程。谁料，凌晨时却遭到了元兵大军的突袭。在南宋一批忠君爱国忠烈将领和黄姓助顺将军的带领下，南宋军队兵士与泉州许多宗族乡兵，在泉州城外、晋江沿海一带，奋勇参加与元兵进行殊死战斗，最终不幸牺牲。南宋幼主赵昺等逃往广东潮州，后在崖山败亡。②

宋元易代之际，晋江东石镇塔头刘村民众在海滨建造一座慈元行宫，充分见证南宋爱国忠烈将领护送幼主等人逃难福建、广东沿海的悲壮历史。据泉州南海古庙文管会介绍，在宋元易代之际，惨烈的战火曾经殃及泉州南海古庙。为此，南海古庙的前殿、许多碑石和珍贵的历史文物

南宋幼主一行曾逃难到晋江沿海东石，塔头刘村民众兴建的慈元行宫

①庄晏成主编：《泉州历史人物》，厦门：鹭江出版社，1991年5月，第219页。中国社会科学院考古研究所、福建博物院等编著：《泉州南外宗正司》，北京：科学出版社，2020年8月，第4页。
②庄晏成主编：《泉州历史人物》，厦门：鹭江出版社，1991年5月，第219页。泉州市晋江东石镇柯仓村：《泉郡晋江东石南岳圣公祠重建志》碑文。

遭到战火损毁。泉州南海古庙的前殿，时至今日未恢复原貌。

此后，泉州民众自发组织修建泉州南海古庙，为当年英勇战死、保家卫国的南宋抗元爱国忠烈将领助顺将军造神像，在修复之后的南海古庙的左内侧大门旁，设有助顺将军神祇的神龛，供奉祭祀。如今，保存完好的南海古庙助顺将军信仰的文化遗存，就是当年这场惨烈战争的历史见证。

从此，泉州南海古庙的中殿增添了助顺将军之神的神位，以纪念、供奉、祭祀。助顺将军神诞日为每年的农历十月初三。据泉州南海古庙文管会介绍，南海古庙的助顺将军信仰，已经流传到晋江、石狮、南安、惠安等地，每年十月初一到初五，周边县市都有善信到南海古庙进香，少则几百人，多则上千人。

三、明清时期的泉州南海古庙

明朝取代元朝。明初，泉州来远驿仍在接待海外诸国贡使。朱元璋实行了严厉的海禁，限制泉州港的船舶只能通航琉球，导致泉州的世界海洋商贸中心地位的全面衰落。①

明代对海商违反出海贸易禁令私造海船进行海上贸易的出海通番亦称"下海通番"。明

著名的宋代泉州洛阳桥，彰显中国海洋商贸经济的繁荣昌盛

洪武年间（1368—1398年）起，明朝只准许随附朝贡使节与报聘遣使所乘船舶进行海上交通贸易。对海洋商贸活动的时间、船舶数目、随附商人数及互市商品等均有限制,不准沿海商人私造海船出海贸易,违者重罚。但中国东南沿海一些商贩并不遵守此禁令，据《明太祖实录》载，明洪武年间，两广、浙江、福建的沿海商贩，仍然出海通番，私易货物。明永乐、宣德、正统各朝，亦有记载。明成化、弘治以后，私人海上贸易有较大发展。至明嘉靖年间，下海通番之海商，遍布中国东南沿海各地。福建海上贸易商人纷纷私造双桅大海

①王宁主编：《中国文化概论》，长沙：湖南师范大学出版社，2001年4月，第93页。

船，广带违禁军器,收买奇货进行外销交易，远航到海外各国与番舶夷商货贩方物。①

明景泰年间（1450—1456年），漳州月港民间对外海洋商贸持续兴起。在此后的100多年间，以漳州月港、锦江（石码）为中心的海洋商贸港埠，最终逐渐取代泉州港海洋商贸的历史地位。明成化年间，福建提举市舶司从泉州移置福州，泉州的来远驿也至此废弃。

清光绪二十八年（1902年），举人曾道在南岳溜石山作有《溜江石塔》诗，曰：

巍然高塔耸中流，遥瞰双江地势优。

万劫乾坤烟漫草，百年风雨问寒鸥。

位当离巽关文运，雄踞东南奠海陬。

复见崚嶒新气象，老渔歌唱远天秋。

从清曾道诗中可以看出溜石江上塔在边防、贸易中的重要作用，且关系到泉州一地的文运昌盛。晋江溜滨古渡，始终是古代泉州晋江的重要码头之一。明清时期，晋江沿海四湾十六港虽一度衰落，但民间商贸活动仍十分频繁，往来航

晋江河流源远流长，晋江两岸曾经千帆汇集

运船只要进入晋江，会驶经晋江溜石古渡头，晋江两岸仍然有许多舟楫往返，呈现一派繁华景象。

明清时期，泉州南海古庙，仍然是许多泉州民众和往返江海船舶客商祭拜的民间信仰宫庙之一。

四、南海古庙信仰播迁台湾

明末清初，时值福建沿海闹饥荒，晋江池店以黄芳琼、黄钟源等为代表的

---

① 泉州市泉港区文体旅游局编：《海上丝绸之路泉港文化遗产》，北京：朝华出版社，2018年2月，第15、16页。

大批潘湖村黄氏先民为谋生计，接踵而至，随民族英雄郑成功大军东渡，在台北艋舺潘湖聚落入垦开发。施琅挥师进入台湾，也持续招集泉州城南、晋江一带沿海灾民入垦台湾。[1]

台北万华区是晋江池店先民的聚居地

据台湾地方史料记述，祖籍潘湖湖口先民黄立本（1695—1780年），字克学，历官台北府学训导、大兴顺天府同知，于清康熙六十一年（1722年）冬，奉旨接替高铎任台湾知府。为此，许多潘湖先民播迁台湾入垦，来到台北艋舺一带聚居。至清雍正二年（1724年）冬，以中宪大夫致仕在籍调用兼署台湾知府。黄立本在台湾府任职的两年期间，主张重农重商，勤政为民，廉洁为政，素来为台湾当地民众所称颂。清乾隆年间（1736—1796年），晋江池店以黄高省、黄光渊、黄光长为代表的潘湖村黄氏族人播迁台湾，在台北艋舺龙山寺一带开垦。清廷实行迁界，为谋生计，晋江池店以黄世惠、黄高攀、黄虑等为代表的潘湖黄氏先民，先后陆续入垦台北万华。[2]

据台湾地方文史资料载，台北万华区位于台北西南侧，旧称艋舺，是台北最早的发展区域。早年，台湾凯达格兰平埔族驾着独木舟，在此与闽南先民大量交

晋江池店潘湖黄氏先民聚居艋舺，兴建的台北万华区黄氏大宗祠

①朱定波：《泉港头北人·闽台同宗村》，北京：九州出版社，2016年7月，第88页。
②黄致宏主编：《海峡黄氏》，福建省姓氏源流研究会编印，2019年6月，第49页。

清代泉州先民播迁台湾开发的台北万华区艋舺街市

易番薯，也称为番薯市街，是艋舺最早的街，也是台北最古老的街市。那是因为有靠近台北淡水河滨的地利之便。清康熙四十八年（1709年），福建闽南先民陈赖章垦号请垦台北大加腊，率领福建晋江、南安、惠安三邑先民入垦移居至此，形成聚落。今台北贵阳街二段，曾是台北市的第一条大街。①

伴随着台北新庄的垦荒发展，使艋舺成为潜力雄厚的新生之地，加上闽南入垦移民增加与台北垦务进展，艋舺的历史地位便后来居上。这是因台北大料崁溪的河床日渐淤塞，使台北新庄沿岸船只停泊不便，进而转向出入艋舺渡头。1760年，台北淡水堡坊中，辖有古亭、艋舺渡街内之十四庄，这里始见艋舺庄之名。1792年，北部台湾的八里坌开港，许多泉州先民来此入垦或贸易，溯河而行来到台北艋舺，让小小的渡口成为当年台湾著名的大商港。1808年，台湾新庄县丞移迁艋舺，改称艋舺县丞。清道光初年，闽台郊商兴盛发达，台北万华与台南安平、彰化鹿港并列为台湾三大重要城市，始有台湾"一府二鹿三艋舺"之称。②

据晋江潘湖黄氏霞浯之族谱载：潘湖黄氏族人迁徙台湾，清乾隆、嘉庆时期最多。潘湖黄氏长房宣毅十五世孙黄进子，长黄光渊，次黄光长。黄氏兄弟两入垦台湾后，与随后而来的黄氏宗亲，在台北艋舺（今台北万华龙山寺后）开发了一座海运渡头，称为"潘湖渡头"。而后晋江潘湖黄氏入垦台湾的宗亲日众，成为艋舺望族。③

①朱定波：《泉港头北人·闽台同宗村》，北京：九州出版社，2016年7月，第87页。
②朱定波：《泉港头北人·闽台同宗村》，北京：九州出版社，2016年7月，第88页。
③黄致宏主编：《海峡黄氏》，福建省姓氏源流研究会编印，2019年6月，第63页。黄鸿源：《乡土潘湖》，香港：风雅图书出版有限公司，2017年12月，第170页。

晋江文史资料载，潘湖黄氏族人到台湾后，不忘祖地，除将新开辟地方以祖籍地的村名命名，并沿用"金墩衍派"灯号，使用的潘湖黄氏昭穆也与祖地相同。据泉州文史资料记载，泉州府晋江县池店潘湖村的黄氏为闽南望族。清代，晋江县池店潘湖村有许多潘湖

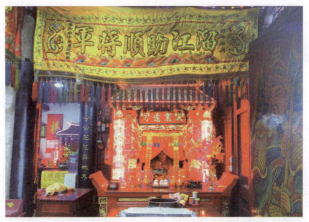

宋元易代之际，泉州南海古庙在中殿大门旁塑造助顺将军神祇供奉

黄氏先民入垦台北艋舺。早年，潘湖黄氏先民入垦台北艋舺冠籍的地名称为潘湖村。晋江潘湖黄氏，属金墩黄氏支系。①

　　据泉州南海古庙文管会、台北市晋德宫管委会的相关文史资料介绍：清乾隆年间，晋江池店镇潘湖黄氏先民入垦艋舺时，奉泉州南海古庙助顺将军的香火播迁台湾。在台北艋舺竹巷尾聚居时，先搭盖一间小庙奉祀。据台北市晋德宫管委会介绍：台北艋舺助顺将军庙，原名晋德宫，也称"黄府将军庙"，在台北市万华区西门町康定路13号，即在台北万华河沟头。始建于清乾隆年间，是台北市市定古迹。

　　1683年，施琅将军统一台湾，民众为避免清政府责罚，将黄道周庙改名为晋德宫。清乾隆年间，改为供奉"助顺将军"。并配祀福德正神及谢、范两将军，仍然作为奉祀黄道周庙宇进行奉祀。清同治元年（1862年），有播迁台北李姓信徒有感于神灵显应，便筹资重建晋德宫。经过台北先民努力，重修建晋德宫，增建钟鼓楼、竖碑石。

　　晋江池店镇溜石村民众讲述最为生动的真实故事是：日据殖民统治时期的明治年间，入垦台北的先民修建台北五股将军庙，并立碑镌刻沿革历史。在一方坚固的大石碑上，镌刻重建五股将军庙沿革碑记称：助顺将军神祇是"黄道

---

①黄鸿源：《乡土潘湖》，香港：风雅图书出版有限公司，2017年12月，第177页。朱定波：《泉港头北人·闽台同宗村》，北京：九州出版社，2016年7月，第96页。

黄道周被誉为助顺将军，图为漳州东山黄道周纪念馆

周"。不久，五股将军庙碑记中只有"黄道周"三个字却突然无缘无故地崩裂成为碎石片，让在场众多的台北先民大吃一惊，无不称奇。

因此，台北五股将军庙历经多年的艰难寻找，最终在晋江溜石村的泉州南海古庙寻找到祖庙。台北先民最终才搞清楚泉州南海古庙的助顺将军是宋元易代之际的由溜石民间塑造供奉的神祇。明末清初，台北万华区先民尊称东山县"黄道周"为助顺将军神祇，在台北晋德宫和五股将军庙等宫庙供奉、祭祀。

黄道周（1585—1646年），字幼玄，号石斋，世人尊称之黄圣人、石斋先生、"一代完人"、"闽海才子"，明末著名学者、书画家、爱国民族英雄、爱国名臣。今福建东山县铜陵镇人。明天启二年（1622年）进士，博学多才。明末清初之交，南明隆武朝廷阁僚。黄道周在向江西婺源进军抗清作战中被俘，从容就义。①

晋江民间每年在南海古庙隆重举行助顺将军祭典活动

据台湾《寺庙志》史籍记载，由于黄道周具有很高威望和影响，邑人在其出生地铜山（今东山县）深井村旧居设神牌祭祀，在其执教的明诚堂设馆纪念。明郑时期，台湾先民建庙奉祀黄道周，以供千秋景仰。后人尊黄道周为神，尊称黄道周为助顺将军，以规避清廷忌视。

①朱定波：《王忠孝与台湾》，北京：九州出版社，2020年3月，第254页。

据台北市晋德宫管委会介绍：台北助顺将军宫庙作为奉祀明末尚书黄道周之庙宇,是台北西门町的角头庙。新北淡水亦有同名之晋德宫,亦是祭祀助顺将军。新北淡水林家联谊会金应宫,又称助顺大将军庙,与泉州南海古庙的助顺将军信仰有着密切的关系。

晋江池店金交椅山窑址考古发掘的宋朝素胎军持（泉州市古代外销陶瓷博物馆陈列藏品）

据泉州南海古庙文管会介绍：之前新北市民众只知道助顺将军姓黄。通过海峡两岸交流,新北五股将军庙梳理出了关于助顺将军信仰的由来,确认新北助顺将军的信仰正是从晋江溜石的泉州南海古庙分灵到台北的。据新北市五股将军庙管委会介绍：时至今日,新北助顺将军庙正殿为木结构歇山重檐屋顶建筑,每年农历十月初三的助顺将军诞辰、雕像的造型,以及相关祭典仪式,均与泉州南海古庙完全一样的。

20世纪末,台湾民众还捐资兴建泉州南海古庙的后殿建筑。多年来,新北助顺将军庙信众每年前来南海古庙谒拜祖庙。泉州南海古庙文管会也曾组团前往新北市五股助顺将军庙进行交流。

2013年10月30日,《晋江经济报》以题为《台湾新北市信众到池店南岳庙谒祖进香》新闻,对泉州南岳古庙与新北五股助顺将军庙开展海峡两岸文化交流进行过报道：

　　昨日上午,台湾新北市五股助顺将军庙信众150多人到晋江池店镇溜江南

重新修建的南海古庙后殿

岳庙谒祖进香，共同弘扬助顺将军精神，增进两岸文化交流。今天来谒祖进香，我们所有人都非常高兴，这对我们来说就是又一次寻根之旅。台湾助顺将军庙委员宋明宗告诉记者，在清乾隆年间，黄姓先人将助顺将军信仰由南

台湾民众捐资修建的泉州南海古庙后大殿供奉的三佛神祇

岳庙带到了新北，此后的300多年间，助顺将军信仰在台湾有了众多信众。1998年，新北助顺将军庙第一次来池店祖庙交流，此后15年间来了六七次。台北宋先生还告诉记者，新北市的助顺新庙将于明年正式落成，他们已邀请祖庙南岳庙信众也前往台湾的助顺将军庙进行文化交流，"希望两岸之间可以利用宗教信仰，促进更深、更好的文化等多方面的交流"。

据悉，南岳庙又称南海庙，始建于五代，历代有修葺。原为前殿、中殿、后殿所组成，前殿于近代废，中殿、后殿尚保留始建形制，是研究闽南五代时期建筑之重要实物依据，已于1991年4月成为晋江第二批文物保护单位。目前南岳庙内供奉着朱王爷、将军爷和南海土地夫妇等诸神。

2015年11月7日，《晋江经济报》以题为《新北市助顺将军庙信众到晋江南岳庙谒祖进香》新闻，对泉州南岳古庙与新北助顺将军庙开展闽台民间文化交流进行过报道：

长长的踩街队伍，腰鼓队、大摇人、电音三太子、"官将首"等热闹的"阵头"表演……昨日上午，台湾新北市五股助顺

泉州晋江福全古城

将军庙信众160多人到晋江池店镇溜石南岳庙谒祖进香，共同弘扬助顺将军精神，增进两岸文化交流。新北市助顺将军庙主任委员黄景昌已经是第七次前来进香了。他说，近年来的进香交流，促进了两岸之间的了解和往来，彼此建立起了互信、互助、互访的交流平台，也盛情邀请晋江南岳庙明年能组团前往台湾进行交流。

助顺将军流传到台湾很久了，但是目前我们只知道他姓黄。南宋的时候，他陪同幼主赵昰逃亡南下来到溜石村这个地方。到的时候正好是傍晚，因此他们在溜石村住下，准备第二天再起程。谁料，凌晨却遭到了元兵的突袭，助顺将军一家人奋勇抗击，不幸牺牲。当地人为了纪念他们，就在南岳庙里祭祀他们。新北市助顺将军庙信众戴忠信说，这些年来通过两岸的交流，他们慢慢梳理出了关于助顺将军信仰的由来。新北市助顺将军的信仰正是从晋江南岳庙分

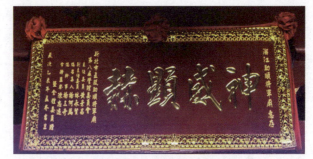

匾额之新北市五股助顺将军庙参访泉州南海古庙进行助顺将军信仰文化交流赠匾额

灵到新北的，如今，新北市助顺将军庙助顺将军诞辰、雕像的造型以及相关仪式和晋江南岳庙仍然完全一样。

2016年11月2日，《晋江经济报》以题为《上千名信众到晋江池店南岳庙谒祖进香》新闻，对泉州南海古庙，与新北五股助顺将军庙开展的闽台民间文化交流进行过报道：

震耳欲聋的鞭炮声，喜庆热闹的踩街队伍，老中青三代齐奏什音，"大开道""排子吹""公背婆"等阵头表演……昨日下午，上千名助顺将军分庙信众从石狮、南安、惠安等地，赶到晋江池店镇溜石南岳庙谒祖进香，共同弘扬助顺将军精神，联络各地信众感情。

每年农历十月初三，是助顺将军的诞辰。从初一直到初五，每天前来进香的信众少则几百人，多则上千人，有的从台湾来拜谒，有的是从

周边县市赶来进香。负责南岳庙的文管员说，近年来，新北助顺将军庙信众也经常过来进香交流，加强了两岸之间的往来，且增进了情谊。去年台湾新北市五股助顺将军庙信众150多人到南岳庙谒祖进香。上个月底，在对方的盛情邀请下，我们祖庙的

每逢南海古庙重大节庆，泉州各地民众都举行隆重的祭典活动

信众组团前往台湾新北市五股助顺将军庙分炉进行为期6天的交流。

我们每年都要带领400至500人来进香，前后已近20年了。此番石狮助顺将军分庙的带队人王先生表示。

如今，海峡两岸民间通过泉州南海古庙，与台北晋德宫和五股助顺将军庙等宫庙建立密切联系，开展海峡两岸民间信仰文化交流，增进中华民族传统文化和中华民族的高度认同，以积极推动海峡两岸和平统一的进程。

第八章　隋唐海丝遗存的深远意义

　　泉州位于中国东南沿海，是一座写满中国的世界海洋商贸历史记忆的古老港口城市，是1982年国务院公布的首批二十四个历史文化名城之一。在晋江池店溜石的泉州南海古庙，是始建于西汉建元年间的东冶县泉山的东越国南岳庙，又是一座成为隋唐五代时期中国海上丝绸之路的泉州海神庙。

中国历史文化名城泉州的中国闽台缘博物馆
是海峡两岸文化交流的重要窗口

　　隋唐五代时期，作为泉州重要的民间信仰宫庙，泉州南海古庙（原称南岳庙），始终成为由泉州民间组织兴建并举行祈风祭海活动的中国海上丝绸之路的海神庙。由于十分久远的历史原因，历史上至今仅记载有与广州南海神庙供奉、祭祀同样古老的南海之神广利王祝融，仍未发现有泉州南海古庙民间或官方祭典活动的历史记载。作为隋唐五代时期中国海上丝绸之路的海神庙，尽管目前未能进入世界文化遗产名录，但是，作为隋唐中国海丝文化遗存，泉州南海古庙仍然具有重要而又深远的积极意义。具体体现在：

一、彰显汉唐海上丝绸之路发祥地的崛起历史

　　泉州南海古庙，原称南岳庙，始建于西汉建元年间，是在隋朝中国海上丝绸之路兴起之时修建、扩建的，是中国海上丝绸之路发源于泉州的重要历史见证。自古以来，古代泉州先民依海为生、向海而兴，长期积累形成了出海和航行都需要顺应海洋季风规律的宝贵经验。

联合国教科文组织在九日山考察祈风遗存留下的纪念石刻

据《史记》记载，西汉时期，在东越国都会泉山的东冶县不仅能建造大型海船，而且能建造楼船在大海航行。为了改变人类的命运，古代泉州先民早就冒险远渡重洋，在变幻无常的大海中劈风斩浪，自始至终参与开辟中国古代海上丝绸之路。始建于西汉建元年间的东冶县泉山南岳庙，见证了中国古代海上丝绸之路逐步形成并持续发展的历史进程。汉唐时期，中国海上丝绸之路十分真确地展现了古代泉州先民敢于冒险、百折不挠的精神气概和开放进取、勇往直前的海洋文化特质。伴随着中国海船建造、航海技术发展和手工业生产的异军突起，汉唐海上丝绸之路成为中国对外经济文化交往的主要通道，汉唐泉州因此也成为中国海上丝绸之路的起点和重要发源地。

中国古代夏季海洋季风偏南风，海洋远航船舶需要从南部海域回航；冬季海洋季风偏北风，远航船舶需要从泉州起航出海。因此，每年的夏季四月、冬季十月，泉州民间社会就自发组织在南海古庙，设祭坛，供奉羊、猪、酒等祭品，然后上香，奏迎古老的祭祀神曲，以丰盛的祭海供品和隆重的礼仪，举行向海神祈求航海风信顺利、保佑船舶海洋航行平安的祈风活动。这就是泉州民间古老的祭海祈风民俗传统。①

汉唐时期，在世界海洋商贸经济兴起繁盛的历史进程中，给汉唐泉州社会和先民带来更多的发展机遇，为泉州手工业生产的迅速繁荣发展提供前所未有的空间和平台，并为古代泉州社会积累了雄厚的经济实力。南岳庙（南海古庙）的维护、扩建和发展，充分显现出汉唐中国海上丝绸之路兴起的雄厚经济基础和优越社会地位。如果没有汉唐时期泉州海上丝绸之路的兴盛，就没有南

---

① 石狮市地方志编纂委员会办公室等编：《乡情石狮》，2015年8月。周仪扬主编：《谱牒研究与闽台节俗》，北京：中国文艺出版社，2013年4月。

海古庙在泉州社会的兴盛历史地位。如果
没有汉唐时期泉州海上丝绸之路提供雄厚
的经济实力支撑，也就没有南海古庙在泉
州民间长期的延续、维护、扩建和发展。

汉唐时期，在中国东南沿海的辽阔海
域，泉州是对外交通贸易的重要门户。泉
州西北面的广袤山区内地，是中国古代外
销商品，特别是陶瓷器手工业的重要产业
基地。泉州的许多溪流江河形成水陆复合
的交通运输网络，直接连通各地外销货物
的手工业生产基地。同时，在泉州晋江两

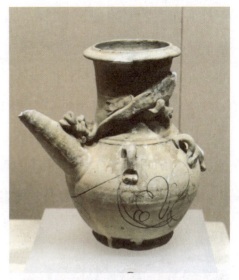

晋江考古发掘的宋朝磁灶青釉军
持（晋江博物馆陈列藏品）

岸和很多海湾古港码头的所在地，成为中国古代海洋商贸货物的重要集散地，
并在泉州大地上呈现为桥梁、船舶、码头、航标、船场、港口群、海神庙，以
及泉州与腹地联动建设、互动发展的整体繁荣景象。汉唐时期，南岳庙（南海
古庙）为海洋商贸船舶举行民间的祈风祭海活动，完整地见证了中国汉唐海上
丝绸之路发源于泉州的重要史实，也见证了汉唐时期的泉州先民自始至终参
与，积极推动中国海上丝绸之路兴盛崛起的重要史实。

二、彰显隋唐中外海洋商贸活动的蓬勃发展

隋唐五代时期的泉州南海古庙（原称南岳庙），与中国海上丝绸之路发源
地广州的南海神庙，均是同期兴
起、同样尊奉南海之神广利王祝
融，同样是备受中外航海人尊崇
祭祀的海神庙，也同样是隋唐时
中国的世界海洋商贸活动重要文
化遗址。

泉州南海古庙附近的溜滨岸
边和溜石古渡，曾经是隋唐五代

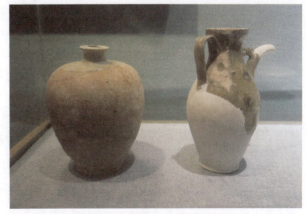

晋江出土的元代陶罐器物（晋江博物馆陈列藏品）

中外海洋商贸船舶进入泉州古城的重要聚集地，也是许多伊斯兰客商在这里聚集的重要聚居地。晋江两岸成为中外商舶货物云集的集散地，也是中外海船客商和航海人行香祷告的繁忙地域。

据南海古庙史迹考证：泉州不仅是宋元时期海丝的起点，隋唐五代时期，泉州南海古庙是展现中国对外商贸经济与文化交流的重要窗口，也是留存至今无可置疑的世界海洋商贸活动的重要人文历史遗产。

两千多年来，颇有建筑规模格局的泉山南岳庙（又称南海古庙），能够长期延续发展保存，完全是依存于中国古代海上丝绸之路的兴盛发展，并由民间

泉州古城孝德流芳石牌坊彰显厚重的闽南传统历史文化

提供雄厚的经济财力支撑。千百年来，泉州先民为了谋生参与开辟中国古代海上丝绸之路。中国古代海洋商贸文化滋养了大批泉州先民不断地走向实现远洋航海的梦想，泉州南海古庙与广州南海神庙，共同作为世界海洋商贸活动的重要文化遗址之一，同时在隋唐五代时期率先参与维系古代海上丝绸之路的兴盛，率先参与维系中国站在世界海洋商贸文明高地长达数百年。

如果没有隋唐五代时期中国海上丝绸之路的世界海洋商贸活动，就没有泉州南海古庙举行的民间祭海祈风活动。

如果没有隋唐五代时期泉州南海古庙的祭海祈风活动，就没有从泉州往返于世界各地的海洋商贸船舶的乘风破浪航行。

如果没有隋唐五代时期泉州的世界海洋商贸经济发展的坚实基础，就没有宋元时期泉州的世界海洋商贸中心重要历史地位的形成。

隋唐五代时期，作为泉州古城港口群的交通枢纽，泉州南海古庙和溜石古渡遗址，完整见证了泉州古城港口群，在世界的海洋商贸活动推动下逐步兴起

和蓬勃发展的客观历史进程。

隋唐五代时期，泉州南海古庙无愧是中国的世界海洋商贸活动文化史迹和重要的海丝遗存，曾经作为中国与世界对话交流窗口和传统文化展示的平台之一，彰显中国古代海上丝绸之路重要发祥地泉州高度繁荣、多元文化融合的人文历史，而且彰显泉州在世界性海洋商贸活动中传播和发展中国古代文明的客观史实。

三、彰显多元共荣海洋商贸文化的持续传承

泉州南海古庙与广州南海神庙，共同在隋唐五代时期参与中外海上交通贸易和东西方文明交融的活动，共同见证了广州和泉州这两座古代东方大港崛起的地位、奉献和风韵，彰显着中国在世界海洋商贸活动中的历史文化积淀，也彰显着多元共荣的世界海洋商贸活动的持续文化传承。

隋唐五代时期，泉州南海古庙与广州南海神庙共同始终伴随着中国海上丝绸之路的发展，参与谱写引人瞩目的世界海洋商贸文明辉煌的历史篇章。这两座海神庙通过祈风祭海活动，构建与世界海洋商贸活动互动的服务平台，以坚毅的中华民族文化自信和传统文化自强，见证崛起的中国，昭示发展的世界。

泉州南海古庙见证了隋唐五代时期泉州在繁荣的中外海洋商贸活动中蓬勃发展，最终成为各国商旅云集、多元文化交融的世界"东方第一大港"。泉州先民在南海古庙所展示的多元、开放、融合、包容的闽南文化特质和拼搏精神风尚，始终是激发泉州先民爱拼敢赢、开拓进取、谱写历史、缔造今日、开创未来的精神源泉。

古代泉州先民在南海古庙举行祈风祭海活动，始终彰显着历代泉州先民向海而生、拼搏奋进、开放融合的传统基因，不断地展现着泉州生动多彩、充满活力的传统民俗、社会风貌和文化

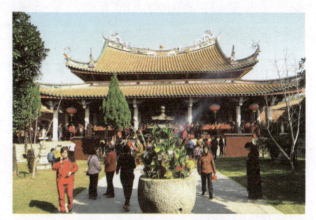

见证五代泉州海洋商贸经济繁荣历史的泉州承天寺

特质。同时，自古以来泉州南海古庙举行民间祈风祭祀海神活动，生生不息，有力促进了丰富多样的民间信仰、风俗习惯、传统工艺、文化艺术、乡土饮食的历史传承。目前，泉州已登记的各级非物质文化遗产达505项。其中，列入世界级非物质文化遗产名录的有泉州南音、木偶戏、中国传统木结构营造技艺、水密隔舱福船制造技艺等4项。①

伴随着古代中国海洋商贸经济的蓬勃发展，泉州南海古庙与广州南海神庙共同的兴盛崛起，带来的是世界共同利益和多元文化融合，对于中国古代海上丝绸之路沿线国家和人类社会文明的发展进程曾经产生深刻的历史影响。

四、彰显隋唐海上丝绸之路祭海的社会影响

隋唐五代时期，泉州南海古庙与广州南海神庙共同展现着古代海神民间信仰文化的辉煌发展历史，也彰显着中国海上丝绸之路祈风祭祀海神的深刻社会影响。

中国古代的世界海洋商贸活动，对历代朝廷财政具有巨大贡献，并对社会经济发展产生积极的促进作用。尽管隋唐五代时期史籍文献没有记载历代朝廷官方在南海古庙的祈风祭海活动，但是历代朝廷官方和民间均重视推动海外交通贸易的快速发展是不容置疑的。海路迢迢，潮落潮起。泉州先民通过南海古庙，年年岁岁为中外远洋航海船舶举行祈风祭海，保佑航海平安顺利。泉州南海之神祝融信仰，为从事世界海洋商贸活动的中外客商提供了厚重的精神和心灵的寄托。泉州南海古庙的祈风祭海活动，具有深刻的历史影响。

隋唐五代时期，南海之神祝融被尊崇为中国海上丝绸之路的航海保护神。泉州南海古庙与广州南海神庙共同为中外海洋商贸船舶祭海祈风，举行祭祀南海之神祝融的文化传承活动，以及泉州在世界海洋商贸活动的传统文化积淀，曾经给古代中国农耕社会的生活、生产、习俗和文化等诸多方面带来了十分广泛的影响。

---

① 陈鹏鹏主编：《泉州文物手册》，泉州市文物管理委员会编印，2000年11月。泉州市政协文化文史和学习委员会编：《海丝泉州》，北京：中国文史出版社，2021年11月。

泉州南海古庙与广州南海神庙共同推进南海之神祭海祈风的活动，彰显海洋信仰文化的兴盛发展。泉州南海古庙与广州南海神庙共同尊奉海神祝融文化信仰，不仅是古代中国农耕社会的海洋文化产物，而且是中华民族优秀传统文化内容之一；不仅对

南安丰州九日山石佛亭

中国古代海上丝绸之路祭海祈风具有广泛社会影响，而且在中国农耕社会对凝聚民众、规范行为、倡导正气、稳定社会，具有积极意义。

　　泉州南海古庙与广州南海神庙是共同体现中国的世界海洋商贸活动的海丝特殊文化遗产，彰显了隋唐五代时期中国民众为中外海外贸易船舶举行祭海祈风的客观历史，更体现出古代泉州先民对推动世界海洋贸易活动的鼎力支持。同时，彰显中国古代重视海洋贸易与海洋季风密切关联的海洋商贸航运需求，反映出泉州南海古庙与广州南海神庙同样供奉、祭祀的南海之神祝融信仰，对于推动古代海洋商贸活动进程具有精神和心灵的激励作用。

　　五、彰显汉唐宗教民间信仰的深刻历史影响

　　中国古代社会崇拜奉祀的民间信仰诸神，大多数是中国古代历史社会中的古圣先贤或人文始祖，因而能够广泛唤起社会民众的敬畏景仰，并形成了高度的亲和力和凝聚力。中国古代社会民众对民间信仰的神祇，不断赋予完美无缺的神化形象，因而在中国古代农耕社会能够产生亲切、广泛的和深远的历史影响。[1]

　　远古时期，中国原始的民间信仰文化形成，儒教是古代中国根深蒂固的传统思想文化。东汉时期，佛教从域外传入中国。古代中国有本土道教。历代朝廷实行儒、道、佛三教的并行政策，推动了中国古代传统文化的繁荣发展。据

①胡世庆：《中国文化通史》（上册），杭州：浙江大学出版社，2005年9月，第375、379页。
王宁主编：《中国文化概论》，长沙：湖南师范大学出版社，2001年4月，第239、241、242页。

丰州九日山的宋淳祐年间祈风石刻

《隋唐五代史》载："儒、道、佛并称三教之局，至南北朝之世，业已一成而不可变矣"①。

据《晋江县志·祠庙志》记载，"祠庙之设，所以崇德报功也。天地、地神祇、人鬼，凡有功德于民者，祠焉、庙焉。聚其精神而使之凭依，即以聚人之精神而使之敬畏"②。古代泉州祖先崇拜的演变发展进程，是与中国农耕社会宗教信仰文化不断相互包容的融合进程。

从西汉时期东越王在东冶县泉山尊冠东越国五岳山和建造东越国五岳庙，以及东冶县泉山先民世世代代延续修建包括泉州南海古庙在内的东越国五岳庙遗存的情况看，在中国古代农耕社会对泉州民间信仰文化的尊崇，已经达到无以复加的地步！

古代祝融海神信仰文化具有重要的历史影响。中国古代社会民间信仰把五帝作为祖先神受到普遍尊崇，并始终延续着祖先崇拜和民间信仰相融合的历史传承。与此同时，中国农耕社会对儒教、道教、佛教在修身养性方面，形成大体一致的基本认同。

泉州古代民间信仰的祖先崇拜和社会教化传承，从根本上不断维系着从中原播迁到泉山的先民，始终保留着一种固有的中华民族血缘感情。无论在何时何地，先民始终都牢记根在中原，魂系家邦，心系祖地；始终存在寻根谒祖，与故里保持联系的强烈宿愿。

泉州保存古代印度教寺庙和祭坛的石刻石雕文化遗存（泉州海交馆陈列）

①吕思勉：《隋唐五代史》（下册），北京：北京理工大学出版社，2016年4月，第1330页。
②（清）胡之鋘、周学曾等：《晋江县志》卷之十六，《祠庙志》。

魏晋南北朝时期直至五代十国时期，大批从社会动荡的中原南迁到泉山（今泉州）的先民，以中华民族传统意识进行冠名晋江、洛阳桥和保存东越国五岳文化遗存，以及修建、扩建包括泉州南海古庙（原称南岳庙）在内的东越国五岳庙等客观史实，是古代泉州先民的祖先崇拜意识和民间信仰价值观的重要体现。古代泉山先民与来自中原大地上先民所形成的祖先崇拜意识，以及泉州南海古庙的海神信仰文化，是十分独特的中华民族传统的历史文化遗产。

中国古代宗教民间信仰文化，始终伴随着中国农耕社会的生产力发展而不断演变。在崇奉膜拜儒教、佛教和道教的同时，民间民众认知到能够与宇宙万物自然威力相抗衡的是长期保佑民众的人文始祖，因此为人文始祖建立崇奉的信仰庙宇，举行祭祀活动，祈求庇佑平安和风调雨

泉州唐朝古城扩建之后的北门朝天门见证泉州厚重的人文历史

顺。历经世世代代不断地进行祭祀、膜拜，并逐步形成了具有泉州特色的民间信仰文化。古代民间信仰文化是中国农耕社会历史发展的必然产物。汉唐时期，从南岳庙到南海古庙的民间信仰的形成演变，深刻地反映中国农耕社会宗教信仰文化的精神内涵和思想烙印。泉州南海古庙源远流长，对古代泉州民间信仰文化的历史传承也是具有深刻的影响。

隋唐五代时期，泉州南海古庙与广州南海神庙是共同的海神民间信仰，曾经成为中外海洋商贸船舶在海洋航行中的精神支柱，客观上促进了中国古代社会不断弘扬海神信仰的人文精神，不断增强民众制胜自然环境条件的信念和意志，并对促进中国古代社会文明风尚的教化进程具有积极作用和特别意义。

泉州海神庙与广州海神庙，共同彰显着中国古代民间信仰兼容并蓄社会的优秀精华，也彰显中国古代民间信仰的类型多种多样，民间信仰的内容多姿多彩，民间信仰的传播形式不拘一格，民间信仰的人文精神内涵丰富，民间信仰

风景秀丽的泉州西湖刺桐阁

的社会教化功能更是引人注目。

古代泉州海神庙与广州海神庙是共同海神信仰文化最为生动的历史传承，表现在对共同祖先与人文始祖的崇拜，以得到一定程度的精神慰藉，并在客观上对古代先民在开辟海洋航道过程中心理、行为、观念发展起到不断潜移默化的激励作用。同时，古代民间信仰也促使逐步形成了庇护民众、追根溯源、崇拜先贤的社会风尚，具有重要的社会教化作用和特殊影响。

以孔孟儒家思想为核心的儒教文化，长期居于中国农耕社会思想文化的主导地位。泉州南海古庙与广州南海神庙是中国海上丝绸之路共同的海神民间信仰，始终受到中国农耕社会的儒教、道教和佛教思想文化体系的深刻影响，并形成一种独特的海神信仰文化现象，具有积极、深刻的精神信仰烙印。

六、彰显泉州汉唐海上丝绸之路的历史进程

泉州南海古庙（原称南岳庙）供奉祭祀南海之神祝融，彰显汉唐时期泉州在中国古代海上丝绸之路的特殊地位，也彰显泉州南海古庙在维系中国隋唐海上丝绸之路发展的特殊影响和历史进程。

汉唐时期，从泉山南岳庙到泉州南海古庙祭拜南海之神祝融的活动，是展现泉州海神信仰文化的独特情感寄托。作为泉州民间祭海祈风仪式，其实质是体现泉州民间和先民善待中外海洋商贸活动的船舶客商，充分体现了泉州先民对世界海洋商贸活动的重视支持和积极推动。泉山南岳庙（又称南海古庙）进行护佑海洋船舶商旅安

泉州丰州古城见龙亭的郑成功焚青衣处

全的祈风祭海活动，产生了广泛的社会影响和特殊作用。同时，泉州民间在修建扩建、维护管理泉山南岳庙（又称南海古庙）和举行隆重祭海活动等方面，始终是中外宗教人士、客商、航海人和先民共同参与的结果，充分体现了古代泉州多元社会结构和海神信仰文化对世界海洋商贸活动的重要影响。

泉州古代海上丝绸之路波澜壮阔的历史图景（蔡永辉、许瑞珍提供）

南海古庙始终承载着泉州先民对护佑中外海洋船舶商旅安全的精神寄托，也承载着泉州先民对世界海洋商贸活动的美好祈祷。始终承载着古代泉州民众对中国古代海上丝绸之路发展的鼎力推进，不仅促进了国家财政增收、人民物质文化生活水平的提高，而且符合中外各方的共同利益和共同要求，推动了古代海上丝绸之路沿线国家和地区的经济发展、科技进步与文化交流。

隋唐五代时期，泉州南海古庙与广州南海神庙始终共同承载着广大先民对推动中国海上丝绸之路的友善、包容、互惠、共荣的美好愿望，始终展现了中国古代民众主动积极参与创造合作、和平、和谐的世界海洋商贸活动的良好环境，也推动中国农耕社会的持续发展。

中国古代陆上丝绸之路和中国古代海上丝绸之路蓬勃发展的恢宏气势同样是波澜壮阔，隋唐五代时期，泉州南海古庙与广州南海神庙始终共同通过祭拜南海之神祝融、祈求中外海洋商贸船舶远航平安的特殊方式，推动中国古代海上丝绸之路的蓬勃发展。

泉州古代海神民间信仰文化，经过漫长岁月积淀形成的丰富文化特质和融合之后形成的多元文化内涵，在博大精深的中华民族传统文化之林独树一帜。毫无疑义，中华民族传统文化是泉州海神民间信仰文化能够长期绵延传承的根基和沃土。在中国的世界海洋商贸经济发展的历史进程中，泉州南海古庙曾发挥过特殊作用，值得泉州自豪、自信和自励，更应当重视、关注、发掘、研究和保护。

清代泉州先民播迁台湾开疆拓土、繁衍生息，兴建的台北文庙

七、彰显海峡两岸民间信仰交流的文化内涵

泉山南岳庙（又称泉州南海古庙）不仅是古代中国的世界海洋商贸活动发展的历史遗存，而且是一座与台湾关系密切的民间信仰宫庙，成为海峡两岸闽南文化交流的一个窗口。

泉州南海古庙具有深刻的历史背景，彰显了中国农耕社会的海洋文化特

晋江金交椅山窑址考古发掘的宋朝青釉瓶（泉州市古代外销陶瓷博物馆陈列藏品）

质，并对后来泉州各类民间信仰的蓬勃发展产生深远的人文历史影响。元朝以后，在每年农历十月初三日，晋江先民都在泉州南海古庙举行祭祀助顺将军神祇的传统民间信俗活动。明清时期，泉州先民迁居入垦台湾，把泉州南海古庙信仰播迁台湾，在台北兴建有晋德宫等多座供奉南海古庙助顺将军信仰的宫庙。泉州南海古庙由此成为重要的闽台民间信仰宫庙，成为与台湾关系密切的对台民间文化交流平台。切实做好泉州南海古庙文化遗存的保护，对于加强海峡两岸民间文化交流与推进和平统一进程也具有积极意义。

结　语

泉州是一座举世闻名的首批中国历史文化名城，源自于十分悠久的历史积淀和传承，至今完好地保存自西汉至隋唐时期以前许多的文物史迹。但是，泉州没见有隋唐时期以前的地方志书史籍文献。本书通过研究中国古代二十四史，其中以《史记》《汉书》《后汉书》《魏书》《晋书》《宋书》《三国志》《南史》《北史》《隋书》《旧唐书》《新唐书》等一批早期中国古代志书史籍文献为主，以及《嘉泰会稽郡志》《闽书》《八闽通志》《三山志》《泉州府志》《晋江县志》等一批古代地方史籍的文献记载。与此同时，还查阅大量泉州文史类资料，结合对泉州古代民间信仰宫庙文化遗存的田野调查，并重点对秦汉至隋唐五代时期以前的泉州人文史事进行研究考证。

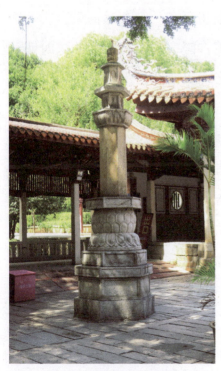

泉州开元寺的古石经幢

本书通过立足于挖掘、研究和考证"泉州汉唐海丝路"，以及隋唐海丝遗存的历史地位和重要影响，进而挖掘、研究和考证泉州五岳和五岳庙的文化遗存及其史事，再全面探究展现秦汉至隋唐五代时期泉州开辟中国海上丝绸之路的人文历史，介绍历史上从未展现过的这个古老时期令人惊叹的古代泉州灿烂辉煌史实和史迹。主要在以下方面的重要史实进行深入研究考证：

一、泉州五岳与五岳庙文化遗存的历史考证

作者在对泉州南海古庙进行研究时，南海古庙文管会只是告诉说：南海古庙原名为南岳庙，庙旁是古代南岳溜石山，南岳庙是古代泉州五岳庙之一。在深入进行全面的田野调查发现，古代泉州五岳庙的建筑史迹至今仍然完好保存。同时，古代泉州五岳庙有相对应的泉州五岳山名，也仍然留存至今。

晋江大树威窑址考古发掘的宋朝擂钵
（泉州市古代外销陶瓷博物馆陈列藏品）

在那久远的历史年代，泉州曾经有过史无前例的尊冠五岳体系齐全的五岳山和建造五岳庙的历史。作者查阅相关志书史籍文献、泉州地方史籍和泉州文史资料，从中发现这些文献资料不仅从没对南海古庙做任何历史记载，而且也从未对泉州五岳庙做任何历史研究的记载。至于泉州五岳庙始建于何时，无人知晓。在全面、系统、深入地研究五岳庙的历史之后，我们发现古代泉州五岳庙是汉朝中国封建社会在地方保存的前所未有的人文历史遗存。

深入研究泉州南海古庙，通过查阅《史记》《汉书》《后汉书》等一批历代早期中国古代志书文献之后惊叹地发现：古泉州存在一个久远而又真实的客观历史：西汉时期存世66年而又灿烂辉煌的闽越古国，却没有成为西汉时期著名史学家司马迁撰写《史记》记载的列传内容之一。而在西汉时期的历史昙花一现、仅仅存世26年的东越国，却成为西汉时期著名史学家司马迁撰写《史记·东越列传》的主要内容之一。西汉时期，司马迁记载的东越国史实，值得关注并探究！据多方、系统的历史探源考证：古代志书记载的东越国，主要是记述发生在西汉时期东冶县泉山建立东越国的久远史实。东冶县泉山就是今天的中国历史文化名城泉州。

西汉时期，汉朝皇帝曾经在中国广袤大地上封禅、祭祀五岳名山，建造五岳庙，供奉中华民族人文始祖五帝，举行隆重祭祀五岳活动，以彰显至高无尚、不可替代的国家政权。

据《史记》《汉书》《后汉书》《晋书》《隋书》《旧唐书》等古代史籍文献记载，在历史考证中发现令人震惊的史实是：东越王余善是在泉山建立东越国。西汉时期，在东越国大地上，为了建立独立王国，东越王余善在东冶县泉山"刻武帝玺自立"（据《汉书·朱买臣传》），自立"东越国武帝"。为了"诈其民，为妄言"（据《汉书·朱买臣传》），东越王余善在"泉山""镇以五岳"（据《泉山采璞》），尊冠东越国五岳山和建造东越国五岳庙，作为公开宣示正统"东越国武帝"于天下和彰显正统东越国家政权的重要方式和统治地位。

西汉时期，为了建立东越独立王国，东越王余善仿照汉武帝举行祭祀五岳的国家重要礼制，将东越国泉山五座丘陵小山尊为五岳山，并建五岳庙，形成祭典礼制体系完整的东越国五岳祭祀格局。这种现象在中国古代农耕社会封建朝廷和封建专制国家中，是十分难以想象的严重叛逆行为。

汉武帝时，东越王余善"阴使南越"（据《史记·东越列传》），"东越王余善反"（据《汉书·武帝纪》）。为此，导致汉武帝派遣汉朝楼船水师大军20多万人（据《汉书·货殖传》）乘坐战船泛海，"发兵浮海，直指泉山"（据《汉书·朱买臣传》）。汉元封元年（公元前110年）冬，东越国被汉武帝"灭国迁众"（据《史记·东越列传》）。时号称"越甲卒不下数十万"（据《汉书·严助传》）的东越国，许多先民被迫播迁于江淮间，"东越地遂虚"（据《史记·东越列传》），从而在东越国泉山今泉州大地上，留下极为悲壮、惨烈而又深刻的历史烙印。泉州五岳遗存成为见证东越国被"灭国迁众"（据《史记·东越列传》）悲壮惨烈历史的重要史迹。

西汉时期，东越国先民和汉朝军队兵士始终对五岳庙供奉包括轩辕黄帝在内的中华民族人文始祖五帝都十分尊崇、敬重。为此，泉山的东越国五岳庙从未被"灭国迁众"的惨烈战火所毁灭。魏晋南北朝时期以来，由于中原战乱，从中原南迁到泉山的先民，将泉山五岳庙作为泉山的民间信仰宫庙，持续传承古代祖先崇拜的祭典礼制，继续留存古老东越国五岳的民间传说。有赖于古代泉山长期开展海外交通贸易获利的经济支撑，泉山先民长期继续修建、维护着泉山五岳庙建筑，从而在泉山（今泉州）形成古代中国独树一帜、前所未有的东越国五岳遗存。

二、隋唐五代时期泉州海丝遗存的历史考证

溜石古渡是晋江流域平原九十九溪主支流之水的重要水口，从溜石山旁的溜石江流入晋江河，再进入大海。西汉时期，东越王余善在东冶县泉山封冠南岳溜石山为东越国南岳山，并在溜石村兴建东越国南岳庙。南岳庙附近有一座闻名四方的溜石古渡码头。泉山南岳庙，是东越国农耕社会发展的历史文化遗存。

魏晋南北朝以来，从中原先民南渡到泉山南安江（后来改称为晋江）的广阔沿江流域平原聚居、拓垦，繁衍生息。伴随着山川的绵延、大海的奔流，从中原南迁泉山的先民筚路蓝缕，继续在泉山延续传承海洋文化历史。受到北方和中原战乱激烈动荡的影响，随着大批从北方和中原先民南迁到泉山繁衍生息，泉山大地上完全成为北方和中原先民的重要聚居地。在那漫长的历史长河中，他们以独特的智慧和毅力，以坚毅的信仰文化自信，在泉山谱写出引人瞩目的历史篇章。

隋代，隋文帝下诏命沿海立祠祭祀。泉山先民随即对南岳庙进行修建、扩建，后改名为"南海古庙"。据南海古庙《重修南海庙碑记》载，南海古庙供奉南海之神"广利尊王，即祝融"。南海古庙成为隋唐五代时期中国海上丝绸之路的泉州海神庙，由泉州民众为往来于泉州的中外海洋商贸船舶主持举行祭祀南海神祝融的祈风祭海活动。南安的南川宫、永春的南岳庙，均是唐代的海神庙。

隋代，随着中国海上丝绸之路的发展，广州也兴建一座至今闻名天下的南海神庙，也是供奉南海之神"广利王祝融"。由于广州地处中外海洋商贸船舶必经之地的重要位置，由历代朝廷为往来于广州的中外海洋商贸船舶主持举行祭祀南海之神的活动。泉州南海古庙与广州南海神庙，同是中国隋唐海上丝绸之路的重要文化遗址，共同见证中外海洋商贸经济活动繁荣发展的历史进程。

三、泉州是汉唐海上丝绸之路起点和发祥地的历史考证

从古至今，泉山先民始终与大海相伴，以海为田，向海而生，以渔为业，探索海洋世界和开辟海洋航道的步伐从未停止。为了征服江河湖海，泉山先民

以舟为车，以楫为马，水行而山处，善于造舟驾船，涉江返海，乘风破浪，勇往直前。

西汉时期，闽越国和东越国均属汉朝会稽郡地。

根据对古代历史文献研究考证：两汉时期，汉朝廷实行封国与郡县同时并行的国家重要制度。汉朝复立闽越国之后，闽越王设闽越国都会于"东冶"（据《史记·东越列传》）。与此同时，汉朝廷在都会"东冶"的闽越国置会稽郡地"冶县"（据《汉书·地理志》载）。

闽越王在北击东瓯国失利后不久，随即南迁到没有兴建城郭的泉山为固守据点（据《汉书·严助传》）。为了迅速南扩闽越诸侯王领地，三年后，闽越王出兵南击南越国。汉武帝出兵救援南越国，闽越国被灭（据《汉书·朱买臣传》）。由于东越王在泉山建立东越国，汉武帝随即在泉山的东越国置会稽郡地"东冶县"（据《后汉书》等）。

"东冶"，是西汉闽越国的都会（据《史记·东越列传》）。"冶县"，是汉朝廷在闽越国置会稽郡地的二十六个县之一（据《汉书·地理志》）。

"东冶县"，是汉朝廷在泉山的东越国置会稽郡地的县（据《后汉书》《三国志》等）。西汉后期以来，历代志书史籍文献所记载的"东冶县"，指的就是汉武帝在泉山置会稽郡地"东冶县"。"东冶县"成为西汉时期泉山（今泉州）历史上的第一个由西汉朝廷建置会稽郡的县。

在德化三班辽田尖山古窑址田野考古发掘，确定该古窑址为商周时期德化古龙窑遗址。在永春苦寨坑古窑遗址对原始古瓷窑址进行考古，发现商周时期的古瓷窑址遗迹，系中原夏代中期至商代中期，至今有3400—3700年，把中国烧制原始青瓷的历史向前推进200年。永春苦寨坑古窑遗址是目前中国发现最早的古代原始青瓷窑址（据《人民日报》新闻）。

通过考古发掘古代泉山先民在东冶县各地烧制陶瓷的文化遗存、东越王在泉山建造的东越国五岳庙，以及有"越甲卒不下数十万"（据《汉书·严助传》）的东越国史事，这些史实不仅展现了西汉时期东冶县泉山经济的繁荣兴盛，而且见证了东冶县泉山的兴盛崛起，更彰显了泉山历史悠久灿烂文明的发展进程。

作者在立足于研究和考证东冶县泉山的历史之后，发现《汉书》《后汉书》等志史文献记载，东汉时期东冶县泉山先民已经参加开辟中国海上丝绸之路的南海航线，又称"南海丝绸之路""海夷道"。南海航线全面展现两汉时期东冶县泉山的崛起历史和历史贡献。据《后汉书》文献记载，东汉时期"贡献转运,皆从东冶泛海而至"的重要史实，指的就是东冶县泉山。两汉时期，东冶县泉山具有重要而又十分独特海洋商贸外销的优势资源和条件，始终引领着中国海上丝绸之路的发展，做出了历史贡献。泉州自此成为中国海上丝绸之路的起点和重要发祥地。

古代东冶县泉山大地上蕴藏着丰富瓷土等山海物产的优势资源，具有溪流和海湾多、避风港口优良的地理条件。中原先民带来先进的生产技术，推进泉山大地上的外销产品手工业生产异军突起。泉山先民突破大山的阻隔，勇敢迎接浩瀚大海的挑战，世世代代驾驶海船，运载具有泉山独特优势的外销产品，迎风搏浪，开辟并闯出了一条通向大洋彼岸的海路，这就是横跨太平洋、印度洋之上的中国海上丝绸之路。泉山的海神庙、海港、溪流、海船、海路，曾经承载着对外海洋商贸交通活动的人文历史，继续推进中国海上丝绸之路的发展。

据中国考古出土的史迹实物表明：中外海洋商贸活动早于汉代。从泉州永春县苦寨坑古窑址出土的中国最早瓷器可以证实，苦寨坑古窑的精美瓷器是泉

泉州古代海上丝绸之路波澜壮阔的历史图景（蔡永辉、许瑞珍提供）

山海洋商贸的重要外销货源。秦汉时期，中国海上丝绸之路的雏形已客观存在。《汉书·地理志》是最早、最为详细记载中国开辟南海航线史事的史籍文献，也最早记载南海航线海上丝绸之路的起点是番禺（今广州）和泉山东冶县（今泉州）。

据《后汉书·郑弘传》记述，东汉时期，泉山东冶县海港已经是外销商贸货物的重要集散地。东南沿海百越先民在开展转运外销商贸货物、持续参加开辟南海航线方面，做出了历史贡献。中国商贸海船运送中国丝绸、瓷器，最早是从泉山东冶县海港起航，由海路转运到广州，再经海路，由马六甲经苏门答腊到印度，并且采购香料、染料运回中国。从此，中国西行商贸的丝绸、瓷器等，再通过海路分运到亚、非、欧三大洲沿海的大小城邦。两汉时期，广州和泉山东冶县先民率先共同开辟的南海航线，标志着中国古代海上丝绸之路的形成。

三国时东吴雄踞江东，为适应江海河流的作战而大兴造船业，训练强大的水师征战，以楼船水军立国，并派遣航海使者开发疆土。孙吴的造船业发达，建造大型水军楼船方兴未艾。船舰制造业迅速崛起，已经达到国际领先水平。随着沿海造船与航海术的提高，番禺（今广州）和泉山东冶县（今泉州）先民出海远航，成就了开辟海洋商贸市场的伟大壮举。中国古代海洋、航海技术的发展以及航海经验的积累，为中国海上丝绸之路迅速发展提供良好条件。魏晋南北朝时期，是中国海上丝绸之路拓展的重要时期。往返于番禺（今广州）和泉山东冶县（今泉州）等海港开展海洋商贸的国家和地区大为增加。

隋唐时期，中国海上丝绸之路进入兴盛发展时期。从泉州海港经广州海港前往中南半岛和南海诸国，穿过印度洋，进入红海，抵达东非和欧洲，途经近100个国家和地区，构建了中国与外国海洋贸易往来和文化交流的海上大通道，并推动沿线各国的共同发展。

四、探寻东越国沿海先民漂洋过海的播迁足迹

西汉元封元年前，东越王余善因谋反被汉武帝"灭国迁众"。在闻悉"越甲卒不下数十万"将要被"灭国迁众"，大批东越国先民不是坐以待毙，而是

闽南古建筑伴随着现代城市化进程世代相传

不得不四处逃亡。当汉朝水师大军在灭南越国之后挥师北上，汉朝另一路水师从北方南下围剿，同时还有陆路汉军进入攻击。东冶县泉山内地许多先民纷纷逃进深山密林避难。

与此同时，东越国泉山大批逃亡的沿海先民乘坐楼船、舟船入海，如鱼得水，翻江倒海，浩浩荡荡，波澜壮阔。但是，东越国沿海先民在乘坐楼船、舟船逃亡的同时，遭受到汉朝楼船大军的南北夹攻，既不能乘坐舟船北上去寻找生存之路，也无法乘坐舟船南下去谋求立足之地。东越国大批沿海先民只得纷纷背井离乡，乘舟船向东渡海越洋，四处逃亡播迁以避难，"东越地遂虚"。西汉时期，被汉武帝"灭国迁众"的东越国沿海大批先民，最终成为早期播迁台湾的原住民、东南亚岛国的原住民和南太平洋南岛语系的岛国先民。泉山东越国先民也成为开辟南岛语系岛国的垦拓者。

晋江流域、东越古国、闽南地区，特定的地理生态、宽广海洋和人文环境，不仅在商周时期和秦汉时期持续造就了富有闽南区域特色的泉山文化，而且受闽南沿海大批东越国先民播迁的影响，远达台湾海岛、东南亚海岛和南太平洋诸岛，对东越国古迹的文物考古、历史研究和史籍发掘的重要历史价值将是不可估量的。西汉东越国社会发展的历史进程，召唤着历史学家、文史学者和文物考古工作者，以及各级政府文化文物部门，应该充分认识到在这些方面所负有的时代重任和政治担当，不断地在闽南沿海这块神奇而又生机勃勃的大地上，寻找、发现、保护古老的海丝文化遗迹和遗存文物，注意循序渐进地发掘、研究和探索，不断地累积起丰富史实，进而努力运用历史学、考古学、人类学、社会学等多学科的研究手段，追根溯源，开展对福建闽南区域、海峡两岸乃至南太平洋诸岛的考古探源，以充分展现泉州在中

华民族发展历史进程中应有的重
要地位和深远的历史影响。

考察南海古庙十分厚重的隋
唐海丝文化史迹，回望汉代以来
泉山先民走过的艰难曲折道路，
探究泉山先民开疆辟土、劈波斩
浪的古老智慧，可以深深感受到
南海古庙的建筑遗存，承载着中
华民族传统的基因和血脉，是不

泉州闽南古民居建筑历史悠久

可再生、不可替代的中华优秀传统文化资源。我们要积极推进泉州南海古庙建
筑遗存的保护利用和海丝文化遗产保护传承，挖掘南海古庙建筑遗存的多重灿
烂的海丝人文历史价值，这些仍然具有十分重要的现实意义，并必将对泉州历
史文化名城产生极其深远的影响。

附 录

知名学者的审读评价

中共福建省委宣传部原副部长、省委文明办原主任、福建省炎黄文化研究会常务副会长马照南先生的审读评价：

朱定波先生研究考证隋唐中国海上丝绸之路的泉州海丝文化遗存，并著的《泉州汉唐海丝路》是一部重要的闽南地方文化著作。这部著作着重阐述了作为南海古庙海神广利王祝融在泉州参与推进中国海上丝绸之路兴盛的历史意义，对于全面深入研究泉州南海古庙的深远影响、研究海上丝绸之路发展的悠久历史，都具有重要意义。

泉州是海洋文化的重要发祥地。考古证明，晋江庵山遗址与福建沿海的许多遗址一样，是南岛语族长期生活并向海洋迁移的起点之一。在远古时期，一代代航海勇士们，以空前的果敢和智慧，凌波踏浪，坚定地渡过台湾海峡。到台湾之后，他们继续勇往直前，奔向大海，在广袤的南太平洋海岛上，开疆辟土，繁衍生息。几千年来，泉州先民向海而生、向海发展、向海而兴，创造了辉煌的海洋文化。

朱定波先生长期致力于泉州历史文化研究，致力于闽台文化交流。特别是闽台同名同宗村的深入研究和交流活动的持续开展，加深了两岸民众同根同源的高度认同。正是在闽台同名同宗村的研究中，朱定波先生慧眼独具，持续深入基层开展田野调查，在古庙金纸库房中发现重要的古碑刻文物，揭开了南海古庙神秘的面纱。在他坚持不懈的努力之下，厘清南海古庙的历史沿革，使湮没千年的广利王祝融及海神庙历史最终显露在世人眼前。更可喜的是，作者由此挖掘拓展考证，用丰富的史料和理论阐释，向人们展现出一幅波澜壮阔的中国海上丝绸之路文化图景，极大地充实了泉州作为世界文化遗产的丰富内涵。朱定波先生这一开创性的重要研究成果，无疑将助推福建海洋文化、助推中国海上丝绸之路研究的不断深入。

中国文物学会副会长、福建省文物考古博物馆学会会长、福建省文史馆馆员及咨政研究院副院长、福建省文化厅党组原成员、省文物局原局长郑国珍教授的审读评价：

福建雄踞在我国东南，与祖国宝岛台湾隔海相望。大陆海岸线长3752公里，大小海湾125个，数千年来，海上活动十分活跃。

历代虽有幸存的珍贵史迹，流传的悠美故事，印证着一波又一波瑰丽篇章，但终究是岁月久远，辗转遗漏难免。诸如伴随着善于水行的闽越族退出历史舞台，福建转化到以中原汉族入闽为社会主体，面对昔日海洋的生计如何承接，又相继融入了何种信仰佑其航行八方，进而最终造就出"泉州：宋元中国的世界海洋商贸中心"，一直是许多有识之士孜孜以求的大学问。

吾与朱定波先生相知于其就职中国闽台缘博物馆副馆长之际，得窥其孜孜不倦"淘宝"于学海，"显贝"在撰文里，由于闽台同名村的深入研究和活动等积累，相继有《积极构建海峡两岸闽南文化传承体系》《闽台同名村》等问世，荣获文博研究馆员之评聘。朱定波先生退休后，行路不止，躬耕不辍，先后编著出版了《王忠孝与台湾》《泉港头北人·闽台同宗村》等，着实令人钦佩。今又喜悉朱定波先生多次深入到1991年列入晋江县文物保护单位的"南岳庙"，细心辨读幸存的清乾隆十二年（1747年）《南海古庙重修碑记》，获得惊人发现，由此展开持续数年的追根溯源之研讨，多方排比与求证，沙里淘金，成就了40多万字的《泉州汉唐海丝路》一书，读后颇有受益。

吾十几年前，曾因福州粗芦岛峰巅"南海神坛"溯古考证，做了点功课，专程到始建于隋开皇十四年（594年）的广州南海神庙，拜谒"帝于南岳，又帝于南海"的广利尊王祝融。明白了大约在东汉时期，祝融神话走向成熟，尊为火神、星神、夏神、南方（南海）神等神格于一身。"司火而兼司水，盖天地之道"，当为承担着"旧交趾七郡，贡献转运，皆从东冶泛海而至"这一重任的闽人，供奉的重要神祇。由山神演绎为海神，"舟往来者，祗谒祝融"。惜岁月悠悠，长河千里，少显世间。故颇认同朱定波先生在研究考证隋唐中国海上丝绸之路的泉州海丝文化遗存，并著《泉州汉唐海丝路》一书中，引用大量资料，且将泉州"南岳庙"（南海古庙）与广州"南海神庙"做比较分析，得出的隋唐五代时期，泉州"南海古庙"与广州"南海神庙"均是中国海丝绸之路的重要文化窗口之研究结论。同时感到为世人揭示了泉州最早的海神庙（原名南岳庙，又称南海古庙）的重要内涵，有力助推了当年福建社会转型时期的海洋文化之研究趋于深入。

为之点赞！《泉州汉唐海丝路》。

福建省地方志编纂委员会原副主任、福建省文史馆原馆长卢美松先生的审读评价：

朱定波先生研究考证隋唐中国海上丝绸之路的泉州海丝文化遗存，热情地邀请我为即将出版的厚重书稿《泉州汉唐海丝路》写些评论性意见。定波先生是泉州著名的文史专家，常在福建的文史会议或学术会议上见面，熟知他对地方历史、文化、人物等素有研究，尤其在闽台宗族关系、地名源流与谱牒文化交流方面做了许多工作，并卓有成效。因而我对他是深怀敬意的。手捧他厚厚的新著，我很高兴，是他对泉州海外交通史研究的新成果，也是他对隋唐泉州海神（或岳神）信仰研究和调查的新收获，他为这一研究倾注了如此多的心力，令人敬佩。拜读之后，受益良多。定波先生的这一重要研究成果，把泉州（包括闽南地区）的海神信仰推前到隋唐时期，对研究和探讨泉州海上丝绸之路的历史与文化无疑是一大重要贡献。

诚然，定波先生对"南海古庙"的研究是采取"二重证据法"，既有史籍文献资料佐证，又有文物考古依据，因而显得扎实而有理据，令人信服。由此增添了古代泉州海外交通史和隋唐民间海神信仰的史料，更有裨于泉州地方史的研究。只是他在探讨晋隋以前的泉州地方历史时，却遇到了前所未有的挑战。比如在闽越与东越关系，两王并存的都城所在；泉山、冶城和泉州的关系。还有关于泉山地点、东越国都所在、泉州小五岳等等，都是有待继续深入探讨与研究的问题。

书稿中提出带挑战性的问题，定波先生自有一解，但可以引导人们进行更深入的探讨和研究。学术上的是非，需要通过搜集资料，寻找证据，通过讨论乃至辩论，以廓清迷雾，驱散疑云，而求得最终解决。当然，像福建早期历史的情况，因记载缺失、证据难觅，论者因视角或观点不同，意见相左、看法各异是常有的事，也属正常。对于定波先生的研究成果或问题结论，也应做如是观。值得我们赞赏的是，定波先生在"南海古庙"研究中敢于和善于提出问题，不囿于定论和成见，坦承自己的见解，其真诚态度和求知勇气是值得我们学习的。

中共泉州市委宣传部原常务副部长、泉州市文化局原局长庄顺能先生的审读评价：

越来越多的历史遗迹正在证明：泉州曾经是西汉时期仅存世26年、颇为神秘的东越国都会。好友朱定波先生以其勤勉钻研，博览群书，竟步步掀起这已经掩盖千年的面纱。原本已有多部著述的他，又为泉州的史迹研究添上浓墨重彩的一笔，实在令人钦佩又欣喜不已。

定波先生的专著涉及面甚广，有闽台人文历史、闽南文化、民间信仰文化、姓氏族谱文化及红色革命史等，在泉州乃至全省声誉卓著。近期手捧他研究考证隋唐中国海上丝绸之路的泉州海丝文化遗存，并著这本十分厚重的《泉州汉唐海丝路》，我深知这又是一本他以心血熬制而成的力作。历经五年，40多万字，500多幅照片插页，洋洋洒洒，文图兼俱。特别是书中数以百计对汉唐泉州历史研究的新探索、新发现、新观点，他均以黑色字体标注清楚，可见其用心之深。

从秦汉到隋唐盛世的泉州历史文化，似乎出现了留白。晋江缘起自西晋士族南迁入泉，东汉、晋、隋时期的泉州地方史却甚少人知，也少有专家学者深入探究。然而定波先生以花甲之功，用穿越秦汉隋唐的史笔，细细深挖、斟酌、考证"南海古庙"形成的历史轨迹和时代背景，观点新颖，慧眼独具，思虑极深。他用尽心力翻阅了大量史籍、文献，收集了丰富史料和亲身踏访了很多史迹，以研究"南海古庙"为着力点，又论证了西汉东越国都会泉山为隋代泉州，即今泉州，并细研其史籍、朝野、规制和被汉武帝"灭国迁众"的史事，为我们打开了一幅迫使古代泉州先民走向海洋、造船业自此兴起的历史画卷，使泉州海洋文化初步成形的时间又向前推进了几百年，对泉州海洋文化的研究，再揭开了崭新的一角。这将为泉州海上丝绸之路的研究提供全新的视角和丰富的资料，也将为台海民间信仰文化研究留下极为宝贵的财富。

定波先生先行先试，不固守泉州历史的框架，从泉州宫庙信仰文化遗存的削微处，细细考证，大胆突破传统，引起了文史界、学术界的热议和关注，也引领我们去追溯已经流逝千年的汉唐泉州，去寻回晋人入闽之前泉州被遗忘的历史。我们有责任保护这种敢试敢为的钻研精神和不落俗套、小心求证的探索精神。相信《泉州汉唐海丝路》一书将为"世遗"古城——泉州增添一份十分厚重的文化内涵，让泉州"海上丝绸之路"的光环更加熠熠生辉！

厦门大学人文学院原院长、厦门大学国学研究院院长、中国明史学会会长、博士生导师、教授陈支平先生的审读评价：

朱定波先生研究考证隋唐中国海上丝绸之路的泉州海丝文化遗存，并著《泉州汉唐海丝路》一书，涉及到前人从未谈及的领域，即以往学界讨论福建泉州一带的海神信仰，大多集中于天妃妈祖等神祇之上，而对于海神庙中的"广利王祝融"崇拜，绝少提及。这书从历史传承、变迁以及文化意义等诸多方面第一次发掘探讨了海神祝融信仰的整体概貌。这一研究不仅对于推动历史上海神信仰的学术研究具有开创之功，同时对于推进中国海上丝绸之路历史文化的研究也具有积极作用和现实意义。

泉州师范学院学报主编、泉州师范学院原副校长、福建师范大学博士生导师、二级教授林华东先生的审读评价：

阅读朱定波先生研究考证隋唐中国海上丝绸之路的泉州海丝文化遗存，并著《泉州汉唐海丝路》，让我们感受到一位年过花甲仍孜孜不倦的学者的探索精神。书稿从考证晋江溜石山南岳庙的由来，探究了历史上的"东越"与"泉山"的关系和古代泉州"五岳"的成因以及"南岳庙"之所以转身为"南海古庙"

的因由，提出了"南海古庙"是隋唐时期中国海上丝绸之路泉州海神庙的论断。

书稿让我们看到了朱定波先生探索问题的潜心。他从一方清乾隆年间的重修碑文，释答了"南岳庙"为何在隋唐时期又称"南海古庙"的历史原因，进而参照广州"南海神庙"，一路推演，得出"南海古庙"早期供奉的祝融，正是古代海上丝绸之路庇佑海航商贸平安的南海之神，确认"南海古庙"是泉州隋唐时期海神信仰的文化遗存。他的研究填补了隋唐时期泉州海神信仰史迹的空白。板凳已坐十年冷，文章必然入人心。从南海之神广利尊王到昭惠庙的通远王、真武庙的真武大帝、天后宫的妈祖，作者的探索为完整展示古代泉州地区悠久的航海传统和海神信仰体系做出了积极贡献。

书稿让我们看到了朱定波先生查询资料的用心。书稿通过阅读甄别大量古籍与今文资料，披沙掘金，条分缕析，反复论证，考释了"泉山"故地之所在、泉山周边"五岳庙"的来由、"五岳庙"没因汉武帝在东越"灭国迁众"而被毁的原因，以及五岳庙后来被改造成海神庙获得延续存在的史实。朱定波先生小心求证，大胆推断，就所见资料提出个人独到见解，一系列讨论令人耳目一新，探究精神令人赞赏。

书稿让我们看到了朱定波先生解疑"南海古庙"的热心。他积极思考文化遗存现象，把庙宇的探索与泉州辉煌的历史结合起来，提供古代海上丝绸之路的泉州人神共处、天人合一的历史依据，阐释了泉州厚重的人文内涵，表现出一种可贵的责任感、使命感和对闽南文化的深厚情感。

朱定波先生研究深入细致，许多论据不仅为"南海古庙"提供严谨的实证，而且还为热心泉州历史文化的研究者提供新的启示。例如书稿中展示的隋唐五代"梭形柱'卷刹'及覆盆式柱础石"图片，在泉州南海古庙、泉州伊斯兰圣墓、泉州开元寺大雄宝殿等寺庙圣迹的共存，不仅推出"南海古庙"修建的时代，而且还让读者看到古代各种宗教在地化的影子以及多元互融的印记。又如书稿在讨论闽越与东越的关系时，提到史料记录了汉武帝"乃使郎中将立丑为越繇王，奉闽越先祭祀"。这说明了当时福建的北部地区仍有闽越族人。而当"东越地遂虚"之后，"泉山"地区的闽越遗民就很少了。由此可知汉人进入福建后不同地区民族融合之差异。证之今日闽语，可知为何只有闽南方言才被学术界公认是古汉语的"活化石"。

虽然书稿中有些论断还值得商榷，但发现问题总比不研究不探索好。书稿有助于激发广大史学爱好者和问题探索者的进一步思考，推动泉州历史文化的发掘，确实值得称道！

福建师范大学社会历史学院教授、中国古代史博士生导师胡沧泽先生的审读评价：

朱定波先生研究考证隋唐中国海上丝绸之路的泉州海丝文化遗存，并著《泉州汉唐海丝路》一书，搜集了大量的文物和史籍进行研究考证，认为泉州溜石的南海古庙是隋唐中国海上丝绸之路的泉州海神庙，这种研究精神是值得肯定的。作者将泉州南海古庙与广州南海神庙进行对比研究的方法，也是很有价值的。相信《泉州汉唐海丝路》一书必将为泉州海上丝绸之路的研究提供崭新的视角和丰富的资料。

福建师范大学社会学研究所原所长、博士生导师苏振芳先生的审读评价：

建设21世纪海上丝绸之路，是2013年10月习近平总书记访问东盟国家时提出来的，是我国在世界格局发生复杂变化的当前，主动创造合作、和平、和谐的对外合作环境的有力手段，为我国全面深化改革创造良好的机遇和外部环境。

古老的海上丝绸之路自秦汉时期开通以来，一直是沟通东西方经济文化交流的重要桥梁，而东南亚地区自古就是海上丝绸之路的重要枢纽和组成部分。泉州是古代海上丝绸之路的起点，以泉州、厦门和漳州为核心的闽南地区，与东南亚地区有着紧密的经济、文化的联系。尤其是闽南地区形成特有的闽南文化，融入东南亚一千多万华侨的血液，影响着东南亚地区各国的经济和社会发展。充分发掘闽南文化在海外（特别是东南亚地区）的影响力，对福建建设21世纪海上丝绸之路所需的历史文化软实力支撑，具有重要的作用。

历史上，福建是海上丝绸之路的主要发祥地，泉州是海上丝绸之路的起点。福建的泉州港、漳州港（月港）在不同时期对"海丝"发挥了重要作用。

宋元时期，泉州是主港，被誉为"东方第一大港"。它兴起于唐，盛于宋，宋末元初到达顶峰，与埃及的亚历山大港齐名。意大利著名旅行家马可·波罗在游记中盛赞当时的泉州港，认为是他平生所见的最繁荣的商港，港内经常有大船百条，小船无数，乃天然之良港。元代的文人是这样描写泉州的："泉，七闽之都会也。番货运物，弄宝珍玩之所渊薮，殊方别域、富商巨贾之所窟宅，号为天下最!"。

海上丝绸之路的兴盛使闽南地区与世界上许多国家和地区建立了密切的经济联系，也使闽南文化与世界各地的文化产生了直接的接触和交融。在闽南地区，中国固有的道教，以及"中国化"的佛教，与伊斯兰教、印度教、景教、天主教、摩尼教、犹太教等其他世界性的宗教长期共存、相和相安，形成了中西文明兼容并蓄、多元文化相熔于一炉的奇观，被誉为"世界宗教博物馆"、"神学文化的宝库"。体现了世界多种宗教文化在闽南地区的盛行与并存、发展与交流的历史轨迹。同时，在双向交流中，闽南文化也随着海上丝绸之路向东南亚等国家传播。时至今日，在海上丝绸之路的诸多国家，我们还能看到闽南文化的影响力。

正是基于历史和现实的考量，我们要充分重视闽南文化在融入"21世纪海上丝绸之路"建设的重要作用，加强和扩大与东盟及东南亚各国的经济、文化和人文全方位的交流与合作。

作者研究考证隋唐中国海上丝绸之路的泉州海丝文化遗存，并著的《泉州汉唐海丝路》是通过查阅大量历代志书、史籍而写成的一部专著，对深入研究中国海上丝绸之路的历史与现实具有重要的意义。这书有如下几个特点:

第一，选题有很强的现实意义。作者通过挖掘、研究和考证，对海丝文化遗存南海古庙与隋唐中国海上丝绸之路的关系进行比较详细的梳理，指出隋唐时期泉州先民把南岳庙改为南海古庙，是与著名的广州海神庙同时期修建的海神庙。同时得出结论:"泉州南海古庙，又称南岳庙，是隋唐五代时期中国海上丝绸之路的泉州海神庙。"这一研究成果，对理清隋唐时期泉州海上丝绸之路的形成与发展，以及宋元时期泉州海上丝绸之路的发展及其延续具有很强的现实意义。从目前的研究资料来看，我们可以把隋唐时期广东（湛江徐闻）的海上丝绸之路的历史资料与隋唐时期泉州海上丝绸之路的历史资料结合起来加以研究，从中揭示隋唐时期泉州海上丝绸之路与隋唐时期广东（湛江徐闻）的海上丝绸之路之间的内在联系。对深入探讨我国海上丝绸之路的历史形成和现代发展具有重要意义。

第二，论著有比较深入的学术性探讨。《泉州汉唐海丝路》对相关的学术问题进行比较深入的探讨，比如对"泉山"的探讨。作者提出"泉山，又称泉州，是西汉时期东越国的都会，前后存世26年"、"西汉时期东越国置东冶县是泉州历史上的第一个置县，前后存世390多年"。这里涉及"泉州"与"福州"在历史上地名的更替问题，福州的"冶山"、"泉山"与泉州的关系问题。作者力图提出自己的想法和看法，对深入探讨福州与泉州在历史上的联系具有积极意义。

第三，论著的资料丰富，对进一步推进隋唐泉州海丝文化遗存的研究有意义。论著收集大量闽南地区关于闽南文化与"泉州汉唐海丝路"的关系，提出闽南文化与泉州海上丝绸之路有着不可或缺的理论与现实的联系。作者从遍布泉州大地的古陶瓷窑、古泉州的溪江河流、古泉州的四湾十六港、泉州水陆纵横的商贸交通网络、古代泉州的多元文化特质等方面，论述了泉州古代海上丝绸之路的历史形成、发展及其对当今社会发展的贡献，对推进21世纪海上丝绸之路的建设具有很强的现实意义。

通读《泉州汉唐海丝路》这部著作，环视泉州这座古老而又现代的城市，我们看到其世界海洋商贸中心的许多史迹，看到多元文化的相互交融与和谐脉动，看到古老城市的历史遗迹与现代化城市建设的共识共存，看到泉州这座"你一生至少要去一次的城市"（白岩松语），以丰富、完整、灿烂海丝文化遗迹的存在，提醒人们铭记那段融通世界的美好时光，把泉州文化瑰宝原真保护好、活态传承好，让世人共享活态遗产的红利。

泉州师范学院历史系原主任、历史学教授、泉州历史研究会原副会长吴幼雄先生的审读评价：

作者研究考证隋唐中国海上丝绸之路的泉州海丝文化遗存，欣悉洋洋大观的《泉州汉唐海丝路》一书行将出版。据传晋江溜石村朱姓，为远古黄帝、颛项之裔，而村里南海古庙祀南海之神赤帝祝融也。

大凡书是写成的，而《泉州汉唐海丝路》一书则是集读史、写作、走访和摄影等四者之大成，实属不易。

自秦至唐，泉州历史文化几为空白。《泉州汉唐海丝路》，作者有志填补此缺，其行可嘉。

作者研究考证隋唐泉州海神庙，著《泉州汉唐海丝路》，探索范围涉及泉州和福建的开发史。这让我想起1986年福建历史学会和省博物馆联合组织闽北崇安汉城考古发掘现场的考察。相信该书的出版，将激起泉州乃至福建学术界的千层浪花。

祝《泉州汉唐海丝路》早日问世。

漳州市政协文史委原主任、福建省闽南文化研究会副会长涂志伟先生的审读评价：

好友朱定波先生研究考证隋唐中国海上丝绸之路的泉州海丝文化遗存，并著《泉州汉唐海丝路》书稿，是近年来推出的又一部新作。手捧着这部沉甸甸厚重的著作，不禁眼前一亮。最近认真拜读了几遍，颇有所获。深感这是朱定波先生一部突破许多传统观点、大胆提出许多独特观点、富有独特创见新论的著作。举其要者：

一是把泉州海神出现年代从宋代推前到隋唐。海神信仰是海洋文明的直接产物，泉州海洋文明的世界历史地位决定了泉州海神信仰的重要影响力。一般而言，福建海神大量产生是在五代至宋代。宋元时期，随着泉州作为东方第一大港的崛起，与之相适应的精神领域的海神信仰崇拜亦孕育产生。泉州的海神除了龙王、玄武、观音继续被奉为航海保护神外，泉州海上保护神还有妈祖、玄天上帝、通远王和各路王爷等在内的众多信奉对象。而《泉州汉唐海丝路》认为南岳庙在隋代时改称为泉州南海古庙，成为隋唐五代时期中国海上丝绸之路的泉州海神庙。这可能是福建至少是闽南历史最早的一座庙宇历史遗存。其重要且珍贵价值意义自不待言。

二是把泉州历史详细记载从唐代推前到秦汉，尤其是两汉，全面展现秦汉至隋唐五代时期泉州的人文历史。在书中尤其详细论述了泉州（古称泉山）是西汉东越国的都会，介绍从未展现过的古老历史，论证了西汉时期东越国置东冶县是泉州历史上的第一个置县。这些观点都大大突破了以往有关泉州古代历史论述的框架，也改写了福建古代历史的述说。

三是考证论述了西汉时东越国都会泉山为隋代泉州，即今泉州。基于东越国都会泉山的历史影响，提出隋代在今福州置泉州郡治，唐代从福州迁之今泉州的新观点。这补充了历史研究的空白。

四是作者的考证论述是建立在研究大量文献古籍的基础上，有史籍为据。同时又深入进行大量的田野调查、实地考古分析，以古迹为凭。朱先生查阅了中国古代二十四史和福建古代地方志书史籍共20多部三四百卷，采集引用中国古代志书10多部100余卷的史籍文献，以及查阅泉州文史类数以百种的图书和报刊资料等大量史书资料。这不能不佩服朱先生的艰苦爬梳之功，又对泉州隋唐时期民间信仰宫庙文化遗存进行细致的田野调查分析。

五是作者的论证写法也具有新意。如泉州隋唐海神庙，详细地考证了晋代以来建筑、构件的风格特点，以唐代寺庙石构件特质、晋代以来木雕特质等来论证南海古庙的始建年代。又如将隋唐时期的广州南海神庙与泉州南海古庙，从多方面进行比较论证。又如详细地考证了隋唐时期泉州辖县兴建的宫庙特点、东越国泉州地区五岳庙的遗存及现状，并分析了古代泉州四湾十六港的组成，以论证泉州南海古庙是隋唐五代时期中国海上丝绸之路的泉州海神庙。

六是对南海古庙进行研究考证，十分曲折，极为艰难。《泉州汉唐海丝路》挖掘文献资料的研究工作量巨大，而且考证历史时期跨越年代久远，多条历史线索交叉。如从古代祝融传说及形成信仰、祭祀，之后又成为广利王，成为海神信仰；从南岳之神到南海之神，再到广利王祝融。从广州到湖南衡山，再到泉州小五岳，从冶、东冶、东冶县，从越、闽越、东越、南越，东瓯、福州泉山、泉州泉山。这些久远的历史十分复杂，资料庞杂繁复，但紧要处却往往是语焉不详，歧义多多，观点不同，各持一端，争论激烈，爬疏文献不易，理清经纬不易，辨析观点不易，说清楚来龙去脉不易，说服人、让人信服更不易。但作者还是花大苦功,考证提出支持自己观点的论据。所以我认为作者研究考证隋唐中国海上丝绸之路的泉州海神庙,著的《泉州汉唐海丝路》是一部突破了许多传统观点,大胆提出作者许多独特观点、富有创见新论的著作。

由于历史久远、文献资料的缺失,在泉州地方史籍中,几乎缺失对泉州南海古庙供奉南岳之神祝融的记载,也从未发现古代泉州南海古庙举行祈风祭海活动的记载。这就不能不对作者提出了一个巨大的挑战。如何论证自己提出的新发现、新观点,并能立得起,站得住,驳不倒。说实话,这很难。不仅人们普遍地对秦汉时期的福建、闽南地区历史了解不多、不深,研究成果甚少,而且人们已形成固定的思维定势,要突破很难。这需要作者的智慧,需要作者的功力,也需要作者考证、论述、说服的技巧。朱先生已经做得很好了。

我与朱定波先生是多年的好友,在前些年开展闽台同宗同名村落研究时有许多共同的爱好和语言。今朱先生新作刚出,即送我先睹为快。作为朋友,奇文共欣赏,疑义相与析。其实,2022年5月21日上午,隋唐时期泉州海神庙史迹考察座谈会在晋江市池店镇溜石南海古庙圆满召开,来自泉州各地的领导专家、学者共聚一堂,一起考察见证泉州南海古庙珍贵的历史遗迹,营造浓厚的学术交流研讨氛围。提出了许多高见,对"南海古庙"从陌生到熟知,进而接触到大量隋唐五代时期的建筑史迹,近距离感受这座泉州海神庙历史文化遗产的魅力。我本对秦汉的福建史、闽南史知之不多,读《泉州汉唐海丝路》也是学习受教过程,借此向诸位先进老师请益之举,目的是共同的,并与诸先生共勉:我们有责任、有义务去追溯流逝的漫长岁月,发掘优秀的人文历史,开展海丝文化探源交流活动,探讨闽南古代独特的社会、历史、环境形成的人文历史及其深远影响,从而推动中国海上丝绸之路的泉州海神庙研究进入一个全新的阶段,不断提高南海古庙的历史地位及其影响力,使之成为海上丝绸之路起点城市泉州乃至闽南、福建的亮点之一。

泉州市文物保护研究中心原主任、研究员陈鹏鹏先生的审读评价:

欣读朱定波先生研究考证隋唐中国海上丝绸之路的泉州海神庙,并著《泉州汉唐海丝路》一书,洋洋洒洒40多万字,并附有彩色插页500多幅。读后令人为之一振。历年来，朱定波先生多次到泉州南海古庙和晋江地域进行考察、座谈，开展田野调查，深入文献研究、考证。查阅《史记》《汉书》《后汉书》《晋书》等中国史籍20多部三四百卷，从中采撷引用有关文献记载，作为研究考证的历史依据。这确实是一项浩瀚的读史研究工程，其治学精神可嘉可钦。该书对东越国都会泉山和五岳、东越国南岳庙和泉州南海古庙、隋唐时期泉州五岳庙和南海古庙、泉州海神庙和中国海上丝绸之路发祥地等诸多方面的推演考证，具有较强的突破性、冲击力，且有重要的研究成果，相信一定会引发学界的共鸣和反响。书中亮点多多：

其一，考证提出南海古庙主祀广利尊王祝融。目前就我所知所见，该碑郑振满、丁荷生编纂的《福建宗教碑铭汇编泉州府名册》（福建人民出版社，2003年版）有收录，惜碑文有缺失，也未引人注目。1994年版《晋江市志·文物篇》记载："南岳庙，又称南海庙，始建于宋，祀节度使陈洪进。"《泉州宗教志》《晋江碑刻录》《晋江县志》未见载。李玉昆先生的《泉州民间信仰》一书载："明清时期，各县都建有火神庙。"未述及南海古庙。1991年，晋江县人民政府公布南岳庙为文物保护单位，碑文介绍："是研究闽南五代时期建筑之重要依据。"没记载祭祀南海之神广利尊王火神祝融。1994年，晋邑文管会立碑则记"始于北宋，祀奉观音"。

其二，考证提出南海古庙是隋唐时期的泉州海神庙。古庙中保存清乾隆十二年（1747年）《重修南海庙碑记》载："南海古庙由来久矣……欲稽建庙原由，而故老无有能道其事者。盖自吾祖暨乡人之祖未入居时，古庙貌已巍然矣……"元至正年间（1341—1368年），朱氏始居溜石，乡人之祖入居更早于元，从中可悟读出宋元之前古庙已兴盛多时，且规模宏大。虽"年远倾圮，而原基在焉"。庙中尚存成组梭形柱，上下卷刹，覆盆式柱础石、柱礩，历史悠久，相当古朴。据中国科学院考古研究所杨鸿勋研究员20世纪80年代对泉州圣墓、泉州开元寺及国内外一些同类型建筑比较，认定梭柱为南北朝至初唐所流行的柱式，大约自盛唐以后渐少使用。泉州圣墓石廊应为初唐时期所创建，圣墓这种古老柱式，所见为现存较古老的一种。据此，南海古庙始建于隋唐时期是有实物为据的。

唐时,泉州与广州同为中国的四大港口。据记载,广州南海神庙始于隋开皇十四年(594年),祭祀南海神,"舟往来者,祗谒祝融",庙在广州扶胥港。唐天宝十载(751年),唐朝廷以南海为广利王,定夏日为祀。泉州南海古庙与广州南海神庙,庙额一字之差,同祀广利尊王祝融,泉州碑也记"仲夏之月"为祀。泉、广两地何其相似!在晋江磁灶童子山窑出土宋代题诗盆,诗曰:"三月当潋禁火神,满头风碎踏青人。桃花也笑风尘客,不插一枝空过春。"从中可以悟出早于宋时,泉州已有祭祀火神的习俗滥觞,所以窑场才会有体现风土民情题材的陶瓷产品。入宋以来,莆田妈祖由女巫地位上升为海神,通远王由山神演绎为海神,泉州真武庙更成为朝廷望祭海神之所。南海神也渐渐淡出泉州神坛,致使庙圮基存。但不论当年兴盛如何,南海古庙在泉州海上丝绸之路初露端倪时,已做出了应有的历史贡献。

其三,考证提出东越国都会泉山。公元前202年,无诸治闽越。郢被诛杀后,闽越国亡。汉武帝册封余善为东越王,时东越地指泉山,东越王徙处南行,居保泉山,没有修建城郭,处溪谷之间,甲卒不下数十万。汉武帝还使重臣存临,施德垂赏,以制约东越王。泉山在何处,诸史书、史家众说纷纭,千百年来莫衷一是,有永嘉说、衢县说、浦城说、福州说、晋江说。百岁教授陈祥耀亦认为泉州以泉山得名,见于北宋乐史《太平寰宇记》、南宋王象之《舆地纪胜》、祝穆《方舆胜览》、乾隆《泉州府志》,早期泉州人即东越人。时任福建省博物馆馆长陈存洗在《闽越考古研究》一书中说:汉灭闽越国,"悉徙其众于江淮之间,东越遂虚"。其实,"遂虚"不虚,余众仍散居溪谷之间,延续原住民传统文化,直至三国孙吴5次用兵,闽越文化才完全融入汉文化之炉。就方言而言,泉州人称男子为"打捕",其所处地理环境应在江海溪谷之间,才能打渔狩猎。称女子为"诸娘""姿娘""织娘",应为"无诸国"女子,以纺织为生。这应是泉州特有的闽越遗响。

唐天宝间登进士第的包何《送李使君赴泉州》诗云:"傍海皆荒服,分符重汉臣。云山百越路,市井十洲人。执玉来朝远,还珠入贡频。连年不见雪,到处即行春。"诗的前几句反映大汉一统天下，汉廷还"复立无诸为闽越王"，以符信重用臣服汉朝的闽越国，以及都会泉山的东越国，才会在诗中隐吟东越云山中岳庙、白云古地、齐云山，再现汉唐时期的历史典故。

朱定波先生著述颇丰，每读获益匪浅。他研究考证隋唐中国海上丝绸之路的泉州海丝文化遗存，著《泉州汉唐海丝路》一书，纵横泉州历史2000多年，提出许多新颖的命题，还有待细细品味领悟。值此有感而发，以博共研同勉。

泉州姓氏文化交流协会会长蔡第乐先生的审读评价：

泉州南海古庙在晋江市池店镇溜石村，而南海古庙附近有一座闻名四方的溜石古渡码头。这里不仅是历代扼守泉州城南的军事要塞，也是晋江九十九溪主支流之水的重要水口，溪水从溜石山旁的溜石江流入晋江河，再进入大海。同时，这里是泉州通往晋江东南沿海的交通枢纽。据泉州南海古庙《重修南海庙碑记》载，古代南海古庙供奉南海之神"广利尊王，即祝融"，体现了泉州海洋民间信仰文化的兴盛发展。南海古庙成为隋唐五代时期中国海上丝绸之路的泉州海神庙，由泉州民间民众为往来于泉州的中外海洋商贸船舶主持举行祭祀南海神祝融的祈风祭海活动。

由泉州姓氏文化交流协会文史委员会主办，南海古庙文管会承办的"隋唐时期泉州海神庙史迹考察座谈会"，于2022年5月21日在晋江市溜石南海古庙召开，来自泉州各地的领导专家学者一起考察见证南海古庙珍贵的历史遗迹，领略中国海上丝绸之路起点——泉州海神庙的人文历史风采，从不同的视角梳理、感受到南海古庙历史遗产的文化魅力。由于时间关系，座谈会上只能粗略介绍研究考证隋唐中国海上丝绸之路的泉州海神庙，并著《泉州汉唐海丝路》书稿内容，并从与会的领导专家学者围绕书稿内容进行发言时了解到：这是一本通过立足于挖掘、研究和考证南海古庙是隋唐时期中国海上丝绸之路的泉州海神庙，探寻古代泉州在世界性海洋商贸中心的厚重历史文化内涵，全面展现秦汉至隋唐五代时期泉州人文历史的图书，书中介绍历史上从未展现过的这个古老时期令人惊叹的古代泉州灿烂辉煌的史实。

而后详细拜读《泉州汉唐海丝路》书稿，再一次被这部厚重的文史著作所震撼,对作者用心著书的学术气质及深厚的历史文化底蕴由衷钦佩。朱定波先生对南海古庙的研究考证,不仅十分曲折,而且极为艰难;不仅挖掘研究工作量巨大,而且考证历史时期跨度长。

南海古庙这一历史文化遗迹的重要价值,自古以来从未被史学界人士发现、挖掘和研究。当时,南海古庙文管会请朱定波先生帮忙研究南海古庙历史,主要研究南海古庙与台湾的关系。为此,经深入调研、查阅相关资料,特别是从清朝乾隆年间重修南海古庙的碑刻,考证并发现了这座海神庙是隋唐时期建造的。

多年来,朱定波先生通过查阅中国古代二十四史和福建古代地方志书史籍文献,以及查阅泉州文史类数以百种的图书和报刊资料等大量史书资料,结合对隋唐时期以前泉州民间信仰宫庙文化遗存的田野调查等大量史实,并对秦汉至隋唐五代时期以前泉州的人文历史研究考证,历经五年,终于完成了这部反映隋唐时期中国海上丝绸之路的泉州海神庙的重要著作。书稿中列举了大量的图片,印证南海古庙大殿保存的石柱、柱础石、木雕构件,保留了隋唐时期各种不同年代的建筑风格,特别是大殿梭型柱"卷刹"覆盆式柱础石,与泉州圣墓建筑和泉州开元寺大殿中保存的隋唐梭型柱"卷刹"形状相似,充分印证南海古庙保存的石柱是隋唐时期的建筑风格。莲花瓣、覆盆式的柱础石构件,还有很多木雕构件,飞腾神兽,仍保留隋唐时期的木质雕刻图案的文化遗存。

隋唐五代时期的泉州南海古庙,是泉州与世界海洋商贸文化交流的重要窗口,也是古代中国海洋商贸文化的重要史迹。中国海上丝绸之路的开辟,根本原因是海上贸易和海外移民,而精神支柱则是海神信仰。作为中国海上丝绸之路起点城市泉州,在开辟海上丝绸之路中做出的贡献最大,其中包括提供强大精神支柱的海神信仰。泉州南海庙与广州南海庙是目前保存最早的海神庙,在推动海上交通贸易中起着重要作用,是中国古代海上丝绸之路的历史见证和重要史迹。

泉州海神信仰贯穿于航海始终,与其他神明信仰一样,对于风险极大的航海者、海商和海外移民而言,海神能保佑他们远渡重洋、一帆风顺。因此,在晋江出海口溜石村建海神庙是顺理成章的。这种朴素的海神信仰，实际上体现了航海者借助海神信仰战胜海上各种艰难险阻的必胜信念，勇敢地跨出家门，走向海洋。因而海神信仰是中国海上丝绸之路的重要精神支柱和文化纽带。

看完朱定波先生著的《泉州汉唐海丝路》书稿，心中很是愉悦、舒畅，贯穿千年的南海古庙人文历史风貌，仿佛就在作者的笔尖之上流转着，引领我们走进不一样的南海古庙。在这本书中，我们可以看到朱定波先生为考证南海古庙进行田野调查时不知疲惫的身影，我们从中也可以看出以朱定波先生为代表的一代泉州文史专家学者对泉州海丝的文化传承和历史遗产保护的执着追求。

海丝文化经过历史的积淀，与人文精神、民族精神、海洋文化融为一体，这种文化精神对于现实社会有着无法替代的作用。我们生活在当今太平盛世，有责任、有义务去追溯流逝的岁月，发掘优秀、厚重的人文历史，开展海丝文化探源交流活动，探讨泉州独特的社会、历史、环境形成的人文历史及其对泉州社会的深刻影响。

多年来，朱定波先生对泉州的革命历史、姓氏文化、族谱文化、地方人文历史、闽台宗族关系及民间信仰文化等方面深入研究，潜心著作，卓有成效。同时，朱定波先生在发起闽台同名村同宗村的互动交流、推动海峡两岸和平统一的发展等诸多方面，成绩显著，受到党中央领导人的表扬及肯定。

泉州南海古庙的历史文化内涵极为丰富，具有厚重的历史价值。朱定波先生的《泉州汉唐海丝路》著作具有很高的历史地位、学术价值及社会作用，必将影响更多的文史专家、学者及姓氏文化工作者关注中国海上丝绸之路的泉州海神庙，从而推动中国海上丝绸之路的泉州海神庙研究进入一个全新阶段，从而不断提高南海古庙的历史价值及其影响力，使之成为中国海上丝绸之路起点城市泉州的亮点之一。

中共泉州市委宣传部泉州学研究所原所长、《闽南》杂志原主编、研究员林少川先生的审读评价：

一、缘起于隋唐泉州海神庙的重大发现

"泉州，这是你一生有机会至少要去一次的城市。"这是中央电视台"名嘴"白岩松说过的一句名言。

朋友,当您来到历史文化名城泉州("世遗"名城)时,若有人问:一是隋唐泉州的"海神庙"在哪里?二是泉州"南岳庙"在哪里?三是泉州"南海古庙"在哪里?也许或者是"一生有机会至少来一次的",或者是一辈子都住在泉州的,或者是全国重点大学读"正史"的历史系师生,或者是本土历史人士,有可能会"一问三不知"。奇怪吗?不奇怪!因为"教科书"上没有写,教师没有教,学生没有学,泉州地方志"正史"没有记载。子曰:"知之为知之,不知为不知。"

有句名言说:"提出问题比解决问题更重要!"那么,提出问题的人是谁?解答问题的人又是谁?同一个人也:一位"爱拼才会赢"的泉州人也,一位虽不是历史专业却从事历史研究独立思考的中国文化学者。也许因他不是历史专业的"科班",没有太多"条条框框"的束缚,因而独辟蹊径,走出自己一条引人注目的学术道路。他就是研究考证隋唐中国海上丝绸之路的泉州海丝文化遗存,著《泉州汉唐海丝路》的一书作者,最早为人们揭示了隋唐泉州海神庙(原名南岳庙,又称南海古庙)神秘面纱的著名文化学者朱定波先生。

二、从"海上丝绸之路"到"泉州学"

一提起"敦煌学",人们自然而然就会联想到"陆上丝绸之路"与佛教文化。而一提起"泉州学",人们则自然而然就会联想到"海上丝绸之路"与海洋文化。顾名思义,"泉州学"是研究泉州的一门学问,属于地方学研究的范畴。"地方学"是随着地域文化的发展及人们对地域文化的认识提高提炼后产生的一门新学科。所谓"泉州学",是一种以泉州地区的历史文化、人文活动、生态环境为研究对象的科际综合学问。(李亦园:《"泉州学"的新视野》)

讲到"泉州学",就应讲到"海上丝绸之路"。值得一提的是,1991年2月联合国教科文组织"海上丝绸之路"考察团来泉州进行考察,该项目协调员、总负责人迪安博士指出:泉州具有丰富的历史、文化、宗教遗产,应当设立一个专门的学科"泉州学"进行研究,正像研究中国"敦煌学"一样,使中国"泉州学"成为一项国际性项目。"泉州学"研究作为联合国教科文组织"海上丝绸之路"考察的一项后续活动，在海内外专家、学者重视和参与下轰轰烈烈地展开了。1991年11月8日，中国泉州学研究所正式成立。1995年，"泉州学"与"敦煌学""徽州学"等共53种学科，收录于《中国学术通览》一书。

泉州社会历史发展的文化现象，包括泉州政治、经济、文化、军事等方面。这些方面互相联结成一种统一的历史文化现象，彰显着"泉州学"的文化内涵。而"泉州学"的最大特色即是海洋文化，朱定波先生就是抓住"泉州学"的海洋文化特色做学问出成果的。

三、《泉州汉唐海丝路》是一部"泉州学"研究力作

朱定波先生著的《泉州汉唐海丝路》一书，为人们最早揭示了泉州海神庙（南海古庙，原称南岳庙）的神秘面纱，是独具匠心、嘉惠学林的一部"泉州学"研究力作。

"泉州学"研究的对象首先应该是海洋文化。泉州作为一座沿海城市，作为一个最早开放的海外贸易港口，在其文化内涵中必然会体现出厚重海洋文化的成分。海洋文化是相对于大陆文化提出的，是人类缘于海洋而生成的精神、行为、社会和物质的文明化生活内涵，海洋文化的本质是人类与海洋的互动关系及其产物。海洋文化在历史形态上，表现出多样化、开放性与包容性的典型特征。泉州文化可以说是个融合闽越文化、东越文化、中原文化、外来文化、海洋文化于一体的多元文化体系。在朱定波著的《泉州汉唐海丝路》书中，已经充分展现出这一灿烂泉州文化长期形成的清晰历史轨迹和厚重文化内涵。

泉州文化的多元性反映着丰富的海洋性内涵。众所周知，泉州的九日山通远王以及妈祖信仰，见证了宋元泉州"海上丝绸之路"的繁荣景象，是泉州海洋文化发展的一种体现。然而追溯历史，再往前推，早于九日山通远王与妈祖的古代泉州海神，又是谁呢？

朱定波先生考证泉州最早期的海神信仰、民间信仰、文化习俗等，都体现出十分鲜明的海洋文化特征。泉州最早的中国海神庙——南岳庙，又名南海古庙，供奉祭祀的海神祝融，比泉州的九日山通远王、妈祖信仰都要早数百年，是泉州海洋文化发展的最早体现。这一点非常重要。这是朱定波先生对泉州历

史和海洋文化的重大贡献! 朱定波先生著《泉州汉唐海丝路》一书,为人们揭示了泉州最早的海神庙(又称南海古庙)的神秘面纱,这是近年推出的一部泉州学研究的力作,也是向泉州"申遗"成功的重要献礼!

四、《泉州汉唐海丝路》一书具有很高的学术价值

朱定波先生著的《泉州汉唐海丝路》一书,宏篇巨作,内容丰富,图文并茂,亮点纷呈,具有很高的学术价值,既有深远的历史意义,又有重大的现实意义。

1.朱定波先生应晋江池店溜石村南岳庙文管会邀请考察,在古庙中堆满金纸的库房里发现一方清乾隆年间的《重修南海庙碑记》。这次是非常的重要发现,该庙主祀神祇为海神祝融广利尊王。正所谓"机遇青睐有准备的头脑",机遇来临,朱定波先生敏锐抓住这个千载难逢的机遇,从这里作为切入点,于是开始展现揭开中国最早海神研究的波澜壮阔、气壮山河的历史文化大幕!

2.朱定波先生从清乾隆年间的《重修南海庙碑记》着手,进而对该庙留存建筑构件与唐代灵山圣墓"梭形石柱""覆盆式柱础石"进行比较研究。与此同时,又把泉州南海庙与广州南海庙进行比较研究,最终考证泉州南海庙的历史十分久远,是隋唐时期就供奉祭祀南海神祝融的海神庙,从而为中国古代海丝起点发祥地泉州的溯源,提供十分重要的文物依据和实物证据。

3.朱定波先生从"南岳庙"着手,考察"泉州五岳",在遍查《泉州府志》《晋江县志》等泉州地方文献史籍,从无片言只语记载的探索考究之外,独辟蹊径,扩大视野,立足泉州,跳出泉州,超越泉州,查阅二十四史等浩如烟海的古籍史书,考证西汉东越王在东越国都会泉山封冠五岳山僭越建五岳庙,以及东越国被"灭国迁众"的历史,揭示为何泉州史籍没有记载之历史缘由。

4.朱定波先生从"南岳庙"与广州"南海神庙"比较研究考证,得出结论:隋唐五代时期,泉州南海古庙与广州南海神庙均是中国海上丝绸之路的重要文化窗口。随着历史发展,泉州海丝超越广州,历史经验值得总结并发扬光大。发掘泉州南海古庙史迹,突显泉州"申遗"成功的光辉历程,具有特别重要意义!

5.值此泉州"申遗"成功一周年纪念之际,朱定波先生呕心沥血地研究考证隋唐中国海上丝绸之路的泉州海丝文化遗存,隆重推出《泉州汉唐海丝路》

一书，揭示了泉州最早的海神庙（又称南海古庙）的神秘面纱，是一部泉州学研究的力作，值得重视与关注！特此推介，并衷心祝愿该书走出泉州，走向全国，走向世界！（2022年7月25日，写于泉州"申遗"成功一周年纪念之际）

中共晋江市委史志室原主任、晋江市人大常委会常委陈伟荣先生的审读评价：

近期，我参加实地考察晋江池店镇溜石村南海古庙的丰富史迹，拜读了朱定波先生在研究考证隋唐中国海上丝绸之路的泉州海丝文化遗存基础上所著《泉州汉唐海丝路》书稿，总体感觉：一是内容丰富，记述详实。全书分为九章进行深入的考证与阐述，图文并茂。二是旁征博引，逻辑性强。纵横论述了泉州从西汉时期曾经作为东越国都会至今的辉煌历史。三是精心探研，富有新意。本书用了大量的史实，考证论述南海古庙是隋唐五代时期中国海上丝绸之路的泉州海神庙，重点突出。朱定波先生对《泉州汉唐海丝路》的历史研究、发掘和考证，从根本上改变了隋唐五代时期已闻名天下的中国海上丝绸之路的起点和重要发祥地泉州没有海神庙的状况。

《泉州市海上丝绸之路史迹保护条例》，于2016年8月26日经泉州市第十五届人民代表大会常务委员会第三十五次会议通过，于2016年12月2日经福建省第十二届人民代表大会常务委员会第二十六次会议批准，自2017年1月1日起施行。泉州海丝史迹是泉州悠久历史文明的见证和载体，是不可再生的宝贵资源。因此，我们应当做好海丝史迹的法治宣传和发掘宣传，进一步重视海丝史迹保护，深入发掘研究，营造浓厚保护氛围，加强史迹保护力量，加快海丝史迹项目建设进度。把发掘研究泉州南海古庙的人文历史遗迹作为贯彻落实《泉州市海上丝绸之路史迹保护条例》的一项重要基础性工作，对于丰富泉州海丝史迹的内容，提高泉州历史文化名城的影响力和探寻泉州的世界海洋商贸中心的厚重文化内涵，具有深远的重要意义。

泉州市鲤城区方志委原主任、泉州市鲤城区政协文史委原主任许伙努先生的审读评价：

笔者怀着十分感慨和敬仰的心情拜读了作者全文洋洋40多万字的在研究考

证隋唐中国海上丝绸之路的泉州海丝文化遗存基础上所著《泉州汉唐海丝路》书稿。笔者多年从事政府地方志和政协文史资料工作,阅读过不少地方史志及刊物,难得让我动容的是,虽然写的是一座古庙,但书稿内容穿越秦汉乃至隋唐五代时期,诚然是一部泉州古代史。朱定波先生通过研究中国古代史籍文献和溜石村南岳庙,即南海古庙,考证了泉州古称泉山,西汉时期曾经是东越国的都会,东汉时期就参加开辟中国海上丝绸之路的南海航线,展现泉山(古泉州)的崛起历史。南海古庙则是隋唐五代时期的泉州海神庙,见证了古泉州引领中国海上丝绸之路方兴未艾、蓬勃发展做出的重要历史贡献。

笔者觉得印象较深的有几个主要方面:

一是考证记述泉州有东越国五岳遗存。即东岳凤山(东门外凤山南麓),西岳龙山(新门街西段龙头山南麓)、南岳溜石山(今晋江市池店镇溜石村)、北岳狮山(今丰泽区北峰街道山兜村)、中岳云山(今市区东街北侧白云古地)。西汉东越国的五岳竟然在古泉州(泉山),虽令人难以置信,却是不容置疑的客观事实。

二是分析古泉州郡县治所从丰州徙至今鲤城的根本原因。秦汉时期,古泉州(泉山)先民就很重视风水宝地。东越国中岳云山(古属北隅云山铺,今市区东街北侧),背靠巍巍北山(今清源山),南望滔滔河流(今晋江河);左边是宽阔的出海口,右边是河流上游东西溪的交汇处。此乃属背山面水、向阳背风、左右逢源的"汭位"宝地(今属泉州市区)。西汉东越王在"泉山""汭位"建置东越国都会,并在吉祥之地云山建造"中岳庙"。唐代武荣州刺史也看中这块宝地。唐久视元年(700年),终于把设置400多年的郡县治所丰州迁徙至今泉州市区。在此后的1300多年间,今泉州市区一直是历代州、郡、府、署、县的治所。

三是考证"泉州南岳庙"与"泉州南岳宫"的关系。晋江溜石村的南岳庙始建于西汉东越国时期,供奉的是南海之神"广利尊王祝融"。泉州老城区中山路南段东侧"南岳宫"始建于北宋初期,早年曾供奉南岳之神、南海之神祝融,后成为南岳街境庙,改供奉境主神宋节度使陈洪进及武财神赵天君。两座宫庙功能各异，不能混为一谈。

四是考证推论史志未曾记载五岳遗存的历史缘故。西汉时期，建造在东越国都会泉山的五岳庙遗存，为泉州历史文化古城揭开了十分厚重的人文历史。遗憾的是在历代地方史志上鲜有记载。究其原因，有可能是泉山五岳属于西汉东越国反叛朝廷的文化遗存而不宜记载，或是东越国被"灭国迁众"导致历史断层，或是由于历史"失记"缘由导致资料缺失，从而引导后人进行分析研究和深入考证。

五是对"泉山为今泉州之山"的系统考证。今泉州在秦汉时被称为"泉山"。隋朝时设立郡州，是以东越国都会泉山之名为泉州郡治。作者为了说明泉山为今泉州之山，通过引用《汉书·朱买臣传》《汉书·严助传》《新唐书·柳冕传》《八闽通志·寺观》等古代史志文献，以及唐朝之前的史事和史实，从10个方面客观地系统论证古代"泉山"确实为"泉州之山"。

笔者真诚期待《泉州汉唐海丝路》早日付梓。

惠安县政协文史委主任张国琳先生的审读评价：

朱定波先生退而不休，长期持续醉心于泉州历史文化的补缺、补漏工作。《泉州汉唐海丝路》一书，以相当丰富而又翔实的文献史料和史实考证，挖掘出古代泉州一座被前人所忽视的历史文化宝库，有力地佐证了泉州作为中国海上丝绸之路的起点，其实可以追溯到更为遥远的隋唐甚至东汉时期，突显出泉州海上丝绸之路的对外商贸航海活动在中国历史上的独特地位和深远影响。《泉州汉唐海丝路》一书，源于对早期民间海神信仰崇拜的研究，证明了泉州古代先民在宋元时期妈祖崇拜兴起之前，有另一尊更悠久、更显赫的海神信仰广利尊王祝融，曾经参与了推动隋唐时期中国海上丝绸之路的方兴未艾，见证了泉州中外海洋商贸经济活动的蓬勃发展，充分体现了民间海神信仰顽强的文化生命力和历史辐射力。同时，对泉州学和秦汉至隋唐时期的泉州历史研究，填补了泉州一段历史空白。朱定波先生的学习钻研精神，对后人无疑是起到了榜样的作用。

泉州姓氏文化交流协会秘书长林永平先生的审读评价：

好友定波先生是闽台地方文化著名研究专家，他的研究成果丰富多种，受到各级政府部门的重视和肯定。近几年，他把目光投在了地处泉州晋江下游西岸的泉州南海古庙上，研究了大量两汉、隋唐以来的相关历史文献，发现这座庙在隋唐时期就已存在且影响很大。这一重要发现，无疑将泉州海丝文化历史的时间向前推进了数百年。

隋唐五代时期中国海上丝绸之路的泉州海神庙，见证了中国古代海上丝绸之路形成发展的历史轨迹，也展现泉州是中国海上丝绸之路起点的重要史迹和主要发祥地。泉州具有丰富、厚重、独特的文化资源优势，海丝文化是泉州一张亮丽的名片。定波先生研究考证隋唐中国海上丝绸之路的泉州海神庙，并著《泉州汉唐海丝路》这一重要研究成果，将有力地推动泉州海丝文化向更深层次发展。

在此祝贺定波先生著的《泉州汉唐海丝路》大作付梓成功！

泉州姓氏文化交流协会办公室原主任金建国先生的审读评价：

读了朱定波先生著的《泉州汉唐海丝路》大作，收获颇丰，感受深刻。这本书稿图文并茂，内容全面，年代跨越久远，涉及的知识丰富，特别是对泉州古代历史时期的政治、经济、文化、交通、民间信仰等的详细叙述，让人耳目一新。作者对南海古庙的历史背景考究面非常广，研究问题深入细致，是名优秀的史学专家。这本书是研究泉州古代历史不可多得的好书籍，也是向市民普及泉州历史文化的好读本。

《泉州汉唐海丝路》一书，挖掘、研究、考证了南海古庙形成的历史轨迹和历史背景，把读者带进了历史长河，让读者产生新的认知。

一、古代海外交通贸易促使泉州成为历史文化名城

《泉州汉唐海丝路》书稿从西汉的东越国说起，介绍了古代泉州的历史发展轨迹。说秦汉、话隋唐，古代泉州的"四湾十六港"，泉州的海上丝绸之路，从书上的文图都可尽览。打开泉州古代的历史画卷，让我们得知，泉州的经济开发早在周秦时期就已开始。西晋末年，中原战乱，士族大批入泉。三国吴永安三年（260年），在今南安市丰州镇置东安县治。南朝梁天监间置南安郡治。隋唐时期，泉州海外交通贸易兴盛，奠定了泉州成为"海上丝绸之路"重要起

点的历史地位。唐朝中唐至晚唐，泉州海外交通贸易进一步发展，出现"市井十洲人"的盛况时期。五代时闽王王审知和泉州统治者王延彬、留从效、陈洪进等人重视"招徕海中蛮夷商贾"，用铜铁、陶瓷等易货交换金贝、珠宝、香料，因而泉州海外交通贸易继续发展，奠定宋元时期繁盛的基础。宋元时期，泉州发展成为海外交通贸易巨埠，一度成为世界第一大港。2021年，泉州宋元中国的海洋贸易中心被列入《世界遗产名录》，其22个遗产点，几乎都与海上交通贸易有关。古代海上交通贸易促使泉州成为中国历史文化名城。

二、海神信仰成为泉州重要民间信仰是历史必然

在古代，人们对知之甚少的海外世界具有浓厚的神秘感，而神秘感就容易产生恐惧感。所以在沿海地区宫庙中供奉的神明多兼有保佑航海安全的职能，船舶远航前要到海神庙祈求神明保佑航行平安。船老大会在启航前把航海保护神请到船上，定期祭拜神明，祈求一帆风顺、往返大吉。在海洋航行过程中，船上所有的人更是把命运寄托于海神保佑，祈求海神保佑，渡过难关，海神成为他们战胜各种苦难险阻的精神支柱。隋唐时期，中国沿海的渔民和海上贸易的商人，出海时精神上的寄托就是所信奉的南海神祝融。久而久之，南海神就是他们最主要的信仰，也是形成沿海民间信仰海神的原因所在。

三、南海古庙与泉州历史文化名城的关系

《泉州汉唐海丝路》一书把南海古庙对泉州历史的意义、作用和影响都描述得很清楚，考证叙述很到位。在泉州溜石山的南海庙，是隋唐五代时期的泉州古神庙。首先，南海古庙见证了历史变迁。我们在南海古庙中看到了现存不同时期的古老石柱和木雕构件。这些古老石柱和木雕构件的形状和工艺技艺，充分展现了泉州历史变迁的轨迹，彰显泉州悠久灿烂的历史文化。而《重修南海庙碑记》告知我们，泉州沿海地区宋元之际发生战乱，庙宇多次因战火和社会动荡所损毁，充分展现了泉州历史的沧桑岁月。其次，南海古庙见证了泉州对外贸易与海上丝绸之路的悠久历史。中国海上丝绸之路的开辟，根本原因是海上贸易和海外移民，而精神支柱则是海神信仰。古代沿海地区有海神庙，而海神庙通常都是建在水运枢纽或出海口、人口密集、经济发达、交通方便的地

方。南海古庙建在晋江南岸的出海口，泉州的"市井十洲人"之地与出海祭祀海神之地比较靠近，这充分证明了南海古庙与泉州古城有密切的渊源。泉州是中国海上丝绸之路的重要起点，其中包括提供强大的精神支柱海神信仰。所以说南海古庙见证了泉州对外贸易与海上丝绸之路的发展历史。最后，泉州南海古庙文化是泉州历史文化的组成部分。泉州历史文化主要是南海神庙文化、海上丝绸之路文化、闽南文化以及海洋文化的相融合。泉州历史文化又与民俗文化的发展联系到一起，泉州的民间艺术，其中南音被誉为"中国音乐史上的活化石"。南音流行于台港澳，也在海外的菲律宾、新加坡、马来西亚、印度尼西亚等东南亚闽南语系的华侨中流行。这些都是泉州海洋文化发展的传承地，也是南海古庙信仰文化影响的地域。

南岳庙又称南海古庙，像是一位有着1400多年历史的老人，亲眼见证了中国海上丝绸之路始于泉州，无论是过去，还是现在，南海古庙应该是古代泉州对外交通和对外贸易的一个重要的标志及遗存。

读了《泉州汉唐海丝路》，让我们知道南海古庙与泉州历史文化有着千丝万缕的关系。海神信仰是海上丝绸之路的精神支柱和文化纽带。泉州南海古庙是我国古代的宗教、古建筑、书法、雕刻等诸多文学艺术和建造技艺都集成于一体的重要文化遗存，具有非常高的历史文化价值与旅游经济价值，值得我们挖掘、研究、利用和保护。

泉州姓氏文化交流协会办公室主任朱从容先生的审读评价：

魏晋南北朝以来，由于中国经济重心的南移和海外贸易经济的逐步兴起，古代泉州经济社会开始进入一个迅速发展的时期。由于中原人口的持续南迁，泉州的海外贸易迎来了繁荣发展时代，从此中国古代海上丝绸之路兴盛崛起，方兴未艾。但同时期由南岳庙修建的泉州海神庙，史学界从未发现。

广州南海神庙始建于隋开皇十四年（594年）。在泉州南海古庙的祝融海神被发现之前，广州南海神庙被认为是隋朝的四海神庙中唯一保存下来的海神庙。这次泉州南海古庙祝融海神的被发现，将泉州海神庙的悠久历史大大向前推进数百年。泉州南海古庙作为隋唐五代时期中外海洋商贸船舶祭祀海神的主要场所，现存不同历史时期的丰富文化遗存，至今仍保留了魏晋南北朝以来各朝代的建筑构件。朱定波先生在书中对泉州南海古庙进行历史性的梳理考证，厘清南岳庙（又称南海古庙）的原由，并通过大量的史实论证、史论结合，显得充实而有深度、厚重。其范围包括泉州五岳庙的缘起，从南岳庙到海神庙的演变，泉州不同历史时期的海神信仰等各个方面，对南海古庙的考证阐述详尽细致，从而使人十分清楚地看到泉州海神信仰发展、传承的悠久历史轨迹。

具有深厚文化底蕴与厚重历史的南海古庙，是泉州海洋文化的重要载体，是泉州海外交通贸易史的重要文化遗址，在泉州航海史上具有重要意义。泉州海神信仰的发展与中国海上丝绸之路的崛起是息息相关的。海神信仰贯穿于中外航海活动的始终，既反映了航海者对海洋的敬畏之心，又体现了航海者借助海神信仰战胜困难的坚定信心。可以说，泉州海神信仰参与推进了中国海上丝绸之路的延续与繁荣，见证了隋唐时期泉州海外交通贸易在世界上的重要历史地位。

朱定波先生研究考证隋唐中国海上丝绸之路的泉州海神庙，并著《泉州汉唐海丝路》一书，作为历史上泉州第一部系统地考证论述南岳庙及海神庙的著作，从学术价值上说，这是十分重要而具有现实意义的。南海古庙的历史积淀和考证成果，展现了泉州作为中国海上丝绸之路发祥地的重要地位，确定了泉州自隋唐时期就开拓了中国海上丝绸之路的重要史实，也填补了隋唐时期泉州海神庙史迹的历史空白。

泉州市泉港区地方志学会会长、泉港区政府文化顾问团委员、泉港区第一中学高级教师黄建聪先生的审读评价：

我的老师朱定波先生是福建著名文化学者、闽台文化交流使者。据我所知，他是国内外较早提出泉州作为"海上丝绸之路"起点城市，应重视振兴泉州"海上丝绸之路"学术研究力度的官员、学者之一。有段时间，他兼任泉州市泉港区人民政府文化顾问团团长，我作为其中成员，耳濡目染。他每到一处总是亲力亲为，深入海隅、街巷、山野、田头，实地考察研究，搜集整理第一手资料。当我通读朱老师研究考证隋唐中国海上丝绸之路的泉州海神庙基础上所著的《泉州汉唐海丝路》书稿，洋洋大观，甚是欢喜，颇觉耳目一新。内容十分丰富，阐幽明微，见解独到，是对"海丝""世遗"研究的重要成果。

一、值得高度重视的泉州古代历史研究力作

朱老师博览群书，博采众长。他从《史记》《汉书》《后汉书》等二十四史到《闽书》《八闽通志》《福建通志》《泉州府志》《晋江县志》《惠安县志》等历代地方省志、府县志，以及专门志等，发现与泉州地方历史相关的大量文献史料，并结合长期的田野调查加以佐证。《泉州汉唐海丝路》一书从多方位再现泉州历史场景，探究历史真相。全书重点以泉州晋江的溜江南海古庙（南岳庙）为中心，纵横交错，充分体现了作为"东亚文都""中国历史文化名城""宋元时期泉州：中国的世界海洋商贸中心""汉唐海上丝绸之路的起点""世界宗教博物馆"的泉州古城、古港（泉州湾、深沪湾、围头湾、湄洲湾等四湾共十六港）有史以来有关海洋商贸、宗教和民间信仰、建筑技艺、造船（福船制作技艺）、陶瓷、茶叶、华侨、闽台关系等泉州最具特色的历史文化内涵，是值得高度重视的一部泉州古代历史研究力作。

二、彰显隋唐海丝遗存泉州南海古庙的重要历史地位

哲学家黑格尔在《历史哲学》里指出，"（海洋）表面上看来是十分无邪、驯服、和蔼可亲，然而正是这种驯服的性质，将海变成了最危险、最激烈的元素"。正因为如此，生活在沿海地区的人，抵御不了海洋自然灾害时，对海洋的宏大、深邃和神秘便产生敬畏和恐惧。于是有关海洋的神灵崇拜现象充斥沿海地区社会生活和人们精神世界的各个角落，构成海洋精神文化的一个重要组成部分。

泉州先民依海为生，向海而兴。"泉州学"研究专家学者对宋元以来妈祖及其与泉州"海丝"密切关系的研究十分深入。而历史十分悠久的泉州"南海古庙"，不容置疑是中国海上丝绸之路发源于泉州的重要历史见证。遗憾的是，长期以来几乎所有的史志专家却没有发现"南海古庙"作为隋唐中国海上丝绸之路的重要文物存在，更谈不上对它的挖掘和研究。而朱老师却慧眼独具，视觉独特，史料翔实，精心考证，领先开创，发掘、研究这座始于汉代的古老文化遗存。

早在先秦时，南海神已是国家郊祀的一部分。为适应日渐发达的海上贸易，隋文帝于开皇十四年（594年）下诏在我国沿海建东海神庙和南海神庙。泉州南海古庙建于晋江的溜江，这里水陆交通条件十分优越，故南海庙选址就显得科学合理。唐玄宗天宝十载（751年），祝融被封为"广利王"。可见祝融既是火神、夏官南方神等，也弭兵灾，降甘霖，庇佑国家社稷和地方安定，保佑南方水上交通。韩愈写《南海神庙碑》时说："而南海神次最贵，在北东西三神、河伯之上。"（韩愈《昌黎文集》卷三一）由此可知，南海神在海洋水体本位神中居显赫地位。

多年来，朱老师不辞辛劳，深入相关港口、基层以及村头厝角，掌握第一手资料，稽考历代史籍（地方志），考证历代实物及其记载，条分缕析，充分论证隋唐五代时期泉州已成为重要贸易港口，展现泉州南海古庙的历史地位。从南海庙的建筑规模可看出，古代商贾出入泉州，必至南海庙中祭祀，以祈求"海不扬波"、顺风顺水、平安生财，并提供古庙的修建资金。朱老师认真比较考究了泉州、广州两地南海庙的显著不同特点，指出隋代中国修建的海神庙是以泉州南海古庙最为领先。隋唐五代时期，泉州南海古庙为海洋商贸船舶举行民间的祈风祭海活动，完整地见证了中国海上丝绸之路发源于泉州的重要史实，彰显了泉州多元文化的共存并持续传承祈风祭海的社会影响，以及展现了泉州古代"海丝"的历史进程、台湾海峡两岸民间信仰交流的文化内涵。

作为隋唐时期海神信仰崇拜的重要场所和海神庙旧址，泉州南海古庙成为中国古代海上交通贸易的重要史迹，也是中国"海丝"发源于泉州的重要历史见证。因此，需要我们精心保护这一份不可多得的珍贵历史文物和非物质文化遗产。

三、填补了泉州隋唐及其以前历史研究的空白

颇为值得一提的是，朱老师关于"东越国都会泉山"、东越国被汉武帝"灭国迁众"、"东越国五岳遗存"等鲜为人知的重要史实，广为搜集史料并深入考证，填补了历代史学界在这一方面研究的空白。由于诸多原因，一直以来，历史学家、地方史志专家更多是专注于宋元时期泉州的研究，对隋唐时期及其以前的福建、泉州历史研究较少。这就难于全面反映泉州的历史长度和丰

厚度。例如有关福建的通史、断代史等叙述闽越国的建立、社会政治、经济、文化历史，但是没见对东越国的研究和叙述。朱老师在深入研究泉州海神庙时，通过查阅《史记》《汉书》《后汉书》等一批早期中国史志文献之后惊叹地发现：古泉州存在曾一个十分久远而又真实的客观历史：西汉时期存世68年而又灿烂辉煌的闽越古国，却没有成为司马迁撰写《史记》记载的列传内容之一。而在西汉时期的历史昙花一现、仅仅存世26年的东越国，却成为《史记·东越列传》记载的列传内容之一。东越国短暂的历史，却常常成为历代史籍记载的闽越古国历史。古代志书记载的东越国，主要是记述发生在西汉时期泉山（今泉州）建立东越国的久远史实。作者根据浩如烟海的古旧史记、散处各地的史迹进行多方、系统的历史考证：东越国设都会于"泉山"，就是在泉州的大地上。作者还对泉州五岳庙（东岳凤山、西岳龙山、南岳溜石山、北岳狮山、中岳云山）进行充分的论证，为泉州宗教民间信仰的研究增添了丰富、厚重的历史内容。（写于泉港三耕斋）

泉州市丰泽区方志办原副主任卢承志先生的审读评价：

泉州先民"讨海"维生、崇拜海神，由来久远。当今多数泉州人知道先民崇拜的海神为妈祖，然而敬奉妈祖为海神的历史最多只能追溯到宋代。福建古代称为七闽，即有七个母系社会部落在这古老的土地上繁衍生息。早在旧石器年代，就有先民在今泉州市丰泽区东海街道蟳埔社区的鹧鸪山上活动生息。作者研究考证隋唐中国海上丝绸之路的泉州海神庙，并著《泉州汉唐海丝路》书稿，提出泉州先民在宋代以前敬奉的海神是上古祝融，这是发现泉州先民信仰文化在历史上的一项重大突破。可喜可贺！

泉州市鲤城区地方志学会顾问薛祖瑞先生的审读评价：

朱定波先生老而弥笃，几年来著述越为丰富。最近拜读作者研究考证隋唐中国海上丝绸之路的泉州海神庙，并著新书《泉州汉唐海丝路》，十分钦佩其精力之充沛，涉猎之广泛。众所周知，泉州宋以前的史料十分缺乏，而朱先生以晋江溜石村的一座古庙，搜缺剔微，旁征博引，力证隋唐以至两汉之前泉南先民的"海神崇拜"，揭示了泉南先民以海为生的精神层面。从文中论述的最早溜石南岳庙的海神祝融，到两宋时期九日山海交史上的"通远王庙"祈风仪式，以及其后的海神妈祖崇拜，一脉以贯之，无不彰显出泉州先民对海洋的热爱，对海上贸易的执着。我们从朱先生的书中深刻领悟到泉州成为宋元时期世界海上贸易大港，并不是偶然的现象。泉州人的"海洋思想""海洋文化"由来已久，承前继后，渐臻辉煌！

泉州历史文化中心学者魏朝阳先生的审读评价：

朱定波先生著《泉州汉唐海丝路》一书，在泉州文史界做出诸多首创。

一、考证了泉州"五岳"产生的时代背景及地点变迁

汉建元六年（公元前135年），在汉武帝封余善为东越王之后，余善以泉山做都会建立东越国，自称"东越国武帝"，刻武帝玺自立。经过泉山地理（堪舆）大师的精心选择，效仿汉武帝的封禅祭典，在东越国都会泉山封冠东越国五岳，并建造五岳庙，举行五岳祭典活动。后来因余善的种种反叛行为，东越国被汉武帝"灭国迁众"。当时东越国的五岳庙，东岳庙：汉代建于泉州的皇迹山（东岳山），宋代时泉州东岳行宫迁至仁风门外的凤山，宫下村又称东岳村。西岳庙：汉代建于西岳龙山（龙头山），明天启七年（1627年）重建，名资寿寺。清雍正二年（1724年）修，改名泉郡西岳龙山寺。南岳庙：汉代建于晋江的溜石山，在晋江的入海之水口边。隋朝时改名为南海古庙，供奉南岳之神，又称南海之神祝融。北岳庙：汉代建于泉州的北峰狮山，沿革不明，供奉北岳真武帝君。中岳庙：汉代建于泉州中部的云山（即后之"白云古地"），西晋泰康年间重修后，改称"白云庙"。

二、考证了汉代东越国的都会泉山就在今之泉州

据《史记·东越列传》《汉书·严助传》《汉书·朱买臣传》等史籍文献及相关史实、史迹等大量事实来论证了汉代东越国余善是以"泉山"为东越国的都会，同时也用东越王余善在"泉山"封冠东越国五岳的史实来佐证东越国的都会泉山就在今之泉州。这种重要论述也是泉州文史界的第一人。

三、把泉州海神的产生年代最迟向前推至隋朝

一是据南岳庙内清乾隆十二年（1747年）《重修南海庙碑记》的供奉南海

之神祝融等记载、南海古庙的古建筑遗存,以及留存在古庙里的各种古石柱、柱础、木雕等构件的技艺风格和特质断定:南海庙是隋朝由汉代的南岳庙重修后改称为"南海庙"(即今之"南海古庙")。二是参照广州黄埔扶胥的"南海神庙"(始建于隋开皇十四年,594年),是唐朝至清朝历代官方祭祀南海之神的主要场所。与泉州南岳的"南海古庙"一样,都是隋唐时期中国古代海上丝绸之路的海神庙。三是南岳的"南海古庙",是应泉州自隋唐时期对外海上贸易之"运"而生的,也为中国的世界海洋商贸兴盛发展留下深刻的历史记忆。泉州南海庙供奉的祝融海神,比九日山通远王海神更早400余年,是古代泉州最早供奉祭祀的海神信仰。泉州南海庙的祝融海神,为助力中国古代海上丝绸之路的兴盛崛起做出了积极的历史贡献。

参 考 文 献

一、史籍文集

《诗经》，北京：线装书局，2013年。

《周礼》，桂林：漓江出版社，2022年4月。

（汉）司马迁：《史记》，简体字本二十四史，北京：中华书局，2005年3月。

（汉）班固：《汉书》，简体字本二十四史，北京：中华书局，2005年3月。

（南朝宋）范晔：《后汉书》，简体字本二十四史，北京：中华书局，2005年3月。

（晋）陈寿：《三国志·魏书》，简体字本二十四史，北京：中华书局，2005年3月。

（唐）房玄龄等：《晋书》，简体字本二十四史，北京：中华书局，2005年3月。

（南朝梁）沈约：《宋书》，简体字本二十四史，北京：中华书局，2005年3月。

（南朝梁）萧子显：《南齐书》，简体字本二十四史，北京：中华书局，2005年3月。

（唐）姚思廉：《陈书》，简体字本二十四史，北京：中华书局，2005年3月。

（唐）李延寿：《南史》，简体字本二十四史，北京：中华书局，2005年3月。

（唐）李延寿：《北史》，简体字本二十四史，北京：中华书局，2005年3月。

（唐）魏徵：《隋书》，简体字本二十四史，北京：中华书局，2005年3月。

（后晋）刘昫等：《旧唐书》，简体字本二十四史，北京：中华书局，2005年3月。

（宋）欧阳修、宋祁等：《新唐书》，简体字本二十四史，北京：中华书局，2005年3月。

（元）脱脱等：《宋史》，简体字本二十四史，北京：中华书局，2005年3月。

（明）宋濂：《元史》，简体字本二十四史，北京：中华书局，2005年3月。

（晋）法显：《佛国记》，上海：上海古籍出版社，1985年2月。

（唐）杜佑：《通典》，北京：中华书局，2016年4月。

（唐）李吉甫：《元和郡县图志》，北京：中华书局，2008年6月。

（宋）韩元吉：《南涧甲乙稿》，北京：中国社会科学出版社，2022年4月。

（宋）赵汝适：《诸番志校注》，上海：上海辞书出版社，2011年5月。

（宋）王象之：《舆地纪胜》，北京：中华书局，1992年10月。

（元）汪大渊著，苏继庼校释：《岛夷志略校释》，北京：中华书局，2009年3月。

（元）吴澄：《临川吴文正公集》，北京：北京大学出版社，2018年8月。

安居香山等：《重修纬书集成》，石家庄：河北人民出版社，1994年12月。

关鹏飞译注：《唐才子传》，北京：中华书局，2020年7月。

（清）彭定求等：《全唐诗》，北京：中华书局，2003年7月。

（清）徐松：《宋会要辑稿》，北京：中华书局，1957年12月。

（清）陈国仕：《丰州集稿》，南安县地方志编纂委员会，1992年。

（摩洛哥）伊本·白图泰著，马金鹏译：《伊本·白图泰游记》，北京：中华书局，1991年1月。

（意大利）马可·波罗著，梁生智译：《马可·波罗游记》，北京：中国文史出版社，1998年2月。

（阿拉伯）伊本·胡尔达兹比赫著，宋岘译注：《道里邦国志》，北京：中华书局，1991年12月。

二、地方志书

（宋）施宿等：《嘉泰会稽志》，北京：商务印书馆，2013年11月。

（明）李贤、彭时等：《明一统志》。

（明）何乔远：《闽书》，福州：福建人民出版社，1995年12月。

（明）黄仲昭：《八闽通志》，福州：福建人民出版社，1990年5月。

（明）万庆修、黄光升等：隆庆《泉州府志》。

（明）史于光等：嘉靖《泉州府志》。

（清）怀荫布修，黄任等纂：乾隆《泉州府志》。

（清）郑一崧修，颜璹等纂：乾隆《永春州志》。

（清）胡之铉主修，周学曾等纂：道光《晋江县志》。

（清）刘佑总修，叶献论、洪孟缵等纂：康熙《南安县志》。

《金门县志》（共十二册），金门县政府，2007年续修。

傅衣凌：《安海志》，晋江安海志修编小组，1983年9月。

徐本章主编：《德化县文物志》，德化县文物管理委员会、德化县文物志编纂委员会编印，1996年6月。

林合龙主编：《德化陶瓷志》，北京：方志出版社，2004年12月。

中共石狮市委党史和地方志研究室编：《石狮市志》，北京：新华出版社，2019年11月。

三、学术论著

吕思勉著：《隋唐五代史》，北京：北京理工大学出版社，2016年4月。

刘尊志著：《汉代诸侯王墓研究》，北京：社会科学文献出版社，2012年12月。

中国社会科学院考古研究所、福建博物院等：《泉州南外宗正司》，北京：科学出版社，2020年8月。

福建省晋江流域考古调查队编著：《福建晋江流域考古调查与研究》，北京：科学出版社，2010年5月。

福建博物院、晋江博物馆编：《磁灶窑址：福建晋江磁灶窑址考古调查发掘报告》，北京：科学出版社，2011年8月。

胡世庆编著：《中国文化通史》（上下册），杭州：浙江大学出版社，2005年9月。

王宁主编：《中国文化概论》，长沙：湖南师范大学出版社，2001年4月。

卢美松主编：《八闽文化综览》，福州：福建人民出版社，2013年5月。

海上丝绸之路研究中心：《跨越海洋——中国海上丝绸之路八城市文化遗产精品联展》，宁波：宁波出版社，2012年5月。

陈辉宗主编：《泉州与世界海洋文明》，北京：海洋出版社，2022年9月。

泉州伊斯兰史迹保护委员会、中国文化史迹研究中心：《泉州伊斯兰史迹》，福州：福建人民出版社，1985年10月。

林仁川、卢美松主编：《中国地域文化通览：台湾卷》，福州：福建人民出版社，2014年6月。

陈支平、林晓峰主编：《闽台文化的多元诠释》，厦门：厦门大学出版社，2014年3月。

林华东、林丽珍、苏黎明：《泉州学概论》，厦门：厦门大学出版社，2022年1月。

李培德主编：《泉州历史文化概览》，福州：福建人民出版社，2021年5月。

陈鹏鹏：《陈鹏鹏文史类稿》，泉州历史文化中心丛书，香港：闽南文化出版社，2018年9月。

傅金星：《傅金星文史类稿》，泉州历史文化中心丛书，香港：闽南文化出版社，2018年9月。

许在全：《刺桐探骊录》，北京：红旗出版社，1993年5月。

吴文良著，吴幼雄增订：《泉州宗教石刻》（增订本），北京：科学出版社，2005年5月。

林华东主编：《海上丝绸之路新探索》，北京：中国社会科学出版社，2016年8月。

李玉昆、李秀梅：《泉州海外交通史》，北京：中国广播电视出版社，2006年6月。

林华东：《闽南文化：闽南族群的精神家园》，厦门：厦门大学出版社，2013年10月。

福建省炎黄文化研究会、福建省作家协会：《走进八闽瑰宝》，福州：海峡文艺出版社，2020年11月。

粘良图、刘志峰：《晋江胜迹》，福州：海峡文艺出版社，2018年10月。

中国历史文化名城研究会（筹）编：《中国历史文化名城保护与建设》，北京：文物出版社，1987年3月。

广州市地方志办公室：《南海神庙文献汇辑》，广州，广州出版社，2008年12月。

南海神庙编写组：《南海神庙》，广州，广东省地图出版社，1992年1月。

黄淼章：《南海神庙》，广州，广东人民出版社，2005年9月。

《南海神庙碑刻拓片集》，广州，广州出版社，2007年9月。

薛爱华：《闽国：10世纪的中国南方王国》，上海：上海文化出版社，2019年8月。

何少川主编：《八闽地名要览》，福州：海峡文艺出版社，2019年3月。

福建省政协民族和宗教委员会编：《福建佛教祖庭名刹文化概览》，福州：福建人民出版社，2018年12月。

黄致宏主编：《海峡黄氏》，福建省姓氏源流研究会编印，2019年6月。

郑有国：《福建市舶司与海洋贸易研究》，北京：中华书局，2010年5月。

胡沧泽：《海洋中国与福建》，哈尔滨：黑龙江人民出版社，2010年6月。

福州市地方志编纂委员会编：《福州姓氏志》，福州：海潮摄影艺术出版社，2005年8月。

泉州市文物局、泉州市文物考古研究所：《泉州文物·国宝篇》，北京：九州出版社，2021年6月。

陈鹏鹏主编：《泉州文物手册》，泉州市文物管理委员会编印，2000年11月。

中国航海学会、泉州市人民政府：《泉州港与海上丝绸之路》，北京：中国社会科学出版社，2003年10月。

张惠评、许晓松：《泉州古城铺境神》，福州：海峡书局，2014年12月。

张惠评、许晓松：《泉州古城古街名巷名居》，福州：海峡书局，2014年12月。

张惠评、许晓松：《泉州状元录》，福州：海峡书局，2014年12月。

张惠评、许晓松：《泉州进士录》，福州：海峡书局，2014年12月。

《泉州海丝史话》，泉州地情系列第三辑，福州：海峡书局，2015年12月。

吴乔生、林德民、林胜利：《泉州古城历代碑文录》，北京：中国文史出版社，2009年12月。

庄晏成主编：《泉州历史人物》，厦门：鹭江出版社，1991年5月。

泉州市政协文史和学习宣传委编：《刺桐博物》，泉州市政协文史资料专辑，2018年11月。

陈敬聪：《泉州老街巷》，泉州市政协文史资料专辑，北京：中国文史出版社，2014年7月。

泉州市政协文化文史和学习委员会：《海丝泉州》，北京：中国文史出版社，2021年11月。

陈世兴主编：《泉州学研究》，福州：福建教育出版社，2002年4月。

庄炳章：《泉州访古揽胜》，厦门：鹭江出版社，1993年6月。

吴幼雄：《泉州宗教文化》，厦门：鹭江出版社，1993年6月。

泉州晚报社编：《泉州风物》，厦门：鹭江出版社，1993年6月。

王光辉：《十八将随王 九十姓从军》，香港：香港文学报社，2015年1月。

泉州市鲤城区政协文史委员会：《泉州鲤城文史资料》第6、7合辑（总第24、25辑），1991年1月。

陈桂炳：《泉州民间信仰》，北京：九州出版社，2012年12月。

陈国强、蔡永哲主编：《崇武人类学调查》，福州：福建教育出版社，1990年12月。

何振良主编：《斯文圣境——泉州府文庙映像》，香港：风雅图书出版有限公司，2019年5月。

林华东：《泉州方言研究》，厦门：厦门大学出版社，2008年4月。

王建设、张甘荔：《泉州方言文化》，厦门：鹭江出版社，1994年4月。

蔡第福、吴助仁主编：《乡情石狮》，泉州，2015年8月。

黄伯龄：《九日山志》，晋江地区文化局、文管会，1982年10月。

泉州对外文化交流协会：《泉州游记》，厦门：鹭江出版社，1986年9月。

刘浩然：《洛阳万安桥志》，香港：华星出版社，1993年2月。

黄梅雨：《话说泉州》，福州：福建人民出版社，1989年9月。

泉州清源山风景名胜区管理处：《清源山传说》，福州：海峡文艺出版社，1991年7月。

陈德杉主编：《洛阳桥撷趣》，惠安县洛阳镇人民政府印，2006年8月。

紫帽镇志编纂委员会、泉州市历史名人研究会：《紫帽镇名胜志》，福州：海峡文艺出版社，2017年8月。

《紫云黄氏宗史研究文集》，福建泉州江夏紫云文物修建委员会编印，2014年6月。

王建江主编：《王姓与开闽王朝》，惠安王潮陵董事会印，2012年9月。

傅金星：《泉山采璞》，泉州市鲤城区地方志编纂委员会编印，1992年1月。

泉州市丰泽区政协学习和文史委员会、泉州市丰泽区文体旅游局编：《丰泽风景名胜》，《丰泽文史资料》第9辑，2006年11月。

林少川、林丽珍主编：《西山杂志辑佚与研究》，德宏：德宏民族出版社，2022年12月。

周仪扬主编：《谱牒研究与闽台节俗》，北京：中国文艺出版社，2013年4月。

黄鸿源：《乡土潘湖》，香港：风雅图书出版有限公司，2017年12月。

王云传主编：《晋邑史林》，晋江市历史文化研究会编印，2014年7月。

石狮市地方志编纂委员会办公室等：《乡情石狮》，2015年8月。

石狮市政协文史学宣委员会：《石狮寺庙建筑》，郑州：黄河水利出版社，2019年12月。

许谋清、刘志峰主编：《千年安平》，北京：中国文联出版社，2007年4月。

石狮市文体旅游广电新闻出版局编：《乐游石狮》，福州：海峡文艺出版社，2016年4月。

陈支平、肖惠中主编：《海上丝绸之路与泉港海国文明》，厦门：厦门大学出版社，2015年3月。

朱定波：《泉港头北人·闽台同宗村》，北京：九州出版社，2016年7月。

朱定波：《王忠孝与台湾》，北京：九州出版社，2020年3月。

泉州市泉港区文体旅游局编：《海上丝绸之路泉港文化遗产》，北京：朝华出版社，2018年2月。

林挺金主编：《柳厝人文风情》，福州：海峡书局，2015年12月。

惠安县文化体育新闻出版局、惠安县博物馆编：《惠安文物史迹》，厦门：厦门大学出版社，2013年12月。

洪少霖：《海丝南安》，香港：香港海丝文化出版社，2019年12月。

四、报刊论文

晋江地区文管会、泉州市文管会：《福建南安丰州狮子山东晋墓》，《考古》1977年第11期。

林华东：《肇端于汉、多元融合——关于闽南文化历史形成问题的探讨》，《东南学术》2013年第2期。

庄锦清、林华东：《福建南安大盈出土青铜器》，《考古》1977年第3期。

羊泽林：《福建省安溪县下尾林遗址发掘简报》，《故宫博物院院刊》2020年第7期。

《德化瓷器行销天下》，《人民日报》2021年8月14日。

《福建构筑海上丝路桥头堡》，《人民日报》2015年3月19日。

杨雪梅：《涨海声中万国商》，《人民日报》2020年5月5日。

《泉州成功申遗　我国世遗总数达56处》，《人民日报》2021年7月26日。

《祝融号火星车成功驶上火星表面》，《人民日报》2021年5月22日。

《泉州当选首届东亚文化之都》，《光明日报》2013年8月28日。

《我国这两个城市成为海上丝绸之路联合申遗城市》，《中国海洋报》2019年5月15日。

《福建地方史有一重要篇章，就是〈史记〉〈汉书〉所记载的汉初闽越国史》，《福建日报》2021年9月30日。

《(风云激荡40年) 1991：联合国考察团到泉考察》，《泉州晚报》2018年12月27日。

《辽田尖山发现商周古窑址》，《泉州晚报》2014年11月7日。

《泉州海丝词典——世界宗教博物馆》，《东南早报》2015年2月11日。

《中国古代的对外贸易》，《北京晚报》2018年3月29日。

《河洛百座古建筑：鸣皋南岳庙》，《洛阳日报》2017年9月28日。

《南岳庙——衡桃山上的帝王离宫》，《洛阳日报》2011年8月16日。

《追寻洛阳古寨鸣皋古寨 南岳离宫》，《洛阳晚报》2017年11月17日。

《泉州：宋元中国的世界海洋商贸中心文本文献》，国家文物局官网，2021年8月。

后 记

  由于作者较为熟悉闽台历史文化和海峡两岸姓氏文化交流,多年前的夏天,晋江池店镇大溜石的泉州南海古庙(原称南岳庙)文管会朱久水、朱聪明、朱国章等多名管理人员,邀请帮忙研究、挖掘和整理泉州南海古庙与台北万华晋德宫关系的历史,准备更好地开展宣传和保护工作。自2008年以来,作者曾经多次去过台北万华区做田野调查研究,并在编著《闽台同名村》《泉港头北人·闽台同宗村》的书中,对台北万华区的历史情况做过记述。由于泉州南海古庙文管会没有保存有关南海古庙的任何历史资料,于是作者多次到泉州南海古庙和晋江进行考察、座谈和研究,向泉州南海古庙文管会了解泉州南海古庙在晋江民众口头流传的民间传说,并做大量的田野调查。

  当然,晋江许多民众记述的是宋元易代之际发生在泉州南岳庙助顺将军的古老传说,讲述被民众尊称为助顺将军的南宋将领,为了保护南宋末幼帝,在泉州南岳庙与南下元朝大军进行殊死的浴血奋战;讲述更多的是泉州南岳庙助顺将军信仰随晋江先民播迁台湾,在台北万华区兴建晋德宫供奉并祭拜南岳庙助顺将军神。他们不清楚原晋江县人民政府保护碑石记载的泉州南岳庙早于北宋的历史,也不清楚更久远的隋唐五代时期以及更为古老的晋江历史。

  为了解泉州南海古庙的历史,作者最先对泉州一些地方史籍进行研究,不仅查阅《闽书》《八闽通志》《泉州府志》《晋江县志》等史籍,而且查阅《泉州宗教文化》《泉州古城历代碑文录》《泉州古城铺境神》,以及历年的《泉州文史资料》《晋江文史资料》《鲤城文史资料》等大量地方文史资料,均没有发现对南岳庙或南海古庙的相关史实进行专题研究的文献记载。

在转到对晋江清代状元吴鲁题"南海古庙"的研究时，作者一直在反复深入地思考、分析清代状元吴鲁对南海古庙的高度关注。清代状元吴鲁，具有丰富的文化知识，又具有深厚的历史文化底蕴，还十分熟悉泉州悠久的人文历史，吴鲁为什么要把南岳庙题为"南海古庙"？将南岳庙改名为南海古庙，清代状元吴鲁的依据是什么？南岳庙与南海古庙具有的密切联系，但究竟是什么关系？是南岳庙名称在先，还是南海古庙名称在先？南岳庙与南海古庙的名称，究竟是哪个名称重要，历史地位如何认定？泉州南海古庙与古代哪里的南海古庙关系密切？但是我们对此研究仍一无所获。

在多次实地调查过程中，根据对晋江县文物保护碑石研究，我们发现泉州南海古庙是唐末五代文化遗址，最终在泉州南海古庙堆满金纸的库房里发现有一方清乾隆年间的南海古庙重修碑石，清楚地记载南海古庙主祀神祝融（广利尊王）。最终搞清楚泉州南岳庙与南海古庙的南海之神祝融，具有不可分割的历史渊源和密切关系。

在发现泉州南海古庙主祀神是祝融（广利尊王）之后，再去研究同时期兴起的中国古代海上丝绸之路广州的南海神祝融（广利尊王）以及广州南海神庙。从广州出版的广州南海神庙史籍文献资料中发现，隋唐五代时期以来，广州南海神庙供奉、祭祀南海之神祝融。广州南海神庙是供奉、祭祀中国古代海上丝绸之路南海之神祝融的海神庙，历代朝廷和地方政府均给予高度的地位。长期以来，广州对中国古代海上丝绸之路的南海神祝融（广利尊王）的研究、保护和传承，以及对广州南海神庙的研究、修建、扩建和保护，无论是深度，还是力度，均令人十分钦佩！

20世纪80年代初，作者对泉州历史文化名城和古代泉州海上丝绸之路的历史十分感兴趣，也曾做过系统研究。1985年，作者撰写《重新振兴海上丝绸之路——泉州历史文化名城保护与建设》一文，后来在扬州召开的全国历史文化名城保护与建设研讨会上交流，这是唯一被收录的有关泉州历史文化名城保护与建设的重要研究成果。1987年3月，中国历史文化名城研究会（筹）编印《中国历史文化名城保护与建设》，由文物出版社出版，收录并刊载作者撰写的《重新振兴海上丝绸之路——泉州历史文化名城保护与建设》。

对古代泉州海上丝绸之路历史的兴趣，促使作者调整新的思路进行深入系统的研究，此后又断断续续从其他方面同时进行考证。通过对南海古庙与唐朝泉州大开元寺大殿，泉州圣墓的石柱、柱础石构件分别进行比较，与此同时，再查阅两汉魏晋至隋唐时期木雕构件的历史文献记述的诸多文化特质，发现泉州南海古庙大殿石柱、柱础石和木雕构件建造年代的历史十分悠久，至少是两汉魏晋以来至隋唐时期。

从清乾隆重修碑石记载泉州南海古庙主祀神祝融（广利尊王），以及对南海古庙留存的两汉魏晋至隋唐五代时期的建筑构件、技艺特质等诸多方面进行系统考证，我们可以十分清晰肯定地发现：隋唐五代时期，泉州南海古庙也是同样供奉、祭祀南海之神祝融，泉州是中国古代海上丝绸之路的起点和重要发祥地。隋朝时期就已兴建供奉和祭祀南海神祝融的海神庙，说明南海古庙历史十分悠久。然而在《泉州府志》《晋江县志》等许多泉州地方文献史籍，以及泉州各地文史资料中，对古代泉州这么一座颇具规模的南海古庙建筑却视而不见，从未记载，事出有因。

对泉州南海古庙始建于什么历史朝代的研究及其历史影响，是本书最初的研究重点。作者在持续对泉州南海古庙进行深入研究过程中，发现泉州历史上曾经封冠五岳山、建造五岳庙、祭祀五岳神。泉州南海古庙又称南岳庙，是古代泉州的五岳庙之一。最终通过查阅《史记》《汉书》《后汉书》《晋书》《旧唐书》等一批早期中国古代史籍文献之后发现，中国古代帝皇封冠五岳彰显国家社稷至高无上的权力。

在中国古代史籍文献中，均没有发现历史上泉州五岳庙遗存的记载。在福建省地方史籍文献中，东越国的历史均是作为闽越国的历史进行记述。同时，地方史籍中也没发现有研究东越王余善及其建立东越国史实的专题文史资料。

研究泉州五岳文化的悠久历史，就需要研究西汉至隋唐五代时期的泉州历史，而泉州从来没有这一历史时期的史籍文献资料。为此，本书多数内容是查阅引用中国古代二十四史的《史记》《汉书》《后汉书》《魏书》《晋书》《宋书》《三国志》《南史》《北史》《隋书》《旧唐书》《新唐书》等历代史籍文献，有些内容是查阅引用泉州地方史籍或民间史料。通过对中国古代史籍历史文献的全面研究，查阅中国古代二十四史和福建古代地方志书史籍共20多部三四百卷，最终采集引用中国古代志书10多部100余卷史籍的主要文献。与此同时，还查阅相关泉州文史类数以百本图书的资料，才逐步清晰了解西汉东越王在东越国都会泉山封冠五岳山、兴建五岳庙、祭祀五岳神的历史背景，以及东越国被汉武帝"灭国迁众"的惨烈历史。

据《汉书》《后汉书》等古代志书史籍文献记载，西汉时期，泉山的东冶县在开辟海洋商贸活动中迅速崛起，东越国曾经作为中国南方一个强大的诸侯国，东越王余善在都会"泉山"尊冠东越国五岳山、建造东越国五岳庙、祭祀东越国五岳神，做出令汉武帝朝廷视为大逆不道的反叛行为，最终东越王余善和东越国被汉武帝"灭国迁众"，当然是不可避免的。

研究泉州南海古庙在历史上的主要影响，也是本书最初的研究重点。为此，作者同时对隋唐至五代时期的泉州社会经济状况和中国古代海上丝绸之路的兴盛历史进行系统研究。在深入研究之后，发现作为隋唐海丝遗存的泉州南海古庙是把东越国南岳庙改名而来的，远远早于隋朝时建造的广州南海神庙。早在两汉时期，泉州和广州是同期崛起的，是闻名天下的中国海上丝绸之路的起点和重要发祥地。

多年来，在立足于对泉州南海古庙（原称南岳庙）历史进行的深入考证，不仅十分曲折，而且极为艰难；不仅挖掘研究工作量巨大，而且考证历史时期跨度长。每当遇到那些无从入手考证久远历史的时候，作者就静心听泉州南音名家周成在等演唱的《山险峻》《八骏马》《梅花操》《拜别将军》《望明月》《听见雁声悲》等进行思考，仿佛进入两汉至隋唐时期，感受到那一代又一代的无数泉山先民前赴后继，在泉山大地上筚路蓝缕，开疆辟土；在茫茫海洋中义无反顾，劈风斩浪。最终本书成为一本介绍秦汉至隋唐五代时期古泉州的人文历史和中国海上丝绸之路崛起历程的研究性图书。

　　两汉至隋唐时期，对于每个泉州人来说，都是十分久远的古代历史。这个历史时期的中国海上丝绸之路的开辟、宗教文化和民间信仰的发展，对于每个泉州人来说，那更是知之甚少。隋唐五代时期之前，很少有史籍文献对古代泉州历史进行记载。历史上，撰写泉州寺院宫庙的研究文章不计其数。但是从未发现过有对泉州南海古庙研究的文章。为泉州南海古庙这座久远历史的民间信仰宫庙去撰写研究文章，特别是对隋唐五代时期的泉州南海古庙进行研究而著书，确实是困难重重。

　　更为困难的是，《汉书》《后汉书》等一批志书史籍记载，汉代泉山东冶县已开辟海上丝绸之路，但古代泉州却没有发现考古发掘的汉代文物，历史考证十分困难，作者只能根据《汉书》《后汉书》等历史文献，展现泉州汉唐海丝路的辉煌历史。

　　2010年春，福建省著名文物考古专家、文史专家、福建省文物局局长郑国珍教授在福建省重要课题《福建晋江流域考古调查与研究》一书撰写的序文中，高瞻远瞩、深思熟虑地指出：

　　　　晋江流域、闽南地区、台湾海峡两岸，特定的地理生态和人文环境造就了富有区域特色的史前文化，影响所及，远达南太平洋诸岛，文物考古、研究的前程不可限量。历史的进程在召唤我们，特别是福建沿海、闽南地区的文物考古工作者、社会各界热心人士、各级地区政府和文化文物部门，应该充分认识这方面所负有的时代重任，道远之理，积极创造条件来汇聚一定的人力、物力、财力，不断地在福建沿海、在闽南这块肥沃的家园里，寻找、发现、保护史前文化遗迹、遗物，并循序渐进地加以发掘、研究和探索，由零星、个别而累积起大量、普遍的素材，进而努力运用考古学特有地层学、类型学等研究手段，在业已初露端倪的基础上，追根溯源，建立起福建沿海、闽南区域的考古学文化编年和发展架构，阐明其历史的来龙去脉，在福建史前史、海峡两岸史前史、华南地区史前史、中国史前史乃至南太平洋诸岛史前史、世界史前史中占据我们应有的地位。

西汉时期，闽越国和东越国先后的强盛崛起，彰显福建闽南区域史前经济社会发展具有坚实的基础。

为让更多的历史专家、学者和文史工作者了解隋唐五代时期的中国海上丝绸之路的泉州海神庙——南海古庙，作者将目前查证史籍、田野调查，以及收集、挖掘、研究的一些思路和基本情况编著汇集为《泉州汉唐海丝路》，以此抛砖引玉，激发更多文史专家、学者对两汉至隋唐五代时期泉州海丝遗存的人文历史、价值内涵和重要作用深入发掘研究，从根本上改变两汉至隋唐时期已闻名天下的中国海上丝绸之路的起点和重要发祥地泉州没有发现海神庙的状况。

揭开隋唐五代时期海上丝绸之路泉州由民间供奉、祭祀南海之神厚重的历史记忆和曾经的历史烙印，特别需要唤起展现两汉至隋唐时期中国海上丝绸之路泉州曾经灿烂辉煌的历史画卷，以及古代泉州在西汉时期曾经作为东越国都会的久远历史记忆。

泉州市著名书法家、泉州市书法家协会主席李德谦为本书惠赐题写书名，值此表示衷心感谢！

由于本书对西汉时期东越国东冶县"泉山"（今泉州）、西汉时期在"泉山"首置县治"东冶县"和西汉至隋唐时期泉州海洋商贸活动的历史考证，是关系泉州古代历史的重大事件。为此在本书正式出版之前，特敬邀一批在福建、泉州文化界和文史学界具有很高声誉的教授、专家、学者，对隋唐五代时期中国海上丝绸之路的泉州海丝遗存和《泉州汉唐海丝路》初稿进行审读和修改，并提出宝贵意见。对各位文史专家审读的评价和意见，也同时刊载于本书。在本书正式出版之际，作者衷心感谢参加对本书审读、编纂工作提供热情支持帮助和惠赐审读评价的领导、著名历史教授、文史专家和学者。

衷心感谢福建省著名文化专家、福建省文化厅原副厅长、正厅级巡视员庄晏成先生为本书的正式出版撰序文，并对本书进行认真的审读！

衷心感谢台湾著名文史学者、台湾省姓氏学会《台湾源流》原主编王桂明先生对本书进行认真的审读和修改！

衷心感谢泉州师院蔡永辉、许瑞珍老师提供泉州海丝作品作为封面设计图！

在本书正式出版之际，要特别衷心感谢曾经为泉州古代人文历史做出大量卓有成效研究的文史界先辈学者所做出的贡献！

在本书编印出版之际，衷心感谢厦门大学出版社对本书出版的热情支持！衷心感谢晋江市池店镇大溜石的泉州南海古庙文物保护管委会成员朱久水、朱马福、朱聪明、朱国章、朱英锋、朱天送、朱建平、朱德来、朱永辉、谢建亮、朱清炎、朱沧浪、朱西法、朱润泽、朱世杰先生，以及新一届管委会成员朱良全、朱振胜、朱金山、朱建庭、朱前进、朱建闽、朱鹏辉先生，对本书的正式出版和编纂工作给予积极配合支持！

本书是一部反映对泉州汉唐海上丝绸之路形成发展的探源工程的著作。东越国、东越国都会泉山、东冶县、汉代东冶县海洋商贸贡献、西汉泉山五岳文化遗存等，均是中国历史文化名城泉州最为深刻久远的历史烙印，更是汉唐中国海上丝绸之路最值得探索的厚重史实。由于作者编著水平有限，本书可能还存在差错或遗漏。为此，敬请大家提出批评指正。

朱定波

2022年11月定稿

2024年1月28日再次修订